亞里斯多德的「三段論」應用，具體怎麼理解證明？
對「形而上學」的各派研究，深刻影響了中國哲學？
論邏輯學科的重要性，如何培養學生的批判性思維？

邏輯的視野

觀念釐清 × 專家詳析 × 公式掌握 × 教學應用
論西方邏輯與東方辯證的差異與發展

作者—王路

研究
現代哲學發展
必讀之作

從傳統哲學的「是」到分析哲學的「真」，
將邏輯與哲學做結合，重新定義哲學的核心概念！

前言

緒論　分析哲學的啟示

第一篇　邏輯的觀念

目錄

目錄

參考文獻

前言

2000 年聖誕節前夕，奎因（Willard Van Orman Quine）去世，翌年 3 月，哈佛大學哲學系在愛默生樓為他舉行紀念會。那時我正在哈佛，有幸參加了這次會議，聆聽奎因親友們講述了一個個生動的故事，奎因在我心中的形象更加豐滿。最有趣的是他兒子講述奎因當年去鄉村旅遊，在夜總會聽到一位鄉村歌手演唱了一首流行歌曲，他從一句歌詞獲得靈感，決定用它命名自己的一本文集，這就是《從邏輯的觀點看》。他兒子還播放起這支歌曲，引來會場上一陣小小的騷動。我也彷彿身臨其境，聽不懂歌詞，記不住曲調，但還是全神貫注，直到清楚地聽到「從邏輯的觀點看」（from a logical point of view）和隨之而來的一片笑聲 —— 那情景至今難忘。

《從邏輯的觀點看》是 20 世紀一本哲學名著，卻直言邏輯，得名還頗具傳奇色彩，反映出邏輯與哲學密切相關，也說明奎因對邏輯的重視。他在序中講過這個故事，他兒子的複述和播放的歌曲不過是錦上添花。人們各取所需，有人關注作者和這本書的名氣，也有人在意它的啟示和影響，正所謂外行看熱鬧，內行看門道。

奎因是我非常喜歡的邏輯學家和哲學家。在他那裡，邏輯與哲學獲得完美的結合。從事邏輯和哲學研究 40 年，不知不覺中，奎因的東西看了許多遍，逐漸對他研究哲學的方式有了一些認識，也把這種方式變為自己的方式。今天將自己的一些文章結集出版，十分自然地想到奎因，想到他做哲學的方式，想到他的《從邏輯的觀點看》。模仿他的書名，將這本文集取名《邏輯的視野》，意思也是從邏輯的觀點看。

奎因哲學有許多特點，其中之一是他對傳統哲學中一些經典的理論認識提出質疑和批評，並引起熱烈的討論。我覺得在這一點上我與他有些相似：我對國內學界一些傳統的認識提出質疑和批評，也引起人們的關注和討論。比如，我認為應該將 being 譯為「是」，而不是譯為「存在」，應該在繫詞

的意義上理解 being，並且應該將這樣的理解貫徹始終，我也被稱為「一『是』到底論」的代表人物。批評是哲學的一種方式，實際上就是提出不同的看法。這樣的不同看法不是憑空產生的，針對性極強，產生的影響較大，甚至不同凡響。事實如此，值得思考的卻是背後的原因。原因可能多種多樣，多與邏輯的視野相關。比如，在邏輯領域，人們不贊同我的觀點，總批評我是小邏輯觀，而在關於 being 的討論中，有人不同意我的觀點，常常批評我是邏輯的理解，甚至有邏輯主義的傾向。這些批評，無論對錯，本身也展現了一種邏輯的視野。它們還說明，我的工作本身，特別是我提出的那些觀點，確實是與邏輯相關的。

　　邏輯在中國受到的待遇是不同的。在很長時間裡，它被看作形式的東西、初等的東西、脫離實際的東西，甚至是資產階級的東西。如今人們不這樣看了，也承認邏輯重要，但似乎只是流於表面：許多人心裡不以為然，甚至以這樣或那樣的方式詆毀邏輯。在我看來，這主要有兩個原因：一個是人們不懂邏輯，沒有認真學過邏輯，沒有掌握邏輯所提供的理論和方法，因而在涉及邏輯的哲學討論中，只能對邏輯做字面的理解，對一些著名哲學家的相關論述望文生義，按照一些業已形成的說法對邏輯說三道四，在與邏輯相關的問題上誇誇其談。另一個是人們對哲學缺乏正確的認識，總是從一些加字哲學出發來理解、認識和談論哲學，因而在具體的研究中，在心裡會覺得邏輯沒有什麼用處：沒有學過邏輯，一些人不是也成為大師了嗎？他們的著作不總是在獲獎嗎？即使對康德，不是也可以談論頭頂的星空和胸中的道德律嗎？而對黑格爾，不是也可以談論絕對精神、自然哲學和法哲學嗎？而談論這些又哪裡需要什麼對邏輯的認識和掌握呢？哲學如此，其他學科更不在話下。所以，邏輯重要，這還是要承認的，因為人是理性動物，不能不講邏輯；既然如此，那就對它敬而遠之。

　　在清華教邏輯近 20 年，每一次第一堂課都會有學生問邏輯有什麼用。我的回答是：「沒有什麼用。你們沒有學過邏輯，不是也考上清華了嗎？但

是不學數學、國文、英語，肯定考不上。」我說的是實話。小孩子從兩三歲會說「不」開始，就一直在學習、培養和建立邏輯思維的能力。所以，用不著學邏輯，人們照樣在進行邏輯思維。我對學生們說，你們沒有學過邏輯，但是你們的邏輯思維能力並不比我差。我們的區別是，你們不知道什麼是邏輯思維能力，不知道被稱為邏輯的這種思維方式是如何運作的，更不知道它是先驗的，以及為什麼是先驗的。所以，我建議你們好好學習邏輯，透過邏輯的學習，在你們的知識結構中建立起一種叫做邏輯的東西，將來在生活和工作中，讓這樣一種知識結構可以發揮作用。我認為這說明是直白的，道理也淺顯，但是人們卻不一定明白，特別是，不少從事邏輯教學的人似乎也不明白。許多邏輯教材都在導論中說明邏輯有什麼用，而那些說明往往與邏輯沒有什麼關係，即使沒有學過邏輯的人也是可以知道的。許多從事邏輯教學的人熱衷於邏輯教學的改革，他們不努力提高邏輯水準，而總是說邏輯有什麼局限性，解決不了什麼問題，滿足不了什麼需要。他們不是踏踏實實做好邏輯教學，總是想標新立異，比如在「非形式邏輯」的「非」上做文章，在批判性思維的名頭下做事情。在我看來，這些人最大的問題是對邏輯缺乏正確的認識，對邏輯的理論缺乏充分的理解和掌握，甚至根本就不懂邏輯。

邏輯經歷從古代到現代的發展變化，如今各種邏輯系統五花八門，應用廣泛。因此除了問什麼是邏輯以外，近年來也有人問我什麼叫懂邏輯，因為一個人似乎不可能知道那麼多邏輯系統。20 年前我在《邏輯的觀念》一書中提出「必然地得出」，借助亞里斯多德的這個表達說明有效推理，說明什麼是邏輯，今天我可以說，我的這個觀點沒有變。借助那個說明，我們可以明確地說，亞里斯多德是邏輯創始人，弗雷格（Friedrich Frege）是現代邏輯創始人。這樣，邏輯的性質沒有變，方式卻發生了變化，因而形成的理論也有了重大區別。所以，對於懂邏輯來說，這裡也存在一個變化。過去可以給出一個標準，比如知道三段論及其證明，但是今天肯定不夠了。今天我給出的標準是：能夠完整給出一階邏輯的理論，包括證明可靠性和完全性這樣

的元定理。這是因為，一階邏輯是現代邏輯的基礎，而我們對邏輯的理解和認識，就是建立在一階邏輯理論之上的。在我看來，懂不懂邏輯，這是一條底線。在此之上，可以懂得多些、少些，但是達不到這一點，可以說是不懂邏輯。

所以，邏輯的視野非常重要。明確這一點就可以說明，為什麼長期以來我與學界會有一些分歧和爭論。

比如，關於邏輯教學，我主張教授現代邏輯，實際上就是主張教授一階邏輯的主要內容。過去我反對做普通邏輯的科學體系，今天我反對做非形式邏輯和批判性思維，因為它們多是以這樣那樣的理由和方式排斥一階邏輯。邏輯就是邏輯，本來是不必加字的：不用加上什麼「形式」、「普遍」、「辯證」等的修飾。在我看來，非形式邏輯重點在「非」，表面上它「非」的是形式，實際上「非」的是邏輯，若是沒有加字，它還怎麼「非」呢？至於批判性思維就不用提了，字面上它與邏輯就沒有什麼關係。

又比如，關於邏輯研究，我一直主張與哲學相結合。我所說的邏輯教學，一直也主要限於哲學系。我的理由很簡單：亞里斯多德是邏輯的創始人，也是形而上學的奠基人，弗雷格是現代邏輯創始人，也被稱為分析哲學之父。他們的邏輯與哲學是密切連繫的，因而他們的哲學開闢和引領了哲學研究這個學科，至少是其中最重要的部分。這就說明，邏輯與哲學是密切相關的學科，邏輯在哲學研究中可以發揮重要作用，20 世紀以來的哲學發展充分證明了這一點。

再比如，關於哲學研究本身，一階邏輯與哲學密切相關，是分析哲學和語言哲學的基礎，也是在當代哲學中廣泛使用的理論和方法。不僅如此，人們應用它進行傳統哲學研究，進行哲學史的研究，取得了許多新的研究成果，推進了這些研究領域的發展。我提出的關於「是」與「真」的研究，就得益於一階邏輯所提供的關於句法和語義的認知。認為 being 有存在含義，

將它譯為「存在」，這種主流做法無疑是有問題的，主要是因為缺乏關於句法方面的認知，至少與缺乏這樣的認知相關。將 truth 譯為「真理」，認識不到哲學家們的相關探討主要是「是真的」這種意義上的東西，這種普遍情況也是有問題的，原因之一則是缺乏關於語義的認知，至少與缺乏這樣的認知相關。「是」與「真」，乃是西方哲學的核心概念，是貫穿始終的。但是，它們最主要的乃是形而上學的概念，是形而上學中貫穿始終的。認識到這一點也就可以知道，形而上學與加字哲學是有根本區別的。

在中國哲學界，大行其道的是加字哲學，而不是形而上學。形而上學是先驗的，而加字哲學是經驗的。比如，加上「中國」二字，哲學就變為中國哲學，似乎就與中國思想文化自然而然連繫起來。它可以包羅萬象，但顯然是可以不談邏輯的。再比如，人們談論馬克思主義哲學，正由於加了「馬克思主義」，因而人們理所當然地要求解決現實問題，這樣也就與邏輯沒有什麼關係。人們當然會說，中國哲學和馬克思主義哲學也是講邏輯的。我完全贊同這樣說，如跟我在邏輯課上承認一年級學生的邏輯思維能力不比我差，這其實也是說他們是講邏輯的。但是，這樣的「講邏輯」與我說的完全就不是一回事。我說的是應用邏輯的理論和方法，這就需要對邏輯這門科學有比較清楚的認識和理解，對邏輯這門科學所提供的理論和方法有充分的認識和掌握。做不到這一點其實沒有關係，因為還可以努力學習，爭取獲得對邏輯有一定的、適當的認識、理解和掌握。若是這一點也做不到，那也無妨，至少還可以相信邏輯學家們所說的關於邏輯的認識。所以，重要的是應該尊重邏輯這門科學，而不要依據什麼加字邏輯，不要在那些加字邏輯的論述中尋找適合自己需要的論述。無論如何，不要輕信那些諸如辯證邏輯、非形式邏輯所說的東西，更不要輕信所謂批判性思維鼓噪的東西。

有人可能會認為，亞里斯多德邏輯是 2,000 多年前的東西，早就進入歷史博物館了；弗雷格邏輯也是百年前的產物，難免已有過時之嫌。確實，站在今天邏輯的高度，我們會覺得亞里斯多德邏輯不過是一階邏輯的一個子系

統，弗雷格邏輯相當於一階邏輯的一個簡體版，它們遠沒有今天的邏輯那樣多樣化，表達力也沒有那樣豐富。但是我覺得事情遠不是這樣簡單。今天的邏輯科學是在亞里斯多德和弗雷格提供的成果基礎上發展起來的。由於我們學習和掌握了這些成果，還學習了更多的東西，因此今天我們會覺得他們創造出來的這些成果比較簡單，一如雞蛋被立在桌子上之後，人們會說：這麼簡單啊！應該看到，在他們形成這些成果的過程中，他們思考了更多、更複雜的問題，而且他們的思考蘊涵著更為深刻和寶貴的認知。所以，千萬不要輕易地貶低亞里斯多德和弗雷格。最簡單地說，邏輯有兩個方面：一是觀念，二是理論。沒有觀念，理論無法產生，沒有理論，觀念無法呈現。所以，即使亞里斯多德邏輯已經過時，他的邏輯的觀念依然有效，令人受益。哪怕弗雷格的邏輯理論已經顯得有些簡單，它的產生過程依然蘊涵著豐富的思想，富於啟示。想想亞里斯多德對傳統哲學的影響，看看弗雷格對分析哲學和語言哲學的產生與發展所發揮的作用，其實不難看到，邏輯絕不僅僅是對形式的描述和研究，更不是符號之間的轉換推演，它在哲學中的作用是實實在在的，它確實可以為哲學的發展做出巨大貢獻。

我的邏輯觀和哲學觀來自亞里斯多德和弗雷格。分開來，人們可以談論邏輯，也談論哲學。我卻越來越認識到兩者連繫密切，其實是可以不分的。即使分，它們仍有一個共同之處，這就是「邏輯的視野」，或者說「從邏輯的觀點看」。在我看來，邏輯就是一階邏輯，它可以通達今天多樣化的邏輯理論，也可以延伸到傳統中談論的邏輯，它可以為探討分析哲學的理論和問題提供途徑與方法，也可以為研究其他哲學，比如歐陸哲學及傳統的形而上學提供思考方式和幫助。擁有邏輯的視野，不過就是依據邏輯的理論和方法來探討哲學問題，在已有的問題和理論中發現問題，努力去解決這些問題，並在這一研究過程中提出新的問題和討論方式，從而推進相關問題的討論，推動邏輯和哲學研究的進步。

王路

緒論　分析哲學的啟示

　　我 1978 年讀研究生，學習邏輯，至今已 40 年。1983 年在德國課堂上聽了關於弗雷格（Gottlob Frege）〈思想〉一文的課，開始接觸弗雷格的思想；有一天在回家的路上從口袋裡的收音機中聽到鮑亨斯基（J. M. Bochenski）的講座，其中說道：哲學的根本任務就是對語言進行邏輯分析，他那渾厚的聲音「Logische Analyze der Sprache」，至今不忘。1990 年左右接受商務印書館的選題，開始翻譯弗雷格著作，《弗雷格哲學論著選輯》和《算術基礎》（*The Foundations of Arithmetic*）中譯本於 1994 年和 1997 年相繼出版。我常對外國朋友說，我非常驕傲的事情是，中國學者和學生學習和認識弗雷格的思想大多數是透過讀我的譯本。今天我們紀念「太原會議」40 周年，這與自己學術研究的時光恰好同步，藉此機會我從自己從事外國哲學研究多年的體會出發，談一談分析哲學給我的啟示，也談一談自己對哲學的認識。

一、邏輯與哲學

　　在過去的 20 年中，我提出兩個觀點，一個叫「是」與「真」，我稱之為形而上學的基石 [1]，另一個觀點是，我認為西方哲學有一個變化，即從關於「是」的研究轉變為關於「真」的研究 [2]。這說明，傳統哲學的核心概念乃是「是」，而分析哲學的核心概念則是「真」。我在這些研究中指出，不應該將西方哲學中的 being 譯為「存在」，而應該譯為「是」，不應該將 truth 譯為「真理」，而應該譯為「真」。結果還不錯，我的觀點引起人們的關注和討論。無論人們是不是認識到它的意義，是不是贊同它，至少知道我關於 being 的討論，比如稱它為一「是」到底論，甚至批評我的觀點為邏輯主義。

　　在這兩個觀點之前，我還提出一個觀點，叫「必然地得出」，我稱之為邏輯的觀念 [3]。這是亞里斯多德的話，我只是借用。這個觀點也產生了廣泛的影響，當然也招致了人們的批評，比如說我狹隘，是小邏輯觀，而人們似

乎更喜歡所謂的大邏輯觀。不過，這個觀點的影響似乎只局限在邏輯界，而在哲學界影響不大。

回顧這些觀點可以看出一個問題，在國內學界，邏輯與哲學似乎是兩個領域，甚至涇渭分明。做邏輯研究的不懂哲學，而做哲學研究的對邏輯敬而遠之。最近兩年人們討論學科問題，有人提出「哲學、宗教、邏輯」這樣三個一級學科的劃分。無論這種提法有沒有道理，至少可以看出，這是將邏輯與哲學徹底割裂開來。對這樣的研究狀況我是不滿意的，對這樣看待邏輯與哲學的觀點，我是不贊成的。

我的《走進分析哲學》（1999 年）一書和《邏輯的觀念》（2000 年）一書最後一章的題目都是「邏輯與哲學」，還有同名著作《邏輯與哲學》（2007 年）。我的學術研究和學術經歷告訴我，邏輯和哲學是緊密結合在一起的。所以我始終強調邏輯對哲學的重要性、邏輯對哲學的作用，以及邏輯與哲學相結合的意義。今天，我想同樣以邏輯和哲學的關係為出發點，談一談我對哲學研究的看法。

一個基本事實是：亞里斯多德是邏輯的創始人，也是形而上學的奠基人。所以，亞里斯多德的邏輯與他的哲學是緊密連繫在一起的。他的邏輯的核心句式是「S 是 P」，他的哲學的核心概念乃是「是本身」，所以我總是說，從字面上看，他的邏輯與他的哲學就是相通的，而以他的邏輯為基礎的形而上學研究就使「是」成為核心概念。

另一個基本事實是：弗雷格是現代邏輯的創始人，也被認為是分析哲學和語言哲學的奠基人。所以，弗雷格的邏輯與他的哲學也是緊密連繫在一起的。弗雷格邏輯的基本句式是一種函數結構，而其語義的核心概念則是「真」，這樣，他的哲學，以及受他影響而形成的分析哲學和語言哲學，就使「真」與「意義」直接連繫起來。這樣，「真」也就成為哲學討論的核心概念。所以我強調，哲學的發展有一種形態的變化，這就是從關於「是」的

研究轉變為關於「真」的研究。

　　但是，當人們將 being 譯為「存在」，將 truth 譯為「真理」時，哲學形態的這種變化就顯示不出來了。這是因為，「存在」與「真理」沒有什麼關係，至少字面上沒有什麼關係，而「是」與「真」，卻是有關係的，至少字面上是有關係的。無論表達什麼樣的認識，是什麼總是會有真假的。所以，亞里斯多德一方面說，哲學研究「是本身」，另一方面又說，將哲學稱為關於「真」的學問是恰當的。正因為「是」與「真」有連繫，因而當我們看到哲學形態從以「是」為核心概念轉變為以「真」為核心概念的時候，一方面我們看到這樣的變化非常醒目；另一方面我們又會認識到，即便有這樣的變化，當代哲學與傳統哲學仍然是相通的，因為「是」與「真」乃是有連繫的。換句話說，傳統哲學研究突顯「是」，但是並不意味著不考慮「真」，而現代哲學突顯「真」，卻不意味著絲毫也不考慮「是」。比如亞里斯多德說，說是者是，就是真的，弗雷格說，句子的涵義是思想，句子的意謂是真值，與此相關，「是行星」中的「行星」是謂詞，而「是昏星」中的「昏星」只是屬於謂詞的一部分，換句話說，前者中的「是」不是謂詞的本質部分，而後者中的「是」才是謂詞的本質部分。所以，應該認識到哲學形態的這種變化，應該正確對待哲學形態的這種變化，這樣才會有助於我們更好地理解和研究西方哲學，有助於我們更好地發展我們自己的西方哲學研究。

　　亞里斯多德和弗雷格屬於創始人之列，他們的思想無疑具有獨特性。也許後人的情況更能說明問題。國內學界對海德格（Martin Heidegger）趨之若鶩，我們就以他為例。他的名著《是與時》（Sein und Zeit）一開始就將關於「是」的觀念歸為三類，然後對這三類觀念提出批評，並試圖提出自己關於「是」的論述。在他的討論中，他也有專門關於「真」的論述，其中明確談及「真」之定義，談及「真」與「是」的關係。這說明，儘管海德格是現代人，但是他的思想和討論方式是延續亞里斯多德的，而不是弗雷格式的。國內學界對戴維森（Donald Davidson）比較熟悉，他的「真」之理論的核心是

真語句：x 是真的若且唯若 p。不必深入討論，從字面上即可以看出，他這是用「真」這個概念來做事情，這與弗雷格的思想方式無疑是一致的。人們說歐陸哲學與分析哲學是兩種不同形態的哲學，在我看來，它們的不同，主要原因之一就在於它們秉承的思想方式不同：分析哲學秉承的是弗雷格的思想方式，而歐陸哲學秉承的是亞里斯多德的思想方式。這兩種不同的思想方式，歸根結柢，乃是兩種邏輯的不同。

一句話，有什麼樣的邏輯，就會形成什麼樣的哲學。

二、關於「真」的考慮

學界對分析哲學有一個評價，認為它難懂。這樣的評價，在傳統哲學中也同樣存在。比如對亞里斯多德的《形而上學》，對康德的《純粹理性批判》，「難懂」也是共同的評價。分析哲學被稱為當代形而上學，後兩部著作是形而上學的代表作，因而難懂可以被看作關於形而上學的評價。

形而上學難懂，這是有原因的。最主要的原因就在於它在討論問題的時候使用了邏輯的理論和方法。羅素說，邏輯是哲學的本質 [4]，這話也許有些極端，但是大概多少揭示出問題的實質。對於這一點，人們在分析哲學上是有共識的，但是在傳統形而上學上似乎不是這樣，尤其是在中國，人們認為其難懂的原因主要在於它們的語言和表達方式，以及所涉及的不同文化和宗教背景等。在我看來，這樣的認識不能說沒有道理，但是更應該看到，在傳統形而上學中，同樣有邏輯的理論和方法的應用，因而對邏輯的認識和掌握同樣會影響到對形而上學的理解。

亞里斯多德邏輯的核心句式是「S 是 P」，加上量詞「所有」和「有的」，和否定詞「不」，構成了 AEIO 四種命題。今天我們說，亞里斯多德邏輯是形式的，但不是形式化的，這是因為其中保留了自然語言，這就是其中的「是」這個詞，還有量詞和否定詞。這個「是」即是它的邏輯常項，也

是自然語言中的繫詞。沒有這種邏輯的時候，人們探討事物「是什麼」（ti esti），是從常識出發的。有了這種邏輯的時候，人們就從它出發，借助它的理論和方法來探討事物「是什麼」。這樣，關於是什麼的探討就逐漸從常識走向科學，進而，邏輯中的「是」這個常項與形而上學中的「是本身」這個核心概念就從字面上的相通走向深層的連繫。這樣，「是」這個詞，即繫詞的特徵和重要性就逐漸地突顯出來。陳嘉映有一句話說得對：「本體論那些深不可測的問題……就從西語繫詞的種種意味生出來。」[5] 比如亞里斯多德的範疇理論，即是關於「是什麼」的理論，是關於謂詞、謂述的理論。

　　現代邏輯的核心句式是 Fa。它是形式化的，正因如此，它的句法和語義的對應就更加突顯。在應用這樣的理論和方法進行哲學研究的時候，對於自然語言的考慮也會依賴於它所提供的句法和語義。在這樣的研究中，一方面，句子、專名、謂詞、量詞這樣的句法認識呈現出來；另一方面，真、對象、概念、個體域這樣的語義認識也呈現出來，並最終將「真」這個概念突顯出來。弗雷格在〈思想〉一文的開篇說，正像美這個詞為美學、善這個詞為倫理學指引方向一樣，真這個詞為邏輯指引方向 [6]。他所說的邏輯是與思想相關的，因而是與句子和句子所表達的東西密切連繫在一起的。所以，他關於「真」的說明，即是關於邏輯的說明，也是關於哲學的說明。特別是，他的這些話都是在哲學論文中出現的。他的論著如今是分析哲學的基本文獻，他的理論方法是分析哲學的基本方法，甚至他使用的術語也是分析哲學的基本術語。所以，在分析哲學中，邏輯與哲學是緊密連繫在一起的。

　　以上情況是事實，如今也是常識。我們需要做的是基於這個事實做進一步探討。「真」乃是哲學討論中的普通用語，但是在傳統哲學和分析哲學中，關於它的討論是有很大區別的。最簡單地說，在分析哲學中，「真」乃是核心概念。比如戴維森的「真」之理論的核心表述「x 是真的若且唯若（if and only if, iff）p」，這無疑是把「真」這一概念放在核心地位，要依據關於它的理解來說明意義。所以人們說，在分析哲學中，真與意義的結合終於突

顯出來。相比之下，在傳統哲學中，「真」不是核心概念。比如，亞里斯多德的範疇理論給出 10 個概念，其中唯獨沒有「真」；又比如，康德的範疇表列出 4 組 12 個重要概念，其中恰恰沒有「真」；再比如，黑格爾邏輯學的三個基本概念「是」（Sein）、「不者」（Nichts）與「變」（Werden），其中同樣沒有「真」。這就給人一種印象，好像在他們的討論中，甚至在傳統哲學討論中，「真」這個概念不是核心概念，甚至是不重要的。但是，這其實只是表面現象。如果仔細閱讀傳統哲學文獻，尤其是這些經典文獻，就可以看到，它們都有關於「真」的討論。

比如，亞里斯多德說，說是者是，就是真的，他關於「是」的討論無疑是與「真」相關的。康德的範疇表固然沒有「真」這一概念，但是他在補充說明中提到「真」這個概念也值得重視，特別是，在關於先驗邏輯的討論中，康德專門談及「真」，並稱相關討論的東西為真之邏輯。所以，「真」這一概念在康德哲學中同樣是非常重要的。黑格爾邏輯學的三個出發概念在字面上與「真」無關，但是他在關於「變」的說明中卻使用了「真」這一概念，比如他說：真之所是，既不是（那）是，也不是（那）不者，而是（那）是向不者的轉變 [7]。這就說明，他不僅使用了真這一概念，而且後者在關於是與不者相互關係的說明中發揮重要作用。這裡我不想再介紹他們還說了些什麼，也不想進一步說明哲學史上還有哪些類似論述。我想討論和說明的是，為什麼會有以上情況，即為什麼「真」這個概念在傳統哲學中重要卻似乎顯示不出來，而為什麼在分析哲學中卻非常明顯地表現出來。在我看來，關於「真」的討論情況屬於事實層面，只要認真閱讀西方哲學文獻，一般來說是可以掌握的。但是為什麼會這樣，就需要而且也值得我們認真思考一下了。

三、句法和語義

　　從現代邏輯的角度來考慮問題，大體上有兩個層面，一個是句法，一個是語義。句法方面告訴我們的是關於句子結構的認識，語義方面告訴我們的是關於句子表達的意思的認識，其中最核心的概念即是「真」。所以應用現代邏輯的理論和方法，「真」這個概念就突顯出來。由此出發來看傳統邏輯則可以看出，它也有這兩個層面的說明。在句法方面，它提供了通常所說的 AEIO 四種命題，三段論則是基於這四種命題構造出來的推理。在語義方面，它對這樣的命題的真假也有說明，比如，如果 A 是真的，則 O 是假的。但是就這兩個方面的說明來看，有關真假的說明還是常識性的，並沒有形成系統的理論性的說明，或者說，與人們通常的認識和說明差不多是一樣，但是句法說明卻不是這樣，它是系統化的。比如，它有關於不同量詞的說明，有關於肯定句和否定句的說明，有關於含不同量詞的肯定句和否定句的說明。這就為人們認識句子、說明句子與認識的關係提供了幫助。比如，前面提到的康德的範疇表，其中量和質的範疇顯然是依據了關於句子中的量詞以及肯定和否定的認識，而關係和模態的範疇無疑是依據了關於直言句與複合句和模態句的認識。所以，傳統邏輯在句法方面的認識是明確的，對人們的影響也是明顯的，相關認識在哲學討論中所發揮的作用比較多，這一點也是容易理解的。

　　句法方面的認識還給人們造成一種印象：邏輯只研究形式，而不研究內容。無論這種看法是不是康德第一次提出來的，至少在他的著作中得到明確的表述，由此也產生了「形式邏輯」這個稱謂。隨之人們認為，既然有研究形式的邏輯，似乎也就可以或者應該有研究內容的邏輯，於是各種不同稱謂的邏輯紛紛出籠。那麼，這所謂的「形式」指的是什麼呢？在我看來，「形式的」只是一個說法，指的其實是句法方面的東西，或者大概也只能是句法方面的東西。換句話說，如果可以區別語言和語言所表達的東西，那麼形式

只能指語言層面的東西，而內容則指語言所表達的東西。所以，無論「形式邏輯」這個名稱是不是恰當，是不是有道理，我們至少可以看出，它缺少了關於語義方面的考慮。也就是說，它缺少了關於「真」的考慮。這裡不必深究邏輯的傳統研究到底是缺乏關於「真」的認識，還是缺乏相關認識的明確表述，至少它似乎產生了這樣的結果，似乎給人們也造成了這樣的認識。

還是以康德哲學為例。他將邏輯稱為形式的，也稱邏輯為普遍的、科學的等等，並基於圍繞形式和內容的區別提出了他自己的所謂先驗邏輯。引人注意的是，他在討論中借助了「真」這一概念。他從提出「什麼是真？」以及「真」乃是知識和對象的符合這種傳統的認識，進而問什麼是知識的真之普遍標準，到明確談及真之邏輯，所有這些似乎都是與內容相關的，並且與形式形成區別。人們將他關於「真」的談論可以看作關於邏輯的形式方面的談論的補充，也可以看作與內容相關的談論，甚至還可以看作屬於他的先驗邏輯的一部分。但是在我看來，對象可以是外界的東西，知識是或者至少可以是語言所表達的東西，因而是與內容相關的東西。而「真」既不是語言層面的東西，也不是語言所表達的東西。這裡明確說到「真」與知識相關，實際上相當於借助語義層面的考慮來談論語言所表達的東西。區別僅僅在於，由於傳統邏輯沒有明確的關於句法和語義的論述，因而在相應的哲學研究中，人們未能明確區別語言與語言所表達的東西，所以在涉及「真」的討論中，才會出現上述不清楚的論述。但是，儘管不清楚，其中仍然包含著句法和語義之間的關係，包含著「真」與語言層面的東西的關係，包含著「真」與形式的關係。

再以黑格爾為例。眾所周知，黑格爾對康德有許多批評，其中包括他不滿意康德對形式和內容的區分。但是在黑格爾的討論中，我們同樣看到關於「真」的論述，比如以上談到的他借助「真」來說明「是」與「不者」的相互轉換，還有在《精神現象學》中，他從感覺確定性出發，把它歸結為僅僅說出「它是」（Es ist），並認為，這裡包含著貧乏的「真」（Wahrheit）。在

我看來，假如可以把「是」與「不者」的提出以及「它是」的抽象看作關於句法方面的認識和論述，那麼同樣可以看出，這些與「真」相關的說明則是語義的考慮。可以看到，在黑格爾的論述中，關於「真」的論述似乎是常識性的，儘管如此，所有這些相關說明都圍繞著「是」來進行，這同樣說明，這種「真」與「是」的連繫，至少暗含著語義和句法的連繫。所以，儘管不是那樣明確，黑格爾關於「真」的論述實際上也包含著或者涉及與邏輯的密切連繫。

綜上所述，邏輯提供了關於「S 是 P」這樣基本句式的認識，實際上提供了兩個方面的認識，一個是句法方面的，一個是語義方面的。傳統邏輯在句法方面有明確的說明，而在語義方面的說明，即真假的說明，與常識性的認識即直觀認識還是一樣的。其實，即便關於句法方面的說明，包括對「是」、「不」、「所有」和「有」這樣的邏輯常項的認識，也是與日常表達一致的。確切地說，它所使用的語言與日常語言是一樣的，但是它提供的認識卻是前所未有的。所以在應用這樣的邏輯進行哲學研究的時候，人們更容易依賴於對句法方面的認識以及圍繞它們，包括運用句法方面的理論和方法，以致將這樣的研究稱為「形式的」。而與它相對應的，從表達的角度考慮，內容無疑是一個方面，因為語言不會是空洞的，總是表達內容的。「真」顯然也是要考慮的，因為語言是用來表達的，而表達中最直觀的認識即是真假、對錯、正確與錯誤、合適不合適、恰當不恰當等等，而真假似乎可以是所有這些特徵的集中展現，尤其是與認識相關的時候。毫無疑問，「真」乃是與內容相關的，所以，在相關討論中，無論是從邏輯的角度還是從哲學的角度，都是要考慮「真」的。既然在這一點上邏輯提供的說明不是那樣明確，相應的問題在哲學討論中自然也會展現出來。

今天人們已經認識到，「內容」這個用語不僅在康德和黑格爾的著作中出現，並且一直沿用下來，也出現在弗雷格的著作中，甚至還出現在他的邏輯著作中。他在《概念文字》中引入的第一個符號是「⊢」，他稱其中的

橫線為「內容線」，沒有斷定力，只有加上前面的小豎槓才表示有斷定力。後來他從這條內容線區別出涵義和意謂，即思想和真值[8]。他的這一區別是重要的。而他之所以能夠做出這樣的區別，在我看來，主要是因為他所開創的現代邏輯不僅明確區別了句法和語義，而且確立了兩者的對應，從而說明邏輯研究的不僅僅是形式，因為邏輯研究的東西是有語義的。而在邏輯語義學中，「真」乃是最核心的概念。這樣就使「真」這個概念的地位和重要性確立下來，並使它的意義在以後的研究中越來越突顯出來。隨著塔爾斯基（Alfred Tarski）真之理論的工作、邏輯語義學的成熟，以及現代邏輯越來越普遍的應用，「真」這個概念也獲得人們越來越深刻的認識。波普爾（Sir Karl Raimund Popper）甚至有些誇張地說，由於塔爾斯基的工作，我們現在敢談「真」了。

　　基於對弗雷格思想的研究，近年來我構造了一個句子圖式，刻劃了應用邏輯的理論給我們帶來的認識，可以用來幫助我們討論哲學中的問題。比如下面這個最簡單的句子圖式[9]：

（語言）句子：謂詞　／　專名

（涵義）思想：思想的一部分　／　思想的一部分

（意謂）真值：概念　／　對象

　｛真、假｝

　　這個圖式有三行。一般而言，邏輯研究考慮兩行，句法相當於第一行，語義相當於第三行。哲學研究一般也考慮兩行，形式相當於第一行，內容相當於第二行。日常表達通常要使用語言，這相當於第一行，語言是要表達意義的，這相當於第二行。現在可以看出，通常的表達是不考慮第三行的，哲學中關於內容的討論一般也是不考慮第三行的。第三行即我們說的語義，它的核心概念是「真」。與「真」相對應的是句子和句子所表達的東西，比如思想。由於句子有構成部分，所以「真」和真值也有構成部分。這部分認識

是邏輯提供的，是弗雷格作出的重要貢獻。

　　基於句子圖式和以上簡要說明，現在我們再來比較一下傳統哲學和分析哲學，就可以看出為什麼「真」這個概念在傳統哲學中不是那樣突顯，而在分析哲學中成為核心概念。原因其實很簡單，如上所述，傳統邏輯沒有成熟的語義理論，因而沒有對語義值的完整刻劃和說明。分析哲學則不同，它基於現代邏輯，基於關於「真」的成熟認識，因而在分析中使「真」這個概念突顯出來。這方面的論述很多，各種真之理論也很多，但這不是我要說明的重點。

　　我想說明的是，在傳統哲學中，儘管「真」這個概念不是核心概念，儘管關於「真」的說明不是那樣突顯，但是關於「真」的考慮卻是貫徹始終的。比如，上述康德和黑格爾的說明，無論是康德關於形式和內容的區別，還是黑格爾對康德這種區別的批評，都與內容相關，他們都談及「真」，都以不同方式從「真」這一角度談論相關問題。這就說明，他們是有關於「真」的考慮的。他們都認為邏輯是研究形式的，因而他們的談論與邏輯的關注點不同，所以像內容這樣的東西應該是第二行。那麼，他們所談論的「真」，從句子圖式看，應該是第二行的東西還是第三行的東西？以康德關於符合論的說明為例：「真」乃是知識和對象的符合。對象是外界的東西，知識是我們的認識，這裡的主客二分是清楚的。認識是或者可以是透過語言表達的，因此知識屬於第二行。如果認為康德這裡說的是「真理」，後者則也屬於第二行，這樣「真理」就與知識重合了；如果認為康德這裡說的是「真」，後者就屬於第三行，這樣「真」就與知識形成區別。我不想在這裡討論關於 Wahrheit 的翻譯問題[10]，而只想指出，康德的論述屬於第三行，這說明，他區別形式和內容，說明他對邏輯的認識，他在談論內容的時候會考慮到「真」，這說明他知道這是與形式不同的東西，也是與內容不同的東西，但它又是與內容相關的。康德的談論方式表明，他尚缺乏邏輯中句法和語義的明確區別、對應和連繫的認識。但是他無疑認識到有「真」這樣的東

西，而它又是與形式和內容不同的東西，是可以用來談論內容的。黑格爾也是同樣，我們看到他關於「是」與「真」的對應的論述，比如前面提到的關於感覺確定性的「它是」與貧乏的「真」的對應表述，也看到他關於形式和內容的區別的論述，我們還看到他借助「真」來談論「是」與「不者」的相互轉換，但是我們看不到他明確地將「真」與形式的對應說明，也看不到他關於「真」與內容的對應的說明，這說明在他那裡尚無這樣的認識。但是無論如何，他們關於「真」的考慮是有的，關於「真」的論述也是有的，而且從他們關於「真」的論述，我們總還是或多或少可以看出與邏輯相關的連繫和考慮，這說明，他們不僅有關於「真」的考慮，而且這樣的考慮至少在某種程度上是與邏輯相關的。

四、真之追求

　　分析哲學的成果之一是使人們認識到，「真」與意義是緊密結合在一起的。其實，「真」與意義的連繫，早在古希臘哲學家那裡就已經出現了。亞里斯多德說，說是者是，就是真的，這實際上就是關於「真」與意義的連繫的表述。字面上看，說是，似乎沒有關於意義的表述，但是如果我們進一步思考，「說是」中的「是」究竟是什麼意思，我們就會認識到，它指的是語言所表達的東西，語言所表達的東西自然涉及語言，而語言所表達的東西當然是有意義的。這就說明，「真」與意義的連繫其實在古希臘哲學家的論述中就是存在的，只不過表述得不是那樣明確而已。前面還說過，邏輯有句法和語義兩個方面，因而也就提供了關於「真」的認識。句法可以看作屬於語言層面的，而語言是用來表達的，因而是有含義的，既然如此，語言就不會是純粹形式的。這說明，即使在傳統邏輯中，也是有關於「真」的論述的，所以在基於傳統邏輯的討論中，人們也會有關於「真」的考慮，只不過這樣的考慮不是與句法即形式對應和連繫的，而是與內容對應和連繫的，這樣就

顯得像是脫離了邏輯的考慮，形成了專門一部分內容。因此我們可以進一步問，這是為什麼？

在我看來，簡單地說，這是因為傳統邏輯在語義方面缺乏有效的說明，因而使我們關於「真」的認識還停留在常識的層面。它使人們可以認識到「真」與句子甚至與句子所表達的東西對應，無論是把這看作「說是」，還是把這看作「內容」，結果都差不多。比如基於「S 是 P」，人們可以談論真假，因而可以認為說是者是就是真的，也可以認為如果「所有 S 是 P」是真的，那麼「有 S 是 P」就是真的，還可以認為「所有 S 是 P」是關於形式的說明，與內容無關，而知識是與內容相關的，因而會涉及真假，比如「是真的」就是知識與對象的符合。但是，同樣是基於「S 是 P」，人們可以談論主詞和對象（S），也可以談論謂詞和性質、關係、類（P）等，這樣的談論可以與知識相連繫，也可以與世界中的東西相連繫，還可以與兩者之間的關係相連繫，但是無法與「真」相連繫，因為邏輯沒有提供相關的語義說明。

現代邏輯則完全不同，「真」乃是語義學中的核心概念。它依然是與句子對應的語義概念，但是除此之外，邏輯語義學還提供了關於句子構成部分的語義值的說明。結合前面那個最簡單的句子圖式，一個句子的「真」是由句子中專名所指稱的對象和謂詞所指稱的概念決定的。用邏輯的方式表示，概念是一個從對象到真值的函數，用通俗的話說，一個句子的「真」依賴於句子中名字指稱的對象存在，而且它和謂詞所指稱的概念要匹配。所以，今天我們不僅可以一般地談論「真」與意義的關係，而且即使談論專名和對象、謂詞和概念，也可以與「真」連繫起來。正像弗雷格所說，句子的涵義是思想，句子的意謂是真值；一個概念是一個其值總是一個真值的函數；在意謂層面上，所有細節都消失了 [11]。因此，基於現代邏輯的理論和方法，我們可以考慮「真」，透過「真」來考慮語言和語言所表達的東西，透過分析語言而達到關於世界的認識，所以在我們的討論中，「真」可以成為核心概念，成為我們用來討論意義的一個重要概念和方式。

縱觀傳統哲學和分析哲學可以看出，「是什麼」乃是表達認識的基本方式，即提問的方式，也是回答的方式，「真」則是與之相伴的東西。人們在追求「是什麼」的過程中，總是追求「是真的」的東西，因而「真」成為人們追求的東西，成為考慮的東西，並且成為由此來思考所追求物的東西。人們表達一個認識，它可以是真的，也可以是假的，這是經驗的東西，甚至可以是常識性的東西。但是人們表達的認識本身乃是有真之條件的，即它在什麼條件下是真的，而這種真之條件卻是先驗的東西，而不是經驗的東西，當然更不可能是常識性的東西。人們在經驗的意義上使用「真」這個概念，思考並說出「是真的」這樣的斷定，同時人們也會在理論的意義上追求「真」，思考並詢問，什麼是真？（或真是什麼？）日常用法使人們以為「真」這個概念是自明的，是沒有歧義的，而在理論思考時人們卻發現不是這樣，它不僅不是自明的，甚至會引發像說謊者悖論這樣的東西。也許正因為這樣，人們才更加思考和追求真，並將追求真作為一種目標。

　　這裡我要指出的是，我們既可以說求真，也可以說追求真理。真與真理的區別是明顯的，也是根本性的。科學家追求真理，他們會問他們的研究結果是不是真的，也可能會稱之為真理，甚至可能說他們是「求真」的，但是他們不會問什麼是「真」，更不會透過思考「真」來從事他們的工作。哲學家不同，我們也許會考慮我們說的是不是真的，我們甚至會說我們追求真理，但是我們更是求真，我們更是要問什麼是「真」，並會透過思考「真」這個概念及其相關問題來從事我們的工作。在這一點上，身為哲學家，我們與西方人應該是沒有區別的。

　　那麼我們和他們的區別是什麼呢？在我看來，我們與他們的區別主要就在關於「是」的研究上。從理解西方哲學的角度說，我們要思考他們所說的那個「是」（being），儘管那是他們語言中獨特的東西，是自亞里斯多德以來傳統邏輯所提供給我們的東西，是我們引進他們的著作時過去譯為「存在」而現在被認識到應該譯為「是」的東西，是過去沒有翻譯出來而現在

必須要翻譯出來的東西。這個問題在分析哲學中不再重要，因為隨著現代邏輯的產生和發展，「是」已不再是分析哲學中的核心概念，取而代之的則是「真」這個概念。在我看來，我們完全可以而且也應該能夠從「真」的角度，圍繞著「真」這個概念從事分析哲學的研究。不僅如此，我們還可以由此出發重新認識傳統哲學，從而獲得對傳統哲學的新的更好的認識。

　　有人可能會說，這樣的說法是有問題的，因為這不是普遍情況，起碼中國哲學不是這樣的，馬克思主義哲學也不是這樣的。何止於此，比如道德哲學、科學哲學、政治哲學、文化哲學等不也同樣不是這樣的嗎？它們可能會認為是追求真理，卻大概都不會認為「真」是它們的核心概念。確實是這樣。這裡就涉及我說的加字哲學的問題[12]。我曾說過，我認為哲學就是形而上學，或者說形而上學是哲學主線上的東西。以「是」（being）為線索，我們可以看出形而上學與其他加字哲學的區別。現在可以看出，那可以看作一種特殊情況。我們可以更普遍地說，以「真」為線索，或更一般地說以邏輯為線索，我們可以看出形而上學與其他加字哲學的區別，也可以說，這種區別是先驗研究與經驗研究的區別。

　　形而上學的研究是亞里斯多德明確提出來的，或者說，是他明確建立起來的。他說他研究「是本身」（being as being），又說將它稱為關於「真」的學問是恰當的。我則借用他的表達方式說，形而上學是關於認識本身的研究，而認識本身肯定是與「真」相關的，因而無論是借助還是圍繞「真」這個概念，都是有道理的，不僅如此，它還恰恰突顯了關於認識本身的研究的特徵。應該看到，在這個問題上，哲學家們的認識和做法是不同的。亞里斯多德創立了邏輯，提供了邏輯的理論和方法，也提示了形而上學研究與邏輯研究的相通之處，但是相比關於「是」的論述，他關於「真」的論述依然不是那樣系統而明確。儘管神學家們認為上帝就是那完善的「是」，上帝就是那完滿的「真」[13]，但是這樣的「是」與「真」與亞里斯多德所說的「是」與「真」已經是風馬牛不相及。康德固然還為形而上學以科學的面目出現做

出了努力，包括他區分形式和內容，並借助「真」來考慮內容，但是他沒有將形式與「真」對應起來，特別是當他提出形而上學的研究要思考像上帝存在、靈魂不死、自由意志這樣的問題的時候，就為轉移形而上學研究的核心問題開啟了大門。直到現代邏輯產生以及分析哲學產生之後，情況才有了根本的改觀，形而上學才恢復了它本來的面貌。所以，分析哲學被稱為當代形而上學，乃是實至名歸。

我的研究表明，哲學研究中有一類東西，它是先驗的，是與人們的認識本身相關的，是與經驗的東西無關的。這樣的研究固然可以借助經驗的認識，但是更主要的還是要借助一些理論的和自然的東西來進行，比如借助邏輯和語言。我認為，這樣的研究可以稱為形而上學，但它就是哲學本身。如果我們認為這樣的看法過於狹隘，那麼我想說，形而上學乃是哲學史主線上的東西，因而是哲學中最核心的東西。這是中國思想文化中原來沒有的東西，或者說是我們原本所缺乏的東西，是一種具有科學性的東西。對於這樣的東西，我們應該認真學習。當然人們也可以拿它不當回事，認為它脫離實際，解決不了實際問題。但是我們至少應該知道，在西方思想文化中，有這樣一種東西，它被稱為哲學，或者它被稱為形而上學，而當它被稱為形而上學的時候，人們還說：哲學是一棵大樹，而形而上學是大樹的軀幹；哲學是王冠，而形而上學是王冠上的鑽石。

（本文為 2019 年山西大學「紀念『太原會議』和中國現代外國哲學學會成立 40 週年」大會發言論文。後發表於《湖北大學學報》2020 年第 6 期。第一段發表時有修改，現恢復原樣）

(1)　參見王路：《「是」與「真」——形而上學的基石》，北京，人民出版社，2003 年。

(2)　參見王路：〈從「是」到「真」——西方哲學中的一個根本性變化〉，《學術月刊》2008 年第 8 期。

(3)　參見王路：《邏輯的觀念》，北京，商務印書館，2000 年。

(4)　參見羅素：《我們關於外間世界的知識》，陳啟偉譯，上海，上海譯文出版社，1990
　　　年，第二章。

(5)　參見海德格：《存在與時間》，陳嘉映、王慶節譯，熊偉校，陳嘉映修訂，北京，
　　　生活·讀書·新知三聯書店，2006 年，譯者後記，第 496 頁。

(6)　參見弗雷格：〈思想：一種邏輯研究〉，載《弗雷格哲學論著選輯》，王路譯，王炳
　　　文校，北京，商務印書館，2007 年，第 129 頁。

(7)　參見 G. W. F. Hegel: *Wissenschaft der Logik*, Suhrkamp Verlag Frankfurt am Main, 1969,
　　　S.83.

(8)　參見弗雷格：〈論概念和對象〉，載《弗雷格哲學論著選輯》，第 85 頁。

(9)　說它是最簡單的，因為它只說明像「亞里斯多德是哲學家」這樣的簡單句子，此外
　　　還有相應於量詞句、模態句、認知句等不同的句子圖式。參見王路：《語言與世
　　　界》，北京，北京大學出版社，2016 年，第 16 － 3 頁。

(10)　我曾多次討論過這個問題。參見王路：〈為什麼是「真」而不是「真理」〉，《清
　　　華大學學報》2018 年第 1 期；〈再論「真」與「真理」〉，《求是學刊》2019 年第
　　　3 期。

(11)　參見弗雷格：〈論涵義和意謂〉　，載《弗雷格哲學論著選輯》，第 104 頁。

(12)　參見王路：〈論加字哲學〉，《清華大學學報》2016 年第 1 期。

(13)　例如鄧斯·司各脫（Duns Scotus）說：「你（上帝）即是那真是，你即是那全是」；
　　　「你確實是那唯一的真上帝」。司各脫：《論第一原理》，王路譯，北京，商務印書
　　　館，2017 年，第 1、93 頁。

第一篇　邏輯的觀念

　　邏輯的觀念，歸根結柢即「邏輯是什麼」。我認為，邏輯是關於有效推理或推理的有效性的科學，用亞里斯多德的話說，就是「必然地得出」。20 年前我提出這個問題，竟在學界產生重大影響，可見這個問題是有意義的。這是學理問題，也是哲學中的基本問題。它涉及對邏輯的看法，關係到邏輯研究的發展，也涉及邏輯與哲學的關係，從而影響到對邏輯在哲學中的作用和意義的認識。當初提出這個問題進行討論，直覺上的認識多些，20 年過去了，我的基本觀點沒有變，但在理論層面的認識上還是有一些進步的。我認為，邏輯有觀念和理論兩個部分，兩者相輔相成。沒有邏輯的觀念，無法形成相應的理論；沒有邏輯的理論，無法展現相應的觀念。所以，邏輯之所以能夠成為一門科學，邏輯的觀念至關重要，是不可或缺的。

　　在邏輯和哲學發展的過程中，從最初沒有使用「邏輯」這個名字，到後來用它命名，再到今天邏輯的名稱幾經變化，出現諸多加字稱謂，比如形式邏輯、先驗邏輯、辯證邏輯等，相應地也就有了多元的認識，而且似乎各有各的道理。問題是，當人們問邏輯是什麼時，人們只是問邏輯是什麼，而沒有問也不是問各種所謂的「加字」邏輯是什麼。因此，直觀上就有一個問題，人們固然可以認為談論某一種加字邏輯就是在談論邏輯，但是，以此是不是能夠說明邏輯是什麼。

　　這裡所收錄的幾篇文章，展現了我在相關認識方面的進步。比如，研究金岳霖的邏輯思想，可以因循邏輯的觀念，由此看出，即使在政治干擾的大環境下，他依然堅守了邏輯的底線。比如研究馮契的思想，也可以因循邏輯的觀念，由此思考他的思想與金岳霖的邏輯思想的繼承和發展之間的關係。研究中國邏輯史就更不用說了，因循邏輯的觀念可以使我們有一個標準，由此很容易說明什麼是邏輯，什麼不是邏輯，而有了這個標準，發現和解決研究中的問題，其實也是很容易的。

　　所以，談論邏輯的觀念，其實是有意義的；即使在今天，也依然是有意義的。

第一章　邏輯的觀念

今天我講的題目是〈邏輯的觀念〉。好幾年以前我寫過一本書，書名就叫《邏輯的觀念》。今天再講這個題目，因為我覺得它依然是有意義的。

邏輯的觀念是透過邏輯的技術來理解的。要是不懂邏輯的技術，是無法理解邏輯的觀念的。只有透過邏輯的技術、具體的演算，才能體會邏輯的觀念，體會邏輯所說的有效性。大家都學過邏輯，因此這裡我們不詳細講述具體的邏輯技術，而是專門談一談邏輯的觀念。以下主要講四個問題。

一、邏輯的起源

即使沒有學過邏輯，大家照樣可以考上清華，看起來邏輯好像沒有什麼用處。但是，邏輯作為一門學科，怎麼會被列入大學的課程呢？這門學科是怎麼產生的呢？我常說，沒有學過邏輯的人同樣有邏輯思維的能力，而且邏輯思維的能力不一定比學過邏輯的人差。也就是說，人的大腦裡有這麼一套東西，人們按這套東西進行推理，這是一回事。我們把大腦中的這套東西挖掘出來、展示出來，使它形成一套理論方法，並且把這套理論方法告訴大家、教給大家，使得人們不僅能夠無意識地進行這樣的推理，同時也能有意識地按照這樣一套理論和方法進行推理，並且用它們來解決一些問題，又是一回事。這顯然是兩個不同層次的問題。邏輯區別於其他學科，如數學、物理等，它的一個特殊性在於，這樣一種思維方式在科學中、在人們的日常生活中到處都在被使用，好像大家都知道，都會使用。但是你利用天生的大腦機制無意識地使用邏輯和你懂邏輯這套理論本身又是兩回事情。於是就有一

個問題：最開始邏輯的理論是怎麼產生的？

　　邏輯的理論起源於亞里斯多德（前 384 －前 322），他是邏輯的創始人。亞里斯多德有一本書叫《工具論》，它由六部論著組成：〈範疇篇〉、〈解釋篇〉、〈前分析篇〉、〈後分析篇〉、〈論辯篇〉、〈辨謬篇〉。亞里斯多德在這本書中建立了最初的邏輯理論。但是《工具論》是後人編纂的。後人根據自己的理解，在編輯亞里斯多德著作的過程中發現有一部分探討某一類特定問題，就把這部分內容命名為《工具論》。亞里斯多德當時並沒有使用「邏輯」這個詞，而是用了「分析」。〈前分析篇〉和〈後分析篇〉，尤其是〈前分析篇〉，是《工具論》最核心的部分。亞里斯多德正是在〈前分析篇〉和〈後分析篇〉中把邏輯建立起來，這個邏輯就是三段論。那麼他又是怎樣來構造這樣一套三段論系統的呢？也就是說，他是怎樣把人們從小就會的推理、爭論這樣的方法揭示出來，形成一套系統的理論，並且把這樣一種理論告訴大家，使它從此能夠傳承的呢？

　　亞里斯多德在《工具論》中有兩處提到「必然地得出」，一處是在〈前分析篇〉，另一處是在〈論辯篇〉。我認為這就是邏輯的觀念，或者說，這就是最初提出來的邏輯的觀念。下面就為大家講講亞里斯多德的這個觀念。在〈前分析篇〉中，亞里斯多德是這樣說的：

　　一個推理是一個論證，在這個論證中，有些東西被規定下來，由此必然地得出一些與此不同的東西。

　　從這段話來看，「必然地得出」說的是當一個或一些前提被規定下來之後，從這個或這些前提可以必然地得出一個與前提不一樣的東西，這種從前提到結論顯然是一種推論，是前提與結論的一種結構與關係，而中間的過程一定是「必然地得出」。至於什麼是「必然地得出」，亞里斯多德並沒有作詳細說明，但是他提供了一套方法，這就是著名的三段論系統，它包括三個格（figure）和十四個有效式。只要能夠滿足這些格和式所要求的條件，就可

以保證從真的前提一定得出真的結論。「必然地得出」這個觀念是與三段論方法相配合的。我想，三段論大家都很熟悉，因此這裡就不展開論述了。

　　值得注意的是，亞里斯多德在〈論辯篇〉中也提到了「必然地得出」，而且與〈前分析篇〉中的陳述基本相似。我們知道，〈前分析篇〉是亞里斯多德晚期的著作，三段論系統就是在那裡建立起來的，而〈論辯篇〉是他早期的著作，這時他還沒有三段論。因此我們可以考慮，這裡與「必然地得出」相配合的是什麼呢？換句話說，我們可以透過考察〈論辯篇〉和〈前分析篇〉，看出「必然地得出」這一思想在亞里斯多德那裡的產生與發展。〈論辯篇〉主要討論辯論中的一些問題。辯論採用問答的形式，而問答的基本句式是「S 是 P」。順便說一下，這是西方語言中的特有句式，古代漢語中是沒有這樣的句式的，它的句式也許會是「S，P 也」。在希臘文中，「S 是 P」這樣的句式有時會產生歧義。因為「S 是 P」也可以表達為「是 SP」，甚至有時候 S 與 P 的位置可以調換，有時 S 做主詞，有時 P 做主詞，是不一樣的，所以容易產生歧義。在亞里斯多德以前，希臘哲學史上有一個智者學派，也叫詭辯學派，專門教人們辯論。他們往往利用語言的歧義，來達到辯論的勝利，比如著名的二難推理就是從那時的辯論產生的。也就是說，人們有意無意地會受到語言歧義的矇蔽，引發交流當中的一些問題。為了達到「必然地得出」的思想，首先不能有歧義，所以要想辦法消除歧義。亞里斯多德圍繞「必然地得出」的觀點，提出了他的第一個邏輯理論 —— 四謂詞理論。這個理論是這樣的，當人們遇到像「S 是 P」這樣一個句子的時候，可以用兩條原則來考察：第一，看謂詞與主詞能不能換位，如果能換位，就可以表達為「P 是 S」；第二，看 P 是不是表達了 S 的本質。這兩條原則相加，謂詞（P）就會有四種情況。其一，謂詞與主詞可以換位並且表達主詞的本質。比如「人是理性動物」，也可以說「理性動物是人」，這兩種表達是一樣的，並且理性動物說明了人的本質。這種謂詞就是定義。其二，謂詞與主詞可以換位，但不表達主詞的本質。如「人是懂文法的動物」，或者「人是

懂音樂的動物」、「人是有教養的動物」等。懂文法、懂音樂、有教養等雖然是人的性質，但不是人的本質，所有這些都可以從「人是理性的」這條推出來，所以不表達本質。但是這裡主詞與謂詞可以換位，比如可以說「懂文法的動物是人」。這種謂詞叫做固有屬性。其三，P 與 S 不能換位，但是表達主詞的本質。比如說，「人是動物」。它不能表達為「動物是人」，但是動物表達人的本質。這種謂詞叫做「屬」。其四，P 和 S 不能換位，並且 P 不表達 S 的本質。比如「人是白的」。不能說「白的是人」，白可能是紙的性質，也可能是粉筆的性質，不是人所專有的，只是人的「偶性」。這種謂詞叫做偶性。

　　以上就是亞里斯多德提出的「四謂詞理論」。這個理論利用了兩條規則，為的就是達到「必然地得出」。那麼，它能達到這個目的嗎？首先，從這兩條原則的結合來說，確實只有四種情況。而且換位是很清楚的，要不是可以說 P 是 S，或是不能說 P 是 S，只有兩種情況，所以第一條原則沒有問題。那麼第二條關於表達本質的原則有沒有問題呢？如果我們分析一下這條原則，就會發現它是有問題的，正是因為它，不能達到「必然地得出」。亞里斯多德關於本質的定義是屬加種差。比如說人是理性的動物，那麼動物就是人的屬，理性的就是人的種差。但是你憑什麼說理性的就是人的種差呢？我們知道，歷史上關於人的定義很多，而且與亞里斯多德的說法很不一樣，比如人是直立行走的動物，或者人是能製造工具的動物，或者人是社會的動物等等，那麼哪一個才是人的本質呢？說不清楚，因為哪一種說法似乎都有充分的道理。所以「本質」這個概念出了問題。羅素曾經說過，在西方哲學史上，「本質」概念大概是最含糊的概念。由於本質概念不清楚，所以在這條原則上出了問題。亞里斯多德的這個理論使我們的討論深入了一步，使我們看問題的方式比以前清晰了很多，但是仍然是存在問題的，沒有達到他想要的「必然地得出」。當然，這也說明，「必然地得出」這個觀念是有難度的，並不是那樣容易達到的。

從邏輯的角度，我們發現，亞里斯多德在討論能不能換位的時候，實際上是在圍繞著「是」這個詞做文章。這裡有時候會牽涉到否定，也可能牽涉到量詞，但是他對否定和量詞還沒有進行專門的充分的考察和研究。而且我們知道，「S 是 P」的否定不能簡單地說就是「S 不是 P」，比如我們說「亞里斯多德是哲學家」，那麼「亞里斯多德不是哲學家」是它的否定，但是如果我們說「有人長壽」，那麼「有人不長壽」就不能說是它的否定。學習了對立四邊形我們知道，有 A、E、I、O 四種關係，要根據對立四邊形來作具體判斷。亞里斯多德在這裡還沒有深入思考這些問題，這些問題他是在〈解釋篇〉中探討的。在那裡他在「S 是 P」的基礎之上繼續探討量詞：所有、有的；探討否定：並非。因此他探討了「所有 S 是 P」、「所有 S 不是 P」等這樣的句子。而最後到了〈分析篇〉的時候，他就不再是簡單地談論「S 是 P」，而是在 A、E、I、O 的基礎上談論他的三段論系統。因而他也再一次談到了「必然地得出」，並且使他這個邏輯的觀念最終確立起來。具體地說就是，當你滿足三段論那些格和式的前提時，保證你從真的前提一定得到真的結論。那麼對比一下三段論的第一格：

M － P

S － M

S － P

這是我們省略了具體內容的命題形式，加上命題的質和量也是很容易的，比如第一格第一式：所有 M 是 P，所有 S 是 M，所以所有 S 是 P。這裡面依然有主詞和謂詞之分，但是已經沒有本質的概念了。也就是說，在亞里斯多德思想的發展過程中，他把「表達本質」那一條原則去掉了，而是繼續沿著換位這個角度考慮，在句子的量詞與否定詞上做文章，最後他發現真正決定「必然地得出」的是這樣一些東西：「是」、「不」、「所有」、「有的」等等。用我們今天的話說，就是邏輯常項。從亞里斯多德的工作我們看到，他的邏輯研究是從自然語言那個最基本的句式出發，按照自然語言的文

法形式，考察語言提供給我們的東西，透過他的研究，把我們日常語言中所使用的東西轉換為三段論的形式。這樣，圍繞著「必然地得出」，他建立起一套重要的理論，得出了一系列重要成果。他的三段論一共有三個格，十四個有效的式，後兩個格的十個式可以還原為第一格的四個式。三段論的思想是非常傑出的思想，它是歷史上第一次出現的這麼一個系統。在我們現在看來，這可以是一個公理系統，也可以是一個自然演繹系統，關鍵就是它展現了亞里斯多德的「必然地得出」的思想，就是從真的前提一定可以得出真的結論，即我們今天所說的有效性。從亞里斯多德早期的四謂詞理論到後來的三段論，我們可以看到，他的「必然地得出」這個觀念也有一個從最開始提出來到最終確立起來的過程。表面上看，這是一個從自然語言出發進行考慮，到最後形成邏輯系統的發展過程。但是實際上，這是把我們思維中存在著的這樣一種思維方式揭示出來。這種思維方式保證我們從真的前提可以得出真的結論，是亞里斯多德第一次把這種思維方式刻劃出來的。這就是我要講給大家的邏輯的起源。可以看到，邏輯並不是一開始就像現在這樣成熟，也是經歷了從自然語言向形式語言轉變的過程，始終圍繞著「必然地得出」這一觀念、目的。亞里斯多德的想法是，我們在辯論當中不能總是想怎麼說就怎麼說，要說得有根有據，要說得有確切性，用我們今天的話說就是要有科學性。當然這樣的思想在柏拉圖那裡就已經出現了，柏拉圖所討論的一些例子在亞里斯多德那裡也繼續在討論，並且亞里斯多德所討論的一些問題和概念，比如「是」、「不是」等，在柏拉圖那裡也有討論，由於時間關係，這裡我們就不再進行深入地說明了。

二、邏輯的發展

邏輯產生以後，在歷史上有很多發展。在中世紀，邏輯作為「三藝」（邏輯、文法、修辭）之一是進入神學院的必備知識。邏輯的發展最重要的階段是在現代，就是從弗雷格（1848-1925）開始。弗雷格建立了第一個一階

邏輯系統（一階謂詞演算系統）。大學邏輯課上所學的命題邏輯和謂詞邏輯的思想主要來源於弗雷格，而對當方陣和三段論等內容主要來源於亞里斯多德。實際上，從亞里斯多德到弗雷格，邏輯有非常大的發展，這個發展的實質就是實現了形式化。形式化的特徵有兩個：一個是建立形式語言，另一個是建立演算。形式語言是用人工符號表達的，其中每一個符號與它所表達的東西是一一對應的，因此沒有歧義。一般來說，一階邏輯有如下語言：

命題變元：p、q、r…

命題聯結詞：¬、∨、∧、→、←→

個體常項：a、b、c…

個體變元：x、y、z…

謂詞：F、G…

量詞：∀、∃

真值符號：T、⊥

括號：（、）

這裡，符號的意義都是經過定義的、明確的，是沒有歧義的，因此由此形成的命題也是沒有歧義的。比如，根據形成規則，「p ∧ q」是一個命題（或是一個句子）。它的意思是，它是真的，若且唯若 p 是真的並且 q 也是真的。當我們有這樣一套語言，就可以根據需要建立邏輯系統。比如我們可以選擇一些命題作為公理，按照推理規則，從公理推出定理，這是公理系統的方法。我們也可以選擇一些推理模式作為推理規則，從它們出發來證明定理，這是自然演繹系統的方法。有了這樣的方法以後，我們就可以實現亞里斯多德所說的「必然地得出」，由於使邏輯形成這樣一套演算，我們就可以實現萊布尼茲（Leibniz）的理想：當我們發生爭論的時候，我們坐下來，拿出筆和紙算一算。

現代邏輯不僅實現了萊布尼茲的想法，而且在基本的思想與基本的精神上與亞里斯多德是一脈相承的。亞里斯多德的基本思想是「必然地得出」。

現代邏輯不這樣說了，而說要考慮推理的有效性。有效性也就是保證我們的推理從真的前提得出真的結論。兩者的思想是一致的，後者採用了一套技術，能夠完整地展現前者的思想，所以說這個發展是巨大的。比如說，我們今天都知道亞里斯多德邏輯中的命題都是一元性質命題。在

M － P

S － M

S － P 中，M、S、P 都是類概念，這樣的邏輯只能處理關於類的問題，而且都是一元性質的，不能處理二元或多元的東西。現代邏輯可以處理個體的東西，這是在亞里斯多德那裡被排斥掉的。而且我們可以利用個體變元的順序表達關係。有了量詞之後，我們還可以處理比較複雜的量詞情況，比如一句話中有兩個或三個量詞的情況，從而更好地處理關係問題。現代邏輯的表達能力極大地豐富了邏輯的表達。而且我們知道亞里斯多德的邏輯是形式的，但不是形式化的。比如亞里斯多德邏輯的四種基本句式：所有 S 是 P，所有 S 不是 P，有 S 是 P，有 S 不是 P。這四種基本句式雖然使用了變元，但是仍然保留了一些自然語言的東西，就有可能產生歧義。我們知道，儘管自然語言的表達是很豐富的，但是它有一個弱點，那就是容易產生歧義，所以使用它來達到「必然地得出」是有障礙的。而現代邏輯是完全形式化的，沒有使用自然語言。有了這個特徵以後，它可以把邏輯的性質展現得非常清楚，不僅沒有違背亞里斯多德最開始提出的「必然地得出」的思想，而且把這種思想更清晰地表達出來，把圍繞這套思想所形成的體系刻劃得更加深刻，使它的表現力更強。比如「凡人皆有死，蘇格拉底是人，所以蘇格拉底有死」，這個三段論是有效的。這樣一個推理當中含有個體詞 ──「蘇格拉底」。因此，似乎三段論也可以含有個體詞，似乎也可以處理含有個體詞的推理。但是實際上是不行的。在這個具體的推理中不出問題，不意味著在其他含有個體詞的推理中也不出問題，因為有個體詞的情況與沒有個體詞的情況是不一樣的，而且含有個體詞的情況非常複雜。所以我們說三段論提供

給我們的這套方法只適合於類概念，不適合於個體詞。

　　傳統邏輯中三段論有 24 個式，其中有一些式傳統邏輯認為是有效的，但是經過現代邏輯的方法檢驗，發現它們不是有效的，或者可能不是有效的。這就是邏輯的發展。邏輯經過這樣的發展以後，人們發現，除了邏輯力量大大加強之外，這樣一套語言與我們的日常語言是非常相近的，並且基本上能夠滿足日常語言的需要。從前面給出的一階邏輯語言可以看出，p、q、r 相當於日常語言中的句子，而 p∧q、p→(q→p) 等相當於日常語言中一些句子組合；a、b、c 相當於日常語言中的名字；F、G 相當於日常語言中表達性質、關係、類的詞，比如「是人」、「哥哥」、「紅色的」等；∀和∃表達了兩類最基本的量詞，「所有」和「至少有一個」。所以，這樣一套形式語言基本上涵蓋了日常推理中常用的語言要素。

　　現在請大家想一想，我們的日常語言除了會表達以上這些東西之外，還會表達什麼東西呢？也就是說，邏輯的這套語言是否能表達自然語言的大多數情況？之所以說「大多數」，是因為自然語言的表達是非常豐富的，想要用像邏輯這樣一套形式語言涵蓋所有的自然語言的表達是不可能的，而且邏輯的目的是刻劃推理，而不是刻劃自然語言。只是因為日常推理當中涉及了這樣一些要素，所以我們要看這樣一些要素在自然語言當中占據什麼樣的位置。

　　今天我介紹給大家的主要是一階邏輯，其實在自然語言中顯然還有一些表達不包括在這裡面。比如「必然」、「可能」，考慮這兩個算子的邏輯是模態邏輯。舉例來說，「必然 8 大於 7」，「必然行星的數目大於 7」。

　　其實邏輯發展到今天，直觀地說，就是在弗雷格邏輯的基礎上不斷地添加算子。當然，算子多了，句法會有不同，語義也會複雜得多。比如在一階邏輯基礎上，增加「必然」和「可能」兩個算子，建立起模態邏輯。而借助模態邏輯的方法，在一階邏輯上增加「應當」、「允許」等算子，可以建

立道義邏輯系統。比如我們看憲法，就會發現憲法其實是一個封閉的體系，在這個封閉的體系中，講的是兩部分內容：公民的權利與義務。屬於你權利範圍的就是允許你做的，屬於你義務範圍的就是你應該做的。因此，借助對「應當」和「允許」這兩個算子的考慮，即我們把這兩個算子用符號表述出來，並構造相應的邏輯系統，就可以把憲法中的那套語言表述用邏輯語言表達出來，並對其中至少一部分或者最主要的內容進行研究。再比如，今天非常普遍的認知邏輯，主要是在一階邏輯基礎上增加諸如「相信」、「知道」等一些算子，或者再以加下標的方式表示認知主體等。

總而言之，邏輯有了弗雷格提供的基礎之後，具有了生成能力，可以繼續發展，當然這些發展都是圍繞著有效性這種邏輯基本性質的。也就是說，不同的邏輯系統可以是不一樣的，但是它們有一點是相同的，就是最後的結果都要滿足有效性，或者說，都要符合「必然地得出」。現代邏輯還有很多的發展，而且應用也非常廣泛，比如在語言學、電腦等領域的應用。因為時間關係就不介紹了，大家有興趣可以自己學習。

三、泛邏輯

第三個問題還是圍繞著邏輯的發展來談，但是我不把它們叫做邏輯，而是稱為泛邏輯。亞里斯多德把邏輯建立起來之後，人們知道了存在著這麼一套東西，這套東西很有用、很好。人們把邏輯稱為科學，在西方的大學裡把它作為必修課，而且人們開始圍繞這套東西做事情。中國人對邏輯原來不太重視，近年也開始重視了，而且許多人在說要發展邏輯。金岳霖先生曾經說過，過去說一個人不懂邏輯，那是罵人話。我想，這是針對哲學系的人說的。當然這話說得很重，但是可以展現出邏輯這門學科的重要，至少在哲學中的地位是非常重要的。因此在從事邏輯或哲學研究的過程中，總是有人想發展邏輯。剛才我們講了，從亞里斯多德到弗雷格是邏輯的一個巨大發展。

其實哲學史上，還有很多人想發展邏輯。為什麼？因為邏輯是科學，邏輯重要，還因為人們對於亞里斯多德的邏輯不滿意。下面我們舉幾個具有代表性的例子，來講一講其他人對邏輯的「發展」。

首先是培根（1516-1626）。他有一句很著名的話：知識就是力量。在科學開始興起的時候，培根是一個非常重要的哲學家與思想家，也造成了非常積極而重要的作用。他寫了一本書叫《偉大的復興》，其中有一卷叫〈新工具論〉。我們從「新工具論」這個名字就可以看出這是衝著亞里斯多德去的。亞里斯多德是邏輯的創始人，他的邏輯著作叫《工具論》，而培根的著作叫〈新工具論〉，意思說你那個過時了，我這個要取代你。從字面上我們大概就可以讀出這樣的意思。中世紀之後，人們在努力擺脫神學的過程中，要依靠科學的力量，使思想、文化和精神從神學的束縛下解脫出來。在這種背景下，許多人對亞里斯多德提出了很嚴厲的批評。因為在中世紀神學的統治當中，邏輯恰恰是必修課，中世紀很多關於神學的證明（比如上帝存在等）都利用了亞里斯多德的方法。大家可能也知道一個說法：在中世紀，邏輯是神學的婢女。總之，當人們渴望從中世紀神學的束縛中擺脫出來的時候，首先就要批判流行於中世紀的思想，批判其最主要的思想方法和工具，所以亞里斯多德受到了很嚴厲的批評。當時有一個叫做彼得・拉姆斯的人，他說亞里斯多德所說的一切都是錯誤的，而且他想用他的修辭論辯法來取代亞里斯多德邏輯。培根的著作就是在這種背景下產生的。

培根當時有一個重要的思想：我們想認識外部世界，就不能用三段論那樣的方法。（不過他對於三段論的認識在我看來是錯誤的。）他認為三段論其實就是一個大前提和一個小前提，最後得出一個具體的結論。比如上面提到的那個例子，「凡人皆有死」就是大前提，「蘇格拉底是人」就是一個小前提，而「蘇格拉底有死」是結論。他認為，三段論把我們束縛在一個大前提下，使我們脫離了對具體事物的認識，並且不能使我們得出新的知識，因為結論已經包含在大前提裡面了。培根當時提出，我們應該把我們的注意力

集中在具體的事物與具體的事物所提供的材料上，並且透過對具體事物的經驗、感覺的認識，最後達到新的認識，這才是認識的正確途徑。這是當時培根的思想，他所提出的相應的方法就是歸納法。

他認為，邏輯與歸納法的區別實際是很大的。邏輯是從一開始就一下子建立起某些抽象的、無用的、普遍的東西，而歸納法是逐漸循級上升到自然秩序中先在的、以前不被人們所知道的東西。我們要從具體的東西上升，最後達到普遍的東西，這就是歸納法。舉個簡單歸納法的例子。比如說張三怎麼樣，李四怎麼樣，王五怎麼樣等等，最後我們可以說所有人怎麼樣。這就是歸納法，培根當時就說這是逐級上升達到普遍的東西。這個思想實際是有它產生的道理的，因為在當時中世紀神學的條件下，所有的思想都有一個非常強大的大前提──上帝存在。所以培根這裡面引申的思想可能有對那樣一種思想的排斥。但是針對三段論這樣一種具體的格、式提出的批評，卻包含著對三段論的一種錯誤的理解。直到今天依然有人認為，三段論的大前提還得來源於歸納法，因此三段論離不開歸納法。培根當時開誠布公地講：現在的邏輯方法「實乃一切錯誤之母，全部科學之祟」。實際上在培根之前，已經有很多人談過歸納法，在亞里斯多德的著作中就有大量關於歸納法的內容。亞里斯多德談過完全枚舉法（Complete Enumeration Method）、簡單枚舉法（Simple Enumeration Method）、類比法等，但是亞里斯多德在談歸納法的時候，總是把歸納法與邏輯並列地談，他總是說分析（邏輯）怎麼樣，歸納怎麼樣，所以說亞里斯多德心裡清楚，這兩種方法具有本質上的不同。但是到了培根這裡，他說我們需要一種真正的歸納法，而且「我們的唯一希望乃在一個真正的歸納法」。這樣就把歸納法提到了一個至高無上的地位，他提出的方法叫「三表法」。

沿著培根的這個思路，有一個人非常重要，就是穆勒（John Stuart Mill, 1806-1873）。我們知道嚴復有一本很著名的譯著《穆勒名學》，這是個節譯本。穆勒這本書的原名是《邏輯體系》，到現在為止，這本書還沒有完整的

中譯本。穆勒在「三表法」的基礎上總結歸納，形成了「穆勒五法」：求同法、求異法、求同存異法、共變法、剩餘法。它們也是中國邏輯教材中講述歸納法的基本內容。這裡我們簡單介紹一下，僅以求同法為例。比如說 A、B 兩位同學都考上清華，A 同學有 a、b、c、d、e 五個優點，已知 B 同學有 a、b、c、d 四個優點，那麼可以得出 B 同學同樣具有 e 這個優點。我們知道這樣的方法可能會運用於科學實驗中，比如說臨床上試驗藥品，可能先開始在動物身上試，一段時間後效果不錯，再在病人身上試，最後類推，在這些試驗者身上不出問題的話，那麼在其他人身上大概也不會出問題。歸納法有一個問題，就是它顯然不具有有效性，不是「必然地得出」。以上是歸納法的一些簡單的特徵。

培根在提出歸納法的時候，明確提出向亞里斯多德發起挑戰，要用歸納法取代亞里斯多德的邏輯方法。但是，培根以後 150 年，穆勒提出的歸納法，卻是要發展邏輯。他的書名就叫《邏輯體系》，他是想把這種歸納法納入邏輯當中來，把這樣的東西與亞里斯多德的東西合在一起稱作邏輯，為此他甚至要修改邏輯的定義。他認為，邏輯包含推理這門科學，也包含一種基於這門科學的藝術。推理這個詞是有歧義的，在某種意義上，它意味著三段論式的推理，在另一種意義上，它意味著從給定的斷定進行推理。在後一種意義上，「歸納也完全有權叫推理」。也就是說，他要把歸納法納入邏輯的體系當中，為歸納法爭得一席之地，說明歸納也是推理，所以也就是邏輯。

我在寫《邏輯的觀念》時說歸納不是邏輯，書出來以後，很多人就批評我，說邏輯的觀念應該很大，你怎麼就把歸納法排除出去，把邏輯的觀念弄得那麼狹窄呢？我覺得觀念不在於大小，而在於我們要弄清楚這觀念是什麼。亞里斯多德說得很清楚，邏輯的觀念就是「必然地得出」。那麼到了穆勒這裡，他認為歸納也有權叫推理，他還說，邏輯的範圍必須限制在我們的一部分知識之內，邏輯是「關於證明或證據的科學」。這就表明，穆勒也不想把邏輯的觀念無限地擴大。他說邏輯是「關於證明的科學」，這跟亞里

斯多德的思想大致差不多。但是他又利用「或」這個詞的特殊涵義加上了一條，說邏輯是關於「證據的科學」，這就與亞里斯多德的思想有了根本的區別。當然，這樣也就使歸納融入了邏輯。請大家思考一下，如果把歸納也納入邏輯中的話，那麼「必然地得出」的思想還有沒有了？今天，國內很多邏輯書一般是從定義的角度談論歸納的，比如說，邏輯是關於推理的，而推理主要有演繹和歸納兩種。而在含有歸納的國外邏輯教科書中，常常會看到這樣的說明：到目前為止，關於歸納的理論尚不成熟並且沒有系統一致的看法，因此在本書當中，我只是按照我的想法怎樣怎樣……這就說明歸納與邏輯是有區別的。其實我在我那本邏輯教科書《邏輯基礎》的最後一章講邏輯與語言的時候，也講了歸納，我是把它當作一種思維方式來講的，而且是以非邏輯的思維來講的，主要就是因為這裡牽扯到對於歸納的不同看法。

在歷史上，確實存在著像培根、穆勒這樣一些人，他們試圖以這樣一種方法來發展邏輯，發展的結果就是形成了歸納法或類似的方法，並且把它納入邏輯中。由於這類東西與邏輯的觀念有根本的差異，所以我把它們叫做泛邏輯。

除此之外，還有另一類發展邏輯的思路。在這一類思路中，我講兩個人物，一個是康德（Immanuel Kant, 1724-1804）。康德最重要的著作是《純粹理性批判》。他在這本書第二版的序言中提出，哲學研究要從比較可靠的學科出發。那麼什麼是「比較可靠的學科」呢？他當時認為主要是兩門：一門是數學，一門是邏輯。康德當時想怎麼才能把形而上學的東西做成科學的樣子，他想利用邏輯，所以他必然會談到對邏輯的看法。他把過去的邏輯稱為「普遍的邏輯」。這樣的邏輯在他看來很重要，他把它分成兩類：分析的與辯證的。康德的理論基本上就是這樣對應過去的，他把他的邏輯叫做先驗的邏輯，那麼同樣也可以分為：先驗分析的邏輯與先驗辯證的邏輯。

先驗邏輯是康德自己造出來的一個詞，他要把實際上是哲學的純粹理性批判都叫邏輯，為什麼？因為他要從比較可靠的科學 —— 邏輯 —— 出發，

完全依據過去亞里斯多德所提供的一個理論來做。他認為，普遍的邏輯用S、P來表示以後，就變成了純思維的東西，與我們的知識和對象是沒有關係的，因為我們不知道 S、P 代表的是什麼。這樣的邏輯是普遍而純粹的邏輯，由於它抽象掉了所有經驗條件，因而與經驗無關。但是，應用這樣的邏輯卻與經驗相關。他把應用這樣的邏輯及其所涉及的規則稱為普遍而應用的邏輯。他明確指出，只有普遍而純粹的邏輯是科學。但是他認為，既然有純粹的直觀和經驗的直觀，那麼很有可能就會有一種邏輯，它還會討論涉及邏輯的應用，涉及對象的認識來源等，由此與普遍而純粹的邏輯相區別。這樣一種邏輯的特徵有兩個，一個是不會抽象掉知識的全部內容；另一個是要討論我們關於對象的認識的來源。康德說：

　　這樣一門規定這些知識來源、範圍和客觀有效性的科學，我們也許必須稱之為先驗邏輯，因為它只與知性和理性的法則打交道，但只是在這些法則與對象先天地發生關係的範圍內，而不是像普遍邏輯那樣，無區別地既和經驗性的知識、又和純粹理性的知識發生關係。

　　所以，「先驗邏輯」是康德為這種與知識相關的東西所取的名字。這裡，我們可以看得非常清楚，康德從邏輯出發，得到了自己想要說明的東西。為了區別，他把他的出發點稱為「普遍邏輯」，而把他最終得到的東西稱為「先驗邏輯」。這裡，我還想告訴大家一點。如果你們去讀德文原文，就會發現，在開始涉及「先驗邏輯」這個名稱的時候，無論他說「就會有一種邏輯」，還是這段引文中說的「也許必須稱之為先驗邏輯」，康德用的都是虛擬態。這說明，康德這裡的論述不是斷定，即使可以說是斷定，斷定力也是很弱的。我在《邏輯與哲學》一書中有詳細的論述，這裡就不細說了。

　　後來到了黑格爾（G. W. F. Hegel, 1770-1831）那裡，就和康德不一樣了。康德並沒有批評普通邏輯，他只是想利用邏輯的成果，並從這裡出發建立整個哲學體系。他把邏輯稱為普通邏輯，並且在此基礎上利用邏輯的框架

和基本概念，建立起他自己所需要的哲學框架和概念範疇，然後重新命名，並展開討論。而黑格爾完全不同，他對邏輯提出了嚴厲的批評。他說，人類思維已經發展到今天這個樣子，時代變化了，科學變化了，因而時代精神也變化了。不過這些東西和內容沒有在邏輯中顯示出來。思維發展了，邏輯怎麼能不發展呢？我們怎麼還能在邏輯中只保留那麼幾條乾癟的、枯燥的、僵化的形式呢？他認為，這樣的邏輯是毫無精神可言的。在他看來，思維都是活生生的，是與內容結合在一起的，因此邏輯研究的是純粹思維的科學，應該是具體生動的統一。什麼叫具體生動的統一呢？前面我們講過三段論的格，比如：

$$M - P$$
$$\underline{S - M}$$
$$S - P$$

這裡我們只知道 M、S 和 P 這幾個詞項以及含有它們的命題之間的一些關係，但是不知道它們代表什麼。換句話說，三段論這個東西只有形式沒有內容。按照黑格爾的看法，要把內容引入，使形式與內容結合起來，才能達到兩者的統一。從這種思想來看，過去的邏輯顯然是不行的。因此，黑格爾甚至明確地說「邏輯需要一番全盤改造」，可見他要全面發展邏輯。

黑格爾的書叫《邏輯學》，厚厚的兩大卷。這裡我只能簡單地講一講。黑格爾要發展邏輯，他要建立自己的邏輯體系。但是他說他仍然要以純粹的科學理性 —— 邏輯 —— 作為出發點。當時他尋找了三個概念，一個是「是」（Sein），一個是「不」（Nichts），一個是「變」。這中間是有過渡的，由純粹的「是」到有具體內容的「是」是一個過渡，由「是」到「不」又是一個過渡，由純粹的「不」到含有具體內容的「不」又是一個過渡等等，這裡面都需要有一個「變」，關於這裡的細節，我們就不再做深入的解釋了。簡單地說，黑格爾從這三個概念出發，構造起自己的整個哲學體系。這裡我要提醒大家，這三個概念，我們過去中文翻譯為「有」、「無」和

「變」，我認為是錯誤的。因為黑格爾在講這些東西的時候，是從純邏輯的「是」和「不」出發的。純邏輯的基本句式是「S 是 P」，它的否定是「S 不是 P」，這才會引發真假的變化。因此「是」是他最出名的概念。我們以前批評黑格爾語言晦澀、思想不清楚。我想，他的思想含糊不清是一回事，但是由於我們翻譯所造成的曲解以及由此造成的含糊不清也是有的。這個問題最近幾年我談得比較多。大家可以去看看相關文獻。

　　這裡與邏輯發展相關的還有一件事情。黑格爾大概在一個地方談到了辯證的邏輯，後來人們認為邏輯的發展就是從先驗的邏輯到辯證的邏輯，認為這是邏輯的一個很重要的發展。康德在談邏輯的時候，除了使用「普遍的邏輯」一詞外，還使用過一個詞 —— 形式的邏輯，儘管只用了一兩次，這也是為了把以前的邏輯與他的先驗邏輯區別開。但是從康德以後，人們就把邏輯叫做形式邏輯，在康德之前是沒有這個說法的。與此相同，辯證邏輯一詞也是這麼產生的。恩格斯在做自然辯證法研究的時候，談到辯證法與邏輯的區別時，用了「辯證邏輯」這個詞。後來一些人就認為，辯證邏輯是一門學科，它的創始人是黑格爾，這個術語和學科的確立是源於恩格斯。其實恩格斯主要談的是辯證法。他還做過一個比喻，說形式邏輯好比初等數學，辯證法好比高等數學。但是在中國長期以來有一種說法，認為形式邏輯是低級的，辯證邏輯是高級的，並且認為這是恩格斯的觀點。請大家注意，恩格斯說的是辯證法，而不是辯證邏輯，這裡面的區別是很大的。至少直觀上就可以問：辯證法是不是等於辯證邏輯？這些問題我們就不進行詳細的介紹了，如果大家有興趣，可以看看我的書。

　　我們今天講的題目是〈邏輯的觀念〉，也就是說，「什麼是邏輯」是我們要考慮的核心問題。亞里斯多德當初把邏輯建立起來的時候有一個基本的思想。後來這些人提出的關於邏輯的各種理論如果違背了、扭曲了最初的這個思想，那麼我認為就不應該屬於邏輯的發展。透過上面的介紹，我們發現弗雷格的邏輯與亞里斯多德的邏輯看起來並不一樣，比如說形式化等是弗

雷格邏輯的發展，但它們本質上是相同的，也就是說，弗雷格的邏輯並沒有違背亞里斯多德邏輯的基本觀念，也是為了滿足「必然地得出」而進行的，所以可以叫做邏輯的發展。而另外這些人，比如我們講過的培根、穆勒、康德、黑格爾等人，他們也都想發展邏輯，但是他們所做出來的東西實際與亞里斯多德的邏輯觀念是不一樣的。為什麼不一樣？就是因為沒有亞里斯多德所說的「必然地得出」，也就是沒有有效性。所以我覺得這些思想就不能算作邏輯的發展。我在 2000 年出版了《邏輯的觀念》這本書，其中我提出歸納不是邏輯，辯證邏輯不是邏輯。很多人批評我，說我狹隘。在一次學術討論會上，我和一些人爭論起來。有人畫了一個圖：

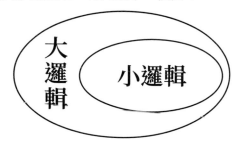

說他們的邏輯是大圈，我的邏輯是小圈。他們那個大圈包含我這個小圈。我則畫了另一個圖：

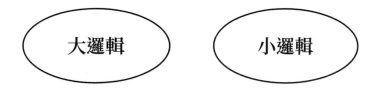

我說，我定義的邏輯是一個圈，你們定義的邏輯是另一個圈，互不搭界。我為什麼說這兩個圈是不搭界的呢？因為這裡就有一個邏輯的觀念問題。有時候，也有人當面問我：「你說，歸納邏輯是不是邏輯？」我知道這裡有文字遊戲的味道。其實，我的意思非常明確。我認為凡是符合「必然地得出」的才叫邏輯，要是不符合，就不是邏輯。亞里斯多德當時並沒有使用邏輯這個詞，但是我們公認他是邏輯學家，而黑格爾如此出名，而且寫了兩

卷本的《邏輯》，人們一般也不承認他是邏輯學家。所以在我看來，是不是邏輯與叫不叫邏輯是兩回事，關鍵在於是邏輯就必須符合邏輯的觀念。

最後還想多說幾句。邏輯一詞是被人們在日常生活中廣泛使用的，比如說「這個人真不講邏輯」，「那是你的邏輯」，「帝國主義有帝國主義的邏輯」等等，那麼請大家思考一下，日常生活中所說的「邏輯」一詞的意思與我們這裡講的「邏輯」的含義是一樣的嗎？

四、邏輯的作用

邏輯是研究推理的，而推理實際上是人們的一種思維方式，人的思維方式是很複雜的，我們畫一個圖。比如：

整個圈代表人的思維，裡面有一部分是邏輯，而另一部分有歸納、類比、比喻、直覺、辯證法等。那麼後面的這些東西與邏輯的區別就在於有沒有邏輯的觀念，儘管這些非邏輯的思維方式也是非常有用的，是我們生活中所離不開的。但關鍵在於我們要認識到，在我們的思維方式中，有一類與這些是不一樣的，這就是邏輯。邏輯是我們隨著生命的成長而逐漸掌握的一種能力和本領，但不見得我們隨著生命的成長就對它有很好的認識。在我看來，這種能力和本領不需要專門的訓練，但是對這種能力和本領的認識卻是

要經過專門訓練的。

　　經過學習我們知道，邏輯的核心概念是要保證從「真」的前提一定要得到「真」的結論。與此相關的是，不允許從「真」的前提得出假的結論。比如說，「A ⊢ B ∧ ¬ B」，它的字面意思是從一個前提得出了矛盾，或者說得出了假。因此它不是一階邏輯中的定理，不是恆真式（tautology）。有人可能會說，這裡也看不出 A 是真的呀！換句話說，如果 A 是假的，這個推理也有可能是成立的，即從假前提推出假結論。可是大家想一想，我們在日常生活中需不需要從假的前提得到假的結論的推理？我想，除了歸謬法（reductio ad absurdum）以外，這樣的推理可能是不需要的。而在歸謬法中，從假的前提到假的結論也只是推理過程中的一部分，整個歸謬法依然是要保證從真的前提一定得到真的結論。我們的認識，包括推理，都是為了獲得真的知識，所以得到假結論的推理本身也不是我們所希望的。從真的前提到真的結論無疑是我們最理想的推理，但是在日常生活中，我們推理的前提一定都是真的嗎？恐怕很多都值得懷疑，很多前提只是我們認為或相信它是真的。那麼在這種情況下，怎麼才能保證結論的真呢？檢驗或證實這樣的前提可能是非常複雜而困難的，有些甚至是做不到的。怎麼辦呢？我的建議是，努力做到保證你的推理過程是符合邏輯的。如果做到這一點，那麼即使尚無法證實或檢驗你的前提是真的，即使僅僅是你相信你的前提是真的，也沒有關係。因為，只要它們是真的，你的結論就一定是真的。

　　例如，在自然科學中有很多推理是這樣做的：假設一個前提集，經過推理，得出結論。這個結論是研究者需要的，推理過程是邏輯的。接下來該做的就是證實前提。因為如果前提是真的，那麼結論一定也是真的。在自然科學中，這些前提有些是公理、定理，是已經被證明了的，還有些是假說、實驗數據，這樣的東西有一套證明的方法，比如可以拿到實驗室證明。在這樣的證明過程中，常常要修正假說、修改數據，但是推理必須是邏輯的。道理其實也很簡單：只要保證前提是真的，推理過程是符合邏輯的，那麼結論一

定是真的，這是邏輯的作用。再比如，大家想想，偵探是怎麼破案的？破案的過程又是什麼樣的？偵探掌握了一系列線索，在這些線索的基礎上，他必須做一些假定，然後推理，得出他的結論。有了這個初步的構想之後，他需要的是去證實其中的細節，比如尋找證據。當然，在破案過程中，他需要不斷地修正他的假定，甄別所掌握的線索，一遍遍地反思甚至重新建立自己的推理。所以在破案的時候，一定有推理。在這一過程中，邏輯就會起作用。

邏輯在哲學當中也是非常重要的。中國一度曾把哲學的作用庸俗化，因此不少人對哲學有很大的誤解，好像哲學可以隨意地想怎麼說就怎麼說，甚至有人認為哲學就是把清楚的東西說糊塗了。這是非常錯誤的看法。在今天的講演中我提到了亞里斯多德和康德，他們是哲學史上最重要的哲學家。我們看到，亞里斯多德創立了邏輯，這顯然是為了使人們能夠更清楚地表達自己的思想和論證自己的思想。他認為邏輯是從事哲學研究時必然具備的修養，這顯然是不希望人們想怎麼說就怎麼說，更不希望人們把清楚的東西說糊塗了。康德探討哲學時始終依據邏輯，這顯然也不是想把哲學搞得不清楚。邏輯是科學。不僅亞里斯多德這樣認為，康德也是這樣說的。實際上，從亞里斯多德到康德都是希望把形而上學的東西做成科學，能夠在科學的基礎上來探討形而上學的東西。

哲學有一個特點，就是它既不像宗教那樣可以從信仰出發，只要我解決不了的都可以歸到上帝，比如宗教學家的名言「我相信所以我理解」；哲學也不像自然科學那樣從證明出發，利用實驗室來證明。最好的一個例子就是心理學，心理學在最初是依靠思辨的方法進行的，後來這門學科發展到完全可以利用實驗室證明的時候，就成為自然科學而不是哲學了。哲學研究的恰恰是一些先驗的東西。亞里斯多德認為形而上學是第一哲學，哲學是愛智慧，智慧是有不同層次的，最高的層次在亞里斯多德看就是形而上學。我認為這就是哲學，它既不能拿具體的經驗來證明，也不能拿純粹的科學理論來證明。亞里斯多德之所以建立邏輯這門科學，就是想使哲學也具有科學性。

哲學是人類智慧最高層次的東西，我們在探索知識的過程中，總是會遇到一些由於我們自身的局限性所無法回答的一些問題，那麼在思考這些問題的時候，我們應該借助一些科學的方法，邏輯是其中最主要的方法之一。而且邏輯的最大特點就是必然地得出，保證我們從真的前提一定得出真的結論。

以上就是我為大家講的「邏輯的觀念」，下面大家有什麼問題可以提出來，我們一起討論。

問：王老師，您好！我想問一下，亞里斯多德的那套理論是建立在希臘語的基礎上的，那麼他的理論是不是放之四海而皆準的？是不是運用到漢語中也是成立的？

答：我們知道，「S 是 P」是一種西方語言的表述方式，古漢語中沒有這樣的表述，即使在現代漢語中也可以不採用這種表述方式，比如「她臉紅了」，「王老師滔滔不絕」等。但是在西方語言中，to be 和 to do 是兩種基本的表達方式，特別是在表達認識的時候，to be 是最基本的表達方式，並且許多西方人認為，凡是 to do 的句式都可以還原成 to be 的句式，比如「He runs」可以還原為「He is running」。因為亞里斯多德在最開始時是利用這樣一種語言，並且考慮到這種語言的具體情況，所以他的邏輯理論是帶有這種語言的特徵的──S 是 P。但是到了現代邏輯，我們發現沒有這個「是」了，現代邏輯把「是 P」這部分看作謂詞，因為現代邏輯是從符號語言出發，不是從自然語言出發的。弗雷格在最初構造這套形式語言的時候有一個很了不起的思想：從邏輯推出數學。他說只要把數學的幾條公理還原為邏輯公理，我們就可以從整個邏輯推出數學。這個思想叫做「邏輯主義」，當然最後失敗了。但是它在客觀上造成了積極的作用。弗雷格最初構造邏輯的時候也是按照自然語言的主謂結構來做的，但是很快他發現數學裡面大量是表達關係的東西，比如大於、小於、等於等，他發現以「S 是 P」這種方式行不通了，因此改變了這種方法，構造了我們今天所擁有的這種形式語言。所

以我們說，亞里斯多德構造的邏輯固然展現了希臘語的語言特色，但是提出的邏輯的觀念，他刻劃的邏輯，或者說人類推理的機制，與使用哪種語言基本上是沒有關係的。而現代邏輯更不存在這個問題，它在漢語中也同樣適用。由此我們可以看出，邏輯具有普遍性，這門學科具有普遍性，並且這種思維方式也是具有普遍性的。

西方邏輯傳入中國以後，中國的學者紛紛開始尋找中國古代的邏輯思想，但是大部分學者都是按照亞里斯多德邏輯這樣一套思路研究中國邏輯，而忽略了邏輯的觀念。他們不是依循邏輯的觀念去研究中國邏輯，而是按照具體內容去講，這樣的結果就是，比如西方是主謂邏輯，中國也是主謂邏輯，西方有三段論，中國也有三段論。所以中國邏輯研究從一開始就存在著比較研究的成分，就是因為我們過多地考慮亞里斯多德邏輯中西方語言的特色，而缺乏對於現代邏輯普遍性的認識，特別是缺乏對邏輯的觀念的認識。這是語言在邏輯中的反映和由此帶來的問題。邏輯固然可以像萊布尼茲說的那樣「算一算」，但是作為一門學科，它在一開始創建的時候，亞里斯多德借用了自然語言與人們對於自然語言的知識，這是無法避免的。當然，作為史學研究，這也是非常有意思的事情。

（問答有刪節）

（本文是為清華大學歷史系做的講座，時間約為 2008 － 2009 年，由
該系研究生劉力耘根據錄音整理，經本人審訂）

第二章　金岳霖的邏輯觀

　　金岳霖（1895-1984）先生是中國著名邏輯學家，他對現代邏輯在中國的建立和傳播作出了開創性的貢獻。金先生離開我們已經 21 年了，但是他的一些學生依然健在，他的門人弟子如今活躍在中國邏輯教學和研究的第一線，與廣大的邏輯工作者，其中包括直接或間接受他思想影響的人一起，支撐著中國的邏輯事業。今年（2005 年）是金先生誕辰 110 週年。在這個緬懷金先生的日子裡，我想談一談金先生的邏輯觀。

　　邏輯是金先生一生的事業。不用說他的邏輯著作，即使僅僅閱讀他的哲學著作和文章，也可以體會到其中對邏輯的重視和強調，還可以學習到他的邏輯分析方法。而所有這些，都與他的邏輯觀密切相關。值得注意的是，金先生的邏輯觀並非始終如一，而是有很大變化的。因此，我談金先生的邏輯觀，也要探討他的這種變化。金先生畢竟曾經是我們身邊的人，是我們曾經或仍然崇敬和景仰的老師。他的邏輯觀受他學術經歷、知識結構和個人愛好的影響，也受時代變化、意識形態的影響，同時，他的思想對我們大家或多或少都有影響。因此，探討金先生的邏輯觀，至少我認為是有意義的。

一、歷史線索

　　今天談論金先生，由於情感因素，我們依然會把他看作身邊的人。但是另一方面，我們也以他身為一個歷史人物來談論。在後一種意義上論述他的思想，就有一個客觀性的問題。為了這種客觀性，我認為，首先應該從他留給我們的文獻和一些相關文獻來確定他的思想的發展和變化。這樣至少可以使我們看清楚，他的思想在什麼時候是什麼樣子的，因而也可以使我們盡可

能比較客觀地分析，他的思想先後有什麼樣的變化、變化的原因是什麼。基於這樣的分析，我們大概不至於因為金先生說過什麼而簡單地斷定他認為什麼。限於本文，我則想說明，金先生的邏輯觀究竟是什麼。

我認為，金先生的邏輯觀可以簡單地分為兩個階段：第一個階段是從學習到成熟的階段，第二個階段是變化的階段。如果人們願意，也可以把第一個階段再分為兩個階段，首先是學習和認識的階段，其次是成熟的階段。在我劃分的依據中，成熟是一個非常重要的標誌。所謂成熟，我是指形成一家之說。從學習邏輯和掌握邏輯的性質到關於邏輯的看法比較成熟，在這一過程中思想認識肯定是有變化的，但是這樣的變化是向著形成自己的邏輯觀而發展的變化。因此我對這一階段不再細分。而第二階段的變化與此不同，它是改變已有的成熟的看法。在這種意義上，變化雖然也是劃分的一個標準，但是它必須以成熟為前提，因而它不如成熟這一標準重要。

金先生對哲學發生興趣是在 1919 年，這時他是不是同時對邏輯也產生了興趣並開始閱讀邏輯著作，我們不太清楚。我們只知道金先生 1922 年在英國讀書的時候，讀了羅素的《數學原理》（*Principia Mathematica*），而且受它的影響很大。自 1926 年起，金先生到清華大學講邏輯。從 1927 年金先生發表的文章〈序〉來看，他那時已經在探討邏輯是什麼了，而且他談到傳統邏輯和符號邏輯的區別，並且明確地說明符號邏輯優於傳統邏輯。但是我們不知道他那時在課堂上講的是什麼內容，用的是什麼樣的教材。1931 年，金先生到美國哈佛大學與著名邏輯學家謝非教授一起學了一年邏輯，可以肯定學習和研究的是現代邏輯。從他回國後幾年間所發表的一些談論邏輯的文章也可以看出，他的興趣明顯在現代邏輯方面。1935 年，金先生的《邏輯》一書被印成講義 [1]，並於 1936 年被列入「大學叢書」由商務印書館正式出版。在隨後幾年所發表的文章，涉及邏輯的地方基本上沒有超出《邏輯》一書的範圍。

　　我認為，從 1919 年到 1936 年，可以看作金先生邏輯觀的第一個階段。也就是說，我以《邏輯》一書的出版作為他邏輯觀成熟的代表。當然，人們可以進一步探討，《邏輯》一書是從什麼時候開始被用作教材的，內容前後有什麼樣的變化和修改等，因而可以詳細研究，金先生的邏輯觀確切地說是在什麼時候形成的。但是，這不是本文所關注的問題。我只想指出，金先生肯定學習過傳統邏輯，但是從現有文獻來看，金先生最初接觸的文本是現代邏輯，而且大約在《邏輯》一書出版近十年前，他就寫文章探討傳統邏輯和現代邏輯的優劣，因此可以肯定，現代邏輯至少是金先生學習和教學中非常主要的一部分內容。而從《邏輯》一書來看，金先生所教的傳統邏輯內容，大概主要是對立四邊形及其相關的換質位推理和三段論。因此也可以推論，金先生的邏輯觀的形成主要是受了這兩方面內容的影響。

　　如果以 1936 年金先生的《邏輯》一書的出版為代表來確定金先生邏輯觀的成熟，那麼以什麼為代表來確定金先生邏輯觀的變化呢？而且，一種成熟的學術觀念不可能立即發生變化，總要持續一段時間。金先生的邏輯觀是在什麼時候發生變化的呢？如果我們仔細閱讀金先生的論著，就會發現一個引人注目的現象。從 1927 年的〈序〉到 1936 年的《邏輯》，再到 1948 年所完成的著作《知識論》，金先生基本上只談邏輯，很少談論「形式邏輯」，而到了 1950 年代，並從那以後，金先生總是談論「形式邏輯」。從具體的內容可以看出，金先生談論「形式邏輯」時主要有兩種含義：一種含義是用它指以前所談的邏輯，以便與辯證邏輯相區別；另一種含義是用它指傳統邏輯，以便涵蓋歸納，並與現代邏輯相區別。我認為，「形式邏輯」這一概念的普遍使用是一個代表，它代表著金先生邏輯觀的變化。而這一變化的時間大約是在 1950 年代。作為史學研究，人們可以具體探討這裡的一些細節，比如「形式邏輯」這一概念究竟是從什麼時候開始被金先生普遍採用的？它的直接和間接動機原因是什麼？但是這並不是本文所關注的。我只想指出，這一變化發生在 1950 年代。

有了以上的區別，下面探討金先生的邏輯觀也就有了一條可循的思路。我們首先探討金先生成熟的邏輯觀，然後探討金先生變化的邏輯觀。最後在這兩方面探討的基礎上，我們看一看可以獲得一些什麼啟示。

二、論「必然」

除了介紹邏輯系統和探討與邏輯系統相關的問題外，金先生論述邏輯的地方非常多，而且討論的角度也不同。比如，他探討過邏輯與邏輯學的區別，區分過邏輯與邏輯系統的不同，論述過邏輯的不同種類，也討論過邏輯與哲學、生活以及關於世界的認識的關係等。在這眾多討論中，由於涉及邏輯與其他東西的區別，因而「邏輯是什麼」就是一個無法迴避的問題。我們看到，雖然金先生開始曾認為「我們並不確切地知道邏輯是什麼，我們不能在任何嚴格程度上定義它」[2]，但是他始終沒有放棄對這一問題的探討。因此，儘管我們也許無法在金先生的著作中找到一個十分明確而清晰的邏輯定義，但是依然可以在他的那些討論中看到他關於邏輯的看法，由此掌握他的邏輯觀。

在金先生涉及邏輯性質的說明中，有一個詞出現得非常頻繁，那就是「必然」。在我看來，由於金先生是在探討邏輯的性質的時候使用了這個詞並且總是圍繞它來進行討論，因此它應該引起我們的重視。下面我就以它為主線來探討金先生的邏輯觀。

有人認為，金先生沒有正式提出關於邏輯的定義，但是非正式地提出過邏輯的定義，這就是「邏輯是研究命題與命題之間的必然關係的」，這雖然是金先生在課堂上常說的一句話，卻是「一個真正的關於邏輯的定義」[3]。根據這種看法，在金先生關於邏輯的定義中最重要的概念顯然是「必然關係」。我認為，這種看法是有道理的。但是以它來支持我的論述卻會有一個問題。金先生的這句話是他在 1959 年所寫的〈對舊著《邏輯》一書的自我

批判〉中提到的，因此引用這一段論述應該考慮他的變化的邏輯觀。我這樣說絕不是意味著金先生對自己過去的觀點總結得不對。在我看來，由於這是金先生在 1959 年說的話，而在這裡他提到了「形式邏輯」[4]，因而涉及形式邏輯的定義及其相關區別，問題比較複雜。由於我想把金先生關於必然的論述僅僅局限在他成熟的邏輯觀之內，因此我雖然同意上述觀點，但不能簡單地以它為依據；儘管 1936 年前後的說明似乎不如上述說明明確，卻依然需要在前者尋找文獻支持。

在金先生關於邏輯的說明中，與上述說明比較近似的有：

1）嚴格地說，邏輯是命題之間的一種特殊關係。[5]

這句話說明了邏輯是命題之間的關係，雖然指出了這種關係的特殊性，但是沒有說明它是一種什麼關係。不過直觀上就可以看出，有了這樣的看法，所需要的就是對命題之間的關係做出說明。在關於邏輯關係的說明過程中，金先生曾說，「『如果─那麼』這一關係歸根結柢乃是一種邏輯關係」[6]。金先生說的這一關係是典型的推論關係，顯然包含著前提和結論，因此有助於我們進一步理解命題之間的邏輯關係。但是由於金先生是透過舉例說明的方式來使我們理解邏輯關係，而不是對邏輯是什麼的說明，因此我們不能把它看作關於邏輯的定義。不過，從這裡其實可以看出，如果把它也看作金先生有關邏輯的說明，那麼還需要說明的問題則是：前提和結論之間的邏輯關係是一種什麼樣的關係？對此金先生則有比較明確的說明：

2）邏輯是一個命題或判斷序列，或可任意命名的從一個得出另一個的序列。但是它不是任意一個序列或具有許多可選序列的序列，它是一個序列並且只是這個序列。它是一個必然序列。[7]

這裡有關於命題之間關係的明確說明，即「從一個得出另一個的序列」。其中的「得出」實際上告訴我們，這樣的關係具有一種從前提到結論的結構：得出的命題是結論，而由之出發的命題是前提。「序列」則進一步

告訴我們，前提和結論是連繫在一起的，不能分開的。因此這樣一種關係表示了一種前提和結論的關係，也就是一種推理或推論的關係。

以上說明是金先生關於邏輯的一個基本說明。類似的說法還有許多。比如他認為，在說明邏輯的時候，可以從邏輯教科書的主要內容出發，人們不是區別命題和判斷，而是「僅探討它們，以便確定它們的關係，看是不是一個從另一個得出，並且建立起它們的序列」[8]。這顯然說的是命題與命題之間的推理，而且表明這樣的推理是人們在邏輯中主要關注的。又比如，他說：「相信邏輯包含相信整個邏輯過程。如果一個人相信導致一個結論的一組前提，那麼他就相信作為結論的過程。任何推理過程包含的步驟不要求獨立的信念，在這種意義上，邏輯節省了信念。」[9] 這裡金先生說的是人們關於邏輯的信念，因此既有關於邏輯的論述，也有關於信念的論述。但是如果把其中的信念去掉，則大致也可以看出邏輯是什麼，即邏輯是一個從前提到結論的推理過程。

不僅如此，2）中的「必然序列」還明白無誤地告訴我們，這種從前提到結論的關係是必然的。儘管金先生認為「必然」這一概念很難定義，但是他還是努力進行說明：

3）如果經過對給定前提的最後分析，一個並且僅有一個能從這些前提得出的結論保留下來，那麼一個序列就是必然的。[10]

這段說明無法令人滿意。什麼叫「最後分析」？「一個並且僅有一個……結論」是什麼意思？這樣的說明顯然是不太清楚的。但是金先生似乎只是用它說明自己的「態度」[11]，而不是當真用它來說明「必然」。這表明，在金先生看來，「必然」這一概念非常重要。除此之外，金先生還有另一段形象的說明：

4）「得出」一詞沒有時間或空間序列的意思。就像一條河有自己的流向，它大概說明阻力最小的方向，這是使原初思想的意義得以繼續的方

向。……思想中遇到最小反駁的方向就是使前提的意義得以繼續的方向。使前提得以繼續的方向就是「得出」。思想中「得出」的意思是指，如果一旦以前提的形式給出意義，則它是繼續的。如果前提的意義是簡明精確的，那麼只能找到一個繼續的方向，在這種情況下，就包含「必然」這一概念。[12]

這裡，金先生是想透過對「得出」的解釋來說明什麼是必然。但是這段說明同樣無法令人滿意。不是不可以透過「得出」來說明必然，問題在於金先生這裡的說明使用了比喻，而比喻總是不太清楚的。比如，什麼是「阻力最小的方向」？什麼是「思想中遇到最小反駁的方向」？按照這些比喻，我們當然可以大致體會到，這樣的方向是自然的、順暢的等，但是依然無法理解什麼是必然。這裡唯一與必然相關的說明大概是「只能找到一個繼續的方向」這一說法，它可以使我們與 3) 中的「一個並且僅有一個……結論」連繫起來考慮，因為它們的意思差不多是一樣的。這樣的說明字面上含有唯一性的意思，因此意味著應該不是任意的，應該不是隨意的。金先生大概是希望以這種能夠表達唯一性的方式來說明什麼是必然。但是他也知道，「這絕不是嚴格的」[13]。

以上 1) ～ 4) 都是金先生在 1927 年的〈序〉這篇文章中所說的。它們可以展現金先生關於邏輯的比較系統的論述。由此可以看出，金先生認為必然是邏輯的性質，但是關於什麼是必然，他沒有提出嚴格的說明。這樣的看法，在其他文章中也可以看到。比如下面的一些說法：

5) 如果論理學的定義 ── 狹義的定義 ── 是研究命題與命題間必然關係的學問，則論理 ── 論理學的對象 ── 的性質也就包含必然的性質。……論理的性質就是必然。[14]

6) 積極地說，邏輯就是「必然」；消極地說，它是取消矛盾。[15]

7) 表示「必然」之系統為邏輯系統。[16]

8）邏輯學的對象 —— 邏輯 —— 就是必然的理。必然的理當然沒有傳統與數理的分別。……邏輯學雖有傳統與數理的分別，而邏輯沒有，它只是必然的理而已。[17]

9）作者在所寫的《大學邏輯》那本書裡，作者曾表示邏輯命題為必然的命題，而所謂必然，一方面是不能假，另一方面不能不真。[18]

10）從必然說，邏輯命題相等。[19]

這些論述出現在 1931 年到 1948 年間發表的不同論著中。它們有的是在討論邏輯，並且討論必然本身，如 5）、9）、10）；有的是在討論邏輯系統，如 6）、7）；有的是在討論被人們稱為不同的邏輯的東西，如 8）。從這樣的論述可以看出，「必然」是金先生對邏輯的性質的最基本的說明，因此以必然來說明邏輯，在金先生不僅是顯然的，也是自然的。這大概與金先生的一種根深蒂固的認識有關，即他「本人向來主張只有一種邏輯」[20]。因此，你可以說這是邏輯，他可以說那是邏輯，但是在金先生看來，只有一種邏輯，而且萬變不離其宗，邏輯的代表就是必然。

三、邏輯系統的「必然」

以上討論局限在金先生的《邏輯》這部著作之外。而討論金先生的邏輯觀，不討論他的這部著作顯然是不行的。在這種意義上，僅有以上討論是不夠的。為了更清楚地說明金先生的邏輯觀，下面我圍繞他的《邏輯》這部著作來考慮他的思想。除了以上理由以外，這樣做還有兩個理由。其一，我認為《邏輯》是金先生成熟的邏輯觀的展現。其二，金先生在此前發表的論及邏輯的一些文章的一些重點章節，比如關於必然的探討，關於邏輯系統的探討，也收入這部著作。因此下面的討論可以說不僅是關於《邏輯》一書本身的討論，而且基本上涵蓋了金先生 1927 年以後有關邏輯的論述。

　　《邏輯》一書共分四部分。第一部分是傳統邏輯的內容，主要包括對當關係、三段論和命題推理。第二部分是對傳統邏輯的批評，主要也是圍繞以上三部分。第三部分是介紹一個邏輯系統，包括命題演算和謂詞演算。第四部分是關於邏輯系統的討論。我們的討論主要集中在第四部分，特別是其中與必然相關的論述。

　　金先生講的邏輯系統是羅素的邏輯系統。因此他所討論的邏輯系統的特點主要是從羅素的系統出發的。羅素的系統是一個一階謂詞演算的公理系統，所以金先生的討論也就沒有超出一階邏輯公理系統的範圍。強調這一點，主要是為了明確，思考金先生的一些論述，我們可以不做細節考慮，即只當他是關於邏輯系統的一般論述；也可以考慮細節，即想到他所說的一些具體的東西，比如他說的命題指的是一階邏輯系統中的公理或定理。這樣，在討論金先生關於必然的論述的時候，我並不刻意區分關於邏輯系統的一般論述和關於系統具體內容的細節討論，一如在金先生那裡這兩部分的內容和討論時常也是交織在一起的。儘管如此，我認為應該意識到這裡存在的區別。

　　金先生認為，「邏輯系統的特點就是必然」[21]；「邏輯系統所要表示的實質是『必然』。邏輯系統之所以為邏輯系統者，就因為它所要表示的實質是『必然』」[22]。這樣的看法顯然是關於系統的一般性論述，因為它們沒有涉及系統的具體內容。但是，這並不是金先生關於邏輯系統的全部一般性論述，他還有一些更進一步的論述。

　　金先生認為，「必然」有形式和實質的區別。「必然之形式雖不必然，而必然之實質是必然」[23]；「如果一個系統是邏輯系統，它所要表示的實質是『必然』」[24]；正因為一個邏輯系統具有這樣的性質，「所以不同的邏輯系統都是邏輯系統」[25]。這裡說的是邏輯系統，論述卻牽涉到系統內部。所謂「必然之形式」指的是系統中命題的形式，根據金先生的說明，則是恆真

式的形式（form of tautology）[26]。金先生基本上不區別恆真式和有效式，因此可以把他所說的必然之形式大致看作恆真式或有效式的形式。在金先生看來，這樣的命題或公式都是永真的，因而是必然的。但是這樣的必然不是邏輯系統的必然，與邏輯系統的必然是有區別的。金先生在這裡實際上是區別出兩類性質：一類是系統中的公理和定理的性質，另一類是由公理和定理所構成的系統的性質。一個邏輯系統中的公理和定理本身是必然的，但是所具有的形式卻不是必然的，因為它們可以有各種各樣的形式。邏輯系統的必然這樣的性質不是一個邏輯系統內部的命題所具有的必然這樣的性質。這樣，透過對照系統內部的東西，金先生進一步說明了什麼是邏輯系統的性質：

11）每一邏輯系統都是邏輯之所能有的一種形式，所以每一邏輯系統都代表邏輯，可是邏輯不必為任何一系統所代表。邏輯系統是一種形式，雖然是必然之系統，而本身不是必然的。邏輯的實質是必然，必然既不能不是必然，邏輯也不能沒有它的實質。[27]

由於一個邏輯系統的公理和定理與另一個邏輯系統中的公理和定理可以是不同的，因而一個邏輯系統與另一個邏輯系統可以是不一樣的。然而，儘管邏輯系統可以各種各樣，但是邏輯系統是必然的這種性質在各個系統卻是一樣的。因此，金先生稱邏輯系統的必然為必然的實質，並且堅持邏輯系統必須具有這樣的性質。在這裡，我們再次看到了金先生經常堅持的只有一種邏輯的觀點。粗略地說，一個邏輯系統中的命題是必然的，一個邏輯系統具有必然的性質，所有邏輯系統具有一種共同的性質，這就是必然。這些必然是不同層次上的，是有區別的。邏輯的性質實際上是由這些系統以及構成這些系統的命題展現出來的。因此，邏輯的性質是唯一的，而邏輯系統（的形式）不是唯一的，構成邏輯系統的命題（的形式）也不是唯一的。

邏輯系統是必然的，邏輯系統中的命題是必然命題，但是這並不是說邏輯系統中的所有東西都是必然。金先生非常明確地說，「必然不是算子，不

是運算，也不是一種簡單的關係」[28]，「定義無所謂必然」[29]。既然邏輯系統的性質是必然，那麼在論述邏輯系統的過程中，具體的關於必然的論述無疑是十分重要的。在金先生的說明中，有兩點值得注意。

一點是在「必然的解釋」這一標題下，金先生的討論涉及從真值表的角度所做的語義說明，儘管他沒有使用真值表這一概念。金先生說他從維根斯坦和袁夢西（拉姆塞）那裡知道了邏輯「有一種特別的情形。此情形即為以上所稱為邏輯的必然，或窮盡可能的必然」[30]。這裡所說的就是指類似於真值表這樣的方法是刻劃或判斷邏輯的必然的方法。所謂可能，包含了命題變元的元數和命題真值的個數，以及對不同組合的真假的考慮。金先生把這樣的考慮稱為「不同的態度」[31]。比如，一個含三個命題變元的表達式的真假可能性有 8 種，而對這 8 種可能性的態度可以有 256 種。金先生認為，其中「有一個承認任何可能，所以是必然的命題」[32]，一如引文 9）所說，既不能假，也不能不真。由此可見，雖然金先生使用了與「必然」相對的哲學概念「可能」來說明必然，但是他實際上是運用了與真值表相似的方法討論了他所說的邏輯的必然。真值表是命題邏輯的一種語義判定方法，今天已經是常識，因此金先生的這部分十分詳細的探討我們可以略過。但是他的上述說明顯然把這一方法的使用與邏輯的必然連繫起來，而且也由此明確地告訴我們什麼是必然的命題。這顯然是恆真式。

另一點是金先生關於「凡從以上所討論的必然命題所推論出來的命題都是必然命題」[33] 的討論。金先生認為，這樣說容易，但表示和證明都不容易。他的說明方式簡單而直觀，即說明羅素系統中的 5 個基本命題（帶「⊢」符號的命題）是必然命題，儘管他對每一個命題是必然命題的具體說明本身有些複雜[34]。對於這樣的說明方式，金先生是有想法的。在他看來：

12）有「⊢」符號的命題都是「必然」的命題。由此種「必然」的前提，根據「必然」的推論，我們可以得到「必然」的結論。邏輯系統

中的非基本命題的命題都是由基本命題，用合法的方法，而產生的命題。如果這些命題既都是「必然」的命題，這些結論的前提也得要是「必然」的命題。[35]

也就是說，邏輯系統中的命題都是必然的命題。它們分為兩類。一類是基本命題，另一類是非基本命題。基本命題是必然的命題，非基本命題也是必然的命題，從基本命題到非基本命題的推論也是必然的。可以看出，金先生所說的基本命題就是公理，非基本命題就是定理，從基本命題出發，用合法的方法來產生命題就是推理的證明。因此，金先生說明的就是今天一般所說的邏輯的公理系統的性質：從一個系統的公理出發，運用推理規則，得到該系統的定理。當然，金先生的說明不是特別嚴格，他說的也只是命題邏輯的系統，而且他的說明也沒有明確地區別句法和語義。但是他顯然認為，透過說明一個邏輯系統的公理是必然的命題，就可以說明該系統的定理是必然的命題。這樣也就可以理解，為什麼他要說明羅素系統的 5 個基本命題是必然的命題。

以上兩點是金先生關於邏輯系統的性質的主要說明，也是他關於必然的性質的說明。除了這兩點說明外，金先生還指出：

13）必然命題，不僅能普遍地引用於任何事實，而且也是推論的普遍公式。這一層似乎是近代新邏輯學的發現。此處的推論不是歸納方面由相當證據而得到相當結果的推論，它是由前提而得到結論的推論。這一種推論都有它們的普遍公式，而各種不同的推論公式，在一邏輯系統範圍之內，都可以用必然命題表示之。[36]

金先生大致強調了兩層意思，一層意思是要區分出邏輯系統之內的東西和邏輯系統之外的東西。邏輯系統中的是必然命題，相應的邏輯系統之外的則是推論的普遍公式。這裡顯然是有區別的。雖然金先生沒有具體的詳細的說明，但是他顯然意識到它們的不同。當金先生 1950 年以後區別「蘊涵」

和「所以」而論證推理的階級性的時候，在某種程度上也考慮了這裡的區別。另一層意思是金先生關於邏輯與歸納的區別。邏輯的推理用必然命題表示，而歸納推理不能用必然命題表示，因此它們是不同的東西，這大概也是金先生在《邏輯》中不考慮歸納的主要原因。

四、變化的「邏輯」與「必然」

1950 年以後，金先生在談論邏輯的時候，似乎不太願意使用「邏輯」，而總是使用「形式邏輯」一詞。金先生從什麼時候開始這樣做的，為什麼這樣做，我不太清楚，但是他大概至少從 1950 年就開始這樣做了 [37]。在我看來，金先生所說的形式邏輯，開始時往往就是他以前所說的邏輯，但是後來也的確與以前所說的邏輯不同了。也許正是由於形式邏輯的涵義有了變化，因此金先生在使用形式邏輯一詞的時候是有一些區別的。研究金先生的邏輯觀，我認為這些區別是值得注意的。

首先值得注意的是字面上的區別。比如在《羅素哲學》一書的開始部分，金先生指出，「羅素對哲學與邏輯（形式邏輯）的關係的看法是前後矛盾的，或者至少是文字上矛盾的。我們的問題是形式邏輯（包括數理邏輯）在羅素哲學中的地位問題」[38]。後來他又批評羅素的形而上學的特點「是由於歪曲了形式邏輯 —— 普通形式邏輯或數理邏輯 —— 而產生的」[39]。金先生的批評是明確的，對問題的闡述也是清楚的。但是引人注目的是其中使用的括號和破折號。這些符號表明，所修飾的用語是有歧義的或不清楚的，至少是需要解釋的。具體來看，批評羅素關於邏輯與哲學的看法，因而談論邏輯與哲學的關係，應該是自明而顯然的。但是金先生在「邏輯」一詞後面加上「形式邏輯」做說明，意思當然是說，這裡的邏輯是指形式邏輯，而不是其他什麼東西。給人的感覺是，金先生似乎擔心讀者會發生誤解，擔心讀者以自己頭腦中的「邏輯」概念理解羅素的「邏輯」。這就說明，在金先生這

裡，邏輯與形式邏輯是有區別的。此外，一般人使用形式邏輯一詞的時候大概不考慮數理邏輯，而金先生強調要包括數理邏輯，因此他在「形式邏輯」一詞的後面加上「包括數理邏輯」。這也進一步說明，形式邏輯一詞本身有歧義，或者金先生擔心它是有歧義的。至於把「形式邏輯」解釋為「普通形式邏輯或數理邏輯」，雖然不能說沒有消除形式邏輯的歧義，但是畢竟給人有些怪的感覺。

其次值得注意的是與辯證邏輯的區別。在 1950 年以後的 20 多年間，金先生多次談到形式邏輯與辯證邏輯的關係，雖然金先生對辯證邏輯討論得很少，並且一般總是盡量使自己的討論局限在形式邏輯的範圍裡，但是在論述邏輯的時候，他常常要把辯證邏輯放在前面，這一點在他談論建立統一的邏輯學體系的時候表現得最為充分。他明確地說：

14）辯證邏輯、數理邏輯、普通的形式邏輯、邏輯史各方面的工作者都可以參加，也都應該參加到這一工作中來。[40]

按照以上關於形式邏輯的理解，它包括普通的形式邏輯和數理邏輯，因此這裡講的是辯證邏輯、形式邏輯、邏輯史三個方面。這樣的排序無疑顯示出辯證邏輯比形式邏輯更為重要，同時似乎也可以表明，辯證邏輯是邏輯中最主要的東西。金先生的一些解釋是：「我們說的邏輯雖然有形式邏輯，然而顯然不就是形式邏輯，不只是形式邏輯，重點不在形式邏輯，主流不是形式邏輯。這個統一的邏輯已經長期地存在了，在今天我們應該承認它已經廣泛地存在了。」[41] 這表明，前面的排序不是隨意的，而是基於一種認識，即邏輯的主體是辯證邏輯，而不是形式邏輯。金先生讚頌「革命導師們已經把辯證法或辯證邏輯和形式邏輯結合得天衣無縫」[42]，希望邏輯工作者能夠「把這個結合分析出來，綜合起來」[43]。這裡金先生關於辯證邏輯的優先性的認識和建立統一邏輯的願望表達得非常明確，但是在遣詞造句上卻有些煞費苦心。「辯證法或辯證邏輯」這一用語可以保證金先生的這個解釋沒有什

麼問題：即使我們不知道什麼是辯證邏輯也沒有什麼關係，因為只要有辯證法就夠了，而在革命導師那裡，辯證法總是有的。

我認為，金先生這裡涉及辯證法的論述值得注意。金先生注意區別形式邏輯和辯證邏輯，甚至嚴厲地批評過形式邏輯，但是他似乎從來也沒有批評過辯證邏輯。儘管如此，關於辯證邏輯是什麼，以及關於辯證邏輯的具體內容，金先生的論述非常少。而在僅有的為數不多的論述中，在我看來，幾乎都涉及辯證法。比如，金先生談到認識與外界有兩個根本性的矛盾，「一個大矛盾是客觀事物的不斷運動變化發展和思維認識的僵化，客觀事物的普遍連繫和思維認識的孤立化，客觀事物的整體性和思維認識的零碎化等的矛盾。另一個大矛盾是客觀事物的確實性和思維認識經常出現的不確定性的矛盾。……解決前一個矛盾的主要是辯證邏輯。解決後一個矛盾的主要是形式邏輯」[44]。這裡，字面上金先生確實是在區別形式邏輯與辯證邏輯，但是如果說他是在區別形式邏輯與辯證法，難道會有什麼問題嗎？如果說會有問題，那麼會比說他是在區別形式邏輯與辯證邏輯的問題更大嗎？又比如，金先生認為，「任何東西都有辯證法。我們不能把辯證的東西排除在形式邏輯的範圍之外。……如果我們把辯證的東西排除在形式邏輯之外，形式邏輯就會沒有任何內容」[45]。這裡無疑是在探討形式邏輯與辯證法的關係。只是不知道，這裡說的辯證法與辯證邏輯有沒有關係？如果有，有什麼樣的關係？

引文 14）發表於 1961 年。與它形成鮮明對照的是，1978 年金先生在全國邏輯討論會的開幕式上說：

15）我希望大家在形式邏輯、數理邏輯、邏輯史和辯證邏輯等方面廣泛地開展研究。[46]

這裡值得注意的有兩點。其中一點就是辯證邏輯仍然被提到，但是只排在最後，而且排在邏輯史之後。這說明，從邏輯的角度看，金先生似乎認為它甚至不如邏輯史重要。我認為金先生關於辯證邏輯的論述是有意思的，從

史學的角度也許可以探討許多東西。比如，他的不同論述是在不同年代做出的，這些不同年代對學術討論造成了不同影響。那麼是不是這些不同影響導致金先生做出了不同的論述？但是我不探討和分析這樣的問題。以上分析只是說明，從文獻的分析和討論可以看出幾點。第一，金先生確實明確談到辯證邏輯。第二，金先生對辯證邏輯是什麼的論述是不清楚的，他也沒有試圖去論述它。第三，金先生在不同時期，對辯證邏輯在邏輯中的地位的看法是不一樣的。第四，在金先生的論述中，辯證邏輯與辯證法幾乎是不區分的，有時候甚至就是同義的。第五，金先生很明確地把辯證邏輯與形式邏輯區別開來。

　　以上我們談論金先生關於形式邏輯和辯證邏輯的區別。從中可以看出，金先生承認「辯證邏輯」的提法，個別時候也談到過辯證邏輯，但是對於什麼是辯證邏輯，他卻幾乎從來沒有討論過。因此，論述金先生的邏輯觀，雖然可以說加入辯證邏輯是金先生後來在邏輯方面的一個變化，但是畢竟看不清楚這部分內容究竟是什麼，也就是說，我們不知道在金先生的眼中，辯證邏輯到底是什麼。鑑於金先生對待辯證邏輯的態度一般來說是小心謹慎的，我們在探討和評價金先生的有關思想時也應該非常慎重。我認為，在與辯證邏輯相區別的意義上，金先生談論形式邏輯有可能是為了給自己論述邏輯限定一個範圍。這裡的原因可能非常複雜。由於不分析和討論這背後的原因，因此我不從這一點來分析和評價金先生的邏輯觀的變化。

　　在引文15）中，另一點值得注意的是形式邏輯和數理邏輯被分別提及，而且「形式邏輯」前面沒有再加「普通」二字。這就涉及形式邏輯與數理邏輯的關係。由於這是金先生在最後幾年的學術生涯中講的話，因此可以看作他最終的看法。在此前的20多年裡，如上所說，金先生曾經以「形式邏輯」來說明邏輯，以「包括數理邏輯」或以「普通形式邏輯或數理邏輯」來說明形式邏輯。即使不能認為這樣的說明表明金先生在使用邏輯名稱上存在著含糊、不確定、猶豫，甚至背後可能還有一些特定的想法，至少也可以看出，

他認為這些名稱所表達的東西是不同的，是有一些區別的。這樣不嫌冗贅的說明無疑是為了盡量避免這裡可能會造成的混淆。實際上，在他的論述中，這樣的區別是經常存在的。比如他說：「我們知道形式邏輯是研究正確思維的初步形式及其規律的科學（我們只從普通的形式邏輯立論，數理邏輯不在本文討論範圍之內）。」[47] 這裡，他在談到形式邏輯的時候又小心地區別了普通的形式邏輯與數理邏輯，而且這樣的區別又是在括號中做出的 [48]。對照之下，我們確實可以認為，在引文 15）中，形式邏輯與數理邏輯已經得到明確的區別。

五、絕對與相對的「必然」

金先生一生有兩本邏輯著作（普及性的簡明讀物除外），一本是 1936 年出版的《邏輯》，另一本是 1979 年出版的《形式邏輯》。前一本是他自己撰寫的，後一本是他主編的。這兩本書不僅書名不同，而且內容也不同。前面我們討論過金先生在《邏輯》一書中關於邏輯系統的看法，並由此討論過金先生關於邏輯的看法。現在我們則可以看一看金先生在《形式邏輯》一書中關於形式邏輯的看法。

我們知道，金先生從 1961 年開始主持討論《形式邏輯》一書，並於 1963 年完成初稿，1965 年交給出版社，最終在 1979 年正式出版 [49]。如果把這看作一個過程，那麼也可以說金先生關於形式邏輯的看法有一個發展、形成並最終確定的過程。比如他在 1962 年的一篇文章中說：

16）為什麼形式邏輯，特別是普通的形式邏輯，只限於恆真式的形式結構呢？如果有這樣的限制的話，概念怎麼辦呢？定義怎麼辦呢？一般的判斷怎麼辦呢？歸納怎麼辦呢？我認為把普通的形式邏輯限制到恆真式的形式結構是說不通的。[50]

這裡再次出現了關於形式邏輯的解釋，這大概可以說明關於形式邏輯與

數理邏輯的區別依然沒有完全確定下來。這裡關於恆真式的結構的討論則顯然是指數理邏輯。至於這裡所說到的概念、定義、判斷、歸納等，雖然指的是普通的形式邏輯，卻是後來《形式邏輯》一書的重要組成部分。由此可以看出，金先生顯然是認為，關於恆真式的討論與關於概念、定義、判斷、歸納等的討論是不同的。如前所述，在金先生看來，恆真式是必然命題，它們構成邏輯系統，因此它們是與邏輯系統的必然這種性質相關的東西。關於形式邏輯的討論之所以要突破這種限制，乃是因為要涵蓋概念、定義、判斷、歸納等東西，而這些東西顯然不具備恆真式這樣的性質，因而不具有與必然相關的性質。如果我們分析得再仔細一些，其實還可以看出，概念、定義、判斷、歸納等雖然是傳統邏輯或後來《形式邏輯》一書的重要組成部分，卻不是其中的全部內容，尤其是，它們並不是其中的最主要的部分。傳統邏輯或後來的《形式邏輯》中最主要的部分，比如三段論，在這裡恰恰被省略了。我認為金先生這樣做並不是隨意的，因為像三段論這樣的東西恰恰表達了必然性，是與必然相關的東西。因而關於它們的討論與關於恆真式的形式結構的討論不僅不矛盾，而且是完全相容的。因此，金先生關於邏輯的看法雖然在表達上有了變化，比如使用「形式邏輯」，甚至使用「普通的形式邏輯」來擴大邏輯的範圍，但是關於邏輯是什麼的界線，即關於他心中的「必然」的界線，始終是清楚的。

此外，這裡關於歸納的論述也是值得注意的。從引文 14）和 15）可以看到，在金先生談到形式邏輯與辯證邏輯的關係及其排序的過程中，沒有歸納的地位。而從 16）則可以看出，他在那些地方雖然沒有談及歸納，卻是把歸納包含在形式邏輯或普通形式邏輯之中了。因此，字面上看不到歸納，實際上卻有歸納。在邏輯中從排除歸納到包含歸納，這顯然也是一種變化。與辯證邏輯不同的是，金先生對歸納有許多理解，他甚至明確地從「必然」這種性質的角度論述了歸納。因此我們可以分析一下金先生有關歸納的一些論述，由此看一看他的邏輯觀的發展變化。

　　前面說過，金先生的《邏輯》一書排除歸納，但是後來他對自己的思想提出了批判。金先生指出，以前自己常說「邏輯是研究命題與命題之間的必然關係的。這裡說命題、說關係，顯然是把蘊涵和推論都包括進去了。所說的蘊涵是必然的蘊涵，所說的推理是必然的推論」[51]，由於自己認為邏輯是研究必然的科學，因而把歸納排除到了邏輯範圍之外，但是自己的「這個看法是錯誤的」[52]。既然認為邏輯不應該排除歸納，就要說出理由。由於認為邏輯是研究必然的科學，就要檢討有關必然的看法。為了說明這裡的問題，我把金先生的一大段話引錄如下：

　　17）就是現在，我還是認為演繹的蘊涵是必然的蘊涵，演繹中的推理是必然的推論。頭一個重要的問題是，必然究竟是什麼樣的必然。簡單地說，原書所說的必然是窮盡可能的必然，我現在還是傾向於這個看法。假如我們把這叫做必然的性質的話，我現在仍然認為它的性質就是這樣。問題不在這一點上。問題是第一節裡所已經提出過的：這個必然是有對的呢？是無對的呢？是相對於時間、地點、條件的呢？是不相對於時間、地點、條件的呢？正確的看法是承認必然的相對性、有對性。相對於時間、地點、條件的必然是具體的必然，它所包含的可能是具體的現實的可能。這樣的必然一方面是相對於我們一時一地所達到的科學水準的，另一方面是相對於具體條件之下的客觀規律的，這樣一個看法之下的必然是客觀事物的必然的反映。這樣的必然是活的必然，不是死的必然；是辯證的必然，不是形而上學的必然。不誇大這個必然，不抹煞它的有對性。演繹中的必然，它的必然的蘊涵和必然的推論就不是和歸納所能有的必然對立的。排除歸納的不是科學的必然，而是形而上學的必然。批判了對於必然的這個錯誤的看法之後，排除歸納的「理由」之一就不存在了。[53]

　　我認為這段話很有意思，特別值得我們認真分析。

　　在這段話裡，金先生對自己提出了批評。他對「必然」進行了分析，

認為「必然」是有對的、相對的，這樣的必然是相對於當下的科學水準和具體條件下的客觀規律的，「是客觀事物的必然的反映」。歸納所能有的必然大概就屬於這一類。因此，既然認為邏輯是研究必然的科學，排除歸納就是錯誤的。字面上就可以看出，金先生還暗含著一些意思，比如演繹的必然是死的必然，是形而上學的必然，而歸納的必然是活的必然，是辯證的必然，甚至也許可以是「科學的必然」。如果不從史學的角度出發，大概很難理解這裡的「辯證的」所含的褒義和「形而上學的」所含的貶義。但是我們至少從「活的」和「死的」這些字眼可以清楚地看出這裡的褒貶。因此，這些用語本身就表明了金先生對自己的批判。從學理上看，金先生的批評則可以說僅僅是針對「必然」一詞的用法和理解。他的意思實際是說，有兩種必然：一種是演繹的必然，另一種是非演繹的必然[54]。既然說邏輯是研究必然的科學，就不應該把邏輯僅僅限於演繹。歸納是一種現成的非演繹學科，排除它當然是錯誤的。因此，金先生使人們可以相信他從學理上也對自己進行了批判。

　　但是我認為引文 17) 的意思絕不是這樣簡單，實際上它分為兩部分。剛才說的都是其中的第二部分，此外還有第一部分，即其開始部分。在這一部分，金先生無疑是在維護自己以前的看法。「我還是認為」、「我現在仍然認為」，這兩句話的潛臺詞不過是說，「我那時關於必然的觀點是正確的」。這實際上反映出金先生仍然在堅持自己的看法[55]。前面我們說過，1950 年以前關於必然的看法是金先生的成熟的邏輯觀。由此也可以說明，無論金先生的邏輯觀後來有什麼樣的變化，他的成熟的邏輯觀其實並沒有什麼改變。

　　但是這裡顯然就有一個矛盾。一方面金先生堅持自己的觀點，另一方面他又批評自己的觀點。也就是說，從文字上來看，金先生確實批評了自己；從理論上說，金先生也可以使人們相信他批判了自己。但是實際上他仍然堅持了自己的觀點。充其量也只能說，金先生表達了這樣一種意思：邏輯是研

究必然的科學，這是不錯的；問題是「必然」一詞還有其他意義，考慮到其他意義，則可以說邏輯排除歸納是錯誤的。換句話說，邏輯的必然與歸納的必然是不同的，但是它們的必然也不是對立的。我們看到，金先生在講到演繹和歸納的應用時的一些說明也是基於這樣的看法和論證方式的。比如他認為，「脫離了具體的時間、地點的演繹還可以騙人，脫離了具體的條件的歸納根本就騙不了人。那個形而上學化了的『必然』是不能引用到歸納上去的」[56]。這裡的「騙人」無疑是貶義的，由此字面上依然可以使人相信金先生對自己進行了批判。但是「可以騙人」和「根本就騙不了人」大概還可以表明，兩者作為方法是有區別的。可以騙人和不能騙人似乎只是一種能量上的區別，但是「根本」一詞的使用卻絕不僅僅是說明能量的，它似乎至少可以說明，這兩種方法是完全不同的。又比如，金先生認為，「針對一時一地的具體條件和該時該地的科學水準，正確的歸納推論是必然的」[57]，「不以形而上學化了的『必然』做標準的話，我們就沒有理由認為歸納推論一定不可能是必然的」[58]。這些論述雖然強調了歸納是必然的，但都是有前提的。正是由於有這些前提，因此這裡所說的必然都是非常弱的，與演繹的必然是完全不同的。此外還可以看到，金先生的表達也是非常弱的。一方面，他在歸納推論的前面加上「正確」一詞，因而實際上並沒有說出歸納推理是必然的，一如他甚至說錯誤的演繹「推論也不是必然的」，這實際上也就沒有說演繹推理不是必然的[59]。這確實給人一種奇怪的感覺：難道論述演繹的必然與歸納的不必然需要有「正確」和「錯誤」之分的考慮嗎？另一方面，他以否定的方式來表達，因而終究也沒有肯定地說出，我們有理由認為歸納推論一定是必然的。

六、我的幾點看法

在金先生的學術生涯中，他表現出兩種邏輯觀。在 1950 年以前，他講邏輯，談論必然，排斥歸納，絲毫不談辯證邏輯。而在 1950 年以後，一方

面，他講形式邏輯，涵蓋歸納，明確與數理邏輯的區別；另一方面，他講形式邏輯，注意其與辯證邏輯的區別，迴避或謹慎地談論辯證邏輯。這兩種邏輯觀的差異顯然是很大的。人們一般會認為，一個人的思想總是從不成熟向成熟發展。但是我卻稱金先生前一個邏輯觀為成熟的邏輯觀，而稱他後來的邏輯觀為變化的邏輯觀。也就是說，我並不因為金先生後來邏輯觀的變化而認為他前期的邏輯觀是不成熟的。我之所以這樣認為，是因為無論金先生的思想怎樣變化，他前期對邏輯的看法在後期實際上並沒有改變。他在批判自己的時候仍然堅持說「我還是認為」、「我現在仍然認為」就是最好的說明。但是他關於邏輯的一些說法確實有了變化，因而也似乎表現出兩種邏輯觀。現在需要的是探討這兩種不同的邏輯觀。

在金先生的邏輯著作中，「必然」是出現得比較多的一個概念，也是金先生論述邏輯的性質的核心概念。前面我們在論述金先生的成熟的邏輯觀的時候，看到了他如何圍繞這個概念說明邏輯的性質，而在論述他的變化的邏輯觀的時候，也看到了他如何圍繞這個概念對自己進行批判，因而擴展了邏輯的範圍。因此，即使不考慮文本以外的東西，我們也可以圍繞著金先生這一思想變化來探討金先生的邏輯觀。

概括起來，金先生用「必然」說明邏輯的性質，有如下幾種不同的表述：

簡單的：邏輯是研究必然的。

複雜的：邏輯是研究命題與命題之間的必然關係。

比喻的：從一個思想得出另一個思想，如同一條河流沿著自己的流向，這個流向是唯一的，阻力最小，這就是必然。

精確的：邏輯系統是必然的。

這幾種不同的表述可以分為兩類，前三種為一類，第四種為一類。如同前面分析的一樣，我們可以把前三種表述和第四種表述分開考慮。前三種表

述分別來看並不是特別清楚。但是如果把它們綜合起來就可以看出，金先生所說的「必然」是指從前提到結論的推理，因而邏輯是指具有專門性質的從前提到結論的推理過程。綜合了這三種考慮，我們就可以看出，金先生關於邏輯的性質的表述與亞里斯多德的說明是非常相似的。亞里斯多德說：

一個推理是一個論證，在這個論證中，有些東西被規定下來，由此必然地得出一些與此不同的東西。[60]

這顯然是刻劃了一種從前提到結論的關係，即「A ⊦ B」，而且這種關係是「必然地得出」。金先生關於邏輯的表述之所以與亞里斯多德非常相似，是因為他所刻劃的幾種要素與亞里斯多德刻劃的完全一樣：前提和結論，必然和得出。不同之處在於，亞里斯多德的看法是以定義的方式說出的，而金先生的看法是綜合了以上三種說法而得到的。相比之下，金先生的表述顯然不如亞里斯多德的表述清楚明確。

我在探討亞里斯多德邏輯的時候曾經說過，亞里斯多德關於邏輯的這個定義是比較含糊的，這是因為他雖然提出了「必然地得出」，但是他沒有說明什麼是「必然地得出」。也就是說，他並沒有像我們今天那樣從句法和語義的角度明確地說明什麼是「必然地得出」。但是由於亞里斯多德建立了三段論系統，因而為我們提供了一種模式，這個模式告訴我們，滿足這樣的東西，就可以保證我們從真的前提一定得到真的結論。這樣，他雖然沒有從理論層面上明確地說明什麼是「必然地得出」，但是他以三段論的方式具體地告訴我們什麼是「必然地得出」[61]。金先生不僅關於邏輯的表述與亞里斯多德相似，而且具體做法也是相似的，因為他還有第四種表述，因而他也具體地提供了一個邏輯系統，並且在關於系統的討論中說明了什麼是必然。他不僅說明邏輯公理系統中的恆真式是必然的，而且說明不同的邏輯系統的性質是必然的，並且還由這兩種必然進而說明邏輯的必然。由此也就說明，即使金先生關於「必然」的論述有些含糊，因而關於邏輯的性質沒有明確的說

明，但是結合他關於邏輯系統的說明，我們還是可以看出什麼是邏輯。因此可以說，金先生與亞里斯多德的相似之處絕不僅僅是在關於邏輯的表述上，應該說他們的看法也是一樣的。

我認為金先生與亞里斯多德關於邏輯的看法是一樣的，表述是相似的，這並不意味著我認為他們沒有區別。在我看來，即使看法是一致的，由於表述的差異，也可能會造成一些區別，甚至造成看法上的差異。金先生與亞里斯多德在關於邏輯的表述上的最大區別在於，亞里斯多德的表達可以簡化為「必然地得出」，而金先生的表達簡化為「必然」。

結合各自表述的背景，可以說亞里斯多德的「必然地得出」和金先生的「必然」的意思差不多是一樣的。這從前面的論述可以看得很清楚。但是如果不考慮各自表述的背景，那麼這兩個表述的區別就是非常大的。從字面上看，在亞里斯多德的表述中，「必然地得出」中的「得出」本身隱含著從一個東西到另一個東西，或者一個東西跟在另一個東西之後，其中的「必然」則表明兩者之間的關係。而在金先生的表述中，「必然」一詞在字面上顯然展現不出這樣的關係。因此，從對邏輯的性質的表述來說，「必然地得出」是清楚的，而「必然」是有缺陷的，因而是不清楚的。這樣的問題，在金先生早期關於邏輯的性質的表述中問題不大，因為他可以透過其他方面的補充來說明什麼是「必然」。但是當金先生要表述一種變化的邏輯觀的時候，無論這樣做的原因是什麼，「必然」這種表述上的缺陷正好為金先生提供了做文章的機會。這一點，在他關於歸納的論述中表現得非常清楚。

如前所述，金先生批判自己早期把歸納排除在邏輯之外的學理依據就是關於「必然」的看法。「必然」無疑是哲學討論中的一個重要概念。哲學家們一般認為有相對的必然和絕對的必然，必然和偶然是相對的，必然中孕育著偶然，偶然中孕育著必然。無論這樣說是不是清楚，哲學家們總是可以找到解釋的辦法，因而總會提出各種各樣的解釋。所以，關於必然不僅可以

有各種各樣甚至完全對立的描述和說明，而且這些描述和說明似乎都可以是有道理的，至少不能斷然就說是沒有道理的。問題是，這樣的解釋都是圍繞著「必然」這個概念進行的，而不是圍繞著「得出」進行的，更不是圍繞著「必然地得出」進行的。金先生恰恰是圍繞著「必然」這一概念對自己的邏輯觀進行了批判，而且他的討論，比如「相對於時間、地點的條件」、「相對於一時一地所達到的科學水準」等，恰恰也是從哲學角度出發的，而且他的一些表述，比如「活的必然」、「死的必然」、「辯證的必然」、「形而上學的必然」、「科學的必然」等，在哲學討論中也許是有意義的，但是對於邏輯本身的討論來說，是沒有什麼意義的。由於所討論的僅僅是「必然」，而不是「必然地得出」，這樣的討論甚至可以說與邏輯根本就沒有關係。在我看來，正是由於「必然」本身的含糊性，因此金先生一方面可以對自己排除歸納的邏輯觀進行批判，並試圖把歸納容納進來，同時他也可以在同樣的討論中冠冕堂皇地堅持自己以前的觀點沒有錯誤，因為那裡講的「必然」是「必然的推論」、「窮盡可能的必然」，也可以說是「必然地得出」。

　　我之所以認為引文 17）很有意思，是因為我在其中看到了智慧，同時也似乎感覺到了詭辯。智慧的展現不一定需要用詭辯，但是進行詭辯一定是要有智慧的。我認為並且試圖想像，面對引文 17），贊同金先生成熟的邏輯觀的人可以不理會他那些關於變化的邏輯觀的論證，並同金先生一樣「還是認為」，「仍然認為」他的成熟的邏輯觀是正確的；不懂或者不滿意金先生成熟的邏輯觀的人則可能會為金先生的這種論證歡欣鼓舞，他們以為金先生承認了錯誤，並在金先生變化的邏輯觀中為他們自己關於邏輯的看法找到了合適的依據。金先生為什麼會進行這樣的論證，這一點還是留給史學家們去深入考證吧！我只是想指出，「必然」一詞的使用無疑給金先生留下了這樣論證的空間，而且是一個表面上很有道理的似乎非常理想的空間。

　　如果說由於金先生有許多關於「必然」的論述，因而圍繞著「必然」我們還可以進行一些討論的話，那麼關於辯證邏輯我們就幾乎無法進行討論。

這裡，我們可以看一看金先生在其主編的《形式邏輯》一書中關於辯證邏輯的一些論述。這部分內容加起來大約一頁半紙，闡述了以下一些觀點：

其一，辯證邏輯是正在開始研究的一門學科，關於它的一般特徵和具體內容，還沒有取得一致的意見。

其二，辯證邏輯與形式邏輯有兩點區別。

其三，在認識過程中，辯證邏輯和形式邏輯相輔相成。

在這三部分內容中，依然表現出金先生在談論辯證邏輯時一貫的謹慎，但是一些差異還是可以看到的。其中最主要的是在區別辯證邏輯和形式邏輯的時候，不僅說明它們如何不同，而且強調兩者「是分別地研究思維形式之間不同方面的關係的」[62]。第一條婉轉而明確地表明辯證邏輯很不成熟。基於這兩點，我們也就可以理解為什麼金先生在引文 15) 中會把辯證邏輯排在最後，而且我們還可以相信，金先生以前說過的所謂邏輯中「重點不在形式邏輯，主流不是形式邏輯」的觀點最終還是被否定了，至少被含蓄地否定了。

對照《邏輯》與《形式邏輯》，我們可以看出，在前者沒有關於邏輯的定義，但是在介紹了邏輯系統之後有關於邏輯系統和邏輯的討論，其中談到「必然」。而在後者，一開始就把邏輯定義為「是一門以思維形式及其規律為主要研究對象，同時也涉及一些簡單的邏輯方法的科學」[63]。這裡不再有關於「必然」的說明，也不再有關於「必然」的討論，但是「思維形式及其規律」無疑為辯證邏輯留有空間，因為辯證邏輯也是關於「思維形式與思維規律」[64]的，而「一些簡單的邏輯方法」大概也為歸納保留了位置，因為實驗、假說這些東西「和思維形式及其規律有著密切的連繫」[65]。作為一本有多人參加，從討論到出版歷經近 20 年的著作，它一定保留了許多東西。這些東西無疑是值得認真思考的。從以上討論至少可以看到一點，從「邏輯」到「形式邏輯」增加了「形式」兩字。這兩字所帶來的變化是增加了諸

如概念、定義、判斷、歸納等這樣東西，而它們與金先生成熟的邏輯觀中堅持的「必然」恰恰是背道而馳的。今天，喜歡在「形式」兩字上做文章的人似乎並不少。在這一點上，我認為金先生關於「必然」的說明是可以引以為鑑的。

思考金先生的邏輯觀，還有兩個問題值得思考。一個非常直觀的問題是，既然金先生有一種成熟的邏輯觀，為什麼還會有另一種變化的邏輯觀呢？也可以簡單地問，為什麼金先生會有這樣兩種非常不同的邏輯觀呢？

我的研究只是指出金先生有這樣兩種不同的邏輯觀。關於其中的原因，我只是從學理的層面上，並主要是圍繞著金先生關於「必然」的論述進行了探討。我不認為我的分析研究是非常充分的，因為我知道，若想回答好以上問題，必須進行更為深入的史學探討，尤其是對金先生在寫下那些文字的時候的歷史背景和學術環境做出分析。只有那樣，才能對金先生思想的變化做出客觀而恰當的說明。我不知道幾百年後甚至更為遙遠的未來，人們還會不會提出這樣的要求和考慮，但是對今天的學者來說，尤其是對我們這些認識金先生、與金先生或多或少有過直接或間接接觸的人來說，這些要求和考慮卻是起碼的和必不可少的。

另一個不太直觀的問題是，如果金先生依然在世，他會贊同哪一種邏輯觀呢？這是一個不太容易回答的問題。我們知道，儘管金先生是《形式邏輯》一書的主編，但是「他個人的學術見解『從沒有要求寫進去』」[66]，而且他在晚年的回憶錄中談到了自己的《邏輯》一書，把它與《論道》和《知識論》相提並論，而對《形式邏輯》隻字未提[67]。身為曾經生活在金先生身邊的人，我們還知道金先生對涉及自己變化的邏輯觀的東西並不是沒有任何評價的。如前所述，為了研究的客觀性，這些東西還是留給更為深入的史學研究做評價吧。我只想指出，金先生並沒有放棄自己成熟的邏輯觀。我贊同他這種邏輯觀。

（原載王路：《邏輯方圓》，北京，北京大學出版社，2009 年）

(1)　簡單地說，我們可以相信，金先生在邏輯課上講的就是 1936 年出版的《邏輯》中的
　　　內容。但是，在此之前，金先生畢竟有 1931 年在美國專門學習一年現代邏輯的經
　　　歷。因此他 1931 年以前講的是什麼，這以後講的內容有沒有什麼變化，有哪些變
　　　化，還是值得思考的。

(2)　金岳霖：〈序〉，載《金岳霖學術論文選》，金岳霖學術基金會學術委員會編，北
　　　京，中國社會科學出版社，1990 年，第 464 頁。

(3)　張學立：《金岳霖哲學邏輯思想研究》，貴陽，貴州人民出版社，2004 年，第 25 頁。

(4)　金岳霖：〈對舊著《邏輯》一書的自我批判〉，載《金岳霖文集》第四卷，金岳霖
　　　學術基金會學術委員會編，蘭州，甘肅人民出版社，1995 年，第 281 頁。

(5)　金岳霖：〈序〉，載《金岳霖學術論文選》，第 448 頁。

(6)　金岳霖：〈序〉，載《金岳霖學術論文選》，第 450 頁。

(7)　同上文，第 463 頁。

(8)　同上文，第 462 － 463 頁。

(9)　同上。

(10)　金岳霖：〈序〉，載《金岳霖學術論文選》，第 463 頁。

(11)　同上。

(12)　同上文，第 464 頁。

(13)　金岳霖：〈序〉，載《金岳霖學術論文選》，第 464 頁。

(14)　金岳霖：〈釋必然〉，載《金岳霖文集》第一卷，金岳霖學術基金會學術委員會
　　　編，蘭州，甘肅人民出版社，1995 年，第 580 頁。

(15)　金岳霖：〈不相容的邏輯系統〉，載《金岳霖文集》第一卷，第 610 頁。

(16)　同上。

(17)　金岳霖：〈論不同的邏輯〉，載《金岳霖文集》第二卷，金岳霖學術基金會學術委
　　　員會編，蘭州，甘肅人民出版社，1995 年，第 400 頁。

(18)　金岳霖：〈知識論〉，載《金岳霖文集》第三卷，金岳霖學術基金會學術委員會
　　　編，蘭州，甘肅人民出版社，1995 年，第 361 頁。

(19) 同上文，第 365 頁。

(20) 金岳霖：〈論不同的邏輯〉，載《金岳霖文集》第二卷，第 379 頁。

(21) 金岳霖：〈邏輯〉，載《金岳霖文集》第一卷，第 848 頁。

(22) 同上文，第 906 頁。

(23) 同上文，第 850 頁。

(24) 同上文，第 906 頁。

(25) 同上文，第 850 頁。

(26) 參見同上文，第 849 頁。

(27) 同上文，第 851 頁。

(28) 金岳霖：〈邏輯〉，載《金岳霖文集》第一卷，第 849 頁。

(29) 同上文，第 906 頁。

(30) 同上文，第 859 頁。

(31) 同上文，第 862 頁。

(32) 同上。

(33) 金岳霖：〈邏輯〉，載《金岳霖文集》第一卷，第 862 頁。

(34) 參見同上文，第 863 － 865 頁。

(35) 同上文，第 909 頁。

(36) 金岳霖：〈邏輯〉，載《金岳霖文集》第一卷，第 851 頁。

(37) 據說，艾思奇在 1950 年經常到清華大學講演，有一次批判形式邏輯是形而上學，金先生含蓄地說艾的講話「完全符合形式邏輯」。參見劉培育主編：《金岳霖思想研究》，北京，中國社會科學出版社，2004 年，第 414 頁。

(38) 金岳霖：〈羅素哲學〉，載《金岳霖文集》第四卷，第 461 頁。

(39) 金岳霖：〈羅素哲學〉，載《金岳霖文集》第四卷，第 499 頁。

(40) 金岳霖：〈關於修改形式邏輯和建立統一的邏輯學體系問題〉，載《金岳霖文集》第四卷，第 355 頁。

(41) 同上。

(42)　金岳霖：〈關於修改形式邏輯和建立統一的邏輯學體系問題〉，載《金岳霖文集》第四卷，第 356 頁。

(43)　同上。

(44)　金岳霖：〈客觀事物的確實性和形式邏輯的頭三條基本思維規律〉，載《金岳霖文集》第四卷，第 383 頁。

(45)　金岳霖：〈論推論形式的階級性和必然性〉，載《金岳霖文集》第四卷，第 430 頁。

(46)　金岳霖：〈在全國邏輯討論會開幕式上的發言〉，載《金岳霖文集》第四卷，第 448 頁。

(47)　金岳霖：〈批判唯心哲學關於邏輯與語言的思想〉，載《金岳霖文集》第四卷，第 121 頁。

(48)　金先生這種小心的區別是值得深思的。在我看來，比如這裡的區別至少表明，關於思維形式這樣的說法是不適合於數理邏輯的。引申一步，金先生關於數理邏輯的說明是圍繞著「必然」這一概念進行的。因此可以看出，在金先生的思想中，關於思維形式的說法與關於必然的說法是完全不同的。

(49)　參見劉培育主編：《金岳霖思想研究》，第 422 － 425 頁。

(50)　金岳霖：〈論推論形式的階級性和必然性〉，載《金岳霖文集》第四卷，第 430 頁。

(51)　金岳霖：〈對舊著《邏輯》一書的自我批判〉，載《金岳霖文集》第四卷，第 282 頁。

(52)　同上。

(53)　同上文，第 282 頁。

(54)　如果追究的話，「對客觀事物的必然反映」一定不會局限於歸納的必然。否則，人們至少會問，還有沒有辯證法的必然呢？

(55)　「就是現在」中的「就是」這一表達大概具有很複雜的涵義，它涉及當時的具體情景，包括政治環境和學術環境，還有對於有關問題的討論和爭論。我認為，它屬於更進一步的史學研究的範圍，我這裡不予討論。

(56)　金岳霖：〈對舊著《邏輯》一書的自我批判〉，載《金岳霖文集》第四卷，第

284 頁。

(57)　同上文，第 284 － 285 頁。

(58)　同上文，第 285 頁。

(59)　同上。

(60)　Aristotle: *The Works of Aristotle,* ed. By Ross, W.D., Oxford 1971; Aristoteles: Topik, uebersetzt von Eugen Rolfes, Verlag von Felix Meiner, Hamburg 1968, 100a25-27 ；　參見 Aristotle: The Works of Aristotle, ed. By Ross, W.D.; Aristoteles: *Lehre vom Schluss oder Erste Analytik*, uebersetzt von Eugen Rolfes, Verlag von Felix Meiner, Hamburg 1975, 24b18-20。

(61)　參見王路：《亞里斯多德的邏輯學說》，北京，中國社會科學出版社，1991 年第 1 版，2005 年修訂版；《邏輯的觀念》，北京，商務印書館，1999 年。

(62)　金岳霖主編：《形式邏輯》，北京，人民出版社，1979 年，第 11 頁。

(63)　同上書，第 1 頁。

(64)　同上書，第 9 頁。

(65)　同上書，第 5 頁。

(66)　劉培育主編：《金岳霖思想研究》，第 423 頁。

(67)　參見劉培育主編：《金岳霖的回憶和回憶金岳霖》（增補本），成都，四川教育出版社，2000 年。

第三章　邏輯的觀念與理論
── 中國邏輯史研究的兩個重要因素

中國邏輯史的研究總離不開中西邏輯的比較，這種現象不僅出現在中西邏輯比較研究的著作中，即使專門研究中國邏輯的著作也是如此。比如，稱讚它的成就，要說它與古希臘邏輯一樣，是世界三大邏輯起源之一；講述它的內容，要說它的哪些論述相當於西方邏輯的哪一部分內容；論述中國邏輯史的研究本身，則首先要論述西方的邏輯思想和著作，包括哪一本邏輯著作，從什麼時候以什麼樣的方式傳入中國，造成什麼樣的影響等等。在這樣的研究中，應該依據什麼作為標準一直是有爭議的，正由於依據的標準不一樣，產生的認識也不一樣，比如有人認為中國邏輯是形式邏輯，有人認為中國邏輯是非形式邏輯，有人認為中國邏輯是自然語言邏輯，有人認為中國邏輯是內涵邏輯，也有人認為中國邏輯是名辯學，如此等等。以上看法儘管有差異，但是有一點是共同的，即都認為中國有邏輯。不過近年來也有一些人強烈批評依據西方邏輯的標準來研究和論述中國邏輯史，並且明確提出一種截然相反的觀點，即中國沒有邏輯。

在史學研究中，產生不同看法，得出不同結論，是很自然的事情。但是中國邏輯史研究的情況並不是人們對邏輯的理解基本一致，只是對文本的解釋不同，而主要是人們對邏輯有不同的理解，由此而導致對文本解釋的不同。從理論上說，既然是邏輯史研究，就應該有比較明確的標準，什麼是邏輯就應該是清楚的，這樣，研究的結果相互之間才會有可比性和可借鑑性，人們才可以相互討論，研究才可以不斷深入。否則，大概只能形成自我陳述，研究難以深入。此外，這裡還有一個問題。邏輯是一門學科，今天人們

甚至說它是一門科學。既然如此，邏輯本身應該是明確的，對它的理解就應該差不多是一致的。而目前中國邏輯史的研究狀況給人一種印象，似乎邏輯這門學科或科學本身是不太成熟的，沒有一致的標準，可以有非常寬泛甚至完全對立的理解。這裡顯然涉及邏輯史研究與對邏輯的認識之間的關係問題。

我認為，中國邏輯史的研究者對邏輯應該盡可能有統一的認識。邏輯是一門成熟的科學，有非常明確的理論內容，因此對邏輯形成比較一致的認識並不是做不到的。對邏輯有比較一致的認識，邏輯史的研究依然還會有不同的認識和結果，但是，這樣的分歧主要是依據共同的標準對相同的文本做出不同的解釋，因而會有助於邏輯史的研究不斷深入。本文將從關於中國古代「沒有邏輯」的論述出發，探討邏輯史研究與對邏輯的認識之間的關係的問題。

一、「沒有邏輯」之說

關於中國「有邏輯」的觀點，以前我曾經做過一些分析和探討[1]，因而不予重複。這裡主要探討中國「沒有邏輯」這種觀點，在涉及「有邏輯」的觀點時，我也只討論近年來發表的觀點。按照我的理解，「沒有邏輯」之說可以分為兩類。一類認為中國沒有邏輯，我把持這種觀點的人稱為絕對論者。另一類認為中國沒有西方那樣的形式邏輯，但是有其他類型的邏輯，比如墨家邏輯、非形式邏輯等，我把持這種觀點的人稱為相對論者。下面我們分別討論他們的觀點。

絕對論者明確認為：「中國古代沒有邏輯，沒有邏輯學。」[2] 具體的論證是：邏輯是邏輯學的研究對象；「邏輯學既然以推理形式為研究對象，那麼，推理形式就應當是邏輯」[3]；中國古代文獻中有推理，這些推理「都是推理形式的展現」[4]，而且，「中國古代不但有具體的推理，也圍繞著推理

談論了詞項（term）與命題（proposition）」[5]；但是中國古代沒有邏輯學。因為它「沒有對推理形式及其相關部分作過分析，更沒有把推理建成一個演繹邏輯系統」[6]。既然邏輯指的是推理形式，就要對它進行研究，要「從具體推理中抽象出這種形式，總結出其間的蘊涵關係，以及操作這種形式的規律、規則和方法等，……這一整套東西才是邏輯」[7]，中國古代沒有這樣的研究，因此沒有邏輯。此外，具體的推理雖然隱含著推理的形式，但是這並「不是推理形式的全部內容」，因此「不能據此說中國古代有邏輯」[8]。值得注意的是，在論證過程中，絕對論者強調亞里斯多德三段論系統的劃歸問題，認為它是「非同小可的」，因為有了其他格三段論式向第一格式的劃歸，三段論才成為一個演繹系統，「至此西方才有了真正意義上的邏輯學」[9]。

　　除了從整體方面的論述外，絕對論者也在一些具體的細節上進行了論證。比如，他們認為，古代文獻中列舉了一些具體概念的定義，但是沒有「有關定義本身問題的一般性論述」[10]，因此不能說提出了定義的思想；又比如，古代文獻中談到「辭」、「盡」、「或」、「假」等一些概念，但是有關的「命題形式，一個都見不到」，而且像「或」這樣的概念「與邏輯用作聯結詞的『或』根本就不同義」[11]，因此這樣的研究不是關於命題形式的研究，不能歸為邏輯問題；「如果這樣一些東西也可以稱為『名辯邏輯』，那就沒有什麼不能叫『名辯邏輯』的了」[12]。

　　相對論者認為，《墨辯》中的「辯」不是西方的「邏輯」的同義語[13]；「關於墨家辯學『辯』的方式的『邏輯化』取向的探討是『無中生有』」[14]；「認為墨家辯學『有』同於西方傳統邏輯的東西是牽強附會，而『無』才是事實」[15]；「《墨辯》同樣沒有從『辭』的邏輯形式上著手，依然是以『辭』與『實』的關係為立足點的」[16]；總之，墨家辯學絕不是「關於思維或語言的純邏輯形式的理論」[17]；「墨家辯學不可能發展為西方的傳統邏輯與現代邏輯」[18]；「若強以西方傳統邏輯比較而觀之，墨家邏輯還稱不上邏輯，它實處於『前邏輯狀態』」[19]。這些看法顯示出相對論者否認墨家辯學是邏輯

的觀點。但是，相對論者又認為，「從現代邏輯的發展看，墨家邏輯近似於現代西方的『非形式邏輯』，……它是關於『論證的邏輯』」，「而認為它是『非形式邏輯』，同樣可以說明中國古代也有『邏輯』」[20]。這就表明，相對論者並不是認為中國古代沒有邏輯，而只是認為中國古代沒有西方那樣的形式邏輯，但是有非形式邏輯。因此他們反對以形式邏輯的觀點和方式來看待和探討中國古代文獻。此外，形成以上看法還有一個重要的理論依據，這就是邏輯有不同的類型，西方邏輯，比如亞里斯多德邏輯是一種類型的邏輯，而中國古代邏輯是另一種與它不同類型的邏輯。

相對論者認為，墨家邏輯以推類為主導類型，這展現了墨家邏輯的非形式特徵，它的推論「沒有規範和明晰的邏輯形式，也不具有邏輯必然性」[21]；西方傳統邏輯是一種形式邏輯，是證明的科學，其核心是有效推理的規則，而墨家辯學與它有「明顯區別，它提供的是論說和推行某種政治主張或學術見解的工具，以談辯為研究對象，以談辯的原則、方法為其基本內容」[22]，因此「墨家辯學與西方傳統邏輯是目的、對象、內容、性質均不同的兩種思想體系」[23]。由於西方邏輯與中國古代的名學辯學是「兩回事」，因此中國邏輯史以及名學辯學的研究應該「適當拓寬和調整」，應該「思考一些過去沒有給予足夠注意的問題」。[24]

絕對論和相對論之間明顯有一個重大區別。前者認為中國古代沒有邏輯，而後者認為中國古代沒有西方那樣的邏輯，但是有另一種不同的邏輯。這就說明，絕對論者對邏輯的理解是一元的或清晰的，而相對論者對邏輯的理解是多元的或有歧義的。比如，「墨家邏輯」、「非形式邏輯」這樣的稱謂本身一定含有對邏輯的理解，儘管明確說明它們是與亞里斯多德邏輯或傳統邏輯或西方邏輯不同的，但畢竟依然還是邏輯。所以，相對論者最終還是表明對邏輯有了不同的理解。這樣一來，絕對論者不會涉及前面提到的兩個問題，而相對論者卻一定會牽涉到它們，即邏輯史研究標準問題和邏輯本身是不是一門成熟的學科或科學的問題。

二、邏輯理論

在「沒有邏輯」的論述中，無論是絕對論者，還是相對論者，有一點是共同的，這就是他們的參照點都是西方邏輯，包括亞里斯多德邏輯、傳統邏輯或現代邏輯。這就表明，他們都是從西方邏輯出發，並且是從西方邏輯的內容出發來探討中國邏輯。造成這種現象的原因大概主要是「有邏輯」論者過去一直是這樣論證的，比如，傳統邏輯包括概念、判斷、推理和論證，中國邏輯也就有相應的內容：「以名舉實」是關於概念的論述，「以辭抒意」是關於命題的論述，「以說出故」是關於推理和論證的論述，而且圍繞著它們還有許多不同的論述，例如圍繞著「以說出故」就有「夫辭以故生，以理長，以類行也」等等。既然是這樣論證中國有邏輯，那麼反駁這樣的觀點也必須這樣來論證中國「沒有邏輯」。

絕對論者有一點區別是十分清楚的，也是重要的。他們認為，中國古代文獻中有邏輯，有推理，但是沒有形成邏輯學。也就是說，中國人有邏輯思維，也有邏輯思維的能力，因而在他們留下來的文獻中也有邏輯，有推理。但是對於思維中這種獨特的方式，即人們後來稱為邏輯的東西，古人沒有深刻的認識，也缺乏有意識的研究，沒有形成一門關於它們的學問或科學，因此中國古代沒有邏輯學。正所謂「使用定義再多，也不足以表明就有了關於定義的理論」[25]。類似地說，符合邏輯的推理再多，也不足以表明有關於推理的邏輯理論。這一區別的意義在於說明，實際中進行邏輯推理，運用邏輯規則，遵守邏輯規律，乃是一回事，而把這樣的推理、規則和規律揭示出來並且形成相應的理論，則是另一回事。說中國有沒有邏輯，主要應該考慮後者，而不是考慮前者。

如果這樣的區別是清楚的，也是正確的，則可以看出，雖然都認為「沒有邏輯」，但是絕對論者和相對論者的區別還是非常大的。絕對論者明確認為中國古代沒有邏輯，是因為他們認為中國古代沒有對邏輯的研究，因此沒

有形成邏輯這樣一門科學。恰恰是由於同樣的道理，他們也認為，否認「名辯邏輯」的存在，「並不等於排斥和否定『名辯』理論，更不意味著抹殺和消解『名辯』固有的成就和價值」[26]。相比之下，相對論者無疑也是想強調和突顯中國名學和辯學的自身價值，因此強調它們不是西方邏輯那樣的東西，與西方邏輯根本不同。但是他們雖然論述了中西邏輯的許多差異，卻沒有從邏輯這門學科的性質上來論述這樣的區別，最終還是落腳於不同的邏輯類型。比如，他們認為，「墨家學派以言談論辯為對象，但同時也涉及了推理。這正是墨家辯學與邏輯的相通之處」[27]；三段論是一種必然性推理，而「《墨辯》也提出了推論必然性的學說與相應的『效』式推論。……認識到了推論中的必然性的一面」[28]；非形式邏輯「把對邏輯的分析與研究擺在十分重要的地位，結合語境分析語詞與語句的意義，結合心理學、語言學來探索邏輯在日常思維中的應用問題」，由此「可以說墨家辯學就是中國古代的『非形式邏輯』」[29]；這樣一些論述表明相對論者認為《墨辯》不僅研究了推理，而且明確研究了邏輯。尤其是，今天的非形式邏輯研究本身是基於邏輯的，是在已有的邏輯理論的基礎之上，運用已有的邏輯理論和方法，來研究日常推理中那些含有邏輯同時也含有非邏輯因素的推理和論證。因此，《墨辯》是非形式邏輯，這一認識本身就已經假定了形式邏輯的前提。這種認識是非常不清楚的，至少與中國古代沒有形式邏輯這樣的認識是相悖的。

　　為了更好地說明這裡的問題，讓我們來看兩個論證。一個論證是反駁「沒有邏輯」論的。該論證認為，《墨經》說的「彼止於彼」、「此止於此」、「彼此止於彼此」，「類似西方邏輯說 A＝A，B＝B，AB＝AB，是形式邏輯同一律的表述」，而「或謂之牛，謂之非牛，是爭彼也，是不俱當，不俱當必或不當」，「類似於西方邏輯說矛盾律不能同真、必有一假，是形式邏輯矛盾律的表述」，「辯也者，或謂之是，或謂之非，當勝也」，「類似西方邏輯排中率的表述」等等。這說明墨家辯學中包含著邏輯學的普遍真理，因此，極端誇大中國邏輯的特殊性，認為它不包含邏輯學的普遍真理，這不符合事實和道理。[30]

　　這個論證顯然有些含糊。「類似」一詞意味著只是相似，並不真是，並不完全是。實際上，之所以類似，是因為這裡所說的既不是矛盾律或同一律的表述，也不是關於矛盾律或同一律的表述，而只是符合這些規律的陳述。試想一下，如果不知道什麼是矛盾律和同一律，還能認識到這裡的表達類似於矛盾律或同一律嗎？一個陳述符合矛盾律或同一律，說明人們的思想表達中是有邏輯規則在發揮作用的。但是對這樣的邏輯規則的表述，比如對矛盾律的表述，則會完全不同，它至少要首先明確告訴我們究竟什麼是矛盾律，這樣才能使我們認識它，掌握它，並依據它來做一些事情。比如亞里斯多德說的矛盾律「一事物不能同時既是又不是」乃是非常明確的，這樣他就可以說，矛盾律是所有原理中最不可爭議的，不應該要求對這條原理進行證明，否則就是缺乏教育，但是違反它最終一定會導致矛盾。所以，認識到一條邏輯規律並且把它表述出來，與在日常表達中遵守這條邏輯規律，乃是根本不同的。

　　另一個論證是為「有邏輯」辯護的。該論證認為，《墨經》中的「彼以此其然也，說是其然也，我以此其不然也，疑是其然也」，意思是說：有人從關於某物的全稱肯定命題，必然地推出了關於某物的特稱肯定命題；我們就可以從關於該類事物的全稱否定命題出發，來反駁有關的特稱肯定結論。「這裡就揭示了全稱否定和特稱肯定之間不能同真的邏輯關係。因為只有全稱肯定為真時，才能必然地推出特稱肯定為真；如果全稱否定為真時，特稱肯定就必為假。」[31] 這樣，「這就構成了全稱和特稱之間的兩種差等關係」[32]。

　　這個論證與上一個論證形成鮮明對照，就是它一點也不含糊。它明確地把「此其然也」解釋為指全稱肯定命題，把「此其不然也」解釋為全稱否定命題，把「是其然也」解釋為「特稱肯定命題」，把「疑是其然也」解釋為對特稱肯定命題的否定，並且明確地談論它們之間的真假關係。「全稱」和「特稱」是對命題中量的表述，也可以說屬於句法，而真假則屬於語義，這

是形成邏輯理論的兩個重要方面。按照這裡的解釋，《墨經》中的這段話不僅有關於命題句法方面的論述，而且有關於命題語義方面的論述，當然也就形成了有關的邏輯理論。但是實際情況並不是這樣。首先，從「此其然也」和「是其然也」看不出量的表述。「此」在這裡是一個代詞，無法判定它是全稱還是特稱。因此真要考慮量，只能看出這話本身是有歧義的。其次，即使認為這裡有關於量的表述，也看不出這裡是關於全稱命題和特稱命題之間關係的表述。就是說，它不是關於句法或句法規則的表述。最後，無論如何，這裡斷然沒有關於真假的論述，因此根本沒有語義的討論。以上三點的區別是重要的，因為由此可以看出日常表達中遵循了邏輯規則的論述與對邏輯規則的論述之間的區別。沒有對邏輯規則等的論述，就無法形成邏輯。在沒有形成邏輯的時候，人們無法明確地依據邏輯規則來分析問題和論述問題，但是這並不妨礙人們的表述實際上是符合邏輯的。在我看來，《墨經》這段話的意思直觀而清楚，遠沒有那麼複雜，即你認為一事物怎樣，則說它怎樣，而我由於認為它不是那樣，因而懷疑它會是那樣。這樣的論述是自然的，沒有什麼矛盾，告訴人們的道理也是明白的。進一步分析也許可以說，這裡說明我的意見與你的意見如何可以形成反駁，即你認為這樣，我認為不是這樣，你說的與你的認識一樣，而我說的與我的認識一樣。但也僅此而已。至於形成邏輯所需要的兩方面重要討論，即關於句法和語義的討論，在這裡是根本就看不到的。

　　在中國邏輯史研究中，以上兩個論證的方式是普遍而常見的。這樣的論證是從傳統邏輯提供的概念、判斷、推理和論證出發，發掘中國古代文獻中的相應要素。絕對論者強調的是，在這樣的研究中，應該明確區別符合邏輯的語言和思想與邏輯（學）本身。無論「沒有邏輯」的結論是不是正確，強調這樣的區別卻是非常有道理的。

三、邏輯的觀念

　　就中國邏輯史研究本身來說，邏輯的理論無疑是非常重要的。沒有邏輯的理論，邏輯就無從談起。從前面的論述也可以看出，「有邏輯」和「沒有邏輯」論者都是從邏輯理論出發來進行論證的，在論證過程中進行比較所依據的也是邏輯理論。但是我認為還有一個重要因素也是值得強調和重視的，這就是邏輯的觀念。在我看來，邏輯的觀念與邏輯理論緊密結合在一起，不可分割。邏輯的觀念是邏輯理論得以形成的基礎，而邏輯理論展示邏輯的觀念，並為它提供支持。因此，邏輯的觀念和邏輯的理論一起構成了邏輯這門學科或科學。這裡應該指出一點：考慮和理解邏輯，一定要從現代邏輯出發，因為是現代邏輯使邏輯真正成為一門科學，並且使我們對邏輯的性質和作用有了更加清楚的認識。

　　具體地說，邏輯的觀念就是推理的有效性，即保證從真的前提一定得到真的結論，而邏輯的理論就是以一階邏輯為基礎的一系列邏輯系統群。在亞里斯多德那裡，邏輯的觀念就是「必然地得出」，而邏輯的理論就是三段論和圍繞三段論形成的一些理論。在這種意義上說，從事中國邏輯史研究，如果反對比較，或者批評現有的比較是比附，即認為不應該以亞里斯多德邏輯為摹本，那麼也可以不考慮具體的亞里斯多德邏輯，比如三段論，而從邏輯這門科學出發。有人可能會認為現代邏輯是現代的產物，它的理論是應用數學方法，以純粹符號的形式表述的，因而無法展現或不適合用來展現中國古代文獻中的邏輯思想。實際上，亞里斯多德邏輯同樣不是用形式語言表述的，更不是形式化的，與一階謂詞和模態邏輯等現代邏輯理論也是完全不同的。但是正如後面會說到的那樣，從現代邏輯出發不僅更好地展現了亞里斯多德邏輯思想，而且極大地促進了西方邏輯史的研究。邏輯的理論與邏輯的觀念不可分割。既然是邏輯史研究，既然牽涉到邏輯，邏輯的觀念總是必不可少的。

　　其實，在許多人的研究和論述中，邏輯的觀念始終是在發揮作用的。比

如，「沒有邏輯」論顯然是依據一種可稱之為邏輯的東西。絕對論者所說的「推理形式」、「演繹邏輯系統」，顯然展現了一種邏輯觀。相對論者所說的「前邏輯狀態」、「非形式邏輯」，顯然也展現了一種邏輯觀。又比如，相對論者提出邏輯有共同性和特殊性之分。所謂共同性是指邏輯是推理的學問，這樣的推理包括共同的組成、共同的特徵、共同的基本類型和共同的原則，在不同社會和文化背景下都是如此。[33] 這裡所說的共同性顯然也是依據了一種邏輯觀，否則，這樣的共同性是從哪裡來的呢？因此，正如有人指出的那樣，「中國先秦名辯是否是邏輯，關鍵在於什麼是邏輯」[34]。把什麼看作邏輯，把什麼不看作邏輯，顯然是由邏輯觀支配的。「沒有邏輯」論者是如此，「有邏輯」論者當然也是如此。也就是說，他們在說有和沒有這一點上是有區別的，但是在他們的論述背後無一例外都有一種邏輯觀在發揮作用。

我認為，在現有的中國邏輯史研究中有一個缺陷，這就是發揮作用的邏輯觀是有問題的。在我看來，人們所依據的邏輯觀往往是一種傳統邏輯教材所提供的內容，這樣的內容包括了許多不是邏輯的東西，比如關於思維形式的定義，關於歸納的論述，關於概念內涵和外延的討論等。人們當然可以認為，亞里斯多德的《工具論》中就包含所有這些內容。但是我說過，《工具論》是後人編纂的，容納了後人的認識，而亞里斯多德本人是不是這樣認為，則是史學研究的一個課題，並且需要深入的史學研究。[35] 這就是為什麼我強調要重視他所說的「必然地得出」。因為這一論斷與我們今天所說的「有效的推理」的思想和精神是一致的。邏輯恰恰是依據這一思想而創立的，同樣也是沿著這一思路而發展的。換一個說法，亞里斯多德的著作確實有關於思維和語言、關於歸納、關於概念的定義和劃分等的論述，但是，如果沒有「必然地得出」這一思想，他能夠創建邏輯這門科學嗎？正如有人說的那樣，「非形式邏輯並非邏輯之正宗，僅有它邏輯發展不起來。邏輯今天的巍巍大廈，都是由形式的邏輯發展而來的」[36]。套用這個比喻，邏輯的大廈是由邏輯的理論展現的，而這些理論展現了一個共同的觀念，這就是「必然地得出」或「有效的推理」。如果對這一觀念做出具體一致的解釋，

這就是要從真的前提一定得到真的結論。既然是邏輯史的研究，沒有邏輯的觀念總是不應該的。有人可能會認為，亞里斯多德沒有「必然地得出」這一觀念還會不會去研究像三段論那樣的東西，這個問題是不容易說清楚的。我認為，究竟是因為有了三段論，才有了「必然地得出」這一觀念，還是因為有了這一觀念才有了三段論，作為史學研究確實是可以討論的。但是考慮邏輯的發端，考慮邏輯這門科學的時候，不考慮「必然地得出」或「有效的推理」，肯定是不對的。

在我看來，如果從「必然地得出」或「有效的推理」這一觀念出發來理解邏輯和研究中國邏輯史，與過去的研究相比，至少可以有一些優點。第一，這一觀念可以使我們的研究直接涉及邏輯最本質的東西，因而揭示中國邏輯史最重要的思想，而不用去對比亞里斯多德邏輯，比如三段論。第二，這一觀念可以使我們看到傳統邏輯中的許多東西不是邏輯，因此在研究中國邏輯史的時候，即使進行比較，相應於傳統邏輯這部分內容的東西也可以不予考慮。第三，從這一觀念出發，假如研究的結果告訴我們中國古代有邏輯，那麼我們可以在明確這一點的基礎上不斷深入探討，比如這樣的邏輯是如何表述的，有些什麼樣的特點和特色，而不會總是你說這是邏輯，我說那是邏輯，或者你說有邏輯，我說沒有邏輯。第四，假如研究的結果告訴我們中國古代只有類似於傳統邏輯中不是邏輯這部分內容的東西，而沒有類似於「必然地得出」這樣的東西，即沒有邏輯，作為史學研究也仍然是有意義的，因為這會有助於我們思考為什麼亞里斯多德那裡能夠產生邏輯，而中國卻不會產生邏輯。實際上，國內學界對於中國古代邏輯沒有得到發展和流傳做過許多解釋，比如《墨經》作者缺少古希臘學者那樣優越的物質條件和閒暇時間，比如與漢語語言的特殊表達方式有密切關係，比如與秦始皇焚書坑儒和漢代罷黜百家獨尊儒術有關，如此等等。不能說這樣的思考和解釋沒有道理，但是它們都不是從邏輯這門學科本身出發，都脫離了邏輯的觀念。

讓我們透過兩個例子來進一步說明這裡的問題。有一種觀點認為，金

岳霖先生正確地區分了邏輯、邏輯系統與邏輯學，並認為邏輯是唯一的，而邏輯系統可以是多樣的。這種觀點還認為，（前面我們提到的）關於邏輯的共同性和特殊性的區別和以此來比較墨家邏輯與亞里斯多德邏輯，與金先生的思想是一致的。因此，可以依據唯一的邏輯來建立起與亞里斯多德邏輯系統不同的墨家邏輯系統。[37] 這種觀點以金先生的論述為依據，主張有統一的邏輯，與我所說的應該有共同的邏輯觀似乎是一致的。但是如果仔細分析一下，就可以看出，金先生的主張與前面所說的邏輯的共同性和特殊性是有很大區別的。金先生確實主張只有一種邏輯，而可以有不同的邏輯系統。但是他關於什麼是邏輯是有說明的。比如他說，邏輯「是一個必然序列」[38]；「邏輯就是『必然』」[39]；「邏輯系統所要表示的實質是『必然』。邏輯系統之所以為邏輯系統者，就因為它所要表示的實質是『必然』」[40]。此外他還認為，一個邏輯系統中的命題是必然的，一個邏輯系統具有必然的性質，所有邏輯系統具有一種共同的性質，這就是必然。[41] 所以，在金先生的眼中，邏輯系統可以是多樣的，但是它們必須擁有一種共同的性質，這就是「必然」的性質，或者邏輯的唯一性就在於這種「必然」。這就是金先生的邏輯觀。而主張邏輯的共同性的觀點認為，共同的組成包括詞項、命題和推理的理論；共同的特徵包括從前得出結論的推理過程；共同的基本類型包括從個別到一般和從一般到個別的推理，或者包括從前提到結論的必然性推理和前提到結論的或然性推理。[42] 這就表明，主張共同性的觀點所依據的是傳統邏輯的理論，其中依然包括了許多不是邏輯的內容。比如，把或然性的推理和必然性的推理都看作邏輯的共同性，與金先生的主張顯然是不同的。由此可見，由於邏輯觀不同，即使對邏輯的看法表面上相似，實際上也是不一樣的。

在西方邏輯史的研究中，亞里斯多德的思想一直是研究的重點。在現代邏輯產生之後，依然是這樣。但是從研究的發展和成果方面說，卻主要是在三段論方面。最初人們發現亞里斯多德的三段論系統是一個公理系統，它的第一格的式是公理，由此可以推出其他幾個格的式。後來人們發現，他的三

段論系統是一個自然演繹系統，第一格的式是推理規則，由此可以推出其他幾個格的式。顯然，這些不同的解釋是因為依據了不同的邏輯系統，但是無論是公理系統，還是自然演繹系統，推理的有效性這一點卻是統一的。也就是說，人們研究邏輯史時邏輯觀是一致的。

從這兩個例子可以看出，對於邏輯史的研究來說，邏輯觀是非常重要的。邏輯觀不同，對邏輯理論的認識和理解也會不一樣。因此，有什麼樣的邏輯觀，就會把什麼樣的東西容納進來，並當作重點，也就會把精力放在什麼樣的東西上面，因而就會有什麼樣的研究結果。

不少人在討論什麼是邏輯的時候願意承認邏輯的歧義性，證據是皮爾士關於邏輯有近百個定義的說法。我想問的是：皮爾士說那些話是什麼時候？而這種狀況又是如何造成的？看一看今天的邏輯教材，還有這樣的說法嗎？或者，這樣的說法還是普遍的嗎？無論是從邏輯本身還是從邏輯史的角度出發，我都更願意依據亞里斯多德和弗雷格關於邏輯的論述，因為他們對邏輯的創立和發展造成至關重要的作用，我相信他們的邏輯觀一定是非常重要的。亞里斯多德說「必然地得出」，弗雷格則說「真為邏輯指引方向」。這樣的說法也許有含糊的地方，但是結合他們建立的邏輯系統，就可以明白這是什麼意思。具體地說，三段論和一階謂詞系統是不同的，但是它們在邏輯上是一致的，即都保證從真的前提一定得出真的結論。國內學界一直有人批評我的邏輯觀狹隘。這裡我只想說，西方邏輯史的研究告訴我們，「狹隘」的邏輯觀不僅沒有阻礙邏輯史研究的發展，反而促進了它的不斷深入。因此，我覺得我們應該拋開狹隘或寬泛之說，而實際認真思考一下，邏輯是如何發展成為今天這個樣子的。就中國邏輯史研究本身而言，有沒有邏輯姑且不論，我們至少也可以思考一下，中國邏輯為什麼沒有能夠發展起來。

（原載《求是學刊》2007 年第 3 期）

(1)　參見王路：〈《經》邏輯研究中的問題和方向〉，《中國哲學史》1994 年；〈對象的明確和方法的更新 ── 論有關中國邏輯史研究的幾個問題〉，《哲學研究》1995 年第 1 期。

(2)　蘇天輔：〈試說中國古代的邏輯〉，載《邏輯、語言與思維 ── 周禮全先生八十壽辰紀念文集》，王路、劉奮榮主編，北京，中國科學文化出版社，2002 年，第 108 頁。

(3)　同上文，第 102 頁。

(4)　同上文，第 104 頁。

(5)　同上文，第 105 頁。

(6)　同上文，第 107 頁。

(7)　同上。

(8)　蘇天輔：〈試說中國古代的邏輯〉，第 107 頁。

(9)　同上文，第 106 頁。

(10)　曾祥云：〈20 世紀中國邏輯史研究的反思 ── 拒斥「名辯邏輯」〉，《邏輯》，中國人民大學書報資料中心，2001 年第 2 期，第 26 ─ 27 頁。

(11)　參見同上文，第 27 ─ 28 頁。

(12)　同上文，第 28 頁。

(13)　參見張斌峰：《近代〈墨辯〉復興之路》，太原，山西教育出版社，1999 年，第 216 頁。

(14)　同上書，第 228 頁。

(15)　同上書，第 234 ─ 235 頁。

(16)　同上書，第 320 頁。

(17)　同上書，第 321 頁。

(18)　同上書，第 341 頁。

(19)　同上書，第 364 頁。

(20)　張斌峰：《近代〈墨辯〉復興之路》，第 365 頁。

(21) 參見崔清田：《墨家邏輯與亞里斯多德邏輯比較研究》，北京，人民出版社，2004 年，第 165 頁。

(22) 同上書，第 193 頁。

(23) 同上。

(24) 參見同上書，第 226 － 227 頁。

(25) 曾祥云：〈20 世紀中國邏輯史研究的反思 —— 拒斥「名辯邏輯」〉，《邏輯》 2001 年第 2 期，第 27 頁。

(26) 曾祥雲、劉志生：〈跨世紀之辯：名辯與邏輯 —— 當代中國邏輯史研究的檢視與 反思〉，《邏輯》2003 年第 3 期，第 20 頁。

(27) 崔清田：《墨家邏輯與亞里斯多德邏輯比較研究》，第 78 頁。

(28) 同上書，第 259 頁。

(29) 張斌峰：《近代〈墨辯〉復興之路》，第 365 頁。

(30) 參見孫中原：《中國邏輯研究》，北京，商務印書館，2006 年，第 40 － 41 頁。

(31) 周雲之：《名辯學論》，瀋陽，遼寧教育出版社，1996 年，第 316 頁。

(32) 參見同上書，第 317 － 318 頁。

(33) 參見崔清田：《墨家邏輯與亞里斯多德邏輯比較研究》，第 41 頁。

(34) 宋文堅：《邏輯學的傳入與研究》，福州，福建人民出版社，2005 年，第 408 頁。

(35) 參見王路：《邏輯的觀念》，北京，商務印書館，2000 年，第 44 － 47 頁。

(36) 同上書，第 409 頁。

(37) 參見曾昭式：〈墨家邏輯學研究何以可能〉，《邏輯》，中國人民大學書報資料中 心，2005 年第 6 期，第 45 頁。

(38) 金岳霖：〈序〉，載《金岳霖學術論文選》，金岳霖學術基金會學術委員會編，北 京，中國社會科學出版社，1990 年，第 463 頁。

(39) 金岳霖：〈不相容的邏輯系統〉，載《金岳霖文集》第一卷，金岳霖學術基金會學 術委員會編，蘭州，甘肅人民出版社，1995 年，第 610 頁。

(40) 金岳霖：〈邏輯〉，載《金岳霖文集》第一卷，第 906 頁。

(41)　參見同上文，第 851 頁。

(42)　參見崔清田：《墨家邏輯與亞里斯多德邏輯比較研究》，第 41 － 42 頁。

第四章　傳承與發展
── 紀念馮契先生誕辰 100 週年

　　金岳霖先生的學生大致可以分兩類：多數研究邏輯，少數研究哲學。出名者多為前者。以前我對馮契先生的了解僅限於知道他組織學生討論金先生的《羅素哲學》，並將該書編輯出版，為其作跋等，所以基於對金先生以及我所認識的其他幾位金門老師的了解，我以為馮先生是研究西方哲學的。這次應邀參會撰文，閱讀學習《馮契文集》，我才對馮先生有了比較全面的了解和認識。

　　在金先生的學生中，馮先生是比較獨特的一個。他談論邏輯，但是沒有專門的邏輯論著；他研究哲學，但主要精力不在西方哲學，而是在中國哲學和馬克思主義哲學。金先生雖然有《論道》和一些談論中國哲學的文章，但是似乎並未真正獲得學界重視，他也總以外行自居。他的學生多以邏輯見長，但是馮先生獨樹一幟，研究中國哲學而成名家。馮先生的這一特點令我敬佩，也引起我極大的興趣：他與我接觸過的其他幾位老師的特點完全不同。在紀念馮先生誕辰 100 週年的日子裡，我想談一談自己對馮先生學術思想的一些體會和認識。不當之處，請諸位師友批評指正。

一、師承

　　馮先生有大量關於馬克思主義哲學的論述。這方面的成就如何，應該由專家來評價。從師承的角度，我認為它不是來自金先生，而主要源於馮先生自身的經歷。

　　1935 年馮先生上大學報考哲學系，為的是「救國」[1]。「七七事變」後，馮先生離校兩年去前線參加抗戰；研究生畢業後在大學任教期間，還「在中學組織讀書會，讀革命書刊」（第十卷第 384 頁）；1953 年任華東師範大學馬列主義教研室副主任，翌年任華東師範大學政治教育系副主任（參見第十卷第 386 頁），同時期講授的課程也以辯證唯物主義居多。這一段經歷表明，馮先生從青年時代就懷有報國願望和政治激情，不僅有革命理想，也有親身實踐，而且這些活動從一開始就與他對哲學的看法緊密結合。因此可以說，馮先生研究馬克思主義哲學所追求的不僅是學術，也是政治理念。他的學術生涯從一開始就打上這一理念的深深烙印，終生不渝。無論是 1950 年代的〈怎樣認識世界〉，還是「文革」後的〈哲學要回答現實問題〉、〈中國近代哲學革命與馬克思主義在中國的勝利〉等一系列文章，包括〈關於馬克思主義哲學教科書體系和內容的一些設想〉，記錄的是馮先生研究馬克思主義理論的具體實踐，展現的卻是馮先生一生的政治情懷。馮先生的這種經歷和情懷，金先生身上是沒有的，我所接觸過的其他幾位老師身上也是沒有的。

　　馮先生最主要的學術成就在中國哲學史，這與金先生是有師承的。但是在我看來，這一師承與其說來自金先生，不如說來自湯用彤先生[2]。馮先生在讀書期間，與湯先生接觸很多，對湯先生的學識表示敬佩。由於參加革命活動，馮先生經常缺課，但是湯先生的課「總是認真學習的，除非生病，絕不缺席」（第八卷第 592 頁）。此外，讀書有了問題，西學問金先生，中學問題則問馮湯兩位先生。由於離湯先生家近，去得也多，討論也多（參見第八卷第 594、384 頁）。特別是研究生畢業論文，用馮先生自己的話說，「金先生給了我啟發」，而「湯先生叫我系統地研究一下中國哲學史上的『言意之辯』，我照他的話做了，並著重讀了老莊一派的書」（第八卷第 598 頁），最終的論文則是「讀《莊子》時獲得的一點心得」，並把它「加以發揮」；該心得獲得湯先生「連聲稱讚『好』」（同上書第 598 － 600 頁）。

　　研究生論文對研究者的影響巨大，甚至可能會是一生的。馮先生的論文以《智慧》為名發表在 1947 年的《哲學評論》上，一如馮先生所說，它是馮先生數十年來的哲學探索的「起點」（同上），主要思想也是馮先生晚年整理自己思想體系《智慧說三篇》的核心內容。按照馮先生的說法，該文深受金湯兩位先生的影響，術語「都按照金先生的用法」，而內容上「則正是和湯先生討論言意之辯的收穫」（同上）。身為後人我們是不是可以這樣理解：馮先生的表達方式或者方法論方面受金先生的影響，而學理內容受湯先生的影響？一方面，該文從元學開始談起，而且涉及許多方法論內容的討論，它們無疑得益於跟金先生讀休謨（David Hume）和布萊德雷，以及讀《知識論》和討論相關問題。另一方面，該文主體內容屬於中國傳統文化，這是馮先生學習過程中累積和收穫最多的，也是比較熟悉的東西，而這方面恰恰深受湯先生的影響。認識到這兩個方面的師承，也就可以看出，在馮先生一生研究中，說出的是湯先生所影響的東西，而顯現的則是金先生影響的東西。兩者相輔相成，相得益彰，形成馮先生一生治中國哲學的典型特色。

　　值得注意的是，馮先生晚年為學生講述金先生的《論道》，共八講，未完。編者稱其為「最後的哲學沉思」。我的閱讀體會是：題目是金先生的書名，內容涉及對金先生的思想和方法，包括其幾部主要著作以及生平經歷的認識體會，還有馮先生自己一生從事哲學研究的反思和認識。在不少地方，與其說是在講金先生之思，不如說是在講自己之想，大有藉金先生之磚引自己之玉的意味，尤其是在涉及中西思想文化的比較、形而上學與知識論之間的區別、邏輯與辯證法之間的關係的地方。我覺得，研究馮先生的思想，這個講演特別值得重視。它如實反映了金先生與馮先生的思想傳承，特別是，它出自馮先生之口，是馮先生一生的總結。

二、邏輯

金先生被稱為「金邏輯」，足見金先生對邏輯的貢獻和人們對他這種貢獻的認識。這種貢獻與其說是金先生本人取得的學術成就，不如說是金先生為邏輯在中國的生根和發展所做的工作。身為金先生的學生，馮先生本人並不研究邏輯，但是他在許多地方都談到邏輯，一些地方還直接與金先生相關。「文革」結束之後，馮先生在給友人的信中多次談到關於《邏輯問題》一書的寫作，說「這就算對一生的哲學工作作個總結，留給後人一點東西」（參見第十卷第 315、317 頁）。令人遺憾的是，除了一些著作中有一些章節談論邏輯，他沒有留下專門的邏輯論著。

馮先生著作中談及邏輯的地方很多，在其早期碩士論文《智慧》中，與邏輯相關有如下一些論述：「不同的種類概念相互含藏」；兩個命題「可以同假而不能同真，有邏輯上的反對的關係」，「邏輯和歸納原則都是超驗的。否認邏輯，不只是理論不能通達，概念與命題根本失去意義，成為廢物，事實界當然也早已垮台……」；邏輯本是一個形而上學概念，包含邏輯的形而上學概念「當然符合邏輯」等等（參見第九卷第 14、18 頁）。而在其晚年修訂出版的《智慧說三篇》中，第二篇的篇名〈邏輯思維的辯證法〉即明確顯示出與邏輯密切相關。第一篇〈認識世界和認識自己〉的第四章為「科學知識和邏輯」，第六章第三節為「邏輯思維如何把握具體真理」，均與邏輯直接相關。至於其他論著，直接談及邏輯的不在少數，比如《中國古代哲學的邏輯發展》、《研究中國古代的辯證邏輯》、《研究辯證邏輯的途徑與方法》、《發展邏輯學和研究科學方法》、《實踐和邏輯》（第九卷第 3 頁）、《關於邏輯和方法論的問題》、《重視歸納法的邏輯思想》、《重視演繹法的邏輯思想》（第七卷第 1、3 頁）等等。從《馮契文集》看，馮先生關於邏輯的論述大體可以分為三類：一類屬於傳統邏輯範圍，二類屬於對邏輯的一些直觀看法，三類被明確稱為辯證邏輯，而且是重點。

　　對照馮先生與金先生的著作可以看出，馮先生所談的邏輯與金先生所談的邏輯既有相同之處，又有重大區別。假如同樣依據以上三類來看金先生所談邏輯，則可以看出，在第二類，馮先生與金先生是比較一致的。關於邏輯的看法，金先生在《知識論》中談得很多，同時還會涉及歸納法，並將兩者進行比較和區別。馮先生跟隨金先生讀過《知識論》手稿，想必對金先生這方面的論述了解很多。耳濡目染，談論這方面的東西應該是自然的。但是其他兩類情況則差異較大。

　　金先生在 1949 年以前只談邏輯，而那以後也會談及形式邏輯，以此與辯證邏輯等相區別 [3]。因此，辯證邏輯並不是金先生所談的邏輯，至少不是金先生所談邏輯的核心部分。而馮先生所談的主要是辯證邏輯。鑑於馮先生的工作主要是在 1949 年以後，因而在談及辯證邏輯這一點上與金先生也有一致之處，不同的是金先生沒有寫什麼文章，而馮先生則把研究辯證邏輯作為一項主要工作。就邏輯而言，眾所周知，金先生所談的主要是基於羅素系統的邏輯，因而主要是現代邏輯，而不是傳統邏輯，他在論述中對傳統邏輯提出許多批評。這部分內容，至少在馮先生的論著中沒有看到。由此可見，身為金先生的學生，邏輯始終是馮先生研究中的重中之重，這與馮先生受教於金先生是分不開的。但是，馮先生對邏輯的認識與強調與金先生又有明顯區別。這裡的原因可能比較複雜，在我看來，研究馮先生的思想，這一點值得深思。

　　馮先生的辯證邏輯研究本身也是與眾不同的。他的辯證邏輯，有時候明確說明為概念分析，有時候似乎等同於辯證法，有時候被稱為辯證運動的反映（參見第二卷第 16 頁）。但是，除了專門論述辯證邏輯，他更多地是探討中國哲學中的辯證邏輯，研究辯證邏輯在中國哲學史上的形成與發展，並寫下〈中國古代辯證邏輯的誕生〉、〈論王夫之的辯證邏輯思想〉等專文。也許正是結合自己的研究實踐，馮先生認為，中國「從事辯證邏輯的同志，多數是從形式邏輯轉過去的，缺乏邏輯史與現代科學的知識準備，因此有局

限性」（第二卷第 277 頁）。這段話寫於 1980 年，在當時甚至在今天是不是為人們所接受，不得而知。研究中國邏輯史的人不少，說中國有邏輯或沒有邏輯的、說中國有這樣或那樣邏輯的人也不少，但是說中國古代有辯證邏輯的人，即使有，大概也非常少。過去我只看到談論辯證邏輯的人缺乏現代邏輯的知識，現在從馮先生這裡我知道，這個問題還可以從邏輯史的角度來看。這確實是富有啟示的。

三、發展

馮先生在 1950 年代提出「化理論為方法，化理論為德行」，這一認識大概比較典型地展現了馮先生思想理論的特徵。馮先生晚年將自己的三部著作整理為《智慧說三篇》，稱它們「各具相對獨立性，又相互連繫成一個整體，《認識世界和認識自己》是其主幹，而《邏輯思維的辯證法》與《人的自由和真善美》是其兩翼」（第一卷第 46 頁）；第一篇主旨「講基於時間的認識過程的辯證法」（第一卷第 46 頁），第二篇主旨「講化理論為方法，說明認識的辯證法如何透過邏輯思維的範疇轉化為方法論的一般原理」（第一卷第 51 頁），第三篇主旨「講化理論為德行。認識的辯證法貫徹於價值論領域，表現為在使理想成為現實以創造真善美的活動中，培養了自由人格的德行」（第一卷第 55 頁）。馮先生甚至明確地說：「一般地講思想方法，就是運用邏輯作為思維工具。形式邏輯是陳述思想和交換意見所必須遵守的條件，當然具有普遍的方法論意義。不過我們這裡注意的是辯證方法，就是以得自客觀現實和認識過程的辯證法之道，來還治客觀現實和認識過程本身，於是理論變化為方法。」（第一卷第 53 頁）由此可見，馮先生所說的理論主要指的是辯證法。在馮先生的思想體系中，邏輯只是局部的東西；整體的貫徹始終的東西不是邏輯，而是辯證法。在我看來，這一認識與金先生是有重大區別的。

　　馮先生師從金先生，但是始終保持獨立思考的精神，如他所說：「不論處境如何，始終保持心靈自由思考，是愛智者的本色。」（第十卷插圖）在他的著作中，我們可以看到許多與金先生觀點不同的地方。這裡僅以馮先生晚年《金岳霖〈論道〉講演錄》中與方法論相關的一些論述為例，談一談我的體會和認識。

　　在講述先驗原則與先天原則的區分時，馮先生談了金先生關於邏輯原則和歸納原則的看法，強調了金先生的看法有啟發意義。之後馮先生又從辯證法的角度談了自己的看法，特別提到：「金先生無疑更多地考察了思維的形式邏輯基礎，考慮了認識過程中靜態的一面，而對思維的辯證邏輯基礎以及認識的動態的一面有所忽略。」（第十卷第 127 頁）

　　在談論形而上學與知識論態度的時候，馮先生講到，金先生的「區分元學與知識論兩種態度，把自然和人生分開，分別加以研究，這既是金先生內心矛盾 [4] 的反映，也是他解決自己內心矛盾的方式」，「他的這種方法……難以找到由知識到智慧、知識論到元學的橋梁，更無力解決科學與人生脫節的問題」（第十卷第 135 － 136 頁）。

　　在談論《論道》中的「道」時，馮先生一方面高度評價金先生的書是「嚴密的演繹體系，並貫徹著嚴密的邏輯分析方法」，並且「展現了其對中國傳統哲學基本精神的基礎和對西方哲學的吸納」，這是「一個創造性的體系，這一體系把中國哲學提到一個新的高度」（第十卷第 138 頁）；另一方面批評金先生「過分注重邏輯分析的方法，過多的分析，就難免有可能導致對綜合的忽視，而元學的領域……僅憑邏輯分析是難以企及的。所以，從總體上看，金先生的《論道》元學體系並不是一個成功的體系」（第十卷第 139 頁）。

　　在論及個體與世界的關係時，馮先生說：「金先生習慣於從靜態的角度來分析知識，所以得出真之為真沒有程度不同的結論。但是如果我們從動態

的角度考察認識的發展的話，我們就會發現，真理不是一成不變的。『真』與『真』是有區別的，隨著認識的發展，我們可以從比較粗淺的、某一方面的『真』進到比較確切、比較全面的『真』，從科學知識的『真』進到關於性和天道智慧之『真』，顯然，這裡的『真』是有程度的差別的。」（第十卷第 191 頁）

在講共相關聯與邏輯秩序時，馮先生批評金先生「只承認一種邏輯秩序即形式邏輯的秩序，而沒有把辯證法也看成是一種邏輯秩序，所以出現了偏差」（第十卷第 199 頁）。

在該講座最後部分，馮先生說：「我對許多哲學概念的運用，都直接來自金先生。所不同的地方，就是金先生不講辯證法的矛盾，所以在個體衝突與不衝突的問題上是缺乏辯證法的。與金先生不同，我在這個問題上比較多地繼承了中國傳統，用類、故、理分別地講明了事物發展的道理，認為事物都是有矛盾的，並且不同事物的矛盾各有其特殊性；認為矛盾是事物運動變化的原因、根據，對立統一是事物發展的規律性的東西。也就是說對『矛盾』一詞作了形式邏輯與辯證法不同用法的區分，除此之外，其他方面與金先生大體一致。」（第十卷第 218 頁）

馮先生談及與金先生分歧之處還有不少。以上論述足以說明，他們兩人的區別主要在對辯證法的看法和態度，而馮先生對金先生的上述所有批評都是直接或間接地基於辯證法。由此也可以看出，馮先生的化理論為方法在其哲學研究中確實是貫徹始終的，而其中所說的理論就是辯證法。

在我看來，馮先生的以上批評大都比較直觀，比較籠統，比如關於形而上學與知識論的區別，關於辯證法也是一種邏輯秩序的說明，關於「真」與「真」有區別的論述。基於辯證法，有的批評似乎是容易理解的，比如認為「真」有不同程度的區別，即一事物可以是如此又不是如此，但是有的批評似乎並不是那樣容易理解，比如辯證法如何是一種邏輯秩序？這裡我不想討

論這些批評是不是有道理，我想說的是，馮先生之所以有這樣的批評，大概是因為辯證法是他的思想基礎，是其一生的理論追求。馮先生對金先生思想的發展，也正是因為有這樣的基礎，有這樣一個理論，並且有馮先生一生將其化為方法的努力。

　　身為金先生的學生的學生，在學習和領會馮先生的思想觀點和評價他學術成就的同時，我想，我們是不是也可以換一個角度來思考同樣的問題。馮先生與金先生的區別主要在於對辯證法的看法和態度，我們是不是同樣也可以說，他們的區別主要在於對邏輯的看法和態度？馮先生對金先生的所有批評，固然表現出辯證法的傾向，但是也表現出對邏輯的不同看法。比如，馮先生認為金先生的邏輯分析是靜態的。那麼，為什麼它是靜態的？金先生為什麼從事並堅持這樣的分析？這有沒有道理，道理何在？比如，馮先生批評金先生認為真沒有程度的區別。那麼，為什麼金先生會主張並堅持這樣的看法？為什麼自弗雷格以來人們普遍接受，或者許多人接受如下觀點：一切真句子都指真？為什麼人們會如同弗雷格那樣認為，在真這個層面，所有細節都消失了？又比如，馮先生認為《論道》過分注重邏輯分析。這裡顯然有兩層意思：一層是邏輯分析，另一層是過分邏輯分析。那麼，什麼是邏輯分析？什麼是過分邏輯分析？為什麼要有邏輯分析？過分的標準又在哪裡？為什麼過分就會忽視綜合？再比如，馮先生認為金先生講邏輯矛盾，不講辯證法的矛盾。那麼，為什麼金先生一定要講邏輯矛盾？不講邏輯矛盾行不行？為什麼金先生不講辯證法的矛盾？不講它行不行？深受馮先生的啟示，我的問題是，如果我們從邏輯出發來考慮諸如此類的問題，是不是也可能會得到一些不同而有益的認識？

　　以上問題也許有些多，也過於具體，讓我們換一種方式來更明確地表達。邏輯是金先生成為「金邏輯」的基礎，也是他思想成就的基礎。圍繞金先生的思想我們至少應該認真思考兩個問題。一個問題是，為什麼金先生要以邏輯為基礎，為什麼要使用邏輯分析的方法？進一步考慮，這裡實際上會

涉及對哲學的看法，對邏輯與哲學的關係的看法。比如羅素認為，邏輯是哲學的本質，而金先生說：「如果哲學主要與論證有關，那麼邏輯就是哲學的本質。」[5] 顯然他不僅贊同羅素的觀點，而且還為他的觀點做出解釋。另一個問題是，在金先生取得思想成就的過程中，邏輯是如何發揮作用的？進一步思考，這裡實際上會涉及如下問題：我們是不是應該正確地認識和掌握邏輯的理論和方法？我們如何才能做到正確地認識和掌握邏輯的理論和方法？

　　金先生的學生多是研究邏輯和西方哲學的，而馮先生主要研究中國哲學和馬克思主義哲學。馮先生的學生多是研究中國哲學和西方哲學的，但是馮先生的長子馮棉教授研究邏輯並做出優異成績。按照傳統，子女也是弟子。因此，馮先生在華東師大這裡開啟了一片哲學天地，成績斐然：既有金先生的傳統，更有馮先生的開拓耕耘，還有他的學生和同仁的辛勤勞作。今天，藉紀念馮先生之機會，對華師的哲學團隊表示衷心的祝賀！祝願華師哲學系的諸位朋友同仁繼承馮先生的傳統，百尺竿頭更進一步！

（原載《華東師範大學學報》2016 年第 3 期）

---

(1)　參見馮契：《馮契文集》十卷本，上海，華東師範大學出版社，1988 年，第十卷第378 頁。以下引文只注卷數頁碼。

(2)　也許還有馮友蘭先生。馮契當年入學即拜見馮先生，與他接觸也多：大二選修他的中國哲學史課，後來還協助馮先生編輯《哲學評論》和《中國哲學叢書‧甲集》；讀研究生期間，有關中國哲學的問題也會向馮先生請教（參見第十卷第 379、383頁）。

(3)　參見王路：〈金岳霖先生的邏輯觀〉，載《邏輯方圓》，北京，北京大學出版社，2009 年。

(4)　馮先生多次提到金先生內心的這個矛盾，並將其類比為王國維的「可愛」與「可信」的矛盾（例如第一卷第 11 頁、第八卷第 621 頁）。按照馮先生的說法，這是在

　　20年前我就提出，哲學即是形而上學，本體論、認識論和分析哲學是其不同形態。近年來，我更加明確談論這一話題，並提出「加字哲學」的概念。在我看來，哲學是關於認識本身的認識，其實質是一種先驗性的研究。邏輯是先驗性的研究，因而邏輯與哲學始終緊密結合在一起。羅素說，邏輯是哲學的本質，放大了問題的關鍵，也說明了哲學的性質。這樣關於哲學的看法，在我看來，可以稱為哲學的觀念。借助羅素的說法，我認為哲學的本質是邏輯。所以，哲學即是形而上學。如果哲學也包括所有加字哲學，則應該認識到，形而上學是哲學主線上的東西，至少從哲學史看是這樣的。

　　加字哲學使哲學與某一類認識、某一地域的認識或某一流派的認識連繫起來，因而改變了哲學的先驗特徵，使其變為一種經驗性的研究。比如，中國哲學的研究，「中國」二字的增加，使人們在哲學的稱謂下可以研究中國思想文化中的東西，因而也就失去了其本來的先驗性，也就可以不與邏輯相連繫。問題是，西方哲學傳入中國已有很長的歷史，人們按照西方哲學的方式，借助西方哲學的術語來談論中國哲學也有很長的歷史，一方面研究成果層出不窮，另一方面對研究不斷進行反思。所以，哲學的觀念，不僅對於哲學研究本身是有意義的，即使對於中國哲學的研究也是有意義的。

　　以「中國哲學」為例，哲學的觀念對所有加字哲學的研究同樣是有意義的。

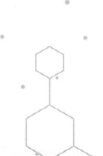

第一章　論加字哲學
── 從金岳霖先生的一個區分談起

　　金岳霖先生（1895-1984）是中國著名的哲學家、邏輯學家。他創建清華大學哲學系，為中國哲學和邏輯的發展做了一些基礎性和開創性的工作。《論道》、《知識論》和《邏輯》是他的代表作，也是他看重的工作。除此之外，他還寫了許多論文，它們可以反映出他關於哲學和邏輯的看法。在紀念金先生誕辰 120 週年之際，我想談一談他的哲學觀。

　　在談論金先生的邏輯觀時，我曾以 1949 年劃界，將他的邏輯觀分為兩個階段，稱前一個為成熟的階段，稱後一個為變化的階段[1]。金先生的哲學觀大致也可以這樣看。但是，哲學不如邏輯那樣明確，本文也僅想基於金先生關於哲學的一個區分談一些相關看法。因此，儘管本文的目的並非明確說明金先生的哲學觀，但是一定會與他的哲學觀相關。

一、一個區分

　　1936 年，金岳霖先生為馮友蘭先生的《中國哲學史》寫了一個審讀報告，其中圍繞該書名做出一個區分：「中國哲學的史」與「在中國的哲學史」。他是這樣說的：

　　哲學有實質也有形式，有問題也有方法。如果一種思想的實質與形式均與普遍哲學的實質與形式相同，那種思想當然是哲學。如果一種思想的實質與形式異於普遍哲學，那種思想是否是一種哲學頗是一問題。有哲學的實質而無哲學的形式，或有哲學的形式而無哲學的實質的思想，都給哲學史家一

種困難，「中國哲學」這個名稱就有這個困難問題。所謂「中國哲學史」是中國哲學的史呢？還是在中國的哲學史呢？如果一個人寫一本英國物理學史，他所寫的實在是在英國的物理學史，而不是英國物理學的史：因為嚴格地說起來，沒有英國物理學。哲學沒有進步到物理學的地步，所以這個問題比較複雜。寫中國哲學史就有根本態度的問題。這根本的態度至少有兩個：一個態度是把中國哲學當作中國國學中之一種特別學問，與普遍哲學不必發生異同的程度問題；另一種態度是把中國哲學當作發現於中國的哲學。[2]

這段話不長，但是內容很豐富，主要意思是：其一，哲學是思想，但是並非所有思想都是哲學。哲學與其他東西是有區別的。在金先生看來，一種思想如果可以被看作哲學，則必須符合哲學的形式和實質。這些形式和實質究竟是什麼，乃是可以討論的，比如金先生所說的「成」和「見」，但是沒有它們則是不成的。也就是說，哲學乃是有一些標準或條件的。符合這些標準或條件，就是哲學，否則就不是。因此，並不是什麼東西都可以稱為哲學。這個意思大概不會引起什麼反對意見。

其二，「中國哲學」這個名稱為哲學史家造成困難。加上「史」字，它的歧義性立即突顯出來。「中國哲學史」究竟指中國哲學的史，還是指在中國的哲學史，兩者的意思無疑是不一樣的。

其三，由於以上區別，中國哲學史的寫作就會有不同結果；它可以與哲學相關，也可以與哲學無關。這兩個意思是相互連繫的，我們可以連繫起來討論。

引人注意的是，引文以類比的方式談到英國物理學史，同樣區分出在英國的物理學史和英國物理學的史，並明確地說沒有英國物理學。由此可見，金先生認為沒有英國物理學的史。由於是與中國哲學史並列談論，似乎可以認為，金先生很可能認為沒有中國哲學的史。但是他沒有這樣說，理由是哲學與物理學不同，問題比較複雜。我認為這是可以理解的，因為他是在為

《中國哲學史》寫審讀報告，若是斷然認為沒有中國哲學的史，該報告就一定會是否定的。金先生的做法是弱化區別，把它轉換為態度問題。所謂態度問題，就是不談有沒有中國哲學這回事，而是如何看待它。在這種情況下，就會有兩種看法：一種是認為中國哲學與哲學沒有關係，比如是國學；另一種是認為中國哲學與哲學相關，即在中國發現的哲學。這樣，金先生就為對該書給出肯定的意見留下充分的餘地。

　　在金先生的論述中，與哲學比較異同是一個明確的說法，有時他在哲學一詞前面加上「普遍」一詞，其實還是為了對比較同異進行說明。這些論述表明，在金先生看來，哲學是有標準和條件的，否則無法進行比較。以最後一句「把中國哲學當作發現於中國的哲學」為例，它的字面意思是清楚的，但是這裡還是有一些深意的。「中國」是一個區域名稱，「哲學」是一事物的名稱。「中國哲學」也是一事物（或思想）的名稱，並且是「哲學」這個事物名稱加上「中國」這個區域名稱而組成的名稱。這裡的區別無疑是明顯的。因此「當作」一詞就十分關鍵，它表明一種人為的因素，亦即金先生所說的態度。更進一步則可以看出，一種東西被稱為中國哲學，它被當作另一種東西，即在中國發現的哲學。之所以可以這樣，不僅因為不同或相同，還因為被稱為哲學的東西乃是明確的，有標準和條件的，正因為有這樣的標準和條件可以依循，因而可以把被稱為中國哲學的東西當作哲學。

　　金先生的區別很有意思。區別中國哲學的史與在中國的哲學史，確實為我們思考類似研究提供了有關思路。比如在中國古典文獻研究中，有一類研究的名稱叫「中國邏輯史」，相應的著作名稱叫《中國邏輯史》，與馮先生的著作名稱類同。按照金先生的方式，我們也可以做出兩個區別，即「中國邏輯的史」與「在中國的邏輯史」。借用金先生的說法，考慮中國邏輯可以與普遍邏輯無關，借用我們前面關於金先生思想的認識也可以弱化這個問題，將它轉換為態度問題，要不把它當作中國國學中之一種特別學問，與普遍邏輯沒有什麼關係，要不把它當作發現於中國的邏輯。後者立即也就有了

態度問題，因而牽涉到一種邏輯觀，需要考慮什麼是邏輯。

字面上看，金先生的區別是關於中國哲學史的。如果把「史」字去掉，金先生的區別就變為「中國哲學」與「在中國的哲學」的區別。再把「在中國」這個地域性限定表述去掉，他的區別實際上是中國哲學與哲學的區別。我認為這是一個十分有意思的區別。

二、為「哲學」加字

金先生的區別是明確的，它源於加了「中國」二字。「中國哲學」與「哲學」有兩個方面的區別：一是字面的，二是含義的。由於加字的修飾作用，中國哲學也就有了與哲學不用的含義，指稱的東西自然也就有了區別。但是，由於中國哲學也是哲學，它與哲學字面上就有相同之處，因而自然會有相同含義，似乎也就可以有相同的、哪怕只是部分相同的指稱。由此可見，為「哲學」加字既會造成一些區別，也會保留一些相同特徵。今天，人們把中國哲學理解為哲學的一個門類，或一個分支，或一種獨特的形態，總之，它是哲學，它又是一種獨特的哲學。正因為這樣，人們還可以從中國哲學出發談論對哲學的認識和理解，談論哲學的發展和前途，這些實際上都與加字有關。

為「哲學」加字並不是什麼新鮮的事情。20 世紀初期，「分析哲學」一詞不脛而走，與它相關又有了「語言哲學」。這都是為哲學加字的稱謂。看一看今天的哲學文獻，加字哲學不勝枚舉，比如科學哲學、心靈哲學、政治哲學、宗教哲學，此外還有文化哲學、女性主義哲學、工程哲學、環境哲學、教育哲學等等。按照傳統關於概念內涵外延的說法，一個概念增加內涵，則縮小外延。這雖然說不上是什麼普遍的原則，因為會有例外，但是依據它來考慮加字哲學，就會看到一個很有意思的結果。為哲學加字當然增加了它的內涵，因此一種加字哲學字面上縮小了哲學的外延。但是所有加字哲

學放在一起卻會擴大哲學的外延。這是因為加字方法本身可以不斷製造加字哲學，因而將許多不屬於哲學研究的東西納入哲學的領域，由此還會不斷地將越來越多的東西容納進哲學裡來，因此可以不斷地擴大哲學的外延。

加字哲學不僅出現在哲學文獻中，而且在中國大學教育體制中也充分展現出來。在哲學這個一級學科之下，我們有馬克思主義哲學、中國哲學、西方哲學、科技哲學、倫理學、邏輯學、宗教學、美學等二級學科。前四個是加字的，後四個是不加字的。但是仔細考慮，倫理學也叫「道德哲學」，所以，它實際上也是加字的或可以加字的。這樣，不加字的哲學只有後三類。在國外，宗教學是獨立於哲學的學科，美學如今主要是藝術類學科，也獨立於哲學，邏輯被聯合國教科文組織確立為與數理化天地生等學科並列的基礎學科，也可以看作獨立於哲學的學科。由此可見，後三個學科不是加字哲學其實是有道理的，因為它們與哲學確實有一些根本性的區別。

仔細分析前五個學科，同樣可以看出一些區別。加字縮小了哲學的外延，突顯了一種被稱為哲學的東西的獨特性。同樣，若是去掉所加的字，則去掉了這種獨特性而還原了哲學的本來面貌。認識到這一點就可以看出，其他加字去掉之後，所談內容都會受到嚴重影響，比如去掉「馬克思主義」、「中國」、「科技」、「道德」等修飾，「哲學」與本來所說的東西似乎就無關了或者可以無關，但是去掉「西方」二字，「哲學」與本來所說的西方哲學仍然是一回事，不會有什麼太大的區別。這就說明，同樣是加字，終究還是有區別的。「西方」二字是人為所致，是為了與其他加字形成區別而刻意加的。

三、形而上學與哲學

馮友蘭先生說，金先生的本領是把簡單的東西說得複雜。看來這一說法不錯。金先生關於中國哲學與哲學的區別似乎使問題複雜化了。因循金先

生的區別，我們獲得有關加字哲學的認識。如果說學科劃分可能會有一些人為和歷史因素，因此不必特別當真的話，那麼研究領域的劃分又該如何對待呢？如同中國哲學一樣，那麼多加字哲學與哲學又是什麼樣的關係呢？它們之間的同異又是什麼呢？

在當今哲學界，加字哲學有一個公式化的說法：一種加字哲學是對某某（加字所描述的）事物的哲學反思。比如，文化哲學是對文化的哲學反思。因此，加字所表示的東西具有一種對象性的意義，而哲學似乎僅僅表示一種思考方式。究竟什麼是哲學反思，其實並不清楚。加字所表達的東西一般來說是清楚的，而且它們成為考慮的對象這一點也非常清楚。但是，這種公式化的說法是有問題的。假如它表示定義，則無疑是循環的。這種說法假定了哲學反思是明確的東西，人們知道它是什麼意思，因此才能夠以它來做出說明。連繫其他學科則可以看出，這是一個怪異的說法。我們可以問，是不是也可以說對某某事物的數學（物理等）反思呢？假如這就是哲學與其他學科的主要區別之一，難道不是意味著哲學可以思考一切、研究一切，因而加字的結果可以不斷地擴大哲學的外延嗎？

應該看到，在眾多加字哲學中，分析哲學和語言哲學與其他加字哲學是有區別的。字面上看，「分析」是加字，但是，它不具有對象意義，人們不會認為分析哲學是對分析的哲學反思。分析主要是指哲學方式，亦即突顯哲學的分析特徵。「語言」也是加字，字面上看，它可以具有、似乎也具有對象意義，因為人們似乎可以說，語言哲學是對語言的哲學反思。相關研究中甚至也有人說，語言本身成為哲學研究的對象。但是實際情況並非如此。

分析哲學和語言哲學的名稱來自 20 世紀哲學，與一個流行一時的口號相關：哲學的根本任務就是對語言進行（邏輯）分析。字面上，這一口號突顯了語言和分析，但是實際上，它所突顯的是哲學的方式，而不是哲學的對象。所以，無論是分析哲學還是語言哲學，不管強調的是分析還是語言，著眼點都是哲學的方式，而不是哲學的對象。分析哲學家們相信，我們關於

世界的認識是透過語言表達的，因此我們可以透過分析語言而達到關於世界的認識，並且透過分析語言而達到關於世界的認識的認識。比如維根斯坦（Ludwig Wittgenstein）認為：「我的語言的界限意謂我的世界的界限」；「邏輯充滿世界：世界的界限也是它的界限」[3]。戴維森（Donald Davidson）指出，我們共有一種語言，「也就共有一幅關於世界的圖景」，我們顯示語言的大部分特徵，「也就顯示了實在的大部分特徵。所以，研究形而上學的一種方法便是研究我們語言的一般結構」[4]。達米特（Michael Dummett）則明確地說：「一種認識論的研究（在它的背後有一種本體論的研究）是能夠透過一種語言的研究來回答的。」[5] 因此，強調分析或語言分析，只是突顯哲學的方式，而不是指認哲學的對象。認識到這一點，我們就應該在方法論的意義上，而不應該在對象的意義上理解「分析哲學」和「語言哲學」中的加字。正由於認識到這一點，我贊同分析哲學或語言哲學的研究，但是不喜歡「語言哲學」這個名稱。因為它容易誤導人，容易使人誤以為哲學就是思考語言，容易使人強調語言而忽略邏輯分析，因而容易產生泛語言哲學[6]。

　　分析哲學有一個名稱，叫做當代形而上學。形而上學是一個古老的稱謂，來自古希臘。亞里斯多德的相應用語是第一哲學。由此可見，形而上學也可以相當於一種加字哲學。但是，「第一」顯然不是對象意義上的東西。按照亞里斯多德的說法，認識是有層次的，第一哲學乃是超出一切學科之上的東西。由此可見，第一哲學與分析哲學同為加字哲學，卻有相同之處：加字所表達的東西沒有絲毫研究對象的意思，而是有關方法或方式的說明。今天也有人談論「元哲學」，這依然是加字哲學，只是不知道這裡的「元」是什麼意思，這種元哲學又是一種什麼樣的哲學。為哲學加字如今是一種普遍現象。有些人熱衷於這樣做，好像透過加字的方式可以更加明確所要說明的東西，有些人可能不得已，為的是與其他加字哲學相區別。在這一點上，我比較保守。我一直遵從傳統的觀點，即認為形而上學是哲學的核心。我認為形而上學的傳統形式是本體論和認識論，它的當代形式則是分析哲學。

四、加字哲學的史

金先生透過區別中國哲學的史與在中國的哲學史，指出了「中國哲學史」的問題，由此也就表明加字哲學史可能是有問題的。我們也可以類似地從史的角度考慮加字哲學。這時我們會發現，有些加字哲學的史是自然的，比如倫理學（道德哲學）史、科學哲學史；有些則不是那樣自然，比如環境哲學史、教育哲學史等。這裡的問題是，「中國哲學史」字面有歧義，因而會帶來理解的問題。具體一些說，由於加字哲學的歧義，因而在加上「史」字之後也會產生歧義。相比之下，許多加字哲學可能自身並不會有什麼歧義，但是它們是沒有史的：多少年以後是不是會有不得而知，至少今天是沒有的。所以，一些加字哲學論者津津樂道其開創性，同時也忽略甚至無視哲學的歷史性。有些人認為，哲學問題總是哲學史的問題。這一觀點是不是有道理乃是可以討論的，但是不會與加字哲學相關，加字哲學家無疑也不會贊同它，因為許多加字哲學根本無法在史的意義上考慮。

為了更好地說明這裡的問題，讓我們考慮幾種比較自然的加字哲學史。最自然的大概是西方哲學史。無論是「西方哲學」還是「西方哲學史」，字面上都不會有什麼歧義，比如羅素的著作《西方哲學史》。人們不會考慮它是不是會有「在西方的哲學史」這樣的問題，也不會考慮它與「西方哲學的史」是不是會有區別，以及由此是不是會帶來什麼問題。這樣的哲學史寫作，通常照例會探討一下什麼是哲學，比如認為哲學是介乎神學與科學之間的東西 [7]，也會談論一下內容安排，比如在最低限度上，除了柏拉圖、亞里斯多德、笛卡兒和康德，還應該把誰加進來，考慮的人選可以不同，比如有：奧古斯丁、洛克、萊布尼茲、休謨、黑格爾、馬克思、弗雷格等等 [8]。但是它們不會為加字所困擾。尤其是一些西方哲學史著作甚至沒有加字，比如黑格爾的《哲學史講演錄》、文德爾班（Wilhelm Windelband）的《哲學史教程》等 [9]。這樣的史書在內容上並沒有什麼根本性的區別，即使有，也不

是由於加字「西方」所造成的。為黑格爾和文德爾班的書名加上「西方」一詞，將羅素的書名去掉「西方」兩字，對它們的內容不造成任何影響。這就說明，同樣是哲學史，加不加「西方」二字，並無大礙。將這些哲學史著作加以對照可以看出，它們的內容大致相同，儘管選擇思路、撰寫方式乃至篇幅可能會有很大不同。由此可見，即使去掉「西方」這兩個加字，史書的內容不會受什麼影響。但是，哲學與加字哲學畢竟有所不同，有些「哲學史」著作也會提到「西方哲學」，也會對不加字有所交代，比如在序中提到印度和中國哲學，提到中世紀阿拉伯和猶太哲學，並將書中不談這些哲學的原因簡單歸結為「對這個主題的無知」[10]。這樣的說明輕描淡寫，似乎還表現出作者的謙虛甚至寬容大度。由於這樣的加字只有地域性的表達，因此提及那些加字哲學不過是更加明確了自己所談的西方哲學。問題是，序中的表述並沒有在書名中展現出來。在我看來，作者的潛臺詞是，即便所談的僅僅是一種加字哲學史，也是名副其實的哲學史。

　　對照之下，我們可以看一看中國哲學史，這個名稱似乎也是自然的。但是金先生指出的問題說明了它的不自然。馮友蘭先生一生寫過三部哲學史。如果不加「中國」二字，比如就叫「哲學史」或「哲學史新編」，假如序中同樣說明還有西方哲學、阿拉伯哲學等，字面上還會是那樣自然嗎？這裡的問題實質是，西方哲學史著作，書名加字「西方」，固然可以與中國的或其他什麼國家地區的哲學史相區別，不加也沒有關係，人們不會覺得其稱謂不自然，也不會去指責它的內容有什麼問題。但是中國哲學史著作則不同，書名不加「中國」二字，人們會覺得其稱謂不自然，也會認為其內容有問題，比如認為它講的並不是通常的哲學史，它的內容沒有也不會滿足通常所說的哲學。而加了「中國」，也就有了金先生指出的問題。以馮先生的《中國哲學史》為例，該書開篇即說：「哲學本一西洋名詞。今欲講中國哲學史，主要工作之一，即就中國歷史上各種學問中，將其可以西洋所謂哲學名之者，選出而敘述之。」[11]可見馮先生對哲學的理解來自「西方哲學」。後來馮

先生在哲學史中不這樣說了，如今國內中國哲學史著作大都不提「西方哲學」，也不依據西方哲學來理解哲學作為開篇，但是書名中「中國」無論如何也是不可少的。

馬克思主義哲學史大概是具有中國特色的研究。以人為對象的史學研究不少，但是以人命名的「史」的研究卻不多。加字「主義」使人們可以做寬泛理解，比如斷代、流派或學說，一如「古希臘哲學史」。從斷代的角度，「馬克思」這個名字說明了它的起始時間，從流派的角度，「主義」一詞表明它是某一種觀念下的東西。因此這個加字哲學史獲得了它可以討論的內容。「馬克思主義哲學史」是可以理解的，也是比較自然的，一如「中國哲學史」。它似乎沒有金先生指出的那樣的問題，但是，作為加字哲學，它表現得更加獨特。「馬克思」這個名字表明它是個人性的，「主義」一詞的流派性則可以使它涵蓋不同地域的人物，包括西方的和東方的。這樣的哲學史的內容可以非常豐富，而它的豐富性主要來自它的加字，來自使用者對加字的理解，而不是來自哲學和人們對哲學的理解[12]。因此，無論對哲學如何理解，對哲學的理解是不是有道理，這樣的哲學史離開了加字是無論如何也不行的。

五、哲學觀

加字哲學反映了一種對哲學的限定，這些限定有地域性的，有對象性的，有流派或斷代性的，也有方法論意義上的。一個從事哲學研究的人通常會專注於或擅長某一種加字哲學的研究。尤其是中國現行體制下，人們也習慣於這樣的表述，即所謂二級學科，以及所謂專長或特色研究。這樣的情況是自然的，也是可以理解的。但是由此也非常容易產生一種結果：人們從自己研究的加字哲學出發來談論對哲學的認識，甚至以此要求哲學應該怎樣，必須怎樣。比如有人認為哲學的根本問題是關於人的問題，是關於人的存

在、人的精神、人的理想、道德、價值的問題；有人認為哲學是關於世界觀、方法論的問題。由此出發，人們認為，哲學必須反映時代精神，哲學應該而且必須研究時代問題，以及研究社會的重大問題、前瞻問題、熱點問題、現實問題等，哲學研究者必須為解決這些問題提供認識和理論依據。常有人說：假如不是如此，那麼時代要你幹什麼？假如不能關注、回答並解決現實問題，納稅人憑什麼要養活你？這些質問似乎理直氣壯、擲地有聲。但是透過以上討論可以看出，這是有問題的。

在我看來，問題主要在於：這樣的認識來自加字哲學，談論的卻是哲學。假如它們所針對的是其加字的哲學，可能還是有道理的。問題是，一種加字哲學與哲學終歸是有區別的：哲學中畢竟還有一類叫做形而上學的東西。無論是過去的本體論和認識論，還是今天的分析哲學，它們始終是哲學中獨特的一部分，也被認為是獨特的一部分，甚至在有些人看來，它們是哲學中最重要的部分。比如亞里斯多德的《形而上學》、康德的《純粹理性批判》、維根斯坦的《邏輯哲學論》，這大概是只有哲學才會講述、而其他學科不會講述的著作。儘管這一部分不是哲學的全部，即使這一部分本身也是加字的或可以加字，比如叫做第一哲學、分析哲學等，但是它們一直被看作哲學的主體、哲學之樹的樹幹、王冠上的鑽石或哲學的主流。一部哲學史，可以不講此種加字哲學，也可以忽略彼種加字哲學，唯獨這一部分，即形而上學（第一哲學）和分析哲學是不能不講的。而這部分內容與上述那些與人和現實有關的問題似乎恰恰是沒有什麼關係的，至少沒有什麼直接的關係。這就說明，是不是應該從這一部分出發來談論哲學，應該如何結合這一部分來談論哲學，可以是見仁見智的問題。但是離開這一部分來談論哲學，則注定是有問題的。

有人認為分析哲學是反形而上學的，因為分析哲學家認為一切形而上學命題都是沒有意義的。應該看到，這一認識的核心在「有意義」，它基於兩個標準，一個是理論證明，另一個是經驗證實。前者與邏輯相關，後者

與「真」相關。而這兩點構成了分析哲學最主要的特徵。假如可以把形而上學看作傳統哲學的稱謂，那就可以看出，分析哲學與傳統哲學是有典型區別的。但是在《形而上學》中，亞里斯多德一方面（在第四卷）說有一門科學研究「是本身」；另一方面（在第二卷）又說把哲學稱為關於「真」的知識是恰當的。這樣就可以看出，在與「真」相關這一點上亞里斯多德的形而上學與分析哲學是一致的。假如可以認識到，「是」這個概念既是亞里斯多德形而上學的核心概念，也是亞里斯多德邏輯的核心概念，則也可以看出，亞里斯多德的形而上學與他的邏輯至少字面上就是相通的，因而無疑具有十分密切的關係[13]。所以，與邏輯相關和與「真」相關，這不僅是分析哲學的基本特徵，實際上也是亞里斯多德形而上學的基本特徵。在傳統哲學中，有些人的相關認識可能不如亞里斯多德那樣清楚，因而一些相關論述和思想或多或少會走樣，甚至背離，但是這樣認識的基礎卻是亞里斯多德提供的。也就是說，它的基本看法來自亞里斯多德的形而上學，來自他的第一哲學。或者，我們至少可以說，有一種哲學叫做形而上學，它來自亞里斯多德，至少在亞里斯多德那裡，它的基本精神與分析哲學是一致的。這種一致性至少可以在一點上展現出來：它們所研究的東西不是具體的，而是抽象的。用亞里斯多德的話說，他所研究的「是」本身與任何專門的研究都不同，因為它是最普遍的東西[14]。用弗雷格的話說，在「真」這個層面，「所有細節都消失了」[15]。因此，這樣的研究與現實問題、與和人有關的問題肯定是或者至少是有距離的。

我認為，哲學觀與加字哲學觀是不同的。我們可以承認一種加字哲學是哲學，但是絕不能認為哲學等同於某一種加字哲學。這一點從哲學史可以看得非常清楚。有的加字哲學沒有史，有的加字哲學可以有史；有的加字哲學雖然有史，但是無法談論其他加字哲學。這就說明加字哲學與加字哲學可以是非常不同的。與此相對照，哲學史可以有多種寫法，可以沒有此種或彼種加字哲學，但是絕不能沒有形而上學或分析哲學。這至少說明幾點：其一，

哲學與加字哲學是非常不同的；其二，即使形而上學和分析哲學可以看作加字哲學，它們與其他加字哲學也是非常不同的；其三，就與哲學的關係而言，形而上學和分析哲學乃是最重要的。由此可以看出，離開有關形而上學和分析哲學的認識來談論哲學，一定是有問題的。

　　金先生的哲學觀究竟是什麼，乃是一個可以討論的問題。本文沒有進一步探討這個問題，並不意味著金先生沒有相關看法。實際上他是有的，比如他說：「哲學是說出一個道理來的一個成見。」[16]「歐洲各國的哲學問題，因為有同一來源，所以很一致。選擇的趨勢，是把歐洲的哲學問題當作普遍的哲學問題。」[17] 此外，他在論著中多次甚至還有專文談論中國哲學，有時候似乎還有否定性的意見[18]。這裡我想說的是，無論他的哲學觀是什麼，他對中國哲學的史與在中國的哲學史的區別一定是與他的哲學觀相關的，因為正如本文討論的那樣，這裡的實質是區別出中國哲學與哲學，因而區別出加字哲學與哲學。我們知道，金先生有專著《邏輯》、《論道》和《知識論》，被認為是中國學界研究邏輯和哲學的第一人。邏輯和知識論是西方哲學中與形而上學密切相關的問題，因此毫無疑問，金先生的哲學觀帶有形而上學的認識。在我看來，金先生能夠做出這樣的區別與他的哲學觀有很大關係。無論我對金先生的理解是不是有道理，在我看來，能夠做出這樣的區別就是好的，而且這一區別的意義絕不僅僅限於給馮先生的書所寫的審讀報告，而是具有更為普遍的啟示性的意義[19]。

（原載《清華大學學報》2016 年第 1 期）

---

(1) 參見王路：〈金岳霖的邏輯觀〉，載《邏輯方圓》，北京，北京大學出版社，2009年，第 41 — 70 頁。

(2) 金岳霖：〈馮友蘭《中國哲學史》審查報告〉，載《金岳霖全集》，北京，人民出版社，2014 年，第二卷第 408 頁。

(3) 維根斯坦：《邏輯哲學論》，5.6；5.61。

(4) 戴維森：〈真與意義〉，載《真理、意義、行動與事件》，牟博譯，北京，商務印書館，1993 年，第 130 頁。

(5) 達米特：《分析哲學的起源》，王路譯，上海，上海譯文出版社，2005 年，第 5 頁。

(6) 我曾討論過這個問題，參見王路：《走進分析哲學》，北京，中國人民大學出版社，2010 年。

(7) 參見羅素：《西方哲學史》上卷，何兆武譯，北京，商務印書館，1976 年，第 11 頁。

(8) 參見安東尼·肯尼編：《牛津西方哲學史》，韓東暉譯，北京，中國人民大學出版社，2006 年，第 1 頁。

(9) 這樣的書很多，中譯本也很多，例如參見帕金森（G. H. R. Parkinson）和杉克爾（Stuart G. Shanker）主編的《勞特利奇哲學史》（十卷本），北京，中國人民大學出版社，2003 年起。

(10) 參見 Wedberg. A.: *A History of Philosophy*, Clarendon Press, Oxford, 1982, Vol.1, p.2.

(11) 馮友蘭：《中國哲學史》（上），北京，商務印書館，1947 年，第 1 頁。

(12) 例如有人認為：「馬克思主義哲學不僅是一門科學，而且是一種意識形態……是無產階級及其政黨認識世界和改造世界的思想武器」（黃楠森等主編：《馬克思主義哲學史》第一卷，北京，北京出版社，1991 年，第 5 頁）。此外，馬克思主義哲學史書本身似乎是有地域性的，比如在中國和蘇聯較為流行，而在西方，則不是那樣普遍。

(13) 我曾多次討論過這個問題，例如參見王路：《邏輯與哲學》，北京，人民出版社，2007 年，第二章。

(14) 參見亞里斯多德《形而上學》第四卷開篇（Aristotle: *The Works of Aristotle*, Vol. Ⅷ, by Ross, W.D., Oxford, 1954, 1003a20-25）。

(15) 弗雷格：〈論涵義與意謂〉，載《弗雷格哲學論著選輯》，王路譯，王炳文校，北京，商務印書館，2009 年，第 104 頁。

(16) 金岳霖：〈馮友蘭《中國哲學史》審查報告〉，載《金岳霖全集》第二卷，第 405 頁。

(17)　同上文，第 406 頁。

(18)　例如參見金岳霖：〈中國哲學〉，載《金岳霖全集》第六卷，北京，人民出版社，2014 年，第 376 頁；「Chinese Philosophy」，載《金岳霖全集》，第五卷，第 462 頁。

(19)　馮友蘭先生在晚年詳細討論了這一區別及其問題，可見非常重視這一區別（參見馮友蘭：《中國哲學史新編》序）。在邏輯研究中也可以做同樣的考慮。比如去掉「史」字，則會有中國邏輯與邏輯的區別。而在邏輯學科中，也可以看到加字邏輯的情況：比如形式邏輯、先驗邏輯、辯證邏輯、數理邏輯、符號邏輯、語言邏輯、哲學邏輯、認知邏輯、非形式邏輯等。本文限於討論金先生的哲學觀，對與邏輯相關的問題不予考慮。

第二章　形而上學的實質

　　形而上學是傳統哲學中的核心內容，進入現代以後，它被分析哲學所取代。最初，一些分析哲學家批評說，一切形而上學的命題都是沒有意義的，如今這種觀點受到批評，分析哲學也被稱為當代形而上學。在一些人看來，形而上學與分析哲學是不同的，而在另一些人看來，它們似乎又是一回事。無論如何，相關研究碩果纍纍。

　　中國情況不是這樣。第一，研究形而上學的論著非常少，一些冠名之作講的也不是形而上學。第二，形而上學在中國哲學系教學中所占比例非常小，這反映出我們的研究非常薄弱，重視程度也不夠。第三，「形而上學」在許多人那裡甚至是個負面的稱謂，被看作與「辯證法」對立的，後者才是正面的。第四，對形而上學有一個共識和一個批評：它難懂，無用。這反映出對形而上學有一種極大的誤解，或者，對形而上學缺乏充分的認識。

　　翻一翻哲學史著作很容易發現，限於作者的背景和偏好，一些理論或人物可能會有所忽略，但是，在過去它不可能不講形而上學，在今天它不可能不講分析哲學。由此可見，形而上學和分析哲學在哲學中的地位是非常重要的。在我看來，哲學就是形而上學，本體論和認識論是它過去的形式，而分析哲學則是它今天的形式。假如可以放寬哲學的界限，使它涵蓋更多的內容，那麼我認為，形而上學則是它的核心，是它主線上的東西。所以，對於哲學而言，形而上學是重要的。正因如此，對於理解哲學而言，形而上學也是非常重要的。

　　最近楊國榮教授撰文講述如何做哲學[1]，對一些認識和方式提出批評，也闡述了對哲學及其方式的看法，其觀點縱論古今，涵蓋中西，非常有思想。我認為，楊文比較典型地反映了國內學界有關哲學的一些看法，從中也

可以看出一些對形而上學的看法。這裡我想結合楊文 [2] 談一談什麼是形而上學，應該如何看待形而上學。

一、如何理解哲學

楊文的主旨是探討「如何做哲學」，一開始即談到這與反思「何為哲學」密切相關，並且明確指出「哲學以追求智慧為指向」（第 5 頁），因而與以特定知識為目的的其他學科形成區別。這個開場白非常簡單，也許是為了提出對哲學的理解和從事哲學的方式兩者之間的區別，也許僅僅是為了行文的方便而提出學科的區別，但是這畢竟使什麼是哲學這一問題呈現在我們目前，而且還提供了一種對哲學的理解。這就表明，對於哲學研究而言，什麼是哲學乃是一個基本而重要的問題。對此我非常贊同：假如對什麼是哲學尚且認識不清，那麼哲學研究也就無從談起。此外，它還提到兩個概念：一個是學科，它說明哲學與其他知識的並列關係；另一個是智慧，它是關於哲學自身的說明。從楊文的論述看，追求智慧這一說明似乎是自明的。但是可以看出，至少字面上它與形而上學沒有什麼連繫。

以學科為基點，楊文認為，在獲得學科形態之前，「哲學思考和生活過程都呈現彼此重合的特點」（同上），做哲學則是在社會生活中展開「對宇宙與人生智慧的探索」（第 6 頁），而在成為學科之後，哲學主要是「以智慧追求為指向」和「運用概念來展開思維的過程」（同上）。它的意思大概是說，在學科區分之前，哲學與生活不分，在學科區分之後，哲學有了特定的目標和方法，即「智慧追求」和「運用概念」。關於哲學方式的說法是不是有道理乃是可以討論的，但是顯然這裡對哲學的理解依賴於對「智慧」的理解。眾所周知，希臘文中「哲學」一詞的字面意思乃是「愛智慧」。問題在於，這種字面意思是不是說明了哲學的性質。奎因說：「sophia（智慧）才是必要的，philosophia（哲學）並非必要。」[3] 可見智慧與哲學（愛智慧）還是有區別的。因此，「追求智慧」也許描述了哲學的一些特徵，但是沒有

說明哲學的性質。比如我們知道，從形而上學的角度說，亞里斯多德與柏拉圖乃至蘇格拉底是有區別的，柏拉圖與蘇格拉底也是有區別的。但是從追求智慧的角度說，他們之間還會有什麼區別嗎？在我看來，在「智慧」的意義上理解哲學，其實是不必談論學科的區分和建立的。而一旦區別和談論學科，就會涉及形而上學的問題。用亞里斯多德的話說，這是「第一哲學」，它與其他層次的東西無疑是有根本性區別的。

需要指出的是，楊文也談到形而上學：在談及哲學知識化的時候批評它「疏離形而上學」（第 7 頁）。在上下文中可以看出，它借助「形而上學」說明了哲學研究中知識化的傾向，同時又借助「道」、「思辨」、「智慧之思」等用語表明了對形而上學的理解。眾所周知，「形而上者謂之道」是「形而上學」這一譯語的來源。因此，無論「道」是什麼意思，它與形而上學相關似乎是自明的。問題在於，這裡的「形而上」是什麼意思？它是不是有「在物理學之後」那樣的意思？在我看來，有沒有物理學以及相關認識，有沒有與物理學不同的東西以及相關認識，乃是根本不同的。所以，依據亞里斯多德的同名著作與依據《易經》中的「形而上」一詞來理解形而上學，肯定是有根本區別的。楊文似乎知道這裡的區別，因而會有「『向道而思』的智慧旨趣」（同上）這樣的表述。但是它的說明不是借助關於形而上學的認識，而是借助關於智慧的理解。它的意思似乎是說，道與智慧相關，而智慧與哲學相關，因而道與哲學相關。但是，這種連繫只是這一表達方式中字面上的，因而是不清楚的。也就是說，在楊文的表述中，清楚的是它借助「形而上學」一詞說明了與知識化的不同，不清楚的則是關於形而上學的認識和理解。因為中國人所說的「形而上」與亞里斯多德的形而上學完全不同，依靠「道」和「智慧」並不能說明什麼是形而上學。所以，楊文只是借助「形而上學」這一用語來表述有關區別，而且這大概是它唯一一次談到形而上學。

在具體關於哲學的論述中，楊文提出「以人觀之」和「以道觀之」，並

由此區別出經驗層面的知識和「源於」並「昇華於」經驗層面的認識（參見同上）。與人相關而得到關於經驗知識的說明，這是自然的。與道相關而得到關於高於經驗的知識的說明，在中國哲學家看來大概也是自然的。也許是在後一種意義上，楊文指出：「哲學無法（也不會）將自己的研究或探索限定於某一特定對象和領域，而總是試圖掌握不同事物或領域之間的關聯，並追求對世界的整體性的理解。」（同上）楊文區別出經驗知識和與經驗知識不同的知識，這無疑是有道理的。它指出哲學研究是與經驗知識不同的知識，以此獲得哲學與其他學科的區別，這無疑也是有道理的。問題是，這種與經驗知識不同的知識是什麼？透過「昇華於」，我們是不是可以獲得關於這樣的知識的認識和理解？在我看來，「昇華」是一種比喻說明，是不清楚的。正是因為由此並沒有獲得關於哲學的清楚認識，因而它給關於哲學的說明帶來了問題。例如，哲學如何掌握不同領域之間的關係？哲學能夠說明比如物理學與化學之間的關係嗎[4]？理解世界的整體性又是怎麼一回事呢？在我看來，楊文區別哲學與其他學科，依據的是知識性。但是，這是楊文認為的其他學科的特徵，而不是哲學的特徵。依據這種特徵固然可以將哲學與其他學科區別開來，但是並沒有對哲學自身的特徵，尤其是性質做出說明，這樣也就沒有獲得對哲學的清楚認識。不清楚什麼是哲學，即便可以依據其他學科的特徵使哲學與它們區別開來，在涉及有關哲學的具體論述時也一定會出問題。比如楊文認為，哲學要「追問人和世界中那些具有本源性的問題」（同上），追問人的實際「生活過程的意義以及如何達到理想的人生」（第8頁）。這難道不是又回到思考人的知行，因而又回到思考經驗的東西上去了嗎？這同楊文所說的「以人觀之」還能夠區別清楚嗎？所以，僅僅認識到哲學是研究與經驗知識不同的東西乃是不夠的，因為這並沒有告訴我們哲學是什麼。

　　許多人認為哲學不好定義。在我看來，那是由於沒有很好地認識形而上學。缺乏對形而上學的認識，大概很難說明哲學是什麼。「愛智慧」是古

希臘的一個說法，如同楊文所說，那時學科還沒有劃分。所有關於世界的認識，關於與人相關的認識都屬於愛智慧的活動。也就是說，愛智慧的活動並不（僅僅）是使哲學與日常生活相區別，形成了哲學學科，而（也）是使哲學認識與其他認識相區別，因而形成不同的學科。這一點在柏拉圖的著作中尚不十分明顯，但是在亞里斯多德的著作中則表現得比較清楚。透過這種愛智慧的活動，人們的認識取得進步，相應的則是認識分類，建立學科。亞里斯多德雖然沒有為各個不同的學科命名，但是他的工作使各個學科的內容得以自成體系，因而獲得繼續發展的基礎。應該看到，形而上學即是這樣透過分類而建立的一個學科。如果認為它屬於哲學，那麼當然應該認識和掌握它，因為我們至少可以問：為什麼它屬於哲學？為什麼我們會認為它屬於哲學？即使不知道它是什麼意思也沒有關係，因為有亞里斯多德的同名著作，它可以告訴我們它是什麼。相比之下，「智慧」顯然是一個不清楚的用語。在日常表達中，我們大致可以明白它是什麼意思。但是在學科的意義上，我們不會明白它是什麼意思，它對我們理解學科也不會有任何幫助。

二、如何做哲學

也許是為了更好地說明如何做哲學，楊文對現有的哲學方式提出了一些批評。比如它認為「分析哲學從強化形式層面的概念活動而導向了實質層面智慧之思的弱化」（第 6 頁）。這種批評是不是有道理姑且不論，字面上給人一種感覺，似乎增強概念運作的工作與智慧追求是矛盾的。由於楊文在論述如何做哲學時對分析哲學還有一些比較具體的批評，我們把這個問題留到後面討論。

又比如，它批評哲學向具體的知識性學科趨近，「關注點往往指向經驗領域的各種特定問題，如基因、克隆、人工智慧等」（第 7 頁）。這些批評似乎針對近年來倫理學和科學哲學的一些熱門話題。在楊文看來，這些研究

限於特定的領域和對象，容易混淆「『向道而思』的智慧旨趣與經驗層面的技術關切」（同上）。楊文的觀點是不是有道理乃是可以討論的，但是這裡的說明顯然是有問題的。我想，科學哲學家和倫理學家大概不會贊同這種說法。他們絕不會認為自己的工作不是以運用概念的方式進行的，也不會認為自己的研究只是局限於經驗，而不是昇華於經驗的。而且，即使依據經驗層面的和昇華於經驗層面的區別，他們大概也不會認為他們的「技術關懷」只是前者而不是後者。至於是不是可以或者需要把這樣的關懷與「向道而思」的智慧旨趣連繫起來，無論是區別還是等同，則要他們來回答和確認。在我看來，由於「智慧」和「道」的含糊性，至少這裡的解釋空間是很大的，所以科學哲學家和倫理學家反駁楊文的論述大概很容易。

再比如，在強調概念性思考的時候，楊文批評如下一種傾向：將哲學「還原為哲學史和思想史」，使哲學變得「敘事化和文學化」。楊文指出，「敘事和修辭不應當取代透過概念而展開的思與辨，否則哲學就可能流於抒情性論說或哲理性散文」（第9頁）。我不知道這種批評針對的是什麼。確實有人認為哲學即哲學史，也確實有些哲學史研究做得非常像思想史。但是僅從楊文所強調的哲學方式看，這裡的批評似乎是有問題的。做不做史或做什麼史，是不是敘事化和文學化，乃是可以討論的。問題在於，無論什麼史，不管什麼化，難道不是以概念運作的方式進行的嗎？由此也就看出，概念性思考並不是哲學獨家的方式。用它大體描述一下哲學的方式也許可以，但是以它做論證依據則是會出問題的。

就如何做哲學而言，楊文明確提出「回到存在本身」。它的說明是，「哲學以掌握世界為指向，『回到存在本身』首先展現了哲學的這一基本使命」（第9頁）。引人注目的是，關於哲學的說明在這裡發生了變化，由「以追求智慧為指向」變為「以掌握世界為指向」。字面上即可以問：「掌握世界」與「追求智慧」是不是一回事？相比之下，世界這一概念是清楚的，而智慧則不是那樣清楚。由於含糊，「追求智慧」似乎可以涵蓋後者，但是

不能反過來說。與這一論述直接連繫的是一段對分析哲學的批評，說它關注語言、局限於語言、其思想實驗脫離現實生活、遠離現實存在等，這樣「很難達到真實的世界」（第9頁）。引人注意的是，在這一整段論述中，沒有出現「智慧」一詞，出現的是「世界」，因此這個用語一定不是隨意的。也許掌握世界與追求智慧在楊文看來沒有什麼區別，所以它可以這樣隨意替換著說。也許它知道是有區別的，所以這裡要用「世界」，因為似乎不能批評分析哲學不是以追求智慧為指向，但是可以批評它脫離世界。在我看來，反駁這些批評並不難，但是從什麼是哲學的角度說，問題就不是這樣簡單。

從連繫世界的角度考慮，我認為楊文的批評肯定是有問題的。哲學的根本問題是對語言進行邏輯分析，這個口號大概展現了分析哲學的兩個基本特徵：它的工作方式是邏輯分析，它分析的對象是語言。所以，楊文強調分析哲學強化了概念分析方面的工作是有道理的。但是，它沒有看到這樣做的目的。分析哲學家有一個共同的信念：人們關於世界的認識都是透過語言表達的，因而可以透過對語言的分析而達到關於世界的認識。正如戴維森所說：我們共有一種語言，「也就共有一幅關於世界的圖景」，我們顯示語言的大部分特徵，「也就顯示了實在的大部分特徵。所以，研究形而上學的一種方式便是研究我們語言的一般結構」[5]。所以，分析哲學既然是關於世界的認識，也就不會是局限於語言的。那麼應該如何看待它這種關於世界的認識呢？假如世界與現實生活沒有什麼關係，那麼楊文的批評會是對的，但是這樣一來我們會覺得「世界」變成了一個陌生的概念。如果說世界是與現實生活相關的，則似乎不能說分析哲學的研究與現實生活沒有關係，但是這樣楊文的批評就會是有問題的。假如按照楊文的區別將現實生活理解為經驗意義上的和昇華於經驗這種意義上的，那麼世界又會與它們如何相關呢？難道世界會與昇華意義上的現實生活相關而與經驗意義上的現實生活無關嗎？我們是不是能夠區別這樣的現實姑且不論，但是這樣一來，世界與現實不還是相關的嗎？

從追求智慧的角度考慮，楊文對分析哲學的批評可以簡單歸為兩點：一是它削弱了哲學；二是它導致哲學脫離實際，脫離生活。這樣的批評是不是有道理姑且不論，字面上即可以看出，楊文所說的「智慧」是不能脫離生活的。這裡可以再次看出「昇華於」經驗的這種說法的含糊之處。也許在楊文看來，生活中有經驗的東西，也有昇華於經驗的東西，後者是智慧之思的東西。問題在於，這種東西是什麼？此外，與現實相關也就一定會與經驗的東西相關，因而「昇華」之說不僅沒有說明這種東西是什麼，實際上也沒有說明與經驗的區別。正因如此，楊文在開始區別了「以人觀之」和「以道觀之」，後來則要說它們「並非相互隔絕」（第 8 頁）。所以，基於用「智慧」、「道」這樣的模糊用語和概念來批評分析哲學，注定是有問題的。

或者，我們也可以拋開關於世界和智慧的考慮，只考慮「回到存在本身」。這個命題的核心概念是「存在本身」，因此我們要看楊文關於它的說明。楊文說：「『存在本身』就是具體的、現實的存在」（第 9 頁）。可以看出，這個說明顯然是不清楚的，因為它在關於「存在本身」的說明中借用了「存在」一詞，相當於假定它本身是一個自明的概念。問題是，這個概念不是自明的，因而不會給理解帶來什麼幫助。或者，我們再退一步，不糾結於這裡的問題，看一看它接下來的說明：楊文借助「本立而道生」來解釋，說其中的「道」「可以理解為哲學的智慧」，其中的「本」「在引申的意義上可以被視為存在的具體形態或現實形態」（同上），它進一步說：「存在的具體形態展現於對象和人兩個方面」（第 10 頁），並隨後展開對這兩個方面的討論。由此可見，楊文更具體一些的討論是以這裡關於「道」和「本」的解釋為基礎的。我們不用討論把前者解釋為哲學的智慧、把後者解釋為存在的形態是不是有道理，至少可以看出，這樣的說明實際上是把智慧和存在當作自明的概念。問題是，如上所述，它們並不是自明的概念。很難想像，借助含糊不清的概念，如何能夠說明如何做哲學。這裡的要點在於，正像楊文指出的那樣，探討如何做哲學與反思什麼是哲學密切相關。而「是

什麼」的思考方式則是形而上學的基本方式，回答這樣的問題，概念清楚大概是基本要求。問題是，「智慧」並不是一個清楚的概念，因此，借助這個概念來說明什麼是哲學，注定是有問題的。在理解什麼是哲學這一點上出現問題，在說明如何做哲學的時候也注定是要出問題的。

三、形而上學的認識

亞里斯多德說：

有一門科學，它研究「是本身」和它依自身而具有的性質。現在，這與任何所謂專門科學都是不同的。因為其他這些科學沒有一門普遍地探討「是本身」。它們截取「是」的一部分，研究這一部分的性質。例如，數學就是這樣做的。現在，既然我們尋求第一原理和最高原因，顯然它們一定是依自身而是的東西。這樣，如果尋求是之要素的人就是在尋求這些相同的原理，那麼必然是：這些要素一定乃是「是」的要素，不是偶然的，而僅僅因為它乃是「是」。因此，我們必須掌握的正是「是本身」的第一原因。（1003a20-30）[6]

這是《形而上學》第四卷的開場白，它大概比較直白也比較典型地說明形而上學研究與其他研究的不同。即使同稱為科學，它們也是不同的。其他科學以「是」的某一部分為研究對象，而形而上學研究「是本身」。這就說明，這樣的研究是超出其他學科的。所謂超出大概沒有高下的意思，不過是說明學科性質的不同。值得注意的是，這裡關於學科之間的不同，亞里斯多德是透過「是」來說明的。當然，人們可以認為，「是本身」這一說法似乎不是那樣清楚。但是，假如我們能夠始終在「是什麼」[7]的意義上理解亞里斯多德所說的「是本身」，就不難理解這裡的區別。因此我們也可以換一種說法來替亞里斯多德的論述做出說明。一門具體學科的研究乃是有具體內容的。比如醫學研究什麼是健康、什麼是療效，數學研究什麼是數，而形而上

學研究「是本身」。這一研究與其他學科的研究無疑是不同的。

　　這裡還可以看出，除了學科的區別，亞里斯多德還談到第一原理和最高原因。它們顯然不是具體學科所研究的東西。因為一門學科學研究的東西一定是一種具體的東西，所形成的理論也會限於某一具體範圍，所揭示的原因或原理也只能是某一領域的原因或原理。但是，形而上學所要研究的東西不是這樣。字面上就可以看出，這種第一原理或原因，肯定不是某一門學科的，因而不會是屬於某一領域的。如果說每一門學科的研究是具體的，那麼形而上學的研究就是普遍的。在我看來，這樣一種研究是先驗的，是關於先驗認識的研究，不過亞里斯多德沒有這樣說，他只是以自己的方式區別了形而上學與其他學科。但是在康德那裡，我們可以看到對形而上學的先驗性的明確說明：

　　儘管我們的一切知識都以經驗開始，它們卻並不因此都產生自經驗。……因此，至少有一個還需要進一步研究、不能乍看就馬上打發掉的問題：是否有一種這樣獨立於經驗、甚至獨立於一切感官印象的知識。人們稱這樣的知識為先天的，並把它們與那些具有後天的來源、即在經驗中具有其來源的經驗性的知識區別開來。[8]

　　康德的說明很明確。一方面有許多經驗的知識，另一方面有一種獨立於經驗的知識。後者是先驗（天）的知識，與經驗知識相區別。比較一下我們會發現，康德與亞里斯多德的說明差不多是一樣的，只不過是用語不同。借助康德的用語來表達亞里斯多德的認識則可以說，經驗學科學研究「是」的一部分，而形而上學研究「是本身」，這是關於先驗的東西的研究，所以是超出其他學科的。不僅如此，康德的論述與知識相關，亞里斯多德的論述也是如此。在亞里斯多德看來，這樣一種關於「是本身」的研究直接與認識相關，與人們的認識方式相關。所以他認為，「當我們知道一事物是什麼，……我們才最完全地知道它」（1028a37）。不僅如此，這樣的認識還

與「真」相關。所以，亞里斯多德一方面說它研究「是本身」，另一方面也說，「把它稱為關於真的學問是恰當的」（993b20）。我們看到亞里斯多德有非常明確的關於「真」的論述，關於「是」與「真」之間連繫的論述，這種「是」與「真」的相互區別的考慮、相互對應的考慮，都是一種在普遍性的層面上的考慮，因而是普遍的考慮。這種普遍性顯示的是一種先驗性。因為它不限於某一具體學科，脫離我們的常識和感覺，但是其相關結果和理論卻會被其他學科所用，也有助於對我們的感覺和常識做出說明。

　　康德關於形而上學的論述基於亞里斯多德的相關論述，以上我們也說那是亞里斯多德關於形而上學的看法。但是應該看到，亞里斯多德並沒有使用「形而上學」這一用語，他談論的是科學、認識或知識。我們看到的區別只是學科之間的區別，只是關於「是本身」的研究這門學科與其他關於研究「是」的一部分的學科之間的區別，因而形而上學只是一門關於「是本身」的研究的學科。我的問題是，為什麼不把亞里斯多德的這種認識看作關於哲學的認識呢？把它看作關於哲學的認識難道會有什麼問題嗎？比如，其他學科是關於「是」的一部分的研究，哲學則是關於「是本身」的研究，因而是先驗的研究。這樣的認識會有什麼問題嗎？我認為沒有什麼問題。正因如此，我才會認為，我們可以在如上亞里斯多德引語的意義上理解哲學。假如人們認為哲學乃是更為寬泛的學科，那麼同樣可以在形而上學的意義上理解哲學，如跟我們今天所擁有的第一哲學（形而上學）、道德哲學等加字哲學的區別。但是在這種情況下，必須認識到，談論哲學，不談形而上學是不行的，或者，離開形而上學來談論哲學的認識，則注定是有問題的。

　　借助形而上學的認識，我們可以發現，楊文的許多觀點和論述可以說得更加明白。比如從說明哲學的角度看，「先驗」一詞無疑比「智慧」、「昇華於」等用語意思更明確。透過先驗性與經驗性的區別，可以獲得關於哲學更好的說明和認識，因而獲得哲學與其他學科的區別。又比如，探討基因、克隆、人工智慧等現實問題無疑是可以的，但是它們顯然不是形而上學的研

究，因為不是先驗性的研究。借助形而上學的認識我們也可以發現楊文的一些問題。比如楊文說，做哲學需要有大的關懷，而所謂大的關懷指的是關注「性與天道」、「社會正義」（第 8 頁）。「大」這一用語又是比喻，不知所云，而「社會正義」又回到經驗層面，顯然不是形而上學的研究。又比如，「回到存在本身」也是不清楚的，其中大量關於人、人的現實生活和世界的論述，無疑不是形而上學研究。特別是，楊文所使用的一些表達，如智慧、道、本等，都是比較有歧義的。儘管楊文批評哲學的詩化，但是在我看來，這些用語似乎只能促成哲學的詩化，因為它們的歧義性不利於哲學表達和論證的清晰化。

對於概念的清晰化，楊文是有明確認識的，甚至把它看作哲學產生和發展的方式。但是，它批評分析哲學，認為後者強化了概念分析，而弱化了智慧，因而弱化了哲學，使得哲學局限於語言範圍，而與現實和世界無關，這似乎又顯示出一些問題。前面已經討論過楊文對分析哲學局限於語言的批評，這裡我們只談概念的清晰化。

羅素說：「邏輯是哲學的本質。」[9] 它道出了哲學的一個主要特徵。我贊同羅素的看法，並想借用它說，哲學的本質是邏輯。邏輯是先驗的，在先驗的意義上，它與哲學是一致的。邏輯為哲學提供方法，在方法論的意義上，它與哲學不可分割。而這種方法，經歷了從亞里斯多德邏輯到現代邏輯的轉變，由此也形成了哲學中概念分析方式的變化。亞里斯多德邏輯不是形式化的，它借助字母變元突顯了「是」這個繫詞，揭示了句子的結構。由於「是」這個詞乃是自然語言中的用語，因而亞里斯多德邏輯依賴於希臘語的語言形式，並受限於這種語言形式，只能是一種主謂形式的邏輯[10]。由於亞里斯多德邏輯與他的形而上學緊密連繫，因而他的形而上學也具有這樣的特徵。他所研究的「是本身」依賴於希臘語的語言形式，並受限於這種語言形式，因此他的形而上學是一種具有「S 是 P」這種特徵的研究。亞里斯多德是如此，其他哲學家也是這樣。康德談論「是實際上不是一個謂詞」，黑格

爾把感覺確定性歸結為「它是」，海德格把整個西方哲學關於「是」的研究傳統歸結為三種性質：普遍性、不可定義性、自明性等等，都反映出他們延續亞里斯多德形而上學的傳統 [11]。無論他們在討論中最終是不是偏離亞里斯多德的思想，是不是得出與亞里斯多德不同的認識和結論，至少他們討論的出發點與亞里斯多德是一致的，至少都突顯了「是」這個詞的系詞特徵，都表現出他們想在先驗性的意義上探討這個問題，都顯示出這至少是一個具有先驗特徵的問題。

現代邏輯是形式化的，這一工作的基礎是區別句法和語義，建立形式系統和語義解釋，因而與自然語言不同。也就是說，現代邏輯的句法形式與西方語言的句法形式不同。它的基本句式是一種函數結構。比如 Fa 表示一個專名「a」和一個謂詞「F」組成的表達式，∀ xFx 表示一個量詞「∀ x」與一個謂詞「Fx」組成的表達式。在這樣的句法中，繫詞「是」不見了。因此在分析哲學討論中，傳統那些關於「是」的討論也不見了。取而代之的是關於對象、概念、關係、量詞域的討論。這樣的討論與傳統的討論似乎完全不同，但是有一點卻是一致的，這就是關於「真」的討論。這是因為，「真」乃是一個語義概念，它是現代邏輯的語義的核心概念。正像弗雷格所說：「『真』這個詞為邏輯指引方向。」[12] 在弗雷格看來，句子是語言層面的東西，它所表達的東西是思想，他稱它為句子的涵義。從與句子對應的角度看，還有一個層次被他稱為意謂，即句子的真假。所以，既可以從思想與真值的區別與對應的角度去考慮，也可以從句子與真值的區別與對應的角度去考慮。他明確指出：「如果一個句子的真值就是它的意謂，那麼一方面所有真句子就有相同的意謂，另一方面所有假句子也有相同的意謂。由此我們看出，在句子的意謂上，所有細節都消失了。」[13] 考慮一個句子的思想與考慮一個句子的「真」，當然是不同的。或者，從思想的角度與從「真」的角度來考慮問題當然是不同的。舉例來說，我們可以考慮「亞里斯多德是哲學家」這個句子是不是真的。這無疑是經驗的考慮，它需要我們理解這個句

子的含義，知道亞里斯多德是誰，哲學家是什麼意思等。但是我們也可以考慮，這個句子在什麼情況下是真的，即這個句子的真之條件。比如我們需要知道，該句子如果是真的，那麼其中的專名「亞里斯多德」所指稱的對象必須存在，而且它必須處於其中的謂詞「哲學家」所表達的那種性質之下。這樣的認識無疑不是經驗的認識，與經驗的考慮不同。我們不需要知道亞里斯多德是什麼意思，指的是誰，哲學家是什麼意思。正因如此，這樣的認識也不會局限在這一個句子，而是適用於這一類句子，因而具有普遍性。

基於以上討論可以看出，無論是亞里斯多德的形而上學，還是現代的分析哲學，它們都與邏輯緊密結合，這就導致它們不是從日常概念出發，而是從邏輯所提供的理論和方法出發，所以，它們研究的東西是先驗的，它們得出的理論則是關於先驗的認識的。它們的不同主要在於它們使用的邏輯不同，因而它們的形態是有區別的。它們之所以被認為難懂，主要原因在於對它們使用的理論和方法缺乏認識和掌握，而它們之所以被認為無用，主要是因為認識不到它們是關於先驗的東西的研究。

我認為，認識形而上學的性質是重要的，它有助於我們更好地理解哲學。基於這樣的認識，我們很容易看到，楊文反映的問題其實是有普遍性的。比如，楊文提到的知行合一，乃是中國思想文化中歷來講究的核心理念之一，而楊文沒有提到的「問題在於改變世界」，則展現了馬克思主義的基本傾向。這些觀念當然是有道理的，但是它們與先驗的研究無關，與形而上學無疑是有區別的。在哲學研究中，不少人總是要求並強調要研究前沿的、重大的現實問題，要研究人的問題。但是應該看到，這樣的研究不是形而上學，與先驗的研究沒有什麼關係。在我看來，不談哲學，這樣的強調和要求可能是有道理的，從某種加字哲學出發，這樣的強調和要求甚至是有道理的，但是從哲學出發，這樣的要求肯定是不對的，至少是片面的，因為它缺少或忽略了關於形而上學的思考。在我看來，不研究形而上學當然是可以的，研究自己喜歡的某一種哲學也是不錯的。但是，一種脫離或缺少關於形

而上學思考的哲學要求，卻一定是有問題的。

　　從形而上學出發，我們可以非常明確地說，哲學是關於先驗的東西的研究。也就是說，同樣是與認識相關的研究，它與其他學科是並列的，區別則在於，它是關於先驗認識的研究。許多人總愛說哲學無用或認為它是無用之學。搞哲學的人這樣說乃是褒義的，意思是哲學研究不限於某一具體學科，因而到處可用。不搞哲學的人這樣說則是貶義的，因為他們認為只有自然科學或社會科學才是有用的。我認為這兩種看法都是有問題的。人們認為或相信自然科學和社會科學是有用的，依賴於對它們的認識和掌握。但是，難道人們不需要形而上學的認識，不需要認識先驗的東西，不需要認識那些與經驗無關的東西嗎？因此聽到具有貶義的哲學無用這種論調的時候，我常想問說者：你懂什麼是形而上學嗎？對於自己不懂的東西，難道你真敢如此輕率地斷言嗎？人們認為哲學到處可用，依賴的自然是對哲學的認識。對於這種褒義的論調，我更想問說者：你考慮形而上學了嗎？從某一種加字哲學出發，也許可以這樣說，但是從形而上學出發，這種說法還是有道理的嗎？

（原載《清華大學學報》2017 年第 3 期）

---

(1)　楊國榮：〈如何做哲學〉，《哲學動態》2016 年第 6 期，第 5－11 頁。以下簡稱「楊文」，引文只注頁碼。

(2)　楊國榮教授是中國哲學專家。在我看來，他的中國哲學研究與其他人不同。他注重思想研究，而且注重將所研究的東西放在更大背景下，尤其是結合西方哲學來談論。所以，他關於哲學的探討比較寬泛，涉及對中西哲學的認識，典型地代表了國內的一些看法。

(3)　奎因：〈哲學是否已失去與人民的連繫〉，載《蒯因著作集》第 6 卷，涂紀亮主編，北京，中國人民大學出版社，2007 年，第 178 頁。

(4)　這個問題的實質是，即使哲學家認為自己可以說得清楚，物理學家或化學家難道就說不清楚嗎？難道會不如哲學家說得清楚嗎？

(5)　戴維森：〈形而上學中的真之方法〉，載《真理、意義、行動與事件》，牟博譯，北京，商務印書館，1993 年，第 130 頁。在分析哲學著作中，這樣的論述很多，比如維根斯坦說：「我的語言的界限意謂我的世界的界限。邏輯充滿世界：世界的界限也是它的界限。」「邏輯命題描述世界的構架，……是表現世界的構架。」（維根斯坦：〈邏輯哲學論〉，陳啟偉譯，載涂紀亮主編：《維根斯坦全集》第 1 卷，石家莊，河北教育出版社，2003 年，第 245、252 頁）

(6)　Aristotle: Metaphysics, in *The Works of Aristotle*, Vol. Ⅷ , by Ross, W.D., Oxford, 1954. 引文只註標準頁碼，下同。

(7)　比如亞里斯多德的範疇理論，「S 是 P」中的「P」可以表示：是什麼、質、量、關係等。「人是動物」、「天是藍色的」等都是具體描述，但是這裡的「動物」表達了是什麼，「藍色的」表達了性質。

(8)　康德：《純粹理性批判》，李秋零譯，北京，中國人民大學出版社，2004 年，第 31 頁。

(9)　羅素：《我們關於外間世界的知識》，陳啟偉譯，上海，上海譯文出版社，1990 年，第 24 頁。

(10)　參 見 Lukasiewicz, J.: *Aristotle's Syllogistic from the Standpoint of Modern Logic*, Oxford, 1957; Patzig, G.: *Die Aristotelische Syllogistik*, Goettingen 1963; Geach, P.T.: *Logical Matters*, Oxford, 1972.

(11)　我曾詳細討論過這些問題，參見王路：《讀不懂的西方哲學》，北京，北京大學出版社，2011 年；《解讀〈存在與時間〉》，北京，北京大學出版社，2012 年；《一「是」到底論》，北京，清華大學出版社，2016 年。

(12)　弗雷格：〈思想〉，載《弗雷格哲學邏輯選輯》，王路譯，王炳文校，北京，商務印書館，2007 年，第 120 頁。

(13)　弗雷格：〈論涵義和意謂〉，載《弗雷格哲學邏輯選輯》，第 104 頁。

第三章　從馮友蘭的哲學觀看中國哲學史研究

好的哲學史，一定要有明確的哲學觀，否則就會成為思想史或文化史。對於中國哲學史研究來說，「哲學」本是一個外來名，因此哲學觀就顯得更為重要。胡適和馮友蘭先生的哲學史著作開創了真正的中國哲學史的研究，雖然其選材和方法開天闢地，但是說到底，還是一個哲學觀的問題。具體地說，依據什麼來選材？依據什麼來分析論證？因此可以說，哲學觀的確立與哲學史的研究具有十分密切的連繫。

本文試圖以中國哲學史研究方面的主要代表人物馮友蘭先生為例做分析。下面僅從馮友蘭先生的哲學史著作出發，探討一下哲學觀對中國哲學史研究的影響。

馮先生在哲學史方面的成就主要集中在三部著作上。1931 － 1934 年出版的《中國哲學史》（以下簡稱《史》）在國內學界影響最大，1948 年出版的《中國哲學簡史》（英文版，以下簡稱《簡史》）蜚聲海外，晚年的長卷《中國哲學史新編》（以下簡稱《新編》）則是他畢其功之作。這三部著作在內容上有很大差異。但是在這三部著作的開始，馮先生都有關於哲學的論述，因此我們的探討可以有明確的材料可循。以下我們將主要探討三個問題：第一，馮先生的哲學觀是什麼？第二，馮先生的哲學觀先後有哪些變化？第三，馮先生的哲學觀對他的哲學史研究有什麼影響？

一

在早期的《史》中，馮先生開宗明義地說：「哲學本一西洋名詞。今欲講中國哲學史，主要工作之一，即就中國歷史上各種學問中，將其可以西

洋所謂哲學名之者，選出而敘述之。」[1] 可見，在馮先生的心中，什麼是哲學，標準應該是西方「哲學」這一概念所固有的含義。當然，西方對哲學這一概念本身也存在不同的理解。馮先生認為，這些不同的理解主要分為宇宙論（物理學）、人生論（倫理學）和知識論（方法論）。其中「宇宙論與人生論，相即不離，有密切之關係。一哲學之人生論，皆根據於其宇宙論」[2]，「可見西洋所謂哲學，與中國魏晉人所謂玄學，宋明人所謂道學，及清人所謂義理之學，其所研究之對象，頗可謂約略相當」[3]。從馮先生的這些論述可以十分清楚地看出，這樣的中國哲學史研究，主要是從西方哲學的概念出發的。

後來在《簡史》開篇，馮先生則說：「哲學在中國文化中所占的地位，歷來可以與宗教在其他文化中的地位相比。」[4] 這種開篇方式與早期著作顯然不同。它明顯給人一種感覺，中國不僅有哲學，而且哲學在中國文化中的地位十分重要。從這樣的論述，至少不會感到哲學（包括這個概念本身）對於中國文化來說是外來的東西。對於什麼是哲學，馮先生是這樣說的：「哲學、宗教都是多義的名詞。對於不同的人，哲學、宗教可能有完全不同的含義。人們談到哲學或宗教時，心中所想的與之相關的觀念，可能不大相同。至於我，我所說的哲學，就是對人生的有系統的反思的思想。」[5] 也許因為這是在為外國人講中國哲學，因此與早期為中國人講哲學的著作不同，也許因為這是一部「小史」，而不是像早期那樣的巨著，所以馮先生不再詳細談論哲學這一概念的來源，而是直接講什麼是哲學，當然這也是他所理解的哲學。但是這裡有沒有另外一種可能：也許馮先生已經研究哲學多年，卓然成家，對什麼是哲學有了新的理解？無論如何，至少從字面上可以看出，同樣是中國哲學史，馮先生關於哲學的論述已經發生了一些變化。

晚年，馮先生在《新編》緒論的一、二、三節論述「歷史」及其相關的問題，從第四節開始專門論述「什麼是哲學」以及與哲學相關的問題。他明確地說：「哲學是人類精神的反思。所謂反思就是人類精神反過來以自己為

對象而思之。人類的精神生活的主要部分是認識，所以也可以說，哲學是對於認識的認識。對於認識的認識，就是認識反過來以自己為對象而認識之，這就是認識的反思。」[6] 僅從這種論述的方式就可以看出，馮先生的思想是有變化的。首先，馮先生沒有談論哲學這個概念本身的來源和含義；其次，他也沒有說「我」的看法，而是以一種正規的嚴謹的論述方式來談論哲學，一如下一個定義，給人一種天經地義、不容質疑的感覺，也使人覺得這種說法一環套一環，具有科學性。

顯然，馮先生的哲學觀先後是有變化的。其中最顯著的變化就是：在《史》中，馮先生死扣「哲學」這一西學術語的本意，中國哲學史的選材和評價都是依據這樣一種「哲學」的標準和尺度來進行的；而在《新編》中，馮先生完全拋開了哲學這一術語的來源及其本意，因此史的選材和評價是依據自己給出的哲學定義。

從死扣哲學這一概念的來源及其含義，到比較隨意地談論自己對哲學的理解，直至最終規範地論述哲學，顯然展現了馮先生在理解哲學的過程中思想的發展變化。但是，如果我們不太在意他這些論述形式上的發展變化，而細究他關於哲學的主要看法的話，我們就會發現，在馮先生的哲學觀中，「人」占有非常重要的地位，而且這種看法一以貫之。無論是人生論（倫理學），還是關於「人生」的有系統反思的思想，抑或是人類精神的反思，都沒有離開人。這樣，與人相關或關於人的思考，實際上構成了馮先生哲學觀的基調。當然，同樣是與人有關或關於人，還是有一些區別的，比如「人生的有系統的反思的思想」與「人類精神的反思」畢竟不完全一樣。但是我認為，這種定義上或類似定義的區別並不十分重要，重要的是另一種區別。

當馮先生從西方的哲學概念出發的時候，並不是不考慮人，但是在這樣的考慮中，人生論是哲學的一部分，而且如上所述，排在宇宙論之後，並且要「根據於」宇宙論。而當馮先生從「人類精神的反思」出發的時候，他則認為人類的精神生活是極其廣泛的，必然要牽涉到各方面的問題，對廣泛的

問題作廣泛的討論，概括地說，「人類精神的反思包括三個方面以及其間互相關係的問題」⁽⁷⁾，這三個方面是：自然、社會、個人的人事。這樣，馮先生的哲學不僅包括西方所說的宇宙論和人生論，而且還超出了其範圍，不僅包括關於社會的探討，而且「個人的人事」顯然絕不會，也絕不應該僅僅限於人生論。因此，馮先生後來的哲學觀（無論這種哲學觀是如何形成的，有什麼樣的道理）是非常寬泛的。

二

金岳霖先生在寫給馮先生的《史》的審讀報告中對「中國哲學史」這一個概念進行了一些分析。他首先分析了什麼是哲學，然後又進一步分析，「中國哲學史」究竟是「中國哲學」的史，還是中國的「哲學史」。這樣的分析結果表明，以某種方式或態度來寫中國哲學史是不容易辦到的，而以某種方式或態度寫出的東西則不能稱為哲學史⁽⁸⁾。馮先生對金先生這段話一定是贊同的⁽⁹⁾。這就說明，取不同的哲學態度，對哲學史就會有不同的看法，寫出來的哲學史也會是不一樣的。以上我們已經說明馮先生的哲學觀先後是有變化的，現在該看一看，馮先生的哲學史先後有些什麼變化。為了簡明，我們僅對《史》和《新編》做一些比較。

我們說過，馮先生在《史》中死扣哲學這一西學術語的含義，因此，西方的「哲學」這一概念成為馮先生選材和評價的一條標準，他甚至明確地說：「所謂中國哲學者，即中國之某種學問或某種學問之某部分之可以西洋所謂哲學名之者也。所謂中國哲學家，即中國某種學者，可以西洋所謂哲學家名之者也。」⁽¹⁰⁾這樣一來，中國可稱為哲學的東西大致有先秦子學、魏晉的玄學、宋明的道學、清人的義理之學等，因其在不同程度上探討了與西方哲學相應的宇宙論、人生論和方法論。

中國哲學史的研究，正像馮先生指出的那樣，「哲學一名詞，中國本來

無有；一般人對於哲學之範圍及內容，無明確的觀念」[11]，但是經馮先生這樣一區分，對哲學內容就有了明確的觀念。而且在此基礎上，馮先生進一步提出了五條取材的標準。從這些標準來看，馮先生強調哲學家要有「新見」，要有自己的系統，哲學史主要也是以此為史料，此外，有關哲學家背景、性格的一些敘述，與哲學家思想相關的一些轉述、報告之類，也可作為哲學史的輔助史料。這樣，馮先生提供的中國哲學史既有中國哲學家系統的思想論述，也有一些與這些人和思想論述相關的說明。其中有些內容與哲學本身大概沒有什麼關係，至少有一些距離，比如一個人的生平、事蹟、他所處的社會背景及其政治經濟形勢等等，但是它們屬於馮先生說的「輔助的史料」，似乎倒也無妨。

後來在《新編》中，馮先生直接把哲學定義為人類精神的反思。這裡，我們沒有看到馮先生關於中國哲學史取材標準的討論，但是他的這一定義，已經暗示了他的取材範圍：由於人類的精神生活是極其廣泛的，人類精神的反思必然要牽涉到各方面的問題，對於廣泛的問題要作廣泛的討論，包括自然、社會和個人的人事，因此這三個方面的問題以及它們之間相互關係的問題「都是人類精神的反思的對象，也就是哲學的對象」[12]，哲學史的取材顯然要與這樣的東西相關。在這樣一種哲學觀指導下，馮先生對描述中國哲學史提出了三條要求：一是要說清楚一個哲學家的哲學體系，二是要說清楚一個哲學家得出一個結論的過程，三是要說清楚哲學家所提供的世界觀。從馮先生的哲學定義和這三條要求來看，他的取材標準與《史》已經有了很大的不同。

第一，丟開了從西方哲學的概念出發這一環，就可以不受西方「哲學」這一概念的束縛，不必考慮西方哲學是怎麼一回事，不必以西方哲學為尺度和標準來選材。從表面上看，這一區別似乎並不特別重要，因為即使不從西方的哲學概念出發，我們也可以建立一個與其相似的哲學概念。但是實際上，這一區別還是非常重要的，因為它導致非常不同的結果。依據西方的哲

學概念，原則上說，我們就要討論與宇宙論、人生論和方法論相關的內容，因為只有它們屬於哲學，具體地說，我們在論述與這些「論」相關的內容時，總是有柏拉圖、亞里斯多德這些人的哲學著作為藍本，因而也就不能隨意地想怎麼說就怎麼說，不能想把什麼說成是哲學，就把什麼說成是哲學。

第二，《史》對「原始的史料」和「輔助的史料」是有明確區別的，這樣就告訴我們，哪些史料重要，哪些史料不太重要，不僅作者明確知道如何選材，讀者也有一個明確的衡量尺度。但是《新編》對這兩種史料沒有區別。因此，不知作者是不是有這樣的取材標準，是不是依然遵循這樣的取材標準，但是至少讀者是不清楚的。比如，《新編》第一卷第一冊共九章，第一章講商、周奴隸社會的興衰，第二章講春秋戰國的社會轉變，第三章講齊、晉兩國的改革和霸業，第四章講孔子……也就是說，被馮先生稱為「應該是中國哲學史中第一個出現的人」[13] 的孔子到了第四章才出現，真讓人有千呼萬喚始出來之感。就哲學史而言，不明就裡的人會明白這前四章哪一章是主旨，哪一章是鋪墊，哪一章更重要，哪一章不太重要嗎？

第三，《新編》提出的上述三條要求，表面上看都與哲學有關，第一、二條是顯然的，第三條不是那樣明顯，但是想到人們常說的哲學是世界觀、方法論，而且馮先生自己也認為，哲學是人類精神的反思，由此人可以產生對於自然、社會和個人的行事的一種理解、一種看法、一種態度，這就是世界觀[14]。因此，這一條似乎也不難理解。但是有此一條，選材就寬泛了許多，比如許行的「神農之言」。按照馮先生的說法，其「屬民而以自養……這六個字說出了剝削階級的本質，也說出了剝削這個概念的含義，可以作為剝削這個名詞的定義」[15]。很難說這六個字是一種哲學論述。但是，若說它反映了一種世界觀，大概也馬馬虎虎，於是似乎也就符合了馮先生的所說的哲學，這樣，馮先生關於許行的描述不就自然而然地說清楚「哲學家所提供的世界觀」了嗎？問題是：即使哲學是一種世界觀，是不是世界觀就一定是哲學？

　　此外，《新編》提出的第二條要求暗含著與《史》中選材要求的重大分歧。在《史》中，選材必須是「有自己之『見』，以樹立其自己之系統」（第二條），必須是「以理智的辯論出之」（第四條）[16]。這兩條要求其實是很難截然分開的，試想，如果不進行論證，系統如何能夠建立起來？因此，根據這樣的要求，隻言片語就不能作為哲學史的原始史料。但是根據《新編》的第二條要求，這一點就被推翻了。按照馮先生的說法，一個哲學家得出一個結論，「他必然是經過一段理論思維。他可能沒有把這段過程說出來。但是，沒有說出來，並不等於沒有這個過程。哲學史家必需盡可能地把這段過程說清楚」[17]。不能說馮先生這裡說的沒有道理，也不能說哲學史家不應該做這樣的工作，但是這樣一來，一些不是「以理智的辯論出之」的材料，一些隻言片語，肯定要成為哲學史的史料，更何況正像馮先生所言，中國古代哲學喜歡「言簡意賅」、「文約義豐」。問題是，對這樣俯拾皆是的材料該如何取捨呢？

　　第四，「哲學是人類精神的反思」是一個太過寬泛的定義。馮先生承認，詩人的一些表述「也是對於人生的反思」[18]。為了區別詩的思維和哲學的思維，馮先生專門討論了形象思維與理論思維，他認為，詩的思維是形象思維，哲學思維是理論思維。在哲學史著作中，這段討論大概非常獨特，也是沒有辦法。如果不是採取這樣一個寬泛的定義，這段討論本來是根本不必要的，實在是有些自討苦吃。因為，說詩人的思維是形象思維固然沒有什麼問題，但是僅憑形象思維這一點卻無法決定史料的取捨，因為形象思維的表達方式實在是不勝枚舉，比如莊子的〈逍遙遊〉。甚至馮先生自己也認為莊子的一些表達是「形象地說明他的意思，是一種比喻」[19]，而「比喻就是形象思維」[20]。實際上，馮先生的這種討論的目的和結果只是把詩類材料圈在哲學史的論述之外，也就是說，只把一類形式的文獻排除在哲學討論之外。問題是：即使排除了這種形式的文獻，其他什麼文獻能夠游離於「人類精神的反思」這一範圍之外呢？舉個最簡單的例子。根據《史》的規定，《孫子

兵法》不屬於哲學史史料，因而不予論述，而在《新編》中，專門用了一章
對《孫子兵法》及其相關的思想進行了詳細的論述。誰能說兵法與「人類精
神的反思」無關呢？

三

　　根據不同的哲學觀，就會形成不同的選材標準。選材標準不同，寫出的
哲學史肯定不同。馮先生的《史》和《新編》就是這樣。而且，這種不同主
要不在書的薄厚、史料的豐富還是貧乏、講述的詳細還是約略，而在於對材
料的選擇和論述上。客觀地說，在一個人的研究過程中，晚期肯定比早期占
有和了解的資料多。但是我認為，《新編》多出來的內容，雖然不少是馮先
生一生治史研究的重要成果和心得，但是許多卻是觀點所致，而不是一種研
究更深入細緻的結果。下面我們舉幾個例子。

　　《史》中談到韓愈，篇幅很短，甚至不及他的學生李翱，也沒有談及歷
史上的「韓柳之爭」，柳宗元則提也沒提。《史》這樣做，自有一番道理。
談到韓愈，是因為認為他是「宋明道學家先驅之人」[21]，談韓少李多，是因
為「李之所貢獻，尤較韓為大」[22]，而這種貢獻，主要是對宋明道學的貢
獻，包括他推崇的著作和提倡的思想。特別值得注意的是，《史》說：「韓
愈為『文人之雄』，此所說本無甚大哲學的興趣。」[23] 談論他主要是為了
使人注意：韓愈極推崇孟子並引用《大學》，因而使《孟子》和《大學》後
來成為宋明道學家所根據的重要經典，此外，韓愈提出「道」字，提倡道統
之學，後來道學成為宋明新儒學的名稱。可見，《史》對韓愈的論述完全是
從宋明道學的產生和發展的角度考慮的。如果說宋明道學是一種哲學流派和
哲學思想學說，那麼可以說，《史》對韓愈的論述完全是從哲學的角度考慮
的，因此對韓愈的哲學本身評價不高甚至不提「韓柳之爭」，也是自然而然
的事情。

　　《新編》則有很大不同。首先，李翱和韓愈不是像在《史》中那樣分節論述，而且李翱所占篇幅也沒有韓愈多。這樣做的理由是什麼，看不出來，至少與《史》不同。其次，《新編》比較多地介紹了韓愈反對佛教和道教的思想，並認為「韓愈反對佛教和道教，基本上是從政治、經濟的問題上說的。他沒有能夠在哲學上反對道教和佛教，他沒有能夠把佛教道教的根本原則，提到哲學的高度加以批判」[24]。顯然，韓愈的論述不是哲學的論述，而且《新編》也認為它不是哲學的論述，但是《新編》仍然要對它進行論述，這一點與《史》的做法不同。第三，《新編》在專門論述韓愈的時候，一方面，對他評價甚高，認為他是唐朝文學界和思想界的重要人物，是復古運動的領袖，是反對佛教的有力人物；另一方面，又認為他「為道學的建立創造了條件，而在哲學上，還不能列入道學的創始者的行列」[25]。顯然，從道學的角度對他做出的這一評價與《史》的觀點相似，也就是說，從哲學的角度出發，對他的評價不高，甚至沒有說他是「哲學家」。但是在隨後專門論述柳宗元的更長的一節裡，韓愈被明確稱為「唯心主義哲學家」[26]，這顯然是令人費解的。雖然這一節談到了「韓柳之爭」，明確地稱柳宗元為唯物主義哲學家，且不論柳宗元的思想包括他的主要著作《封建論》是不是哲學，或主要是不是哲學，韓愈怎麼成了哲學家呢？這是不是有些「搖身一變」的感覺？

　　《史》中沒有談到屈原，而《新編》專用一章講楚國的改革與屈原，其中主要是講屈原。《新編》認為，屈原「不僅是一個詩人，也是一個學問家、政治家、外交家」[27]，可謂評價甚高，但是唯獨沒有說他是哲學家。這說明，馮先生知道，屈原是算不上哲學家的。「學問家」這個評語可謂有所用心，因為若是可以把哲學看作一種學問，大概馬馬虎虎也就可以談屈原的哲學思想了。但是學問家畢竟不是哲學家，而且也不一定就是哲學家。含糊歸含糊，存在的問題卻是顯然的。

　　《新編》認為，屈原在其重要作品〈天問〉中一直在提問題，其中「所

提的問題包括哲學、天文、地理、歷史各方面」[28]，而且「在其所提出的哲學方面的問題，是以當時所流行的一種唯物主義的哲學發生論為基礎的」[29]，顯然，《新編》認為屈原是有哲學思想和論述的，因為他提出了哲學問題。且不論〈天問〉中所提的問題是不是就是哲學問題（比如，「邃古之初，誰傳道之？上下未形，何由考之」），這裡的論述至少與《史》中要求的「新見」和「體系」之說相去甚遠。沒有回答，自然更不是「以理智的辯論出之」。但是，誰能說這不是「人類精神的反思」呢？可見選不選屈原這一段，與哲學觀還是有很大區別的。至於說依據某一種哲學來提問題，這更是寬泛之極。但是這樣的論述方式在《新編》中並不少見[30]。

這樣的例子還有不少，比如上文談到的關於兵法的論述，還有關於《呂氏春秋》的論述，這也是在《史》中被認為不屬於哲學史的原始史料的範圍，但是在《新編》中專用一節講述。儘管馮先生對《呂氏春秋》的作者和雜家評價不高，稱他們為「第二流的哲學家」，認為「他們沒有創造性，他們的體系也沒有生命力」[31]，但是，再差的哲學家不也是哲學家嗎？這裡還能看出把《呂氏春秋》當作哲學史上輔助的史料來看待嗎？

四

以上說明，馮先生早期和晚期的哲學觀是不一樣的，早期的哲學觀從西方的哲學這一概念出發，而晚期的哲學觀從一般的哲學概念出發，也可以說，早期的哲學觀比較狹窄，晚期的哲學觀比較寬泛。在這兩種不同的哲學觀的支配下，寫作哲學史的選材標準不同，選材也不同，結果形成的《史》和《新編》也不同。

其實，馮先生對這一點也不是沒有認識的。他在《新編》的「自序」中談到這兩種不同的哲學史寫法，說稱它們「『各有千秋』，不必盡求一致」；他承認《新編》的寫法「可能失於蕪雜」，但他希望「這部《新編》

也可能成為一部以哲學史為中心而又對中國文化有所闡述的歷史」。這樣看來，馮先生的許多選材並不是從中國哲學史的史料出發，不少論述並不是哲學的論述，也就不是那麼不容易理解了。但是我認為，關鍵問題並不在寫作哲學史談了多少經濟、文化或其他東西，而是首先在於哲學觀是不是清楚。哲學觀清楚了，寫出的東西，什麼是哲學，什麼不是哲學，是不會混淆在一起的。這一點，《史》的做法很有可取之處。並不是說它裡面的選材都是哲學，或都與西方的哲學相應，但是它至少讓我們知道它要區別原始的哲學史料和輔助的哲學史料，而且它使我們知道如何進行這樣的區分。這樣一來，我們就會知道，原始的哲學史料才是哲學史主要研究的東西，而輔助的哲學史料提供的東西雖然有助於我們進行哲學史的研究，本身卻不是哲學。當然，哲學觀也有一個正確與否的問題。這可能是個見仁見智的問題。但是，我們面對一堆史料，如果沒有正確的哲學觀，如何區分其中哪些屬於哲學研究的範圍，哪些不屬於哲學研究的範圍呢？

　　馮先生的研究提供了一個非常有趣的現象。他對自己哲學觀的表述是非常明確的，即關於人類精神的反思。但是由於這種哲學觀非常寬泛，有時候他所談論的東西卻是難以掌握的。從《新編》緒論第十節「階級觀點和民族觀點」來看，他似乎是要對「中國」的哲學史或「中國的」哲學史做出說明，實際上卻是以儒家思想為例簡要地說明：一個民族有一個統一的思想，由此形成這個民族的世界觀，「久而久之，這種統一的世界觀就成為中國民族的『民族精神』」[32]。這樣一來，哲學不就等於統一民族的思想或世界觀了嗎？我以為，在這樣一種思想支配下，他要論述歷代統治階級的思想以及那些在不同歷史時期占主導地位或非常重要的思想，都是可以理解的，但是唯獨他說的哲學卻常常是不太清楚的。比如，商鞅變法是一個極其重要的歷史事件，商鞅對變法以及與變法相關的問題自然有一系列非常重要的思想和理論，對此，無論是從政治、經濟、文化還是從社會發展的角度來論述，都不難理解，然而當馮先生講述「商鞅的進步的歷史哲學」[33] 時，還能理解

這裡的哲學是什麼嗎？

　　我們知道，馮先生不僅是哲學史家，而且是哲學家，他透過哲學史的研究建立起自己的哲學體系，即他的新理學，他希望透過自己的工作能夠為團結中華民族做出貢獻。根據他的觀點，哲學的作用是提高人的精神境界，因而能夠更好地做各種事情。他的這些思想和期望毫無疑問融入了他晚期的哲學史著作。我不認為馮先生的這種認識和想法有什麼不好，只是覺得，「人類精神的反思」這一哲學定義太過寬泛。我的問題是：這樣寬泛的哲學定義是不是有助於哲學史本身的研究？這個問題我們還可以引申一些：這樣寬泛的定義，是不是有助於哲學本身的研究？

　　以上我們談到，在馮先生的論述中，哲學與理解、看法、態度、世界觀、學問等常常是不太分的。這樣的情況很多。最典型的大概是他關於孔子的論述。他說：「就整個形勢看，孔丘是當時第一個私人講學的人，第一個私人立說的人，第一個創立學派的人。所以應該是中國哲學史中第一個出現的人。」[34] 馮先生認為孔子是中國哲學史上第一人，中國哲學史應該從孔子開始，這些看法純屬學術觀點問題，無所謂對錯。別人可以贊同，也可以反對。但是他的這段論證卻使人感到，孔子之所以是哲學家，主要是因為他開門講學、著書立說、創立學派。問題是：儘管馮先生對「講學」、「著書立說」都有解釋，但是，難道講學就一定是講哲學嗎？著書立說就一定是著哲學書嗎？創立學派就一定是創立哲學學派嗎？也就是說，有了講學、立說和創立學派這三個條件，就一定會是哲學家嗎？我對此持深深懷疑的態度。泛泛地說，哲學是一種思想，哲學是一種理論，哲學是一種理解，哲學是一種學問等，馬馬虎虎大概是可以成立的。但是，反過來卻不一定是那麼一回事。恰恰是這一點，在馮先生的思想中似乎是不太清楚的。如果我們走得稍微遠一些，超出哲學史著作，那麼就可以看得更清楚。比如，馮先生認為，「各個部門的工作，都是馬克思主義的展現。因此，處處都有哲學」[35]，「領導各部門的同志，都是哲學家」[36]，馮先生把哲學系和哲學所工作的人和培

養的人「叫做理論工作者，或哲學工作者」[37]，他認為「中國今天也需要一個包括新文明各方面的廣泛哲學體系，作為國家的指導方針。總的說來，我們已經有了馬克思主義」[38]等等。從這些論述至少可以看出，在馮先生眼中，哲學和理論大概沒有什麼區別，馬克思主義與哲學差不多也是一樣的。至於「處處都有哲學」，可能怎麼理解都是可以的吧！

　　我認為，馮先生的情況是一個個案，由於他的特殊地位，他這個個案表現出來的問題就具有非同一般的意義。不區別哲學與思想、理論、文化等問題，或者說區別不清，這種現象不僅一般的中國哲學史研究中存在，而且近年來關於新儒家、經學等研究和討論中也大量存在。我不研究中國哲學史，但是喜歡讀大家的研究成果。在學習過程中，對以上問題有所感，覺得它們會妨礙中國哲學史研究的系統化和深入發展，因此把它們提出來，請大家批評討論。

（原載《哲學研究》2000 年第 8 期）

(1)　馮友蘭：《中國哲學史》（上），北京，商務印書館，1947 年，第 1 頁。

(2)　馮友蘭：《中國哲學史》（上），第 3 頁。

(3)　同上書，第 7 頁。

(4)　馮友蘭：《中國哲學簡史》，涂又光譯，北京，北京大學出版社，1996 年，第 1 頁。

(5)　同上。

(6)　馮友蘭：《中國哲學史新編》（上），北京，人民出版社，1998 年，第 10 頁。

(7)　馮友蘭：《中國哲學史新編》（上），第 17 － 18 頁。

(8)　參見金岳霖：《金岳霖文集》第一卷，蘭州，甘肅人民出版社，1995 年，第 625 － 629 頁。

(9)　馮先生在其《三松堂自序》中引述了金先生長長的兩段話，而且在《中國哲學史新編》的緒論中專門論述了「中國的」哲學的歷史和「中國哲學」的歷史。

(10)　馮友蘭：《中國哲學史》（上），第 8 頁。

(11)　同上書，第 25 頁。

(12)　馮友蘭：《中國哲學史新編》（上），第 17 頁。

(13)　同上書，第 210 頁。

(14)　馮友蘭：《中國哲學史新編》（上），第 29 頁。

(15)　同上書，第 394 頁。

(16)　馮友蘭：《中國哲學史》（上），第 25 － 26 頁。

(17)　馮友蘭：《中國哲學史新編》（上），第 43 頁。

(18)　同上書，第 25 頁。

(19)　馮友蘭：《中國哲學史新編》（上），第 412 頁。

(20)　同上書，第 25 頁。

(21)　馮友蘭：《中國哲學史》（下），第 801 頁。

(22)　馮友蘭：《中國哲學史》（下），第 811 頁。

(23)　同上書，第 802 頁。

(24)　馮友蘭：《中國哲學史新編》（中），第 695 頁。

(25)　同上書，第 699 頁。

(26)　同上書，第 700 頁。

(27)　馮友蘭：《中國哲學史新編》（上），第 541 頁。

(28)　同上書，第 544 頁。

(29)　同上。

(30)　比如在論述晏嬰的時候，馮先生明確地說：「晏嬰還有一種哲學，宣揚他的折中調和論。」（同上書，第 131 頁）晏嬰論述的顯然不是哲學，但是說他依據的思想是哲學，大概也沒有什麼不可以。

(31)　同上書，第 805 頁。

(32)　馮友蘭：《中國哲學史新編》（上），第 45 頁。

(33)　馮友蘭：《中國哲學史新編》（上），第 303 頁。

(34)　同上書，第 210 頁。

(35)　馮友蘭:《三松堂自序》，北京，人民出版社，1998 年，第 284 頁。

(36)　同上。

(37)　同上書，第 285 頁。

(38)　同上書，第 353 頁。

第四章　哲學的本質是邏輯

楊紅玉（以下簡稱「楊」）：王老師，最近讀了您的新書《語言與世界》（北京大學出版社 2016 年）和您的兩篇文章〈論加字哲學〉（《清華大學學報》2016 年第 1 期）、〈形而上學的實質〉（《清華大學學報》2017 年第 3 期），有很多收穫。特別是關於語言與語言所表達的東西之間的關係，關於邏輯與哲學的關係，以前在清華曾經聽您講過多次，這次看到您系統地論述，感到非常親切。我想根據您講的內容向您提幾個問題，由您來回答，您看可以嗎？

王路（以下簡稱「王」）：可以的。

一、關於加字哲學

楊：我發現您多次談到「加字哲學」。開始我還以為是一種新的哲學，看了以後才明白這是指一些加了修飾語的哲學，比如中國哲學、馬克思主義哲學等。我發現這似乎是您區別它們與形而上學的一種方式。您說形而上學被亞里斯多德稱為「第一哲學」，因而「第一」也是加字，您稱分析哲學為當代形而上學，其中的「分析」也是加字，但是這兩種加字沒有對象、地域、流派的意義，而只有方法論或學科性質的意義，這樣您就將形而上學與其他哲學區別開來。我認識到，加字哲學雖然不是一種新的哲學，卻是一種新的提法。您這樣做是為了強調形而上學的重要性嗎？

王：其實早在 1999 年出版的《走進分析哲學》中，我就區別了語言哲學與泛語言哲學。語言哲學與分析哲學一樣，強調的是對語言進行邏輯分析，突顯的是邏輯的理論和方法的應用。而以語言為對象的所謂哲學研究被

我稱為泛語言哲學。我一直研究邏輯、分析哲學和形而上學，近年來有了一些認識。人們都說中國不重視邏輯研究，我發現，一個重要的原因在於加字哲學大行其道，換句話說，人們不太重視形而上學研究。而所謂邏輯與哲學關係密切，實際上是指邏輯與形而上學關係密切。

楊：您在《走進分析哲學》、《邏輯的觀點》（商務印書館 2000 年）等書的最後一章都以「邏輯與哲學」為題，您還有一本書叫《邏輯與哲學》（人民出版社 2007 年）。我知道您一直強調邏輯在哲學中的重要作用，以及邏輯與哲學的密切連繫。現在您說邏輯與形而上學關係密切，您的觀點與以前的觀點有什麼變化和發展嗎？

王：大體上說我對邏輯與哲學關係的看法沒有什麼變化，但是在認識上確實有了一些發展。《走進分析哲學》最後一章題目是「邏輯與哲學」，許多內容卻是與亞里斯多德以及他的形而上學相關的。我在研究中發現，重視邏輯、強調邏輯重要的哲學家通常都是形而上學家。亞里斯多德不用說，他是邏輯的創始人，也是形而上學的奠基人；康德說要從可靠的學科出發建立形而上學，結果從邏輯出發建立起他的先驗哲學；黑格爾強調要在邏輯中尋找初始概念，最終建立起他的整個辯證思想體系；胡塞爾（Edmund Husserl）則以邏輯研究為基礎，建立起一種新的現象學研究。邏輯與形而上學連繫密切，這是一種普遍的哲學現象。從亞里斯多德以來一直是這樣。

楊：分析哲學家採用邏輯方法，批評形而上學沒有意義，是這樣嗎？

王：這是以前邏輯實證主義的看法。其表述是：一切形而上學命題都是沒有意義的。這樣說的理由在於，一個命題的意義就在於能夠被證明：要不是被理論（邏輯、數學）證明，就是被經驗證明。由於形而上學命題既不能被邏輯和數學證明，也不能被經驗證明，因此是沒有意義的。後來人們改變了這種看法，分析哲學也被稱為當代形而上學。戴維森有一句很出名的話：是弗雷格使我們認識到有這樣一種分析意義的方式。這既是指分析哲學的一

種主要研究方法，也是指應用邏輯的理論和方法進行分析的方式。20 世紀的一些名著，比如維根斯坦的《邏輯哲學論》、奎因的《從邏輯的觀點看》、達米特的《形而上學的邏輯基礎》等，除了顯示出邏輯的重要性外，還直接表明邏輯與哲學、邏輯與形而上學的密切連繫。

楊：您的認識似乎只是與形而上學有關，與加字哲學又有什麼關係呢？

王：形而上學只是一個稱謂，它的實質是一種先驗性的研究。明確了這一點就可以認識到，加字哲學不是形而上學，即不是先驗性的研究。所謂加字，是在哲學前面加上一個名字，這個名字通常表示具有對象意義，比如環境哲學、文化哲學。這當然不會是先驗的研究，因為要和環境或文化相結合。馬克思主義哲學和中國哲學是中國的顯學。前者顯示出一種流派性，後者表明一種地域性，因而也不會是先驗性的研究。區別加字哲學與形而上學至少有兩個好處：一是說明它們與形而上學的區別；二是明確在有關邏輯與哲學的研究中，我們可以將重點放在形而上學上。

楊：說明加字哲學與形而上學的區別有那麼必要嗎？換句話說，這個區別的好處有那麼重要嗎？

王：價值判斷從來都是見仁見智的事情。我的工作只是學理層面的澄清。中國學界占據主導地位的是加字哲學，形而上學研究非常薄弱。但是人們對這一點缺乏認識。由此產生關於哲學的一些認識則是有問題的。比如一個常見的說法是，哲學應該解決時代、社會、現實的重大問題。從形而上學出發，這顯然是有問題的，因為這樣的問題都是經驗的，而不是先驗的。但是如果為這樣觀點中的「哲學」加字，這樣的認識就會是有道理的。比如我們都知道，馬克思主義哲學的使命是改變世界。

二、關於羅素的看法

楊：在最近那幾篇論著中，我看到您多次談到羅素的觀點：邏輯是哲學的本質。而您要說的是：哲學的本質是邏輯。您的這種看法在中國確實比較罕見。這與您關於邏輯與哲學關係的看法有關係嗎？此外，您的說法和羅素的說法一樣嗎？

王：按照亞里斯多德的說法，一個主謂形式的句子，謂詞如果表達本質，則可以和主詞換位表達，所以我和羅素的說法意思差不多。但是，從表達方式看它們還是有些區別的。羅素的話是對邏輯的說明，似乎是站在哲學的角度說邏輯。我的話是對哲學的說明，似乎是站在邏輯的角度說哲學。其實，我不過是借用羅素的話來說明自己的觀點。我的觀點來源於羅素，與羅素一致。

楊：什麼叫站在哲學的角度說邏輯和站在邏輯的角度說哲學，您能多說幾句嗎？

王：羅素之所以說邏輯是哲學的本質，因為在他看來，真正的哲學問題都可以還原為邏輯問題。將哲學問題劃歸為邏輯問題，這當然是比較極端的看法。我認為哲學的本質是邏輯，我主要是想說明，哲學研究中一些最核心、最重要的問題歸根結柢要借助邏輯的理論和方法，或者說，無論這些問題是不是邏輯問題，至少它們的研究離不開邏輯的理論和方法。所以我說，這兩種說法意思差不多，表述上稍有不同。確切地說，羅素的說法更強，我的說法要弱一些。

楊：您認為弱嗎？在我看來，這已經很強了。我看到您有兩個說法：一是說哲學就是形而上學，二是說形而上學是哲學主線上的東西。我想問：您這兩個說法與您區別哲學與形而上學有關係嗎？和您區別哲學與加字哲學有關係嗎？

王：當然有。在中國，哲學是一級學科，其下有八個二級學科，後者主要是加字哲學，唯獨沒有形而上學。前面說了，形而上學是先驗的，加字哲學是後驗的，我的說法實際上是明確和確定哲學研究的先驗性。在我看來，對於哲學研究而言，看不到它的先驗性是不應該的。至少應該看到它的一部分是先驗的，並且這一部分非常重要。一旦認識到哲學研究的先驗性，就會認識到形而上學的重要性和地位，這樣也就有了我的以上兩種說法。加字哲學的研究一般是後驗的，與形而上學的區別非常明顯。而且，兩者之間這一區別是根本性的。所以，這種區分是一種學理上的區分，是一種認識上的區別。當然，我這樣說的主要目的還是從研究的角度突顯形而上學。

楊：不管怎樣，您的後一種說法我可以接受，但是前一種說法實在是太強了。

王：其實，你看一看亞里斯多德的《形而上學》，就會覺得這種說法很正常。亞里斯多德是西方思想史上一位百科全書式的學者，同時也是西方學科分類的奠基人。假如我問你，他留下哲學著作了嗎？他的哲學著作是什麼？你會如何回答呢？

楊：當然是《形而上學》。

王：對，這就是為什麼我說哲學就是形而上學的主要原因。因為書名是後人取的，而亞里斯多德稱他在這本書中探討的東西為第一哲學。所謂「第一」不是對象意義上的，也不是流派和地域意義上的，而是學科意義上的，按照我的理解，這就是他說的超出其他學科之上的意思，就是要與其他學科明確地區別開來。所以在我看來，你把亞里斯多德所談的東西看作哲學，它必須是第一哲學，因為要與所有其他認識形成區別。你把它看作形而上學，它就是哲學本身。

楊：我明白了，難怪您在這幾篇論著中都談到亞里斯多德的那句話「有一門科學，它研究『是本身』」，而且您特別強調它由此與其他學科形成區

別，因為後者只研究「是」的一部分。但是既然您有這樣的認識，為什麼不堅持到底，還要有第二種說法呢？

王：因為現實情況是我們有八個二級學科，大部分的名稱是加字哲學，而且加字哲學也是人們研究和談論哲學的一種方式。現在我們許多哲學系的學生畢業了，獲得哲學學位了，但是對於形而上學知之甚少甚至一無所知，這無疑是個缺陷。在我看來，說法不重要，重要的是認識這裡的區別，即關於先驗性研究的性質以及由此帶來的關於哲學的認識。明確和強調這一認識，對於中國哲學研究和教學發展是必要的，也是有好處的。

楊：您的文章論述得很清楚，您說中國哲學中的一些概念是不清楚的，比如智慧、道等。我從您的相關討論中讀出一句潛臺詞：您似乎對中國哲學持批評態度。是這樣嗎？

王：如果你說我對中國哲學的研究方式持批評態度，大概我們還可以討論一下。即便如此，充其量這也是你讀出來的潛臺詞。我總是在形而上學意義上談哲學，所以我說哲學的本質是邏輯。我不會批評中國哲學的。我說得很明白，中國哲學是加字哲學，與形而上學是有根本區別的。

楊：我覺得您非常重視和強調形而上學研究，我其實是想問：您如何看待加字哲學的研究？

王：我強調形而上學研究，區別它與加字哲學，並不意味著我認為加字哲學不可以研究，也不表示加字哲學就不重要。我只是要提請人們注意形而上學在哲學中的地位和重要性。不能一提形而上學就認為它難懂、脫離實際。不能一提分析哲學就認為它過時，走到盡頭了。不能還不知道形而上學是怎麼回事就認為它無用，是負面的東西。不能根本不懂分析哲學的理論方法就認為它只關注小問題，只會零敲碎打，將哲學搞壞了。不能將形而上學和分析哲學看作只是哲學史上才被提及的東西而排除在當下的研究之外。在哲學研究中，每個人會依據自己的知識結構，因循自己的路徑，做自己喜歡

的事情。但是作為哲學專業，至少也應該有審美追求。所以，我自己研究形而上學，提倡人們應該認識到形而上學的意義和重要性，但是我也不反對他人有自己的研究，包括加字哲學。不過有一點可以肯定，形而上學的研究對加字哲學的研究肯定是會有幫助的。

三、關於句子圖式

楊：以上問題比較宏觀，下面我想提一些具體的問題。您在《語言與世界》中提出一種句子圖式，它有三個層次：語言、涵義、意謂。它們非常清楚地顯示出語言與語言所表達的東西的區別。您多次強調對這個區別的認識是語言哲學的一個重要成果。我覺得理解句子圖式沒有什麼問題，但是您為什麼說它有助於研究哲學的人認識到邏輯在其中所起的作用呢？

王：從句子圖式看，語言層面的東西是清楚的。句子是表達思想認識的基本單位。語言表達認識，而它表達的認識與語言本身是不同的。比如，我們談話至此，所有表達都是由一個一個句子組成的；我們相互理解，理解的是句子所表達的東西。這是常識，是容易認識到的。但是如何對語言和語言所表達的東西做出說明，則是另一個問題。20 世紀分析哲學的一個基本認識是，我們關於世界的一切認識都是透過語言表達的，因此有望透過對語言的分析而達到對世界的認識。所以，語言分析只是方法，目的還是我們的認識。正是在這一過程中，邏輯的理論和方法造成至關重要的作用。在句子圖式中，這即是意謂這一層面。它所顯示的是真值、對象、概念、個體域等，由此可以顯示出語言對應的構成部分，比如句子、名字、謂詞、量詞等。這樣我們可以認識句子及其構成，以及由此形成的不同語言層次。特別是在這一說明過程中，真（真值）這一概念的作用突顯出來。而所有這個層面的說明，都是來自邏輯。缺乏邏輯知識的人只知道真假、對象、概念等觀念，但是不太清楚它們所依據的邏輯理論，為什麼關於它們可以那樣討論。借助句

子圖式則可以比較清楚地認識到它們所處的層次、所涉及的問題以及可能會引起的一些混淆和區別。

楊：但是您為什麼又說句子圖式也有助於研究邏輯的人理解哲學中所探討的問題呢？

王：邏輯研究主要考慮兩個層面，一個是句法，一個是語義。意謂層面是語義方面的考慮，那只是一個層面，語言是另一個層面，即句法。這兩個層面是對應的。研究邏輯的人對這兩個層面是有認識的，一般來說也是清楚的。但是他們有時候會忽略，除了邏輯所考慮的語義，即真假這一層面外，語言所表達的東西還有一個層面，這就是句子圖式中的涵義。而哲學討論卻會非常重視這個層面。在這一點上可以看到弗雷格的洞見。他明確地說，句子的涵義是思想，句子的意謂是真值。這就表明，他既借助邏輯看到真假這一語義層面，也看到通常語言所表達的東西這一層面，並且依據自己的理論將它們區別得非常清楚。對這一點認識不清的人很多，比較典型的是克里普克（Saul Aaron Kripke）：他對弗雷格關於涵義和意謂的區別提出批評。他看不到涵義這一層面，或者說，他依據他的可能世界理論不知道如何解決涵義這一層面的問題，因此他不相信涵義會決定指稱，他只能說不相信有弗雷格所說的涵義那樣的東西。我在書中借助句子圖式澄清了克里普克對弗雷格的批評所涉及的一些問題：他的可能世界理論是對的，他對弗雷格的批評卻是有問題的，因為他沒有看到有涵義這個層面，或者他混淆了語言和涵義這兩個層面，因而他沒有看到應該如何解決涵義層面的問題。

真之載體也是與此相關的一個問題。真之載體有人說是句子，有人說是命題或意義。原因很簡單。說句子是真之載體，句子在語言層面，說命題是真之載體，命題在涵義層面，都可以說出一些道理來。奎因認為這兩種說法都有道理，但是他傾向於說真之載體是句子。奎因是公認的聰明睿智之人，人們可以認為他這樣說乃是聰明的表現，但是我更傾向於認為，這是因為他

懂邏輯，而且也理解弗雷格關於涵義層面的區別和認識。

　　楊：《語言與世界》如您所說，可以用作語言哲學導論，但是第十章談繫詞及其含義，所談內容涉及亞里斯多德和康德等人的論述。在分析哲學和語言哲學著作中談論傳統哲學，這種寫法我還是第一次見到。這是為什麼呢？

　　王：書名是《語言與世界》，書的核心是透過語言分析達到關於世界的認識，在這一過程中突顯邏輯的理論和方法的運用。這無疑是分析哲學告訴我們的東西。但是，在充分展示這一過程和結果之後，我想將這種哲學研究的視角和方法擴展到傳統哲學，因為在我看來，亞里斯多德是邏輯創始人，自他以後邏輯的理論和方法就一直得到運用，因而是哲學中不可或缺的東西。按照句子圖式，應該區別句法和語義，因而我們可以因循這一線索來探討傳統哲學，因而提出一種系統的說明。而在這一過程中，繫詞恰好是核心。關於繫詞的認識，得益於這些年關於 being 及其問題的研究，我又恰好可以將它說清楚。這樣則可以看出，在哲學討論中，關於語言的考慮，其實一直是存在的，只不過亞里斯多德邏輯還保留了希臘語言的形式，因而句法和語義的區別似乎不是那樣清楚，兩者之間關係的考慮似乎不是那樣清楚，至少不像現代邏輯產生以後人們對句法和語義做出明確的區別。但是，這並不意味著亞里斯多德以及傳統哲學家在形而上學討論中沒有關於語言的考慮，沒有關於句法和語義方面的區別與考慮。

　　楊：您沒有考慮過書的體例嗎？在一本分析哲學著作中用一章專講傳統哲學，這不會有什麼問題嗎？

　　王：我認為不會。分析哲學被稱為當代形而上學，而前面說了，我的一個基本看法是，哲學就是形而上學。透過書中分析可以看出，從形而上學的角度說，傳統和現代很明顯有一些共同的東西，比如應用邏輯的理論和方法，借助語言來探討問題，區別語言與語言所表達的東西等。特別是，透過

對不同邏輯的應用以及產生的不同結果的分析，我們可以看出邏輯對哲學發揮什麼樣的作用，因而說明邏輯對哲學的重要性。不過這還只是研究的一個方面。還應該看到，分析哲學的研究方法和成果也有助於我們更好地認識傳統形而上學，借助分析哲學的視野和方法，我們可以更好地研究傳統形而上學，促進它的不斷進步和發展。

楊：關於這一點再多說幾句好嗎？

王：分析哲學透過語言分析來達到關於世界的認識，這是因為它所使用的邏輯本身有自己的語言，這種語言與自然語言不同，因而分析哲學家可以明確地說，哲學的根本任務就是對語言進行邏輯分析，所以它做出那樣的分析，產生那樣的成果似乎都是自然的。傳統形而上學則不同。由於邏輯語言與自然語言不能完全區別，甚至往往不能明確地區別，因此雖然也應用邏輯的理論和方法進行分析，儘管也常常有關於語言的考慮，但是這種關於語言的考慮本身似乎並不是那樣清楚。今天借助分析哲學的成果我們認識到這一點，我們自然就會思考，形而上學的研究為什麼要考慮語言，為什麼要借助邏輯和語言來進行？這樣，我們對形而上學的性質會有更好的認識，對形而上學從傳統到現代的發展變化會有更好的認識。因為形而上學是一種關於認識本身的研究，一種關於具有先驗性的東西的研究。對於這樣一種東西，我們不能借助經驗的東西來研究，或者保守地說，借助經驗的東西來研究乃是遠遠不夠的。我們必須借助可以使我們達到先驗性的東西來研究。邏輯無疑是這樣一種東西，因為邏輯本身就是先驗的。語言也是這樣一種東西，因為我們的一切認識都是透過語言表達的。由此也可以看出，為什麼羅素要說邏輯是哲學的本質，為什麼我要借用他的話說，哲學的本質是邏輯。

（原載《學術研究》2018 年第 1 期）

第三篇　邏輯的啟示和理解

　　邏輯有句法和語義兩個方面。句法方面提供了關於句子構成部分中與邏輯相關要素的認識，比如關於量詞和命題連接詞的認識，語義方面提供了以「真」為核心的認識。現代邏輯的發展使這兩方面的認識充分展示，也使相應的理論系統化、清晰化、明確化。這樣的理論給我們的研究工作帶來新的看法，推進了相關研究的認識。

　　我們關於世界的認識都是透過語言表達的，因此可以借助分析我們的語言而達到關於世界的認識。這是分析哲學提供給我們的認識。句子圖式是我構造的一個工具，有助於我們分析語言及其相關的認識。它表明，哲學研究與認識相關，認識則與語言相關。借助句子圖式的幫助可以看出，與語言表達相關，它有三個層面：一是語言層面，即句子及其構成部分；二是涵義層面，即語言所表達的東西；三是語義層面，即真假及其相關的語義值。一般來說，邏輯只考慮句法和語義，大致相當於第一和第三兩個層面，哲學通常考慮的與第一和第二兩個層面相關，有時也會涉及真假。這樣，若是缺乏邏輯的認識，則會忽略第三個層面或混淆第二和第三兩個層面。所以，借助句子圖式，可以使我們更好地進行哲學討論，包括對傳統和現代哲學文本的解讀，以及對哲學的主要特徵和從傳統到現代發展變化的認識。

　　句子圖式的基本思想來自弗雷格，即句子的涵義是思想，句子的意謂是真值。所以，討論弗雷格的思想，討論邏輯和「真」，乃是非常重要的。

第一章　句子圖式
── 一種弗雷格式的解釋方式

句子是語言表達的基本單位，因此語言哲學可以從句子出發。句子是有結構的，語言哲學可以從句子的結構出發，透過揭示句子結構而認識句子所表達的東西。

句子由語詞組合而成。由於語詞組成句子的方式是多樣的，因此句子的結構非常複雜。認識句子的結構，實際上也是認識句子這些複雜多樣的組合方式。弗雷格在給胡塞爾的一封信中曾經畫了如下一個圖[1]：

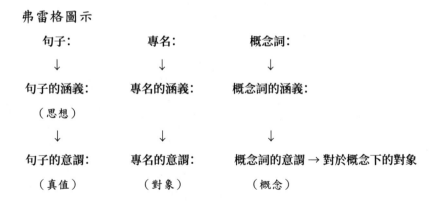

透過這個圖示，弗雷格說明了在對象與概念之間的關係上他與胡塞爾的一種認識區別。

我稱這個圖為弗雷格圖示。從它可以清晰地看出一些具有普遍性的東

西。一個是語言層面：句子、專名、概念詞。另一個是語言所表達的東西層面：句子的涵義、句子的意謂。這樣，語言與語言所表達的東西得到十分明確的區別。此外還可以看出與真值相關的東西。一方面，從箭頭可以看出，它與句子相關，與句子的涵義相關。另一方面，從冒號可以看出，它與對象、概念相關。這樣，從這個圖示可以看山，真值占據了核心的位置。真值有兩個：一個是真，一個是假。由此可見，這個圖示的核心是「真」這個概念。

　　弗雷格圖示的優點十分明顯：可以表達一些具有普遍性的東西。但是它只適用於簡單句子：含一個名字和一個概念詞。假如可以根據這個圖示構造出一種圖式，它既具有弗雷格圖示的普遍性，又能夠適用於不同形式的句子，那麼我們就可以得到一種廣泛適用的圖式。本文將構造這樣的句子圖式，並透過討論一個經典問題來顯示它們的意義和作用。

一、句子圖式

首先構造一個基礎性的句子圖式：

［句子圖式 0 ］

（語言）句子：句子部分 ／ 句子部分

（涵義）思想：思想部分 ／ 思想部分

（意謂）真值：與真值相關部分 ／ 與真值相關部分

可以看出，這個圖式與弗雷格圖示有十分明顯的相似之處。第一，語言與語言所表達的東西的區別完全一致。第二，句子是圖式的核心，因而真值同樣占據了核心位置。不同之處是句子的構成部分及其相應部分。對此需要做一些說明。

　　句子有構成部分，一如弗雷格圖示，可以由專名和概念詞構成。既然句子有構成部分，相應地，句子所表達的東西也就有構成部分。「思想部分」

是借助弗雷格的用語。「與真值相關部分」儘管不是弗雷格的用語，卻與他的思想密切相關，因為他說的對象和概念都是與真值相關的。因此這個圖式與弗雷格的思想是完全一致的。

　　非常明顯，句子圖式 0 只顯示了句子有構成部分，而沒有顯示其構成部分是什麼。這樣，該圖式就不是一個具體的圖式，而是一個可構造的圖式模式。基於它可以構成不同的句子圖式，顯示出不同的句子結構。根據不同的句子圖式，我們可以得到並進行不同的解釋。

　　需要指出的是，句子圖式中的斜線「/」是一個句法符號，表示句子組合：它左右兩邊的表達式組合而成一個句子。語言層面如此，相應地，其他兩個層面（涵義與意謂）也是這樣。這個斜線的作用是重要的。由於句子圖式是可構造的，以後可以透過斜線來表示不同層次的區別。比如：

［句子圖式 0*］

（語言）句子：句子部分 // 句子部分 / 句子部分

（涵義）思想：思想部分 // 思想部分 / 思想部分

（意謂）真值：與真值相關部分 // 與真值相關部分 / 與真值相關部分

　　這個圖式與上一個圖式不同，它除了有一個單斜線「/」外，還有一個雙斜線「//」。「//」不過是在單斜線「/」上加了一條斜線，因而也表示其左右兩邊組合而成一個句子。不同之處在於，「//」的右邊有一個單斜線「/」，因而也就表明，它的一個組成部分是一個句子。這樣就顯示出句子層次的區別：「/」的組成部分沒有句子，而「//」的組成部分有句子。由此也就顯示出涵義和意謂層面的區別。

　　具體地說，由於句子層面有三個部分，相應地在涵義層面也有三個部分。它們都是思想部分，卻是有區別的。單斜線兩邊的思想部分組合而成一個思想，然後又與前一個思想部分組合而成一個思想，因此後兩個思想部分既是子句的思想部分，也是整個句子的思想部分，但是層次不同。在意謂層

面也是同樣，單斜線兩邊與真值相關的部分組合而成子句的意謂，然後又與前一個與真值相關的部分組合而成整個句子的真值。因此，它們字面上相同，都與真值相關，實際上卻是有層次區別的。

除此之外，句子部分也是可以增加的，比如可以有如下圖式：

［句子圖式 0**］

（語言）句子：句子部分 ／ 句子部分，句子部分

（涵義）思想：思想部分 ／ 思想部分，思想部分

（意謂）真值：與真值相關部分 ／ 與真值相關部分，與真值相關部分

在這個圖式中，逗號「，」也是一個句法符號，表示兩個並列的東西。非常清楚，該圖式中「／」的右邊借助逗號表示增加了一個句子部分，其他兩個層次也增加了相應的東西。逗號表明這兩個句子部分是並列的，它們一起與單斜線左邊的部分構成句子。同樣，透過逗號，對單斜線左邊也可以增加相同的句子部分。單斜線與逗號的區別是明確的，前者表示構成句子的部分，後者只表示並列的部分。它們在句法上有明顯區別，在意謂上也有區別。

綜上所述，句子圖式 0 與弗雷格圖示的基本思想是一致的，但是又有區別。其最主要的區別即在於它的可構造性。基於以上關於句子圖式的說明，很容易構造以下句子圖式：

［句子圖式 1］

（語言）句子：謂詞 ／ 專名

（涵義）思想：思想的一部分 ／ 思想的一部分

（意謂）真值：概念 ／ 對象

［句子圖式 2］

（語言）句子：量詞 ／ 謂詞

（涵義）思想：思想的一部分 ／ 思想的一部分

（意謂）真值：個體範圍 / 概念

［句子圖式3］

（語言）句子：模態詞 // 子句

（涵義）思想：思想的一部分 // 思想的一部分

（意謂）真值：可能性 // 子句的思想

［句子圖式4］

（語言）句子：認知詞 // 專名，子句

（涵義）思想：思想的一部分 // 思想的一部分，思想的一部分

（意謂）真值：認知狀態 // 對象，子句的思想

　　可以看出，句子圖式1與弗雷格圖示相似，是關於簡單句的，這樣的句子是由專名和謂詞構成的；其他三個句子圖式分別是關於含量詞、模態詞或認知詞[2]的句子。限於篇幅，這裡提出的圖式是最簡單的，也不對其構成部分再做區別[3]。

二、圖式說明

　　如前所述，句子圖式的核心是句子，突顯的是真值。從給出的四個圖式看，意謂層面各部分都有明確說明，因而與真值相關部分也有明確說明，這就表明，關於句子真值，句子圖式提供了完整而清晰的說明。在涵義層面，相應於句子的部分有明確說明，而與句子部分相應的部分沒有得到明確的說明，這就表明，關於句子涵義，句子圖式並沒有提供完整而清晰的說明。相比之下也就說明，句子圖式主要是從真值因而從真這一角度提供關於句子的說明。簡單地說：

　　句子圖式1表明，一個簡單句（或者，該圖式所刻劃的句子）的真之條件是：其中專名意謂的對象存在，該對象處於謂詞所意謂的概念之下。否則該句子是假的。比如，「亞里斯多德是哲學家」。這個句子的真依賴於要

有亞里斯多德這麼一個人，而且他處於哲學家這個類中。否則該句子就是假的。同樣的道理，「曹雪芹是哲學家」就是假的。此外，可以借助逗號增加圖式中的專名，或者可以把專名看作是兩個或多個。比如，「魯迅愛許廣平」，其中的謂詞是「愛」，「魯迅」和「許廣平」則是名字。真之條件的說明不變。應該指出，謂詞是一個寬泛的概念。由於它和專名一起構成句子，因此也可以看出，句子中去掉專名所得到的東西就是謂詞。比如前面的例子中，「是哲學家」和「愛」都是謂詞，它們都可以看作去掉其相關專名而得到的表達式，而且由於專名的個數不同，它們表達的東西也會不同，比如前者表達的是類或性質，後者表達的是關係。

句子圖式 2 表明，一個含量詞的句子的真之條件是：謂詞意謂的概念與個體域中個體的匹配狀況。量詞在表達中是重要的，它是對謂詞的限定。比如「哲學家是聰明人」這個句子一般不會有理解的問題。但是問及真假，卻不一定能夠回答。這是因為，它的真之條件不清楚。如果加上量詞，比如「所有哲學家是聰明人」，因而使其中的謂詞「哲學家」和「聰明人」得到限定，它的真假就可以得到確定。根據句子圖式 2 表明，一個含全稱量詞的句子的真之條件是：所有個體滿足謂詞所意謂的概念。也就是說，只要有一個個體不滿足，該句子就是假的。一個含存在量詞的句子的真之條件是：只要有一個個體滿足謂詞所意謂的概念。

句子圖式 3 表明，一個含模態詞的句子的真之條件是：子句的意謂處於模態詞所表達的可能性之下。這裡可以借助弗雷格關於間接引語的論述，子句的意謂不是通常的意謂，而是間接意謂，即它的思想。模態詞不同，句子的真之條件也不同。一個含「必然」一詞的句子的真之條件是：子句的思想處於所有可能性下。否則該句子就是假的。一個含「可能」一詞的句子的真之條件是：子句的思想處於一種可能性之下。比如「8 大於 7 乃是必然的」（或「8 必然大於 7」），其中「8 大於 7」是子句，「必然」是對該子句所表達的思想的斷定。這個句子是真的，若且唯若這個子句所表達的思想處於所

有可能性下，即沒有例外情況。

句子圖式 4 表明，一個含認知詞的句子的真之條件是：專名意謂的對象與子句的思想處於認知詞所表達的認知狀態下。比如「劉備知道諸葛亮是棟梁之才」。其中「諸葛亮是棟梁之才」是子句。這個句子是真的，若且唯若劉備這個名字意謂的對象和該子句的意思處於「知道」所意謂的概念之下，即劉備知道那件事情。

句子圖式的一個優點就是：它含有涵義這個層面，因而可以提供更多的解釋。從現代邏輯出發，句子有句法和語義兩個層面，它們大致相應於句子圖式中的語言和意謂層面。從以上論述可以看出，關於句子的意謂以及真之條件的說明基於現代邏輯提供的理論。這是自然的，也是容易理解的。但是現代邏輯的考慮通常只有句法和語義兩個方面，因而缺乏關於涵義層面的說明。但是在語言哲學討論中，意義的討論，即涵義層面的問題是不可或缺的，許多問題都是與它相關或者由它引起的。比如在討論專名的問題時，人們談論專名的涵義是如何形成的，因而忽略專名與句子的連繫，忽略句子部分與句子的連繫，比如有人認為專名只有指稱而沒有涵義，因而混淆涵義和意謂這兩個層面。但是從句子圖式看，句子有涵義，作為句子部分的專名也就一定有涵義，否則句子的涵義就會不完整。而專名的涵義與意謂顯然又是不同的，前者與思想相關，後者與真值相關。

對照句子圖式 1、2 和 3、4，可以進一步看出考慮和討論涵義這一層面的重要性。1 和 2 含單斜線，討論它們的真之條件不涉及涵義，因而似乎與涵義無關。其實不然。專名有涵義，但是可能會沒有意謂，此外，理解專名也會涉及專名的涵義，因而在關於句子真之條件的說明中，也會涉及專名的涵義。3 和 4 含雙斜線，比 1 和 2 多一個層次，涉及子句。在關於它們的真之條件說明中，談到「子句的思想」。其中的「思想」顯然是涵義層面的東西。因此這一說明無疑涉及涵義這個層面。所以，借助句子圖式來討論語

言哲學的問題，可以多出一個層次：既可以探討涉及與邏輯相關的層面（意謂），又可以探討意義層面（涵義）。這樣就給我們的討論帶來很大的便利。限於篇幅，我想舉兩個例子來討論。

一個簡單的例子是關於組合原則的問題。它的意思是：對句子部分代之以意謂相同的部分，句子的真值保持不變。但是在模態句或認知句中，這一原則失效。比如下面的句子：

1）8 大於 7。

2）行星的數大於 7。

3）8 大於 7 乃是必然的。

4）行星的數大於 7 乃是必然的。

前兩個句子不含模態詞，後兩個句子含模態詞，區別一目了然。前三個句子是真的，4）不是真的。弗雷格把「行星的數」和「8」都看作專名，它們涵義不同，但意謂相同，因而它們的相互替換不影響 1）和 2）的真假。根據句子圖式 1，這是非常清楚的。它們的涵義是一個層面，意謂是另一個層面。專名的意謂會影響句子的意謂，因此專名的意謂相同，句子的真值相同。但是，專名的意謂相同，涵義卻可以是不同的。因此，兩個句子，可能思想不同，但是真值相同。1）和 2）就反映了這樣的情況。

3）和 4）的情況則不是這樣：它們的涵義不同，真值也不同。具體地說，「8」和「行星的數」的涵義沒有變，意謂也沒有變，因此「8 大於 7」與「太陽系行星的數大於 7」的涵義和意謂都沒有變：它們依然是涵義不同，而意謂相同。但是由於它們處於「是必然的」這一模態表達下，因此本身不再是獨立的句子，而是一個子句，即成為一個句子的構成部分。根據句子圖式 3，它們的涵義是整個句子的涵義的一部分，它們的意謂是子句的意謂，因而是思想，而不是真值。因此，在句子意謂層面上，處於「可能性」之下的不是子句的真值，而是子句的涵義。我們看到，儘管「8 大於 7」和

「太陽系行星的數大於 7」這兩個句子都是真的，即它們的真值相同，但是由於它們涵義不同，在「是必然的」的限定下就導致整個句子的真值不同：3）是真的，而 4）是假的。由此可見，導致含模態句的真值發生變化的，並不是子句的真值，而是子句的涵義。如果再進一步追究，則可以看出，這是由於其中的「8」和「行星的數」這兩個表達式的涵義不同。顯然，這是由於專名與摹狀詞的涵義不同而造成的。

三、嚴格指示詞與非嚴格指示詞

與弗雷格不區別專名和摹狀詞不同，克里普克區別出嚴格指示詞和非嚴格指示詞；他認為，專名只有指稱，沒有涵義，專名的指稱不能由它的涵義來決定。為此他還提出著名的歷史因果命名理論。下面我們結合「晨星」和「昏星」這個著名的例子來討論這個問題。弗雷格與克里普克有一段十分相似的說明如下：

【弗雷格】如果我們發現「a＝a」與「a＝b」一般有不同的認識價值，那麼這可以解釋如下：對於認識價值來說，句子的涵義，即句子中表達的思想，與它的意謂，即它的真值，得到同樣的考慮。如果現在 a＝b，那麼儘管「b」的意謂與「a」的意謂相同，因而「a＝b」的真值與「a＝a」的真值也相同，但是「b」與「a」的涵義卻不相同，因而「a＝a」表達的思想與「a＝b」表達的思想也不相同。這樣，這兩個句子的認識價值也不相同。[4]

【克里普克】設「R_1」和「R_2」為等號兩端的兩個嚴格指示詞。那麼「$R_1＝R_2$」如果是真的，它也就是必然的。「R_1」和「R_2」的指稱很可能分別由非嚴格指示詞「D_1」和「D_2」所確定。在長庚星和啟明星的事例中，這些詞（these）具有「這個在傍晚（清晨）的天空中如此這般位置上出現的天體」這樣一種形式。因此，雖然「$R_1＝R_2$」是必然的，但是「$D_1＝D_2$」卻很可能是偶然的，人們之所以常會錯誤地認為「$R_1＝R_2$」可能不會是這樣的情況，其根源

即在於此。[5]

　　在弗雷格看來，「晨星」和「昏星」是兩個不同的專名，指同一顆行星，因而意謂相同，但是它們的涵義不同。根據句子圖式 1，a=a 與 a=b 是兩個不同的句子，它們的涵義不同，它們的意謂可以相同。比如「晨星是晨星」、「晨星是昏星」。這兩個句子都是真的，但是它們的涵義明顯不同。

　　克里普克考慮了兩種情況：一種情況與兩個不同的嚴格指示詞相關，另一種情況與兩個不同的非嚴格指示詞相關。因此這種討論與弗雷格不同。為了討論方便，我們可以把克里普克的論述劃歸為如下一些表達：

　　1)「Phosphorus 是 Hesperus。」(「啟明星是長庚星。」)($R_1=R_2$)

　　2)「『Phosphorus 是 Hesperus』乃是必然的。」(「『啟明星是長庚星』乃是必然的。」)(「$R_1=R_2$」是必然的)

　　3)「『Phosphorus 是 Hesperus』不是必然的。」(「『啟明星是長庚星』不是必然的。」)(「$R_1=R_2$」不是必然的)

　　4)「這個在清晨的天空中如此這般位置上出現的天體是那個在傍晚的天空中如此這般位置上出現的天體。」($D_1=D_2$)

　　5)「『這個在清晨的天空中如此這般位置上出現的天體是那個在傍晚的天空中如此這般位置上出現的天體』不是必然的(是或然的)。」(「$D_1=D_2$」不是必然的)

　　這 5 個表達不是按照克里普克論述的順序，而是按照嚴格指示詞(前 3 個)和非嚴格指示詞(後 2 個)排列的。非常明顯，1) 和 4) 分別相應於 $R_1=R_2$ 和 $D_1=D_2$，也是不含「必然」的情況，而 2)、3)、5) 是含「必然」的情況，相當於把 1) 和 4) 置於模態語境下來考慮。或者，1) 和 4) 是外延語境下的考慮，而 2)、3)、5) 是將 1) 和 4) 置於內涵語境下來考慮。5) 是對形成 3) 的錯誤根源的解釋。現在借助它們之間的關係，我們可以更容易說

明克里普克的觀點。

首先，克里普克沒有對 1) 和 4) 做什麼說明、批評和質疑。這兩個句子不含模態詞，僅僅被當作討論的前提使用。根據句子圖式 1，它們的真之條件可以得到很好的說明。由此表明，它們屬於弗雷格討論的範圍，並不為克里普克的討論所重視。

其次，克里普克贊同 2) 和 5)。2) 中的子句僅含專名，而 5) 中的子句僅含摹狀詞，前者被說成是「必然的」，後者被說成是「不必然的」。很明顯，句中那些專名和摹狀詞指稱相同的對象，但是得到的說明卻是對立的，由此看出在模態語境下，專名和摹狀詞是有重大區別的。這樣也就顯示出區別嚴格和非嚴格指示詞的重要性。所以，克里普克一定要區別並且強調區別它們的重要性。

第三，克里普克不贊成 3)。字面上非常清楚，3) 與 2) 是對立的。克里普克既然贊同 2)，當然不可能贊同 3)。值得注意的是，他為 3) 把脈，認為 5) 是它錯誤的根源。由於「這個在清晨的天空中如此這般位置上出現的天體」與「那個在傍晚的天空中如此這般位置上出現的天體」分別相當於「啟明星」和「長庚星」，因此 4) 等於 1)。由 1) 到 2) 是自然的。由於這兩個非嚴格指示詞是「啟明星」和「長庚星」的不同表達方式，所以 5) 與 3) 相等。因此直觀上可以看出，克里普克的看法和論述是有道理的。

在我看來，問題並不是這樣簡單，讓我們借助句子圖式來討論。

根據句子圖式 3，2) 表明是兩個專名指稱的對象同一的情況處於可能性之下。按照「必然」一詞的意謂，該句子的真之條件是：「啟明星是長庚星」這個句子所表達的情況，即啟明星是長庚星這種情況處於所有可能性下。由於「啟明星」和「長庚星」是專名，即嚴格指示詞，因此滿足這樣的條件。所以，克里普克贊同 2)。

　　同樣是根據句子圖式3，5）表明是兩個摹狀詞相等的情況處於可能性之下。按照「必然」一詞的意謂，該句子在肯定的情況下的真之條件是：子句的思想，即這個在清晨的天空中如此這般位置上出現的天體是那個在傍晚的天空中如此這般位置上出現的天體這種情況，處於所有可能性下。由於「這個在清晨的天空中如此這般位置上出現的天體」和「那個在傍晚的天空中如此這般位置上出現的天體」是摹狀詞，即非嚴格指示詞，因此不滿足這樣的條件。5）是否定的，正好表明它無法滿足這種條件。所以，克里普克贊同5）。

　　在克里普克看來，3）是錯誤的，5）是造成這種錯誤的原因。這是因為對3）中的專名做摹狀詞的理解，因而把專名誤以為是摹狀詞。同時，這也是由於對模態語境沒有充分的認識。因此，不區別嚴格指示詞與非嚴格指示詞，沒有認識到它們在模態語境中的表達乃是不同的，是會產生嚴重問題的。

　　克里普克關於必須區別專名與摹狀詞的看法是正確的，他在論證過程中使用嚴格指示詞與非嚴格指示詞來表達這一區別也是可行的。但是在我看來，他的論述卻不是沒有問題的。而這個問題主要來自他使用的例子。我們看到，他在舉例說明中給出的專名是「啟明星」和「長庚星」，給出的摹狀詞是「這個在清晨的天空中如此這般位置上出現的天體」和「那個在傍晚的天空中如此這般位置上出現的天體」。他以此來說明在模態語境下，專名和摹狀詞的區別至關重要。但是，「啟明星」和「長庚星」字面上似乎就有摹狀含義。「啟明」指晨，「長庚」指夜。當然，這是中文翻譯之後的結果。這兩個詞的英文分別是 Phosphorus 和 Hesperus，它們字面上沒有這樣的含義。問題是，Phosphorus 和 Hesperus 分別因命名早上和晚上的行星而得名，這種命名的方式使它們字面上似乎含有摹狀含義，它們的意思分別是，或者它們分別指 a morning star（晨星）和 an evening star（昏星）。字面上看，a morning star 和 an evening star 具有摹狀形式，而 Phosphorus 和 Hesperus 並不

具有摹狀形式，本身又是大寫，與專名無異。因此我們也可以認為，Phosphorus 和 Hesperus 這兩個詞是專名，沒有摹狀含義。但是克里普克在討論中有時候又把它們與「金星」（Venus）相對，說它們指稱金星，這就使人把它們多少與摹狀詞連繫起來。比如在批評馬庫斯的相關論述時，克里普克說：

> 奎因的答覆如下：「我們可以用『長庚星』這個專名來稱呼某個明亮的夜晚出現的叫做金星的那顆行星。我們還可以用『啟明星』這個專名稱呼在太陽升起之前的那同一顆行星。當我們發現我們兩次稱呼的是同一顆行星時，我們的發現是經驗的。而不是因為這些專名會是（were）摹狀詞。」[6]

奎因在說明中區別了經驗的發現與「啟明星」和「長庚星」告訴我們的東西。這裡，他使用了「專名」和「摹狀詞」兩個術語，因此奎因的論述就有一種可能性：「啟明星」既被看作名字，也被看作摹狀詞。無論這是奎因本人的觀點，還是他批評的其他人的看法，至少「啟明星」有可能與摹狀詞發生關係。這大概是因為這個名字本身為我們描述了一些東西。用不著深入探討奎因的論述，字面上可以看出，「啟明星」可能會被看作專名，也可能會被看作摹狀詞，即在它上面不做相應區分。克里普克對奎因這段話是持贊成態度的。因此可以認為，他看到了這裡的問題，借用它們來討論相關問題。

在日常生活中，以某種狀況、現象、情景而得名或命名的情況確實是有的，因此有「以……而得名」之說。一些名字在一種語言中可能字面有摹狀含義，但是譯為另一種語言之後摹狀含義沒有了；一些名字在一種語言中可能字面上沒有摹狀含義，但是譯為另一種語言之後也可能就有了摹狀含義。比如在專名討論中人們經常提到英國地名 Dartmouth。這個地名含有「口」（mouth）這個詞，本身就有摹狀特徵，因為它最初根據當地河流及其地理特徵而得名。即使後來地理情況發生變化，這個名字依然使用。翻譯為中文「達特茅斯」之後，專名的特徵保留下來，摹狀特徵卻沒有了。同樣，Phosphorus 也許字面沒有「晨」的含義，譯為中文「啟明星」就有了「晨」的含義。這裡確實有語言差異的問題。但是作為命名本身來說，一個明顯的事實是：確實有一類名字來源於對具體狀況的描述。無論這種描述的結果如何，所產生的一定是名字。而從這樣的名字本身來看，它們字面上也許具有也許不具有摹狀特徵，問題是如何看待這些特徵。既然克里普克對弗雷格持批評態度，我們就應該對照弗雷格的論述來談論這個問題。

弗雷格大概是第一個使用「啟明星」和「長庚星」來討論專名問題的，即使他不是這兩個專名的首用者，也是他使這兩個名字變得如此出名。這兩個詞的德文是 Morgenstern 和 Abendstern。這是兩個組合詞，即分別以 Morgen(晨) 和 Abend（晚）與 Stern（星）組成的詞。所以，這兩個德文詞本身既是專名，又有摹狀特徵。它們字面上就有「晨」和「晚」的意思。所以，以弗雷格的表達方式，克里普克的上述 5 個句子可以表達如下：

$1'$）「晨星是昏星。」（「Morgenstern 是 Abendstern。」）（$R_1=R_2$）

$2'$）「『晨星是昏星』乃是必然的。」（「『Morgenstern 是 Abendstern』乃是必然的。」）（「$R_1=R_2$」是必然的）

$3'$）「『晨星是昏星』不是必然的。」（「『Morgenstern 是 Abendstern』不是必然的。」）（「$R_1=R_2$」不是必然的）

$4'$）「這個在清晨的天空中如此這般位置上出現的天體是那個在傍晚的天空中如此這般位置上出現的天體。」（$D_1=D_2$）

$5'$）「『這個在清晨的天空中如此這般位置上出現的天體是那個在傍晚的天空中如此這般位置上出現的天體。』不是必然的（是或然的）。」（「$D_1=D_2$」不是必然的）

非常明顯，4') 和 5') 沒有變化。1') 至 3') 有變化。對照弗雷格與克里普克的討論，我們可以看出一個區別，弗雷格直接討論「晨星」和「昏

星」，稱它們為專名。正是由於這種字面的含義和區別，弗雷格說它們是專名，並沒有錯；弗雷格說「晨星是昏星」較之「晨星是晨星」擴展了我們的認識，也沒有錯；弗雷格說有可能一個人知道晨星而不知道昏星，同樣沒有錯。克里普克則不然，雖然他也直接討論「啟明星」和「長庚星」，但是他認為這兩個詞是專名，不是摹狀詞，字面上沒有摹狀特徵。作為嚴格指示詞，它們似乎一方面要與弗雷格說的「晨星」和「昏星」相區別，另一方面，又要與 4) 中的摹狀詞相區別，這樣就給論述帶來一些問題。而至關重要的問題是關於非嚴格指示詞的說明。

　　「具有『這個在傍晚（清晨）的天空中如此這般位置上出現的天體』這樣一種形式」一句是什麼意思？我把它歸為 4)，可以有兩種理解。一種是把它理解為語言表達式，即摹狀詞，另一種是把它理解為該摹狀詞所表達的一種情況，即對 1) 的理解。現在的問題是：4) 是 1) 具有的形式，但是，它是不是 1') 具有的形式？假定克里普克說的 Phosphorus 和 Hesperus 字面上沒有摹狀涵義，因而 4) 以摹狀詞的方式展示這種涵義，或者表示它指稱的對象。那麼，弗雷格說的 Morgenstern 和 Abendstern 字面就有摹狀涵義，在這種情況下，難道它們還需要 4) 來展示這種涵義嗎？即便克里普克說得不錯：4) 是造成 3) 這種錯誤的根源，但是，假定 3') 是錯誤的，難道 4') 會是造成 3') 的錯誤根源嗎？難道 1') 字面上沒有 4') 的意思嗎？我不這樣認為。在我看來，由於「晨星」和「昏星」字面上就有摹狀特徵，因此從 1') 到 4')，無論是表達，還是理解，都是極其自然的。在這種情況下，4') 與其說是 1') 具有的形式，不如說是 1') 的自然擴展或換一種說法，而所換的這種說法，完全是字面的，不借助任何字面以外的東西。比如，Stern 的意思是「星」，自然是天空中的，Morgen 意為早晨，兩者相結合，也就得到了 4') 的說明，而且這並不是唯一的說明。由此我們看到一個重大區別。4') 與 1') 的區別僅僅在於 4') 中是摹狀詞，1') 中是專名。由於 1') 中的專名有摹狀特徵，因此它們本身已經具備了與 4') 相似的形式，因而不需要借助 4')

來被理解。相比之下，4）與1）的區別不僅在於4）中是摹狀詞，1）中是專名，而且在於1）中的專名不具有摹狀特徵，因而不具有4）的形式，因而4）可以提供對1）的理解。為了更好地說明這裡的區別，可以按照克里普克的思路構造表達方式如下：

1"）「Phosphorus 是 Hesperus。」（「啟明星是長庚星。」）（$R_1 = R_2$）

2"）「『Phosphorus 是 Hesperus』乃是必然的。」（「『啟明星是長庚星』乃是必然的。」（「$R_1 = R_2$」是必然的）

3"）「『Phosphorus 是 Hesperus』不是必然的。」（「『啟明星是長庚星』不是必然的。」）（「$R_1 = R_2$」不是必然的）

4"）「晨星是昏星。」（「Morgenstern 是 Abendstern。」）（？）

5"）「『晨星是昏星』不是必然的（是或然的）。」（「『Morgenstern 是 Abendstern』不是必然的（是或然的）。」）（？）

　　非常明顯，1"）至3"）沒有變化，是克里普克的表述。不同的只是4"）和5"）：以弗雷格說的「晨星」和「昏星」替代了4）中的摹狀詞。首先我們看一看它們是不是符合克里普克的說明，也就是說，我們能不能說「這些詞具有『昏星（晨星）』這樣一種形式」？如前所述，4'）與1'）具有的形式是相似的，區別只是在於一個是以名字的形式出現，另一個以摹狀詞的形式出現，但是這個名字具有摹狀特徵，可以自然擴展為後者。因此，「晨星」與「這個在清晨的天空中如此這般位置上出現的天體」不僅有相似的含義，而且有相似的形式。即使認為它們在形式上差距較大，人們也不會否認它們字面上意思差不多。因此，既然認為4）對1）提供了理解，也就可以認為4"）對1"）提供了理解。在這種情況下，問題就出現了。我們在4"）和5"）的括號中打了問號。這是因為，我們不知道應該把這「晨星」和「昏星」兩個詞看作嚴格還是非嚴格指示詞。如果把它們看作非嚴格指示詞，即4"）的表達是「$D_1 = D_2$」。相應地，5"）的表達就會是：「『$D_1 = D_2$"不是必然的（是

或然的）。」這樣與克里普克的論述一致，但是這樣一來，「晨星」和「昏星」就不能是名字，而它們本身確實是名字，結果就與實際情況不符。如果把它們看作嚴格指示詞，即 4") 的表達是「$R_1=R_2$」，因而與事實相符。但是在這種情況下，5") 的相應表達就會是：「『$R_1=R_2$" 不是必然的（是或然的）」。它與 3") 相同，而與 2") 形成矛盾。這個結果恰恰是克里普克反對的，因為他支持 2") 而反對 3")。

　　這裡的麻煩似乎在於，弗雷格不區別專名和摹狀詞，因而隨意舉例說明專名的涵義和意謂，而克里普克不贊成弗雷格的做法，認為弗雷格的理論使人們以為「專名不是嚴格的指示詞，而是與代替它的摹狀詞同義的」[7]，而他要區別嚴格指示詞和非嚴格指示詞。但是在他的論述中，也許是由於語言的翻譯問題，一個在弗雷格那裡沒有問題的例子，在克里普克本人也認為沒有什麼問題的例子，卻在克里普克的討論中出了問題。

　　借助句子圖式 1 我們可以看出，這些問題是不存在的。無論是「金星」、「啟明星」和「長庚星」，還是「晨星」和「昏星」，都是語言層面的東西，都處於專名的位置。在涵義層面，它們可能會有所不同，但是在意謂層面，它們是相同的。以 1) 和 4) 為例，這兩個句子的涵義與其中專名或摹狀詞所表達的意思相關，而它們的真值與其中專名或摹狀詞所指稱的對象相關，比如它們必須存在，與謂詞表達的概念（相等）處於相應的關係等。4) 也是同樣，因為對其中的摹狀詞「這個在清晨的天空中如此這般位置上出現的天體」和「那個在傍晚的天空中如此這般位置上出現的天體」可以做相同的說明。

　　而根據句子圖式 3，這些問題也是不存在的。這是因為，在意謂層面，即與真值相關，專名或摹狀詞與謂詞相關的涵義處於可能性之下，也就是說，這裡並不涉及它們指稱的對象，而只涉及它們表達的含義。比如 3)，它否定了「啟明星是長庚星」的涵義處於所有可能性之下，把 3) 中這個子

句替換成 4) 也是同樣：「『這個在清晨的天空中如此這般位置上出現的天體是那個在傍晚的天空中如此這般位置上出現的天體』不是必然的。」它否定了該子句的涵義處於所有可能性下。當然，有人可能會認為，專名只有對象，而沒有含義。前面已經說過，根據句子圖式，專名始終是在句子中考慮的。作為句子的一部分，它可以沒有意謂，但是一定有涵義，這是因為如果專名沒有意謂，句子是假的，但是如果專名沒有涵義，句子的涵義就是不完整的，因而也不會有涵義。

　　這裡可以順便說一下克里普克的歷史的因果命名理論。這個理論強調的是一個對象最初的命名，以及隨後在一個範圍內隨著這個名字的使用而獲得的關於這個對象的認識。我不認為這個理論沒有道理，但是我認為它的意義並不像人們鼓吹的那樣大，至少以它來批評弗雷格的理論是非常不恰當的。如果單純地討論一個專名是不是有涵義，它的涵義是如何獲得的，它的涵義與它最初的命名是不是相關，如何相關等，這個理論也許是有意義和價值的。但是就分析語言、理解語言而言，它卻是可以沒有關係的。如果單純地討論一個專名是不是有涵義和對象，克里普克的看法也許是有道理的：專名只有指稱而沒有涵義，這至少是一家之言。但是從分析句子和理解句子的角度看，他的看法肯定是錯誤的。一個句子是客觀的，因為人們可以看到它，聽到它。它的涵義是客觀的，因為人們可以掌握它，理解它。它的真之條件也是客觀的，因為人們可以認識它。如果一個句子沒有涵義，人們就無法理解它。如果句子的涵義不是客觀的，人們對句子也就無法有共同的理解，因而也就無法透過句子進行交流。專名是句子的一部分，因此它也是有涵義的，否則整個句子的涵義就不是完整的。如果人們無法理解專名的涵義，也就無法理解這個句子的涵義。這裡的麻煩也許在於，一個專名的涵義往往是與指稱相連繫的，在這種意義上，也許可以說專名的涵義就是指稱，但是，只要認為句子有涵義，就不能認為專名沒有涵義，不管這種涵義是什麼。這一點，從句子圖式可以看得非常清楚。句子有涵義，既然如此，其構成部分

就不能是空的，就不能沒有涵義。

認識到這一點，也就可以看出，即使把專名的涵義理解為指稱，這個層面與意謂層面也仍然是有區別的。比如，a)「亞里斯多德是哲學家」。依據句子圖式 1，「亞里斯多德」的涵義是在句子的涵義中的。對這個句子，人們可以問：「這個句子是什麼意思？」「『哲學家』是什麼意思？」同樣也可以問：「『亞里斯多德』是什麼意思？」難道這不是自然的問法嗎？難道這不是在問「亞里斯多德」的涵義嗎？理解一個句子，難道對句子的涵義和謂詞的涵義有理解的問題，而對其中的名字的涵義沒有理解的問題嗎？從指稱的角度出發，所謂理解或不理解一個名字，大概是指知道或不知道它指誰。但是關於它的指稱的每一種理解，實際上都是一種涵義。比如我們知道「亞里斯多德」指邏輯的創始人。所知道的這種情況就是這個名字的一種涵義。如果表達出來可以是：b)「亞里斯多德是邏輯的創始人」，這又是一個句子。這裡，我們把對「亞里斯多德」這個詞的涵義的理解以謂詞的方式表達出來。如果 b) 與 a) 沒有關係，則其中「亞里斯多德」的涵義仍然需要理解。如果 b) 與 a) 有關係，比如是對 a) 中「亞里斯多德」這個名字的理解，則可以認為 a) 是真的。如果沒有 b) 的理解，則對 a) 中的「亞里斯多德」還需要其他的理解，比如 c)「亞里斯多德是亞歷山大大帝的老師」。我們也可以依據 c) 來判斷 a) 是不是真的。所以，弗雷格的理論與一個對象如何獲得名字無關，也不太在乎名字的涵義是不是決定名字的指稱。他只是區別出名字有涵義和意謂兩個層面，並且基於這種區別告訴我們如何利用專名的意謂來判定句子的意謂。

綜上所述，克里普克對弗雷格及其相關理論的批評主要基於兩點認識：第一，專名和摹狀詞是有區別的；第二，專名的指稱不能由它的涵義來確定。第一點認識無疑是正確的。從引文 1 和 2 可以看出，即使弗雷格對這一點也不是沒有認識的。但是弗雷格不區別專名和摹狀詞，原因簡單而明確。他的討論基於一階邏輯，這是一種外延的、二值的邏輯。他討論的目的是給

出句子的基本句法，並對這種句法所表達的東西做出說明。這樣一種討論的核心是句子和真值。而就滿足這樣一種句法和真值而言，區別專名和摹狀詞並不是必要的。這一點從句子圖式1可以看得非常清楚。克里普克則不同，他的討論基於模態邏輯和他所構建的可能世界語義學。這是一種內涵邏輯，與一階邏輯形成區別。基於這樣一種邏輯來討論，就必須區別專名和摹狀詞。這是因為，在模態語境下，專名和摹狀詞會出現在子句中，因而句子的真假會受到影響，這一點從句子圖式3可以看得非常清楚。比如「亞里斯多德生於斯塔吉拉」是必然真的，而「亞歷山大大帝的老師生於斯塔吉拉」卻是偶然真的，即不是必然真的。這種討論說的好像是外延語境的情況，其實卻是內涵語境。這是因為，「亞里斯多德生於斯塔吉拉」可以依據句子圖式1來解釋，「『亞里斯多德生於斯塔吉拉』是必然真的」卻需要依據句子圖式3來解釋。兩者顯然有根本性的區別。我們知道，羅素也批評弗雷格不區別專名和摹狀詞，但是克里普克在批評弗雷格時對羅素也是連帶一起批評的。也就是說，同樣是強調要把摹狀詞與專名明確區別開來，克里普克對羅素的意見並不贊同，其原因之一就在於羅素雖然對摹狀詞與專名的看法不同，但是討論的基礎卻與弗雷格一樣，而與克里普克不同。所以，克里普克的觀點本身是有道理的，他相信並基於自己的觀點來討論問題也是有道理的。他的問題只是在於對弗雷格的批評上。我認為，假如他批評說，弗雷格關於專名的討論只適合於外延語境而不適合於內涵語境，即不適合於含「必然」和「可能」這樣的模態語境，那麼他的批評是有道理的。問題在於，他不是這樣批評的。此外，他使用的例子在表達上與弗雷格也有區別。與例子相關，克里普克在論述中關於非嚴格指示詞與摹狀詞的關係的區別也就不是特別清楚，而他又要基於這樣一種模糊的區別來批評弗雷格，因此也就有了問題。假如他把非嚴格指示詞看作摹狀詞，包括一些具有摹狀的名字，那麼他的論述不僅是有道理的，而且也會清楚許多。

　　我認為，弗雷格不區別專名與摹狀詞是有道理的，因為一如句子圖式1

所示，他說明的是一種外延語境下句子的真之條件：句子的真依賴於其中專名（或類似專名的表達式）所意謂的對象。克里普克區別嚴格指示詞與非嚴格指示詞也是有道理的，因為一如句子圖式 3 所示，在模態語境下，專名和摹狀詞的使用會影響句子的真值。此外，在理論說明中他們都有舉例。弗雷格舉例是為了說明對專名涵義可以有不同理解，但是不能影響專名的意謂，因而不能影響句子的意謂。克里普克舉例是為了說明專名或摹狀詞的使用會影響句子的真假，因而必須區別它們。這就表明，在重視和強調句子的真之條件這一點上，他們是一致的。句子圖式幫助我們認識到他們的同異，也就幫助我們澄清了一些問題，包括克里普克對弗雷格的批評，因而使我們對相關問題和討論獲得更加深刻的認識。

　　克里普克對弗雷格的批評非常出名，不僅因為他的名氣大，更主要還是因為他的討論涉及模態語境，因而把專名的問題放在一個更廣闊的視野中來考慮，因而涉及並揭示了一些更為複雜的問題。基於本文討論可以看出，句子圖式是可構造的，因而可以表達不同結構的句子。句子圖式是直觀的，不僅區別出語言與語言所表達的東西的不同層次，而且透過不同的句子圖式顯示出不同的句子結構和層次。我相信，借助句子圖式，人們可以對不同結構的句子獲得更加清楚的認識，因而對於所可能涉及的相關問題進行更好的討論。

（原載《求是學刊》2014 年第 5 期）

(1) Frege, G.: *Nachgelassene Schriften und Wissenschaftlicher Briefwechsel*, Felix Meiner Verlag Hamburg, 1976, S.96.

(2) 比如像「知道」、「相信」、「認為」、「懷疑」等表達式。在英語中，這類詞一般會帶「that」這一文法詞，由此引出一個從句。

(3) 直觀上看，它們相應於四種句式，比如：「亞里斯多德是哲學家」、「所有事物是發展的」、「8 大於 7 乃是必然的」、「李紅知道 8 大於 7」。限於篇幅，這裡僅簡單

指出兩點。第一，各句子圖式的語義解釋是不同的，比如句子圖式 2：句子的真依賴於謂詞意謂的概念與個體域中個體的匹配情況。第二，各句子圖式本身是可擴展的，比如以逗號的方式增加句子部分，這樣可以顯示複雜一些的結構，比如兩個專名，兩個或三個謂詞，兩個量詞等等，語義解釋則可相應調整。這就更好地表明，句子圖式是可構造的。

(4)　弗雷格：〈論涵義和意謂〉，載《弗雷格哲學論著選輯》，王路譯，王炳文校，北京，商務印書館，2007 年，第 119 頁。

(5)　克里普克：《命名與必然性》，梅文譯，涂紀亮校，上海，上海譯文出版社，1987年，第 143 － 144 頁；譯文有修正，參見 Kripke, S.: *Naming and Necessity*, Basil Blackwell, 1990, pp.143-144。

(6)　克里普克：《命名與必然性》，第 101 － 102 頁；譯文有修正，參見 Kripke, S.: *Naming and Necessity*, Basil Blackwell, 1990, p.100.

(7)　克里普克：《命名與必然性》，第 59 頁。

第二章　量詞的意義

　　量詞是語言表達的一種基本方式。一階邏輯也叫量詞邏輯，它揭示了量詞的一些特徵，以此為我們認識量詞提供了有益的幫助。基於亞里斯多德邏輯的傳統邏輯也有關於量詞的刻劃，比如關於「所有 S 是 P」的刻劃，但是受自然語言的束縛，關於量詞提供的認識就很有限。本文僅從哲學討論的一些問題出發，說明量詞的一些特徵以及量詞理論的一些意義。

一、量詞與真

　　就一句日常表達，人們既可以問「這是什麼意思？」，也可以問「這是真的嗎？」。這兩種方式反映出語言表達的兩個層面，無論是不是這樣提問，它們都是存在的。比如「亞里斯多德是哲學家」，「曹雪芹是哲學家」。人們明白這兩句話的意思，也知道前者是真的，後者是假的。但是有些句子，比如「哲學家是聰明人」，人們都會這樣說，也明白它們的意思。但是一旦問及真假，卻不太容易確定。這是因為這樣的句子的真之條件表達得不清楚，或者通俗地說，它們有歧義。對於一個有歧義的句子，當然是無法確定真假的。在這種情況下，就要想一些辦法來消除歧義。消除句子的歧義以後，我們才能確定它們的真假。這樣的表達非常多，比如文學表達「英雄愛駿馬」，政治性表達「歷史總是驚人的相似」，以及哲學中常說的「事物是相互連繫的」等等。這些表達看似精闢，富於哲理，其實都是不太清楚的。表達有歧義並不一定是壞事情，比如在文學中它們也許反而會增加修辭效果，甚至會擴展想像的空間，給人以美感。但是在哲學討論中，這樣的表述就有問題。因為它們不利於人們從概念的層面清楚地說明和論證自己的理

論與思想。

消除這類句子歧義的一種方式是增加量詞，比如「所有哲學家都是聰明人」或「有些哲學家是聰明人」。其中「所有」、「有些」就是量詞。有了量詞限定，就可以確定這樣的句子的真之條件。對於不帶量詞的句子，人們也有一些不同看法。有人把一些不帶量詞的句子，比如「鳥會飛」、「蒙古人吃羊肉」等，劃分出來，稱為概稱句（generic sentence）。他們認為，「這類語句表達具有一定普適性的規律，但其容忍例外的特性使之區別於全稱句」[1]。比如，企鵝是鳥，而企鵝不會飛。這樣的研究表明，概稱句並非指所有不帶量詞的句子，而是僅僅指一類不帶量詞的句子，因此對這樣句子的分類說明就是非常重要的。但是，概稱句的說明往往僅僅依靠舉例，依靠人們對語言的直覺理解，這顯然是不能令人信服的。此外，以上對單獨劃分概稱句的說明，並不是與其他不帶量詞的句子進行比較而做出的，而是與帶量詞的句子進行比較而做出的。這顯然是有問題的。因為這充其量只能說明所謂概稱句與全稱句的區別，但是並不能說明它與非概稱句的區別。全稱句的主要特徵是帶有量詞，僅憑這一點，就是說，僅憑句法，就可以與不帶量詞的句子形成根本區別。在後面關於真之條件的說明中，即在關於語義的說明中將會看到，由於量詞的增加使句子的真之條件得到清晰的表達，因而我們可以知道，一個量詞句在什麼情況下是真的。套用以上關於概稱句的說法，所謂一個全稱句不能容忍反例，指的是該全稱句的真之條件沒有被滿足，因而該句子是假的。除此之外，全稱量詞並不是唯一的量詞，而關於量詞的考慮也不會僅僅限於全稱量詞。所以，在我看來，我們可以簡單地把句子區分為帶量詞的和不帶量詞的，兩者的區別在於，帶量詞的句子表達得清楚，而不帶量詞的句子表達得不是那樣清楚，其真之條件表達得不是那樣清楚。因此，量詞是語言表達中非常重要的成分。非常保守地說，量詞有助於消除歧義，顯示句子的真之條件。為了說明量詞句的特徵，我們可以構造句子圖式[2]如下：

　　［句子圖式2］

　　（語言）句子：量詞 ／ 謂詞

　　（涵義）思想：思想的一部分 ／ 思想的一部分

　　（意謂）真值：個體域的限定 ／ 概念

　　［句子圖式2*］

　　（語言）句子：量詞 ／ 謂詞，謂詞

　　（涵義）思想：思想的一部分 ／ 思想的一部分，思想的一部分

　　（意謂）真值：個體域的限定 ／ 概念，概念

　　句子圖式2*與2的區別在於，它以逗號表明兩個謂詞，因而在涵義和意謂層面多出兩個相應的部分。一個句子中可以有一個謂詞，比如「所有事物都是變化的」，也可以有兩個或兩個以上謂詞，比如「所有哲學家都是聰明人」，「英雄愛駿馬」。所以，句子圖式2雖然只列出一個謂詞，卻可以看作表示一個或多個謂詞。量詞也可以這樣看。因為語言表達中有一個量詞的表達，也有多個量詞的表達，比如「有人嫉妒所有人」。因此，句子圖式2雖然只列出一個量詞，我們同樣可以不把它看作只表示一個量詞。明確了這一點，我們就可以不考慮句子圖式2*，而只考慮句子圖式2。

　　從句子圖式2可以看出，量詞是句子的組成部分。它的涵義是思想的一部分，它的意謂是「個體域」。「個體域」後面的「／」表明它比「概念」高一個層次，與概念不是同一個層次。這樣，量詞構成了對謂詞的限制和說明。所謂個體域，指的是一個由個體的東西組成的範圍。這個個體域有三個特徵：一個是其中都是個體的東西；另一個是它裡面有個體的東西；還有一個是其中個體的數量是無窮的。前一個特徵亦是一階邏輯的基本特徵：以個體域為基礎。謂詞所表達的概念要在其中尋找與它匹配的對象。第二個特徵可以保證句子的真值。因為，如果名字所表示的對象不存在，句子所表達的思想就不會是真的。同樣，如果這個個體域裡面沒有個體的東西，或者在其中找不到與概念相匹配的對象，那麼這個個體域對概念的限制也就沒有用，

因為這個概念帶有的空位就依然是空的。這樣，句子所表達的思想也不會是真的。滿足了這兩個條件，概念就會與個體域中的對象結合起來。因此，含量詞的句子的真值取決於從概念到個體域的指派。通俗地說，這就是把概念與個體域中個體的東西匹配起來。匹配得合適與否，決定了句子最終的真假。

句子圖式 2 告訴我們，句子中有謂詞，有量詞。當然它實際上也就表明，從句子真假的角度說，概念是與個體域相關的，或者，概念與個體域中的個體相結合，則會產生真值。「個體」是一個自明的概念，「域」指範圍。所謂個體域指的就是個體的範圍。概念與個體域之間的關係指個體域中的個體處於概念之下，或者，概念被指派到個體域中的個體上。因此概念是一個從個體到真值的函數。

對照句子圖式 1 可以看出，謂詞的意謂比專名的意謂高一個層次，因此它可以被看作一個函數，以對象為自變數。同樣，量詞表達式這裡也有一個空位，從意謂的層面看，它的意謂是比謂詞的意謂高一個層次的，因此它也可以被看作一個函數，以概念作自變數。這樣，量詞與謂詞就形成了一個重要區別。關於這一區別，弗雷格有不同的說法，比如，有兩個層次的概念：第一層概念以對象為自變數，或者，它是帶有自變數的函數；第二層概念以第一層概念為自變數，或者，它以帶有自變數的函數為自變元 [3]。又比如，有兩個層次的概念，一個是一個對象處於第一層概念之下的情況，另一個是一個概念處於第二層概念之中的情況 [4]。這兩種說法雖然不同，意思卻是一樣的。其中指出的區別非常清楚，表達的意思也非常明確，即要把量詞與謂詞明確區別開，因而要把量詞的意謂與謂詞的意謂明確區別開：它們雖然都被稱為概念，卻被說明是不同層次的。這一點至關重要。

比較句子圖式 1 和 2 可以看出，它們的相同之處是謂詞，不同之處是專名和量詞，因而專名的意謂和量詞的意謂也不同。這種不同也形成這兩個圖

式的根本區別。假如把專名的意謂也看作個體域，那麼這個個體域中只有一個個體，它與專名相對應。正因為專名的意謂是一個明確的個體，因而我們直接稱它為對象。所以，根據句子圖式 1，如果該類句子是真的，那麼其中專名指稱的對象存在，相當於個體域不空，而且還要與謂詞意謂的概念相匹配，或者說，該專名意謂的對象處於該謂詞意謂的概念之下。根據句子圖式 2，由於個體域中有無窮多個體，而量詞僅僅表示了個體的範圍，因而個體域中的個體與量詞表達式並沒有像對象與專名那樣明確的對應。因此要根據量詞的限定來考慮概念與個體的匹配情況。這樣，這個個體域不能是空的，否則我們找不到與概念相匹配的個體，因而無法確定量詞對謂詞的限定。同樣，儘管這個個體域不空，我們也不知道哪個個體與概念相匹配，但是我們可以根據量詞表達的範圍把概念指派到個體上。這相當於為個體域中的個體命名，使個體域中不確定的個體變為確定的個體，這樣就可以確定它們是不是處於概念之下，然後再根據所考慮的個體範圍，來確定量詞句的真假。

綜上所述，個體和對象只是用語的不同。它們所表達的不過是語義值，而且與真相應。專名指稱對象，符合直觀，所以被廣泛採用。即使不用「對象」，比如用「個體事物」，說專名指稱個體事物，其實也是可以的。量詞的意謂被稱為對象域也是可以的。關鍵是要看到，對象是個體的，量詞域中的東西也是個體的。對象與專名的對應是明確的，而個體域中的個體或對象與量詞的對應直觀上並不是明確的。因此根據給出的不同量詞來確定個體域的範圍就是十分重要的。

二、全稱量詞與普遍性

人們經常使用「所有」、「每一個」、「一切」、「任何」、「凡」、「皆」、「都」等這樣的量詞表達式。因為這樣的表達式排除例外的情況，可以表示一般性的、普遍性的、規律性的東西，斷定性也最強。這類表達式

可稱之為全稱量詞，以「所有」表示。

　　在自然語言中，全稱量詞是形容詞，修飾其後的名詞。比如在「所有哲學家都是聰明人」中，「所有」修飾其後的「哲學家」。按照傳統邏輯的分析，這個句子中的「哲學家」是周延的，而「聰明人」不是周延的。這是因為「所有」只與「哲學家」有關，而與「聰明人」無關，或者說，只斷定了「哲學家」，而沒有斷定「聰明人」。傳統邏輯的句法和語義與自然語言差不多是一樣的，這樣的說明也比較直觀。但是，從現代邏輯的觀點出發，或者說，從弗雷格的觀點出發，全稱量詞的句法和語義卻不是這樣。

　　全稱量詞表示的範圍非常明確，指個體域中的每一個對象，也就是任何一個對象。因此，它的句法形式如下：

任一東西 x，x……。

省略號處則是謂詞的表述情況，把它補充上去，比如上述句子，則是：

任一 x，如果 x 是哲學家，那麼 x 是聰明人。

　　由此我們可以看出量詞的兩個特徵。一是它的句法特徵：它所限定的 x，不僅與「哲學家」有關，而且與「聰明人」有關，因此它是修飾整個句子的，而不是只修飾文法主語。另一個是由這種句法特徵所形成的語義特徵。由於量詞也帶有一個空位，因此它似乎也是一個函數，也是需要補充的。如前所述，量詞表達的是個體域。就全稱量詞而言，它給出的範圍是全部個體，這樣就需要個體域中所有個體與概念相匹配[5]。因此全稱量詞不是對個別事物的表達，而是一種對普遍性的表達。

　　從句子圖式可以看出，意謂層面的考慮與真假相關，因而考慮量詞的意謂實際上也是與真假相關的。一個帶有全稱量詞的句子如果是真的，那麼被這個量詞所修飾的謂詞所表示的概念就要適合於個體域中的每一個對象。比如「所有哲學家是聰明人」這個句子如果是真的，那麼情況一定是，如果一個東西是哲學家，那麼它是聰明人，並且每一個東西都是如此。換句話說，

對於任何一個東西來說，如果它是哲學家，那麼它是聰明人。無論是前一種表述中的「每一個東西」，還是後一個表述中的「任何一個東西」，都意味著窮盡個體域。

值得注意的是，這裡用了「如果，那麼」這樣的表述方式。這不是一種斷定的方式，而是一種假設的方式。自然語言中全稱表達式明明是明確斷定的方式，為什麼全稱量詞的句法上卻是假設的方式呢？因此直觀上就有一個問題，這樣的句法是不是符合自然語言的表述？這裡，表面上看是句法和語義的問題，或者說是邏輯和語言的問題，實際上卻包含著認識論的問題。

前面說過，個體域中個體的數量是無窮的。全稱表達式「所有」斷定的是全部，因此全稱量詞表示的一定是個體域的全部，即每一個對象。我們也可以換一種方式，為個體域中的每一個東西取一個名字，這樣，「所有哲學家是聰明人」這個句子如果是真的，那麼情況一定是，如果 x_1 是哲學家，那麼 x_1 是聰明人，並且如果 x_2 是哲學家，那麼 x_2 是聰明人，並且如果 x_3 是哲學家，那麼 x_3 是聰明人，並且……這裡的省略號表明，我們可以一直繼續命名和表述下去，但是無論如何無法結束，因為對象是無窮的。這實際上說明，我們可以認識到個體域中一些個體的情況，因而可以斷定一些個體的情況，但是我們無法認識到個體域中每一個個體的情況，因而無法斷定每一個個體的情況。因此，全稱量詞表達的東西實際上是超出我們認識範圍的。這裡實際上反映出人們的認識和表述的一個矛盾。這就是：認識是有局限性的，而表述卻超出了這種局限性。也就是說，我們可以說出含有全稱表達式的句子，並且做出相應的斷定，但是這樣的句子和表達實際上超出了我們的認識能力的範圍。而透過對全稱量詞的認識，即透過對全稱量詞的句法和語義的認識，我們發現了這個問題，或者說我們認識到這裡存在的問題。因此，「每一個東西」和「任何一個東西」表達了對整個個體域的斷定，而「如果，那麼」這樣的句法則弱化了這樣的斷定，並且透過對這個東西在這個句法中的命名，表達出全稱表達式所希望表達的普遍性、一般性等特徵。

這裡還有一個與認識論相關的重要問題。句子圖式 2 給出了真值，以上也有關於真假的說明。但是，既然全稱表達式所表達的東西超出人們的認識能力和範圍，這樣的表達怎麼能是真的呢？或者說，人們怎麼會認識到這樣的表達是真的呢？確實是這樣。全稱表達式所斷定的超出人們的認識能力，因此我們無法判斷這樣的表達是不是真的。但是這並不意味著我們不能說出這樣的表達式的真之條件。實際上，全稱量詞的句法恰恰告訴我們，這樣的句子所表達的東西在什麼情況下是真的。比如上面的例子說明，只有在所有個體的東西，即個體域中每一個對象都滿足「如果……是哲學家，那麼……是聰明人」的情況下，「所有哲學家是聰明人」這個句子才是真的。也就是說，只要有一個個體不滿足這種情況，這個句子就不是真的。因此，我們可以不知道這個句子是不是真的，但是我們知道它在什麼情況下是真的。引申一步，我們不知道這一類句子是不是真的，但是我們知道它們的真之條件，即它們在什麼情況下是真的。

三、存在量詞與存在

人們常常使用「有的」、「有些」、「一些」、「某個」等這樣的量詞表達式。這樣的表達式不表示一般性的、普遍性的、規律性的東西，而表示個別的東西、部分的東西，但是也有斷定性，而且是明確的斷定性。這類表達式可以稱之為存在量詞，以「有一個」或「存在一個」表示。它的句法如下：

有一個東西 x，x……

省略號處是謂詞的表述情況，把它補充上去，比如同上例句，則是：

有一 x，x 是哲學家並且 x 是聰明人。

存在量詞也表示一個明確的範圍，這就是指這個個體域中的某一個對象[6]。因此，一個帶有存在量詞的句子如果是真的，那麼被這個量詞所修飾的

謂詞所表示的概念就要至少適合於個體域中的某一個對象。比如，如果「有的哲學家是聰明人」這個句子是真的，那麼情況一定是：有一個個體，它是哲學家並且是聰明人。這裡的「有一個個體」表示至少有一個東西，也就是存在著一個東西。

同樣值得注意的是，這裡的句法還用了「並且」這樣的表述方式。這是一種以肯定的方式聯結兩個斷定句，因而本身也是一種斷定的方式。這種句法與全稱量詞的句法明顯不同。全稱量詞是以假設的方式表述的，而存在量詞是以斷定的方式表述的。這裡的差異不僅是語言表述上的差異，而且是認識上的差異。

用前面取名的方式同樣可以說明例句的真之條件：x_1 是哲學家並且 x_1 是聰明人，或者 x_2 是哲學家並且 x_2 是聰明人，或者 x_3 是哲學家並且 x_3 是聰明人，或者……這裡的省略號同樣表明無法窮盡所有情況，因為對象是無窮的。但是，這裡並不要求斷定每一個對象的情況，它只要求斷定某一個對象的情況，因此關於個體域中對象的情況，只要有一種是真的就可以了。換言之，個體域中至少有一個東西滿足這樣一種情況：它既是哲學家，又是聰明人。這樣的情況當然是可以看到和知道的。因此，這樣的斷定並沒有超出我們的認識範圍，也沒有超出我們的認識能力，是我們可以做到的。所以我們可以用肯定的方式來表述。

從句子圖式 2 可以看出，個體域與概念不在同一個語言層面上，比概念高一個層次。因此，量詞意謂的東西比謂詞意謂的東西高一個層次。概念是對象到真值的函數，個體域為概念提供了一個選擇對象的範圍，因而是對概念的限定。或者正像弗雷格所說，量詞意謂的東西也是一個函數，這個函數是以概念作自變數的。存在量詞和全稱量詞都是量詞，因此在以上這些方面是相同的。但是，如果認識不到量詞的這些性質，即它們的句法和語義，那麼在討論它們或與它們相關的問題時就會產生一些問題。關於存在的討論非

常典型地展現了這一點。

語言中有「存在」一詞。這個詞與量詞表達式不同。量詞表達式都是修飾普通名詞的，不能修飾名字。無論全稱表達式「所有」，還是存在表達式「有的」，都是如此。但是「存在」一詞不是這樣。它不是修飾名詞，而且斷定名詞。比如「鬼存在」，這裡的「鬼」就是一個普通名詞，不表示某一個具體對象，而「上帝存在」中的「上帝」就是一個名字，而且是一個特定的個體對象的名字。在文法上，「存在」在這兩個句子中都是作謂語，分別對主語「鬼」和「上帝」做出表述，而且沒有什麼理解的問題。但是從句法和語義來考慮，就不是這樣簡單。

如果「存在」是一個謂詞，那麼根據句子圖式1，「鬼」和「上帝」可以是名字。但是我們知道，「鬼」顯然不是一個專名。因此把「鬼」看作專名是有問題的。這裡，如果「上帝」是專名，那麼它所表示的對象就會處於「存在」所表示的概念之下。這個句子的真假也將取決於「上帝」所表示的對象是不是存在。眾所周知，關於上帝是不是存在，人們一直爭論不休。有神論者認為有上帝，無神論者認為沒有上帝。所以，把上帝看作一個專名也是有問題的。

如果「存在」是一個謂詞，根據句子圖式2，「鬼」和「上帝」也可以不是名字，而是謂詞。這樣，就需要補充量詞來說明這兩個句子的真假。因為這些謂詞所表示的概念乃是個體域中的對象到真值的函數。而一旦加上量詞，就會有全稱量詞和存在量詞兩種形式。由此也就說明，這樣的句子是有歧義的。當然，我們也可以把這兩個句子確定為某一種量詞形式。但是無論確定為哪一種量詞形式，都會有問題。若是確定為全稱量詞的形式，其表述就會超出我們的認識能力和範圍，這與表示「存在」的句子的斷定顯然是相悖的。而如果確定為存在量詞的形式，就會有以下兩個問題。一個問題是，在否定句的情況下會出現句法矛盾。比如「鬼不存在」是「鬼存在」這個句

子的否定形式，表述上沒有問題，也沒有理解的問題。但是它的句法是矛盾的：「有一個東西，這個東西是鬼，並且這個東西不存在」。這裡的「有一個東西」相當於「存在一個東西」，因此這個句子的句法包含著一個矛盾：「存在一個東西並且這個東西不存在」。也就是說，以「存在」作謂詞的語言表述方式隱含著矛盾。此外，把「鬼」看作謂詞沒有什麼問題，但是把「上帝」看作謂詞卻是有問題的，因為人們一直把「上帝」看作一個確切的個體對象的名字。因此，把「存在」看作謂詞不僅在句法上有問題，而且在語義上也是有問題的。

　　根據句子圖式 2，我們可以把「存在」看作量詞。量詞所表示的是個體域，而存在量詞所表示的是個體域中的東西，意思是至少有一個東西。根據這樣的看法，「鬼」和「上帝」都是謂詞。它們是從個體域中的對象到真值的函數。這樣，「鬼存在」和「上帝存在」這兩個句子的句法分別是「有一個東西，這個東西是鬼」和「有一個東西，這個東西是上帝」。只要有一個對象滿足「是鬼」或「是上帝」這種情況，這兩個句子就是真的。個體域中若是沒有東西滿足這樣的情況，這兩個句子就是假的。這樣一來，「存在」一詞的句法和語義是非常清楚的。但是這裡也有和前面同樣的問題，無神論者可能會同意這樣的看法，有神論者則不會同意這樣的看法，在他們看來，把「上帝」看作謂詞與這個詞的日常用法是相悖的。

　　從以上論述可以看出，把存在看作一個量詞還是一個謂詞乃是不同的。當然，這裡也有對語言的理解問題。比如，為什麼一定要把它要不是看作謂詞就是看作量詞呢？為什麼就不能把它又看作量詞又看作謂詞呢？比如，在「鬼存在」這個句子中，我們把它看作量詞，因為其中的「鬼」顯然是「謂詞」，而在「上帝存在」中，我們把它看作「謂詞」，因為其中的「上帝」是一個名字。實際上，即使從對語言的理解的角度，這樣的理解也不是沒有問題的。弗雷格曾經論述過，在日常表達中，按照語言習慣，「存在」這個詞後面一般跟的是普通名詞，也就是說，「存在」一詞不能修飾名字[7]。按

照這種看法，「上帝存在」中的「上帝」只能是一個普通名詞，而不能是一個名字。即使這種看法有道理，我們也可以認為這是針對德語說的，對其他語言並不一定合適。比如在漢語中，「存在」一詞難道不能修飾名字嗎？比如說「北京存在」，或者說「有北京」。我們一般認為，「有」也表示存在，因此和「存在」的意思差不多是一樣的。在我看來，漢語的文法不像西方語言那樣嚴格，因此像「有北京」和「北京存在」這樣的句子似乎也是正確的。但是從語言習慣上說，這裡還是有一些區別的。

　　對照前面關於日常語言中「存在」或「有」一詞與「有的」等表達式的分析，我們可以看出，關於存在的表述實質上是一種量的表述。從真假的角度考慮，它的意思是至少有一個。在日常表達中，表示存在可以使用「存在」一詞，也可以不使用「存在」一詞。也就是說，表達存在的方式是多樣的。此外，在文法形式上，「存在」一詞可以表述普通名詞、摹狀詞和名字。但是在句法上，它是量詞，是比謂詞高一個層次的表達式。而在語義上，它表示的是一個個體域中某一個特定的對象。一個表示存在的句子是不是真的，要看其中謂詞所表示的概念是不是適合於個體域中某個特定的東西。所以，許多人認為，存在的工作是由量詞來做的 [8]。認識到這一點，再來看一看「上帝存在」這個句子，就可以發現，「存在」不是一個謂詞，而是一個量詞，是一個比謂詞高一個層次的表達式。在這種情況下，「上帝」不是一個名字，而可以是一個謂詞。這樣，這個句子的意思是：有一個東西，這個東西是上帝。「上帝」也可以是一個摹狀詞，因而是一個特殊的謂詞。這樣，這個句子的意思是：恰好有一個東西，這個東西是上帝。在前一種情況下，只要有一個東西滿足是上帝的情況，「上帝存在」這個句子就是真的。而在後一種情況下，「上帝存在」這個句子是真的，若且唯若不多不少有一個對象滿足是上帝的情況。換句話說，這裡給出了「上帝存在」這個句子的真之條件，但是這個句子本身究竟是不是真的，還需要具體的判定，即看它是不是滿足這裡所刻劃的真之條件。

四、量詞與關係

無論是日常交流還是哲學討論中，涉及關係的表達非常多。一些關係表達簡單明瞭，比如「魯迅愛許廣平」，一些則比較模糊，比如「事物是相互連繫的」。有了以上關於量詞的認識，我們可以更清楚地認識量化方式，揭示其中所包含的複雜關係，因而得到關於這些表達及其所表達的東西的一些規律性的認識。下面我們透過幾個具體的例子來說明這方面的問題。

「與自身相等」是一種獨特的關係，人們一般認為，a=a 表達的就是這樣一種關係，即 a 與自身相等。十分明顯，a 表示個體的東西。但是，「與自身相等」也會牽涉到量化表達，由此也會帶來一些問題。弗雷格曾經以舉例的方式說明這裡的問題。

1)「月亮與自身相等。」

2)「2 與自身相等。」

3)「所有事物與自身相等。」

如果把這組句子與下面一組句子進行比較：

1")「月亮與月亮相等。」

2")「2 與 2 相等。」

3")「所有事物與所有事物相等。」

就會發現，1) 與 1")，2) 與 2") 的意思大致是一樣的，但是 3) 與 3") 的意思卻不是一樣的。這個例子可以說明兩個問題。一個問題是，「與自身相等」是個體之間的關係，在與量詞結合使用時會有問題。另一個問題是，名字在一個或多個位置上出現，與量詞在一個或多個位置上出現是有重大區別的。前者不會、後者卻會使句子的意義發生變化。當然，由此也說明，名字與量詞是有根本區別的。這裡我們僅討論後一個問題，即為什麼量詞出現在一個位置上與量詞出現在多個位置上是不同的。

　　參照句子圖式 2，謂詞表示的是概念，量詞表示的是個體域。對於一個含有量詞的句子而言，它的真假取決於概念與個體域中對象的匹配。這些都是我們已經知道的東西。問題在於，這裡如何說明它們的匹配。從邏輯的角度來理解，這是概念到個體的映射問題或個體到概念的指派問題。從日常表達的角度來理解，這是量詞表達如何限定謂詞表達的問題。正像一個謂詞表示一個概念，兩個謂詞則表示兩個概念一樣，一個量詞表示一個個體域，兩個量詞就要表示兩個個體域。儘管個體域是同一個，但是量詞變項的不同，表明在同一個量詞域中取值範圍的不同，因而顯示的值域不同。在這裡，我們看出個體變元的重要作用。量詞是描述普遍性的，但是它需要借助 x、y 這樣表示不同空位的符號。弗雷格稱它們為輔助語言，是我們藉以達到普遍性表達所使用的東西 [9]。也就是說，借助 x、y 這樣的變項符號，我們可以表達出不同的值域，因而表達出不同的外延，因而區別不同的概念。

　　3）與 3"）是不同的。它們的不同之處在於 3）有一個量詞，而 3"）有兩個量詞。儘管這兩個量詞的表達形式是一樣的，儘管它們的個體域是相同的，但是它們的取值範圍可能是不同的，因而它們的值域可能是不同的。比如，任何一個東西，如果這個東西是 x，則 x 與 x 自身相等。3"）由於涉及兩個量詞，因此可能會涉及不同的值域，比如，用 x 表示前一個取值範圍，用 y 表示後一個取值範圍，結果就會完全不同。這樣，3"）的意思是說，任何一個東西 x，任何一個東西 y，x 與 y 相等。由於這裡的 x 和 y 可以是兩個完全不同的東西，而 x 不可能是兩個完全不同的東西，而只能是同一個東西，因此 3）和 3"）的意思是有重大區別的。

　　需要說明的是，這裡的「x 與 y 相等」也是一種關係，它表示有兩個不同的對象處於「與自身相等」這個概念之下。這種表達方式與名字的表達方式是有區別的。根據句子圖式 1，名字指稱對象，因此名字指稱的對象處於謂詞指稱的概念之下。用弗雷格的話說，這就是邏輯的基本關係。而這裡的表達卻不是這樣，單純的 x 和 y，不是名字，不指稱任何東西，但是當它

們與個體域的表達結合在一起的時候，比如前面所說的「任何一個東西」，儘管依然不是名字，卻不再是任意的符號，因為受到量詞的限制。正因為這樣，這裡的 x 和 y 才是不同的，因為它們分別與兩個個體域結合在一起。因此，「所有事物與所有事物相等」字面上沒有名字出現，似乎表達了概念之間的關係，但是嚴格地說，它依然表達了個體的東西之間的關係。用弗雷格的話說，這就是概念之間的所有關係都可以化歸為對象與概念之間的關係。這種區別說明，關係是個體之間的，但是關係的表達方式卻是多元化的，既可以用名字來表示，也可以不用名字，而透過量詞的方式來表示。

　　前面曾提到「事物是相互連繫的」。這個句子沒有量詞，甚至也沒有一個像「愛」那樣的明確表示關係的謂詞。從句子形式看，它是常見的主系表結構。但是，如果把這個句子放到量詞的視野下，就會看出，它可能會有如下意思：所有事物與所有事物相互連繫，所有事物與有的事物相互連繫，有的事物與所有事物相互連繫，並且有的事物與有的事物相互連繫。這裡，量詞顯示出來了，相應的個體域也就表達出來了。但是，這裡存在著與前面論述「所有事物與所有事物相等」時相同的問題，即這裡每一個句子中所談到的兩個量化表達式所表達的乃是兩個不同的個體域，儘管它們字面上甚至是相同的，比如可以都是「所有事物」或「有的事物」。我們知道，個體域的不同可以表明對象的不同，這樣可以得到比上面更為精確的表達：

　　任一 x，任一 y，x 與 y 相連繫。

　　任一 x，有一 y，x 與 y 相連繫。

　　有一 x，任一 y，x 與 y 相連繫。

　　有一 x，有一 y，x 與 y 相連繫。

　　「連繫」是一個關係謂詞，它所表達的是兩個不同對象之間的關係。這裡，由於有明確的個體域，因此 x 與 y 表示兩個不同的對象。這一點十分清楚，不會混淆。這也就說明，「事物是相互連繫的」所表達的乃是一種二元關係。至於它所表達的究竟是哪一種意思，人們可以透過分析和研究而從上

述四種表述中確定下來。

「《紅樓夢》的作者是曹雪芹」是一個含摹狀詞的句子：其中「《紅樓夢》的作者」是摹狀詞。通常認為，摹狀詞在一些語境下會影響句子的真假，因此可以消除摹狀詞，以此消除相應的問題。比如把上述例子轉換為如下兩個句子：

1）恰好有一個人寫了《紅樓夢》，

2）誰寫了《紅樓夢》，誰就是曹雪芹。

「恰好」一詞表示唯一性，因而借助它來消除摹狀詞。字面上看，「恰好」不是量詞，而是一個副詞。但是，它在這裡修飾「有一個」這個量詞，會發揮量詞的作用，表示僅僅有一個，既不多，也不少。因此這也是一種量化方式。由此可以把上述兩個句子轉換為如下三個句子：

1）至少有一個人寫了《紅樓夢》，

2）至多有一個人寫了《紅樓夢》。

3）誰寫了《紅樓夢》，誰就是曹雪芹。

現在可以看得比較清楚，「至少」和「至多」都是關於量的表達，相當於量詞。這樣，一個含摹狀詞的句子可以借助關於唯一性的表達，因而借助關於量詞的表達來消去摹狀詞。以上情況在哲學討論中已是常識。我們以此為例要說明的是關係。因此這裡要考慮的是，這樣的表達如何會與關係相關？「寫了」無疑表達關係，但這顯然不是我們要考慮的。因為我們要考慮的是與量詞相關的關係，或者說，是透過量詞所表達和刻劃的關係。

「至少有一個」是存在量詞表達的，「誰」相當於「任何一個」，是全稱量詞表達的，都與關係無關。「至多有一個」則不同。它的意思是說，個體域中任何兩個對象都是同一的，這就涉及關係。這句話的意思可以表達如下：

任一 x，任一 y，x 與 y 相同。

「……與……相同」顯然是關係。字面上可以看出，這一關係在這裡是透過全稱量詞來表達的，確切地說，是透過兩個不同的量詞域來表達的。由此可見，所謂唯一性是由「有一 x」和「任一 x，任一 y，x 與 y 相同」相結合來表示的。這是摹狀詞理論所揭示的東西，也是它的要點。一個摹狀詞中的描述語可以處理為一個謂詞，再借助量詞來表達摹狀詞中的定冠詞，這樣就可以既表達出唯一性，又消去摹狀詞。

以上三例足以說明，關係表達非常多，涉及量詞的地方也非常多。也許正因為借助邏輯而獲得這樣的認識，羅素才說，在他認識到關係之後，他的思想再也沒有回到從前。

五、量詞與數詞

語言中還有一類詞表示確定數量，這就是數詞。比如「天安門前有兩個石獅子」中的「兩」，「鳥巢體育場有 91,000 個座位」中的「91,000」就是數詞。它們與全稱量詞和存在量詞不同，因為它們表達的既不是所有，也不是至少有一個，而是可以計數的量。也就是說，它們的確定性不是以事物範圍的方式，而是以事物個數的方式表現的。因此，數詞與量詞既有相似的地方，又有區別。我們看以下句子圖式：

［句子圖式 3］

（語言）句子：數詞 ／ 謂詞

（涵義）思想：思想的一部分 ／ 思想的一部分

（意謂）真值：個體個數 ／ 概念

將這個句子圖式與句子圖式 2 進行比較，就可以看出，數詞與量詞所表達的東西是在同一個層次上，都是比概念所表達的東西高一個層次的。它們的區別僅僅在於，量詞表達的是個體域，只是給出一個個體範圍，而數詞表達的是個體的個數，因而是明確的數量。為了更清楚地說明這裡的問題，

讓我們以「天安門前有兩個石獅子」這個句子為例，並與「天安門前有石獅子」進行對照。

很明顯，這兩個句子中的「石獅子」都是謂詞。但是有了「天安門前」這個修飾，這裡所說的就不是任意的石獅子，而是某一個特定地方的石獅子。因此，應該把「天安門前的石獅子」看作謂詞。前面還說過，「有」一詞表示存在。認識到這兩點，就可以明白，「天安門前有石獅子」這句話的意思是：「天安門前的石獅子存在」。因此它的句法可以轉換為：有一個東西，這個東西是石獅子並且在天安門前。這個句子的真之條件是：至少有一個對象處於天安門前的石獅子這個概念之下。有了前面的論述，對存在量詞的表達是很容易理解的。

相比之下，對數詞的理解要稍微複雜一些。在「天安門前有兩個石獅子」這個句子中，謂詞還是「天安門前的石獅子」，但是「有兩個」與「有」的區別是明顯而明確的。這個句子的意思是「天安門前的石獅子存在兩個」。因此，它的句法可以轉換為：

有一 x，x 是天安門前的石獅子，

有一 y，y 是天安門前的石獅子，而 y 不是 x；

不存在任一 z，z 是天安門前的石獅子，而 z 既不是 x 也不是 y。

（或者，任一 z，如果 z 是天安門前的石獅子，則 z 要不是 x 就是 y。）

很明顯，前兩句話表示，處於天安門前的石獅子這個概念之下的對象有兩個。第三（四）句話表明，個體域中所有其他對象與這兩個對象都是不同的，因此只有這兩個對象處於天安門前的石獅子這個概念之下。由此也可以看出，若是個體域中沒有對象處於天安門前的石獅子這個概念之下，或者個體域中有更少或更多的對象處於天安門前的石獅子這個概念之下，這個句子都不會是真的。因此，這個句子是真的，若且唯若有且只有兩個對象處於天安門前的石獅子這個概念之下。

　　以上說明是清楚的，但是似乎有些繁瑣。「天安門前有兩個石獅子」這個句子的意思是非常容易理解的，似乎用不著那麼複雜的分析和說明。我們之所以這麼做，只是為了說明一點：數詞和量詞是同一類表達式，它們在語義上屬於同一個層次，比謂詞高一個層次，因此與謂詞不在同一個層次。表面上看，這樣的分析可以說明量詞和數詞的句法和語義，因而說明含有這樣表達式的句子的真之條件。但是實際上還有更深刻的哲學意義。前面關於全稱量詞的探討與我們的認識範圍和能力有關，關於存在量詞的探討則涉及我們關於存在的認識。這裡關於數詞的探討牽涉到我們關於數的認識。正像關於認識能力的探討，關於存在問題的探討是哲學史上非常重要的問題一樣，關於數的探討一直也是哲學史上非常重要的問題。所有這些，不僅是本體論方面的重要問題，而且也是認識論方面的重要問題。

　　經驗論者認為，數這個概念是從物理事物抽象得出來的，主觀論者則認為，數是心靈創造出來的。弗雷格不同意這樣的看法。他關於數有兩個論斷。一個論斷是，數表示對象。另一個論斷是，說出一個數包含著對一個概念的表達。這兩個論斷字面上似乎有些矛盾。因為如果數是對象，它就是比概念低一個層次的東西，因而是處於概念之下的東西，不能是關於概念的表達。如果數是關於概念的表達，它就應該是比概念高一個層次的東西，因而不能是對象。但是連繫句子圖式3，我們就可以理解弗雷格所說的東西，因而得到一種關於數的認識。

　　在語言中，數詞有兩種用法。一種是作名詞，另一種是作形容詞。數詞作名詞的時候，數詞是專名，因此表示的是對象。比如「2 是質數」，這個句子中的「2」就是一個名字，指稱一個對象。「質數」是一個謂詞，表示一個概念。這個句子的真取決於 2 所指稱的對象是不是處於質數所表達的概念之下。數詞作形容詞的時候，數是關於概念的表達。比如前面提到的例子「天安門前有兩個石獅子」。在這個句子中，「兩」這個數詞是關於「天安門前的石獅子」這個謂詞所表示的概念的表述，即關於天安門前的石獅子狀

況的一種說明。當然，這裡的說明不是關於它們有多高、多大、多重、雄偉不雄偉、好看不好看等等的說明，而是關於它們的個數的說明。這裡，弗雷格還有一種說法。這就是句子中作形容詞的數詞可以轉換為名詞，而且句子的意謂不變。比如「天安門前有兩個石獅子」這個句子可以轉換為「天安門前石獅子的數是 2」。在後一個句子中，「2」不再是形容詞，而是名詞，並且是一個名字，表示一個對象。需要注意的是，後一個句子中的「天安門前石獅子的數」這個表達式與「天安門前石獅子」這個謂詞是不同的。它指的是處於天安門前石獅子這個概念之下的對象的個數，而「2」正是表達這樣的個數，因而是這個個數的名字。

經過這樣的轉換還可以看出，數詞雖然作形容詞，卻與其他形容詞不同。轉換之後，「石」和「天安門前」依然還是形容詞，依然還是修飾「獅子」，但是「2」卻不再是形容詞，不再修飾「獅子」。這就清楚地表明，數詞可以作形容詞修飾名詞，但是數詞所表達的並不是數詞所修飾的名詞所表達的事物的性質。

由此可以看出，在日常表達中，數詞作形容詞時是對謂詞的說明和限定。數詞所表達的對象的數乃是對謂詞所表達的概念的限定。在這種意義上，數詞與量詞的層次是一樣的。但是，同樣是表示數量，數詞與量詞是有重大區別的。由此也可以看出，數詞所表達的數乃是有一些獨特性質的。因此弗雷格說，概念是數的載體 [10]。

如果說名字的作用是指稱事物，謂詞的作用是表達和描述事物（以及我們的認識），那麼量詞的作用是限定。這種限定主要是適用於表達和描述上。有些描述是可理解的，其真假也是可判定的。有些表達和描述是可理解的，但是其真假不可判定。在這種情況下，量詞可以對人們的表達和描述提供幫助。這是因為，量詞可以限定表達和描述的範圍，因而為表達和認識它們的真之條件提供幫助。借助量詞，有些情況下可以判定表達和描述的真

假，在有些情況下，儘管不能做出判定，但是可以對其真之條件做出說明，即說明這樣的表達和描述在什麼樣的情況下是真的。借助有關量詞的性質和作用，我們可以獲得許多十分重要的認識，特別是關於本體論和認識論方面的認識。因此，量詞的作用是非常重要的。

（原載《外語學刊》2015 年第 2 期）

(1)　參見張立英：《概稱句推理研究》，北京，社會科學文獻出版社，2013 年，第 1 ─ 2 頁，例子見第 8 頁。

(2)　句子圖式是我提出的一種研究語言哲學的輔助方法（關於其基本思想和方法，參見王路：〈句子圖式 ── 一種弗雷格式的解釋途徑〉，《求是學刊》2014 年第 5 期）。為了避免重複和更好地說明量詞句，這裡僅提出簡單句的句子圖式及其語義說明如下：

[句子圖式 1]

（語言）句子：謂詞 / 專名

（涵義）思想：思想的一部分 / 思想的一部分

（意謂）真值：概念 / 對象

語義說明：一個簡單句的真依賴於其中專名意謂的對象處於謂詞意謂的概念之下。

(3)　參見弗雷格：〈函數和概念〉，載《弗雷格哲學論證選輯》，王路譯，王炳文校，北京，商務印書館，2013 年，第 74 ─ 78 頁。

(4)　參見弗雷格：〈論概念和對象〉，載《弗雷格哲學論證選輯》，第 88 ─ 89 頁。

(5)　構造相應的句子圖式是很容易的，只要將句子圖式 2 中的「量詞」和「個體域的限定」改為「全稱量詞」和「全部個體」即可。

(6)　構造相應的句子圖式是很容易的，只要將句子圖式 2 中的「量詞」和「個體域的限定」改為「存在量詞」和「某一個體」即可。

(7)　參見 Frege, G.: *Nachgelassene Schriften*, hg. von Hermes, H./Kambartel, F./Kaulbach, F, Felix Meiner Verlag Hamburg, 1969。

(8) 例如，奎因明確地說：「存在（Existence）是由存在量化方式（existential quantifica-tion）表達的」（Quine, W.V.O.: Existence and Quantification, in *Ontological Relativity and Other Essays*, Columbia University Press, 1971, p.97）。更廣泛的相關討論，參見 Williams, C.J.F.: *What is Existence?* Clarendon Press, 1981。

(9) 參見弗雷格：〈論邏輯的普遍性〉，載《弗雷格哲學論著選輯》，第 321 頁。

(10) 關於弗雷格的論述，參見 Frege, G.: *Die Grundlagen der Arithmitk*, Hamburg, 1986；我曾詳細討論過弗雷格的相關論述，參見王路：《弗雷格思想研究》，北京，商務印書館，2008 年，第四章。

第三章　「是」與邏輯：一個平凡的故事
—— 與程仲堂先生商榷

　　近年來，我一直在談論一個觀點，即應該以「是」來理解和翻譯西方哲學中的「being」，並且應該把這樣的理解貫徹始終。在具體的研究論述中，我說過，亞里斯多德邏輯的核心句式是「S 是 P」，他的形而上學的核心是「是本身」，因此邏輯與形而上學的結合在他那裡得到很好的統一。我認為，理解西方哲學，既有語言層面的因素，也有學科方面的因素。「是」的理解與翻譯，表面上看是語言層面的問題，比如究竟應該是「是」，還是「存在」；但是實際上還有學科層面的問題，即邏輯與形而上學（哲學）這兩個學科的關係。「是」為邏輯的理解保留了空間，而「存在」從字面上就斷送了這樣的理解。當然，這裡涉及非常複雜的問題，需要認真思考和研究，絕不是說說這樣簡單。

　　但是，無論怎樣強調「是」的理解與翻譯，我從來沒有認為，而且也沒有說過「無『是』即無邏輯」。當我看到程仲堂先生稱我為這種觀點的「代表」，並且把這種觀點稱為「形而上學的邏輯神話」的時候[1]，我不禁感到奇怪。我讀了他的文章（以下簡稱「程文」，引文只注頁碼）以後終於明白，他的這一看法主要基於兩點，一是對我的觀點的誤解，二是對一些觀點的不同看法。因此我覺得有必要做一些澄清和討論。這裡，最主要的目的其實只有一個，即我仍然是想說明，應該如何理解西方哲學。

一、關於一些誤解

【誤解來源1】有「是」，則從語言方面提供了一個具體的，活生生的，可以看得見逮得住的語詞，才能使人們去研究它。若是沒有這個「是」，則很難想像怎樣去研究它。讓我們考慮一個相反的例子。古漢語中沒有「是」作繫動詞，因此邏輯學家沒能對「是」進行分析，也就沒能形成相應的邏輯理論。

程文列舉我的三種觀點來說明我是主張「無『是』即無邏輯」的代表。這是其中第三種觀點中的直接引語。程文引它作為確鑿的證據，大概主要抓住了其中最後一句話。

這段話是我在〈「是」的邏輯研究〉（《哲學研究》1992 年第 3 期）一文中說的。我很奇怪這段話會引起程文的誤解。仔細看一看就會明白，我這裡說的是中國「邏輯學家」沒有對「是」進行分析，因而沒有形成「相應的邏輯理論」。這就表明：其一，我沒有說中國古代沒有邏輯，否則「邏輯學家」是從哪裡來的呢？其二，我只是說，由於沒有關於「是」的研究，因而沒有形成相應的邏輯理論，這裡當然是指與「是」相關的邏輯理論。也就是說，我並沒有說，沒有關於「是」的研究，就根本沒有形成邏輯理論。因此，我不明白程文為什麼會以這段話證明我認為「無『是』即無邏輯」。順便說一句，關於中國邏輯史的研究，中國許多學者做了許多有益的工作。儘管我有一些不同的看法，但是我從未說過中國古代沒有邏輯。我一直認為，這是一個非常複雜的問題，需要認真思考和研究。客觀地說，我自己在涉及這方面的問題時，表述一直是比較保守而謹慎的。

【誤解來源2】概括地說，邏輯以「是」為核心，主要在於它展現了一種最簡單、最基本、最普遍、最重要的句式，即「S是P」。形而上學以「是」為核心，主要在於它展現了人們在探求周圍世界和與自身相關事情的過程中一種最基本的詢問和陳述方式「是什麼」。「S是P」和「是什麼」有一個共

同的因素，這就是「是」。……在邏輯和形而上學中，「是」的論述方式不同，核心地位卻是一樣的。由此也可以看出邏輯與形而上學的相通之處。

程文認為這段話「似是而非」，對此他有兩個批評。其一，他認為「『是』根本不是傳統邏輯的核心，甚至也不是傳統邏輯的必要成分」。其二，他認為這裡的「癥結」「在於把『S 是 P』這樣一種句式當作命題的邏輯形式」，而它「只是一種語言形式，不是一種命題形式」（第 31 頁）。

這段話是我在〈邏輯與形而上學〉（《文史哲》2004 年第 1 期）一文說的。「概括地說」這一表達針對的是亞里斯多德的邏輯和形而上學。「以『是』為核心」是一個比喻。比喻當然給人以想像的空間。但是我想，這裡的說明應該是清楚的：「句式」顯然不是命題的邏輯形式。此外，在其他地方我的有關論述中，邏輯研究什麼，以及如何研究，因而命題的邏輯形式是什麼，也是清楚的。所以我不明白為什麼程文會有批評二。我也同樣不明白批評一，因為我不明白，為什麼不可以說從「所有 S 是 P」、「所有 S 不是 P」等這樣的命題形式可以看出「S 是 P」這樣的基本句式。

【誤解來源 3】只要是邏輯，就不可能有民族性，就不可能反映某一民族的語言特色。

程文認為，這句話表明「王路先生是肯定邏輯具有全人類性，而否定邏輯具有民族性」（同上）。但是他認為這種觀點與把「是」看作邏輯與形而上學的共同核心乃是相悖的，因為後者屬於語言決定邏輯論，而「語言決定邏輯的論題與邏輯具有全人類性質的論題是不相容的」，因為「按照『核心』說，邏輯只屬於語言中有『是』的民族，無『是』的民族（多半是非西方民族）即無邏輯」（同上）。也就是說，王路的思想自相矛盾。

我在〈邏輯與語言〉一文中批評了一種看法。這種看法認為，自然語言邏輯應當是既具有普遍意義又具有漢民族語言特點的邏輯科學。由於我那裡談論得比較簡略，因此沒有詳細討論，而是僅僅指出三點。上面這句話是我

在第一點中說的。接下來的論述是：

> 如果有具有漢民族語言特色的自然語言邏輯，那麼就會有英語的、法語的以至任何一種語言的自然語言邏輯。這絕不是我們所說的邏輯。第二，邏輯必須有表述語言。由於自然語言有民族性，因此在用自然語言表述邏輯的時候，各民族語言對同一個邏輯形式的表述必然具有本民族的特色，但這不是邏輯的民族特色，而是邏輯的表述語言的民族特色。[2]

我認為，簡單歸簡單，這裡關於邏輯與語言的區別還是非常清楚的吧！我實在是不明白，由此怎麼能夠得出以語言中有沒有「是」為標準來判斷有沒有邏輯呢？

二、關於一些不同看法

以上幾個問題，在我看來是簡單而明白的，只要認真仔細閱讀文本，本來是不該存在的。因此我認為不必展開討論。下面我想集中討論一個問題：「是」是不是邏輯常項？雖然在這個問題上程文對我的觀點也有許多誤解，但是我更願意把它們看作關於這個問題的不同理解。

程文的一個基本觀點是，傳統邏輯不是關於「是」的理論，而是關於「類」的理論。他的論據有三個：第一，「是」在亞里斯多德的三段論中可有可無；第二，「是」不是邏輯常項，而是組成邏輯常項的語言要素；第三，斯多葛邏輯沒有「是」。程文認為僅第三點「就足以證偽無『是』即無邏輯論」（第 29 頁）。我已經聲明，「無『是』即無邏輯論」不是我的看法，我也沒有這樣說過。因此在下面的討論中我不考慮這第三個論據，不過也可以順便說一下。我在談論傳統邏輯的時候，一般只談亞里斯多德邏輯，而很少談斯多葛邏輯。這主要有兩個原因。從邏輯的角度說，我關注和談論的主要是邏輯的起源，即邏輯是如何產生和形成的。而從哲學的角度說，我關注和談論的主要是邏輯與哲學的關係。由於亞里斯多德有《工具論》和

221

《形而上學》，又在這兩個領域中占有特殊的位置，因此我主要談他。其實這樣的談論在西方哲學中是非常普遍的，由此並不能說明人們遺忘了斯多葛邏輯。

　　我們先看第一個論據。邏輯史的研究告訴我們，儘管亞里斯多德在論述三段論的時候使用了「S 是 P」這樣的表達式，但是在具體論述三段論的格與式的時候，他卻沒有使用這樣的表達式，而是用「P 屬於 S」或「P 謂述 S」這樣的表達式。這也是亞里斯多德三段論與傳統三段論的一個重要區別。[3] 對於這一點，程文的解釋是：「亞氏之所以選擇無『是』的表達式，正是為了表明，他的三段論理論並非以『是』或『S 是 P』這樣的語言形式作為研究對象，而是以『S 是 P』、『P 屬於 S』和『P 表述 S』這些不同的語言形式所表達的同一的邏輯關係作為研究對象。」（第 27 頁）此後，程文區別出邏輯的載體和邏輯的本體，認為語言是邏輯的載體，類之間的關係等是邏輯的本體。語言形式可以不拘一格，不同的語言形式可以表達相同的邏輯等等。由此程文認為，「在這個意義上，『是』在亞氏三段論中可有可無」（第 28 頁）。

　　我認為，相同的邏輯命題可以用不同的方式來表述，程文的這一看法無疑是對的。比如 barbara 式本身和它在一階邏輯中的表述方式是不同的，但是它們表達的東西卻是相同的。問題是，亞里斯多德的表述方式的目的是不是如程文所說？在什麼意義上「是」在亞里斯多德三段論中可有可無？

　　關於前一個問題，我曾經有過非常詳細的討論，因此這裡不準備多說。我只想指出，對於亞里斯多德的表述方式，史學家們有許多不同的看法，而我自己則傾向於帕茲希的一種解釋：在希臘文中，對於「S 是 P」這樣的命題，主謂關係是不清楚的，因為它們的位置不固定。從文法形式上說，S 和 P 都可以既作主詞，又作謂詞。而用「P 屬於 S」這樣的表述，S 與 P 的主謂關係透過它們文法的格的形式得到區別。[4] 我之所以贊同這種解釋，是因為

我認識到，這樣的解釋不僅適合於亞里斯多德的三段論，而且適合於亞里斯多德在形成三段論之前的相關理論，比如他的四謂詞理論。他的四謂詞理論有兩個原則，一個是看謂詞與主詞能不能換位表述，另一個是看謂詞是不是表述本質。這樣討論的東西顯然是具有「S 是 P」這樣形式的句子。我曾經指出，「換位」是走向「必然地得出」的重要一步，但是「表述本質」卻是不清楚的。而三段論研究則是使「必然地得出」這一思想得以實現的最終成果。[5] 亞里斯多德的三段論不是憑空產生的，他的邏輯思想經歷了一個從四謂詞理論到三段論的發展過程。在我看來，這裡貫穿始終的指導思想是「必然地得出」，而研究的出發點恰恰是「S 是 P」這種句式。若是再詳細一些，則還應該補充說，在四謂詞與三段論理論之間，還有亞里斯多德關於命題形式的深入研究，即關於「所有 S 是 P」、「所有 S 不是 P」（「沒有 S 是 P」）等的研究。這些研究形成了在四謂詞理論基礎上的發展，也構成了三段論研究的基礎，因為在建立三段論系統討論換位規則的時候，依然使用了這樣的表述方式。順便說一下，我曾經專門探討過亞里斯多德關於換位規則的論述並且明確指出，亞里斯多德「先以自然語言舉例陳述了換位規則，接著以字母符號和術語表述方式表述和說明了換位規則」，這樣，「屬於」一詞「相應於自然語言的意思是明確的而且是顯然的，不會造成任何歧義」。[6] 這就表明，亞里斯多德確實使用了「屬於」這樣一個不同於自然語言的術語，因而建立起嚴格的三段論系統，但是他在引入這個術語時有一個從自然語言到術語表述的過渡，因而使這一術語具有相應於自然語言表述的明確涵義。因此我們可以說，亞里斯多德三段論所考慮的核心句式是「S 是 P」。

　　當然，僅就亞里斯多德三段論本身而言，確實是使用「P 屬於 S」這樣的表述。但是如前所述，這反映出亞里斯多德在邏輯研究中認識到自然語言的缺陷，因此最終在建立邏輯系統的時候採用了「屬於」這一術語。這個術語不是希臘語中的日常表達，不是那麼自然，但是可以顯示出主謂的格，消除「S 是 P」這樣的表述中的歧義，因而實現「必然地得出」這一理念。

這就說明，三段論本身雖然沒有使用「是」，但是所考慮的仍然沒有脫離這個「是」，這也就是為什麼人們一直稱亞里斯多德邏輯是主謂邏輯的主要原因。其實，這一點在亞里斯多德的著作中是非常清楚的。在〈前分析篇〉中，雖然探討三段論的時候用「P 屬於 S」這樣的表述，但是舉例的時候卻不完全是這樣，而是常常回到自然的表述。除此之外，前面說過，亞里斯多德在三段論系統中有時候也使用「P 謂述 S」這一表述。這顯然在字面上就有 P 做 S 的謂詞的意思。如果我們看到在離開三段論系統的討論中，比如在〈後分析篇〉，亞里斯多德更多地使用「S 謂述 P」這種表述和自然的表述，而不是使用「P 屬於 S」，也就更容易理解，他所考慮的仍然是「S 是 P」這樣的句式。

綜上所述，亞里斯多德的三段論系統本身沒有使用「S 是 P」這樣的表述，因此僅就這一點而論，說關於「是」的考慮在這裡可有可無，似乎也是可以的。但是如果考慮到亞里斯多德邏輯的產生和發展，比如四謂詞理論以及關於命題形式的論述，考慮到三段論體系是如何建立起來的，比如關於其所使用的換位規則的探討，考慮到對三段論的運用和對其思想的解釋，比如討論三段論時使用的例子和〈後分析篇〉中的論述，我們就會非常清楚地看到，「S 是 P」是亞里斯多德所考慮的最核心的句式。

現在我們看第二個論據。程文認為，從盧卡西維奇（Jan Łukasiewicz）的看法可以概括出四個表達詞項間邏輯關係的常項：「所有－是」，「沒有－是」，「有些－是」，「有些－不是」；而王路認為「是」、「不」、「所有」、「有的」各個是邏輯常項，「是」則是邏輯常項中最為核心的概念。程文根據自己提供的一個關於邏輯常項的定義，即「一個表達式是某一個邏輯系統的邏輯常項，若且唯若它能夠表示這個邏輯系統中一定的邏輯關係」（第 28 頁），認為盧卡西維奇的看法是正確的，「因為每一個表達式都可以表示類之間的某些基本關係」（同上）。這樣，「是」就「不是一個邏輯常項，而只是組成邏輯常項的要素」（同上）。這是因為「是」有歧義，可以

表示多種關係。「一個有歧義的、不能表示一種確定的邏輯關係的表達式，不能作為邏輯常項」（同上）。因此，「是」只是一種語言要素，以它來表述以上四個邏輯常項是「語言習慣使然，非邏輯所必需」（同上），「含『是』表達式的『不可動搖』，是語言習慣造成的假象，在邏輯理論上沒有任何根據」（第 29 頁）。所以，「是」不是傳統邏輯研究的對象。

我認為這裡牽涉到一些問題，需要分別討論。一個問題是盧卡西維奇對亞里斯多德三段論和傳統邏輯的解釋，與亞里斯多德自己對三段論的解釋和傳統邏輯自身的解釋的區別。盧卡西維奇在解釋亞里斯多德三段論的時候，構造了一個公理系統。在這個系統中，他在表述亞里斯多德三段論的時候，雖然使用現代邏輯的方法，但是依然依照傳統邏輯的表述方式，採用了 A、E、I、O 這樣四個算子，即程文所說的四個常項。這樣的表述沿襲了傳統的習慣，直觀上也是清楚的。比如「所有 S 是 P」在傳統邏輯中的表述是「SAP」，而在盧卡西維奇的系統中表述是「Aab」。也就是說，雖然盧卡西維奇區別了亞里斯多德三段論表述與傳統邏輯表述的不同，即「屬於」與「是」的區別，但是在他的表述中，仍然借用或延續了傳統的表述方式。問題是這種表述方式並沒有而且也不會區別「屬於」和「是」。因為它們完全是同一表述，儘管 a、b 與 S、P 是不同的。盧卡西維奇把 AEIO 解釋為二元算子，當然是可以的。我的問題是：傳統邏輯也是這樣解釋的嗎？

眾所周知，傳統邏輯的解釋是：命題根據質區分為肯定的和否定的，根據量區分為全稱的特稱的，這樣組合起來就有四種命題形式，即「所有 S 是 P」（A），「所有 S 不是 P」（E），「有 S 是 P」（I），「有 S 不是 P」（O）。今天人們一般認為，邏輯意義是透過邏輯常項展現的。我們當然也知道，不考慮量詞，單獨考慮「S 是 P」或「S 不是 P」，乃是有歧義的，無法判定它們的真假。但是，在傳統邏輯的解釋中，如果說「是」不是邏輯常項，那麼命題是根據什麼做出質的區分的呢？所區分出來的結果又有什麼邏輯意義呢？為什麼它不直接說命題分為 AEIO 四種形式呢？同樣，如果說「所

有」和「有的」不是邏輯常項，那麼命題是根據什麼做出量的區分的呢？實際上，這裡不僅與語言相關，也涉及傳統邏輯自身的認識和對傳統邏輯的認識。亞里斯多德邏輯和傳統邏輯區別了「是」與「不是」，也區別了「所有」和「有的」，並且由此得到了 A、E、I、O 這樣的結果。問題是，它們的研究方式和結果所表明的是把「是」、「不是」、「所有」、「有的」這樣的東西看作邏輯常項，還是把 AEIO 看作邏輯算子？我認為，對於這樣的算子的認識，依賴於現代邏輯的研究，依賴於區別出語言的層次，即量詞是比謂詞更高一層的東西，或者，量詞所表達的是概念之間的東西。這樣的認識，在亞里斯多德邏輯和傳統邏輯那裡還沒有出現。因此，盧卡西維奇雖然與傳統邏輯都採用了 AEIO，認識卻是完全不同的。

此外，亞里斯多德邏輯和傳統邏輯雖然從體系的角度，即詞項邏輯的角度排除了個體詞，因而排除了單稱命題，但是在其具體論述中，常常有關於單稱命題的討論。在這樣的討論中，比如「a 是 P」和「a 不是 P」，「是」的作用也非常突出。但是，這樣的討論只有肯定和否定，而沒有量詞。那麼，關於量詞的認識和討論難道與這樣的認識與考慮就沒有任何關係嗎？關於肯定與否定的討論難道是完全另起爐灶嗎？

另一個問題是關於量詞本身的認識。程文贊同盧卡西維奇以「所有─是」表達二元算子，畢竟還是承認有「是」的表述，只不過程文認為不能把它與「所有」分開，「如果把繫詞『是』看作邏輯常項，就必須把量詞『所有』和『有些』也看作邏輯常項，也就等於說傳統邏輯包含了量詞的研究或量詞的理論，這不符合事實」（第 28 頁），因為量詞研究是現代邏輯做的工作。所以，「所有」和「有的」「單獨地都不是傳統邏輯的邏輯常項」（同上）。這裡至少有兩個問題。一個是「是」能不能與「所有」分開，另一個是傳統邏輯有沒有關於量詞的研究。

在我看來，這裡依然涉及上述要區分傳統邏輯與現代邏輯的解釋的問

題。以 AEIO 作為算子來表示傳統邏輯的命題形式當然是可以的，問題是傳統邏輯自身是如何看的。前面的討論已經說明，根據傳統邏輯的解釋，「是」和「不是」與「所有」和「有些」是可以區分的，而且實際上也是區分的，否則我們無法理解什麼叫做質的區別，什麼叫做量的區別。如果一定要認為以上區別還不夠令人信服，那麼當我們看到亞里斯多德說「『每一個』一詞不使主詞成為普遍的，而是使這個詞具有全稱特點」（17b12-13）[7]，「『每一個』一詞不給主詞以普遍意義，但是意謂：作為一個主詞，它是周延的」（20a9-10），我們還能認為他關於「每一個」的論述與關於「是」的論述必須合為一體，不能分開嗎？我們還能認為他沒有專門關於量詞的研究嗎？因此，即使認為盧卡西維奇式的解釋有道理，也仍然可以問：它的解釋是不是符合亞里斯多德本人的思想？同樣，這樣的解釋是不是符合傳統邏輯本身的思想。毫無疑問，從現代邏輯出發解釋傳統邏輯是一回事，傳統邏輯自身的解釋則是另一回事。

　　至於說傳統邏輯沒有關於量詞的研究，只有現代邏輯才有關於量詞的研究，這種看法我是不同意的。道理很簡單。前面提到傳統邏輯明確的關於從量的角度對命題的區分，這說明它有關於量的考慮，並且有關於表述量的方式「所有」和「有的」的考慮。前面提到的亞里斯多德的論述則更是明確的關於「每一個」這樣的量詞的探討。怎麼能說這些不是關於量詞的研究呢？再舉一個例子。從對當方陣我們知道，「所有 S 是 P」與「所有 S 不是 P」是反對關係，而與「有 S 不是 P」是矛盾關係。怎麼能說這不是從研究量詞而得出的結果呢？

　　程文認為，「量詞研究以引入個體變元 x 為前提，……傳統邏輯沒有引入個體變元，不可能有量詞的獨立研究」（第 28 頁）。我不這樣認為。在我看來，研究量詞有各種各樣的方式。借用函數的方法刻劃量詞是現代邏輯的成果，但是這並不意味著亞里斯多德邏輯和傳統邏輯就沒有關於量詞的研究。後者雖然局限於自然語言的文法形式，因而量詞的許多性質沒有能夠真

正刻劃出來，但是同樣有關於量詞的研究。我贊同程文的一個看法，即「量詞的意義在現代邏輯中才得到充分的展現」（同上），這也是我們推崇現代邏輯的一個重要原因。但是我認為，程文關於研究量詞的前提定得太高了，而由此出發最終對傳統邏輯的評價又太低了。實際上，不引入個體變元，也可以有對量詞的研究。缺乏對量詞的充分研究並不等於對量詞沒有任何研究。在今天看來，傳統邏輯研究的方法比較落後，所得的成果也已經落伍。就量詞而言，傳統邏輯的研究和表述是非常局限的，因為它只能刻劃和處理一些表示性質的命題，而對大量的關係命題無法表達和處理，對於複雜的量詞情況也無法表達和處理。但是這絕不意味著它沒有關於量詞的研究。

還有一個問題：由於「是」自身有歧義，不確定，它能不能作為邏輯常項？從現代邏輯的觀點看，邏輯常項的涵義是清楚的，比如一階邏輯中的命題聯結詞和量詞。人們認為，邏輯的性質是透過邏輯常項來展現的，比如恆真式是透過邏輯常項來展現的。由此出發，我們不僅對邏輯常項有清楚的認識，而且也有明確的要求。但是當我們從這樣的觀點出發去考慮傳統邏輯的時候，特別是當我們看到傳統邏輯存在一些問題的時候，比如它的論述不清楚，會產生歧義等，我們該如何看待和解釋它呢？具體地說，是不是由於傳統邏輯關於「是」的解釋不清楚，存在一些問題，因此就不能認為它是邏輯常項了呢？針對程文，我的問題是：在程文看來是不清楚的東西，傳統邏輯自身是不是也認為是不清楚的？程文認為「是」與「所有」不能分開，必須結合起來才能表述清楚而確定的邏輯關係，傳統邏輯自身是不是也這樣認為？前面的討論已經回答了這個問題。我認為，在這一點上，程文對亞里斯多德邏輯和傳統邏輯的理解不夠深入，他的有關結論有些太簡單了。

三、邏輯與哲學

程文有兩個結論。一個結論是，邏輯和形而上學「不可能有共同的核

心」（第31頁）。他認為，邏輯與形而上學有一個根本的差別。邏輯具有全人類性，不受語言的支配，不會因語言的不同而不同，而形而上學沒有全人類性，是依賴於西方語言的（參見同上）。另一個結論是，「無『是』的非西方民族也可以分享邏輯」（第32頁）。下面我先簡單討論一下後一個結論，然後重點討論前一個結論。

字面上來說，後一個結論是不錯的。舉個例子，即使認為漢語不是以「是」作繫詞的語言[8]，在邏輯普及的今天，許多中國學者無疑是掌握邏輯的；即使在此之前，也有不少中國學者透過接觸西方傳統邏輯而掌握了邏輯。無論過去、現在還是將來，中國人能夠學習、掌握和運用邏輯，這總是沒有什麼問題的。我之所以討論如此簡單的問題，是因為我要指出，邏輯有兩個層面，一個是思維活動的層面，另一個是理論的層面。在我看來，即使不懂邏輯的人，也是有邏輯思維能力的，也能夠進行正確的推理。因此說他們可以「分享邏輯」，也就不會有什麼問題。但是在理論的層面上則不同，因為這樣的邏輯是把一類思維活動的方式揭示出來，也可以說是對一類思維能力的刻劃，它的結果要以語言表述出來。因此，就有了我前面所說的那種區別：邏輯沒有民族性，而表述邏輯的語言具有民族性。在這種情況下，假如不同的民族都在研究邏輯，就會有表述邏輯的區別，因而也會形成一些對邏輯的不同看法。問題的實質是，以具有民族特色的語言是不是把那種人類共同的邏輯表達出來了？比如人們認為亞里斯多德邏輯與中國古代邏輯不同，這裡一方面有對邏輯的認識和掌握，另一方面則有對其各自的表述和所表述的東西的認識和理解。又比如今天人們提倡現代邏輯，我們知道，現代邏輯在精確性和能量方面是傳統邏輯所不能比擬的，這主要是因為它採用了形式化的方法。形式化方法的主要特點之一是使用形式或人工語言，而這恰恰是為了消除自然語言所帶來的歧義，當然這樣做實際上也就意味著消除了各民族語言的表述差異。這樣，邏輯的全人類性與邏輯的語言表述方式統一起來。因此，寬泛地講「分享邏輯」是可以的，但是在討論問題的時候，還

是要認識和區別這裡存在的一些不同的層次和差異。

　　程文認為邏輯和形而上學不可能有共同的核心，恰恰沒有區別以上層次和差異。當我說邏輯以「是」為核心的時候，我指的是亞里斯多德邏輯和傳統邏輯，而不是指現代邏輯，而且我的思想很明確，亞里斯多德邏輯和傳統邏輯關於命題之間關係的研究主要展現在對當方陣。這是一種類理論，其表述雖各有不同，但是基本上可以表現為 AEIO，而這樣表述的最基本的句式則是「S 是 P」。當我說形而上學以「是」為核心的時候，我指的首先是亞里斯多德的形而上學。我的思想也很明確：亞里斯多德明確地說要研究「是本身」，而這樣的東西在我看來就是「是什麼」這種古希臘人詢問和陳述方式的集中展現。邏輯的「是」與形而上學的「是」的相通恰恰表明，古希臘人不僅探求世界和與自身相關的事情，而且在這樣的探求過程中追求確定性和普遍性，用今天的話也可以說是追求科學性。此外，當我說形而上學以「是」為核心，我還指西方哲學中沿著亞里斯多德傳統，具有上述追求的哲學家的思想，因此我討論笛卡兒、洛克、休謨、康德、黑格爾等哲學家的思想，也討論波愛修斯（Anicius Manlius Severinus Boëthius）、托馬斯·阿奎那（St. Thomas Aquinas）等哲學家的思想。[9] 在我看來，在這些哲學家的著作中有一條主線，這就是關於「是」的探討，這不僅是因為他們討論的問題有共同的來源，即亞里斯多德提出的那個「是本身」，而且還因為他們討論問題時使用的邏輯也是共同的，而這種邏輯所考慮的最基本的句式是「S 是 P」。因此我認為，西方哲學與邏輯是緊密結合在一起的。在我看來，在西方傳統的邏輯和哲學中，「是」的核心地位是顯然的，這不過是一個事實。

　　我們知道，儘管「是」在亞里斯多德邏輯和傳統邏輯中是個常項，但是在現代邏輯中它卻不再是邏輯常項。程文也以這個事實對「無『是』即無邏輯」進行了嚴厲的批評。不過我注意到，在這一點上程文並沒有批評我。我想他一定知道我這方面的觀點，因為我早就指出現代邏輯與傳統的區別，其中也包含這一點。但是我要指出，不僅要看到「是」在現代邏輯中不再是邏

輯常項，還應該看到，在分析哲學和語言哲學中，關於「是」的研究和討論也不再占據主導地位，因而「是」也不再是研究和討論的重點。這是因為，現代邏輯的發展為哲學研究提供了語義理論，而現代邏輯在哲學中的運用使「真」成為哲學的核心概念。

亞里斯多德邏輯中的「是」與他的形而上學的「是」是相通的。在我看來，這是一個平凡的故事，卻不是所有人都知道的。過去中國學界的翻譯和理解一般是這樣的：亞里斯多德邏輯說的是「S 是 P」這樣的東西，而他的形而上學說的是「存在」；傳統邏輯探討的是前者，而形而上學的討論是後者。大家知道，我反對以「存在」來翻譯和理解西方哲學中的「being」，因為在我看來，它不利於我們理解亞里斯多德說的「是本身」，而且從字面上阻斷了邏輯與哲學的連繫。我們都認為西方哲學的主要特徵是邏輯分析。但是，如果看不到邏輯與哲學是如何連繫的，那麼這樣的認識終歸是膚淺的，甚至是空洞的。此外，現代邏輯與傳統邏輯不同，因此導致現代哲學和傳統哲學的區別。從傳統邏輯出發，形成以「是」為核心的討論，而從現代邏輯出發，形成以「真」為核心的研究。因此，同樣是邏輯分析，哲學中所展現的結果卻是完全不同的。看不到這一點，對於邏輯在哲學中所起的作用，以及邏輯在哲學發展中所起的作用，大概也不會有深刻的認識。

最後我想再次強調說明，我只是認為亞里斯多德邏輯的核心句式是「S 是 P」。但是我絕沒有認為，也不會由此認為「無『是』即無邏輯」。亞里斯多德邏輯中有「是」是一回事，而邏輯是不是因為有「是」或無「是」而產生或不產生，則是另一回事。在我看來，導致邏輯產生、形成和發展的重要因素是邏輯的性質和人們對這種性質的認識和掌握。我曾經說過，這種性質在亞里斯多德那裡表現為「必然地得出」，而在今天則表現為「推理的有效性」。程文若是認為我是「無『必然地得出』（或『推理的有效性』）即無邏輯」的代表，我想大概我是會樂於認同的。

（原載《學術研究》2007 年第 11 期）

(1)　程仲堂：〈無「是」即無邏輯：形而上學的邏輯神話〉，《學術研究》2007 年第 3 期，第 26 頁。

(2)　王路：〈邏輯與語言〉，《哲學研究》1989 年第 10 期，載王路：《理性與智慧》，上海，上海三聯書店，2000 年，第 33 頁。

(3)　關於亞里斯多德三段論的解釋，以及關於亞里斯多德三段論和傳統三段論的區別，我曾經做過比較詳細的介紹和討論，參見王路：《亞里斯多德的邏輯學說》，北京，中國社會科學出版社，1991 年第 1 版，2005 年第 2 版。

(4)　參見王路：《亞里斯多德的邏輯學說》，第 99 頁。

(5)　參見王路：《邏輯的觀念》，北京，商務印書館，2000 年，第 41 — 46 頁。

(6)　參見王路：《亞里斯多德的邏輯學說》，第 105 頁。

(7)　Aristotle: *The Works of Aristotle*, Vol. I, ed. by Ross, W.D., Oxford，1971. 參見王路：《亞里斯多德的邏輯學說》，第 74 — 75 頁。

(8)　這個問題非常複雜。我不準備深入討論，只想指出以下幾點。第一，按照王力先生的說法，在漢語中，「是」字到了漢代才逐漸演變成繫詞（參見王力：《漢語文法史》，北京，商務印書館，1989 年，第 194 頁）。第二，今天的文法研究似乎表明，漢語也可以具有主系表這樣的結構。第三，在自然語言表述中，不用它似乎常常也是可行的。第四，確定「是」字在文法表述中的作用和地位至少要牽涉到有關漢語語言和文法的演變的研究。

(9)　參見王路：《「是」與「真」── 形而上學的基石》，北京，人民出版社，2003 年。

第四章　從「是」到「真」
── 西方哲學的一個根本性變化

從古希臘到今天，西方哲學經歷了許多變化。其中，語言哲學與傳統哲學，包括本體論和認識論，幾乎形成了完全不同的形態。在我看來，如果可以用一句話來概括一下它們之間的顯著變化，這就是：在傳統哲學中，核心問題乃是「是」，在語言哲學中，核心問題則是「真」。應該指出的是，在「是」與「真」這兩個不同的哲學概念中，在圍繞它們所形成的兩種不同的哲學形態中，不僅可以看到哲學的發展變化，還可以看到哲學發展的內在連繫。本文試圖論述西方哲學從「是」到「真」的這一發展變化，並且圍繞這種變化探討西方哲學的根本性質和特徵。

一、「是」與「真」

說傳統哲學的核心問題乃是「是」，並不意味著沒有其他問題，也不是說其他問題不重要，而是指「是」非常突出，並且圍繞它的討論貫徹始終。說語言哲學的核心問題是「真」，並不是指它只討論「真」，不討論其他問題，而是表明，不僅「真」成為討論的主要問題，圍繞它產生和形成了許多具體的理論，而且其他許多問題都要涉及它，都會與它相關。因此，在我們探討從「是」到「真」的變化之前，首先應該說明這兩個問題和圍繞這兩個問題所形成的不同哲學形態。

談論「是」的問題，人們一般總是從亞里斯多德開始，因為是亞里斯多德在《形而上學》中明確提出要研究「是本身」。而且自那以後，「是」就

成為形而上學的核心問題。因此，在這個問題上，亞里斯多德的作用是重要的，他的思想和貢獻也是巨大的。然而，雖然這個問題是亞里斯多德以學科的方式明確提出來並且進行了詳細的論述，卻不是亞里斯多德最先提出來和討論的。巴門尼德（Parmenides of Elea）早就為人們指出一條「乃是是，且不可能不是」的知識之路，在柏拉圖的對話中也有許多關於「是」的深入探討。也就是說，亞里斯多德的思想是有來源和基礎的。我認為，在「是」這個問題上，人們往往首先談到亞里斯多德，並不是因為都不知道或不重視亞里斯多德以前的事情（實際上關於巴門尼德和柏拉圖等人的思想也有許多深入和細緻的研究，也有許多非常出色的研究成果），而主要是因為亞里斯多德在學科的意義上提出了這個問題，即他明確地說，有一門科學，它研究「是本身」。正是這種在科學或學科意義上的認識以及相應的研究使人們看到這個問題的重要性，因而把注意力集中到它上面來。因此，後來有了以它為核心的哲學研究，並且形成了這樣研究的哲學傳統。

　　為了說明這個問題，讓我們舉哲學史上幾個非常出名的例子。「我思故我是」是笛卡兒的名言。眾所周知，笛卡兒對認識論的研究具有開創性的貢獻，他的討論主要圍繞著「思」，他的創建和貢獻也主要在這裡。但是很明顯，他也談到了「是」。這是因為他要把自己的討論基於哲學傳統，特別是基於哲學傳統中最基本最核心的部分。換一種方式也許可以說，正是由於他基於哲學傳統，站在哲學主線上，因此他的哲學創建才會具有那樣重大的意義，產生那樣深遠的影響。貝克萊的名言是「是乃是被感知」，它典型地代表英國經驗主義對世界的看法，極端地強調經驗在認識中的作用，以致走向唯心主義。但是值得注意的是，他在這裡也從「是」出發，也是依循哲學史的主線。可以設想，如果背離了哲學的主要傳統，脫離了哲學的主要問題，這樣的認識還會不會有那樣重大的作用和影響？上帝存在的本體論證明是哲學史上一個重要的論題，關於它的討論影響很大，也很久遠。但是這個證明的原初命題卻是「上帝是」，出處是《聖經》中上帝的自述「我是我之

所是」。也可以說，它原本是神學家的討論，屬於宗教神學討論的範圍。但是，經過一些哲學家和神學家的討論，特別是經過像托馬斯·阿奎那這樣的哲學家和神學家借助亞里斯多德的形而上學思想解釋它之後，這個證明終於成為哲學討論的一個主題，因而也成為哲學主線上的討論。與它相關，不僅延續了哲學主線上關於「是」的討論，而且產生了「存在」這個概念，並且引發了與之相關的討論，當然，也帶來了許多相關的問題。康德的名言「『是』顯然不是真正的謂詞」就是直接針對與上帝存在的本體論證明相關的討論。在康德的討論中，可以清楚無誤地看到，他對引入「存在」概念的批判和回到「是」這一哲學傳統的企圖，而且他的所有相關論述都是在形而上學和力圖使形而上學成為科學的討論的大背景下做出的。這樣的例子還可以舉出許多。但是以上足以說明，「是」乃是西方哲學的核心問題，是哲學史主線上的問題，因此也可以說，圍繞「是」的討論形成了西方哲學的傳統形態。

　　語言哲學的主要特徵是圍繞語言進行哲學思考，因而語言本身成為哲學研究和分析的對象。對於語言的分析無疑可以是多種多樣的，但是意義理論卻是其最主要的研究內容。關於意義理論，人們有不同的看法，但是意義理論要探討語言的運作，因而涉及「真」這個問題，關於這一點的看法卻是比較一致的。在關於「真」的探討中，人們形成了許多不同的理論。比如，真之理論、緊縮論（Deflationary Theory of Truth）、去引號論、極小論、代句子理論等。它們有的以 T 語句為核心，堅持「x 是真的若且唯若 p」，有的以命題為真之載體，主張「P 這個命題是真的若且唯若 P」，有的以句子為真之載體，提出「『P』是真的若且唯若 P」，還有的認為「是真的」是一個形成代句子的算子。在這些不同的理論中可以清楚地看到，「真」乃是討論的核心概念，因為人們圍繞它來探討意義問題。比如以「真」為核心構造語義理論，以此來解釋自然語言中的意義；以「真」為初始概念來解釋句子或命題的意義等。當然，也有人認為意義乃是最基本的東西，不需要以「真」來解

釋。且不論是不是透過關於「真」的討論人們達到這樣的認識，至少這樣的討論本身同樣牽涉到「真」，同樣離不開關於「真」的討論。這方面我們還可以舉出許多例子。但是這些例子足以說明「真」乃是討論的核心概念[1]。

若是寬泛一些來看待語言哲學，比如不認為意義理論是它的核心或主要理論，那麼情況會是怎麼樣呢？在我看來，確實有不少談論語言哲學的著作不是以意義理論為核心，比如談論語言的使用、語言的遊戲規則、私人語言等。但是看一看今天談論語言哲學的著作，或者看一看今天涉及語言的哲學著作，我們就會發現，它們幾乎都會談到「真」，甚至在不同程度上都會涉及語義學，並且借助語義學的成果。在這種意義上，即使不認為意義理論是語言哲學的核心內容，也應該承認，在語言哲學的研究和討論中，「真」這個概念占有重要的地位，有著非常重要的作用。

二、亦「是」亦「真」

熟悉哲學史的人都知道，巴門尼德指出的知識之路「乃是是，且不可能不是」，但是他也明確地說，「由它（這條路）得出真」。這就清楚地表明，在巴門尼德的論述中，不僅談到「是」與「真」，而且兩者是緊密結合在一起的。還應該看到，亞里斯多德不僅提出要研究「是本身」，並且是在學科的意義上提出這個問題，他還明確地說，「把哲學稱為關於真的知識也是正確的」。無論是否可以說亞里斯多德這裡是在學科的意義上談論「真」，至少可以認為他把「真」與一個學科連繫在一起，而這個學科就是他稱為研究「是本身」的那個學科。哲學要研究「是本身」，哲學是關於「真」的知識，最保守地說，這也表明，「是」與「真」在亞里斯多德那裡不僅得到明確的論述和探討，而且是密切連繫在一起的。

我們在前面說明了傳統哲學的核心概念乃是「是」，現在又指出傳統哲學也探討「真」，因而就有一個問題：為什麼傳統哲學會探討「真」？既然

「真」也得到探討，它為什麼沒有成為核心概念呢？

　　在我看來，傳統哲學探討「真」，乃是非常自然的。這是因為，它的核心概念乃是「是」。之所以談論「是」，乃是因為「是什麼」不僅是人們提問的方式，也是人們回答問題的方式，比如，人們可以問：什麼是數？什麼是行星？什麼是勇敢？什麼是國家？等等。對它們也可以提出這樣那樣的回答，而這些回答一定會是：「數是……」，「行星是……」，「勇敢是……」，「國家是……」等等。這些問答可能會屬於一些不同的領域或範圍，比如數學、天文學、倫理學、政治學等。但是，「是什麼」乃是這些問答的共同方式，也是最基本的方式。而「是」乃是「是什麼」的集中展現。也就是說，「是」乃是人們提出問題和回答問題的基本方式的集中展現。這種方式不只限於某一個領域、某一個學科，或某一個方面，而是具有普遍性的。因此，把「是」作為哲學研究的核心，實際上是把人類認識世界和自身的最根本的方式作為思考和探討的主要對象。

　　認識到這一點，應該說，也就比較容易理解，為什麼談論「是」，一定要談論「真」。因為當人們問「是什麼」的時候，人們期待得到一個真的回答，即所得到的答案應該「是真的」；而當人們說「是什麼」的時候，人們會認為自己說的「是真的」。這裡當然也就有了一個問題：它是不是真的？從古希臘起，一直有關於意見和知識的思考和探討，其中，發揮區別作用的主要就是「真」這個概念。因此，「真」與「是」乃是兩個密切相關的概念，也是兩個密切連繫的問題。

　　既然如此，為什麼「是」成為傳統哲學研究的核心概念而「真」卻沒能這樣呢？我認為，這裡的問題比較複雜，至少不像「真」與「是」的連繫那樣直觀明顯。簡單地說，這個問題與邏輯相關。而要說明這個問題，也許就不是那樣簡單了。

　　第一，亞里斯多德明確地提出要研究「是本身」，並且他是在學科的意

義上這樣說的，由此為哲學研究指出了一個方向。同時亞里斯多德又創立了邏輯，因而為哲學研究提供一種非常重要的方法。他的邏輯最基本的句式是「S 是 P」，其中的「是」乃是最核心的概念，圍繞它形成了肯定和否定，再加上量詞，就形成了傳統邏輯的 AEIO 四種形式。這樣，哲學以「是本身」為研究對象，邏輯為哲學研究提供方法，而邏輯研究的最基本的句式的核心也是「是」，因此在最核心的一點上，邏輯與哲學是相通的，並且形成統一。所以，「是」的核心地位被建立起來。

　　第二，亞里斯多德邏輯不僅是亞里斯多德本人從事哲學研究的工具，也是在他之後傳統哲學研究的工具。傳統哲學家在繼承了亞里斯多德關於「是本身」的研究的同時，也接受了他關於以「S 是 P」為基本句式的邏輯研究。在他們的研究中，「是本身」乃是亞里斯多德明確提出來的，是哲學主線上的東西，而邏輯又被看作一門學科，甚至是科學，因而是哲學研究最重要的方法。哲學研究離不開邏輯，因此，應用這樣的方法，從事這樣的研究，以「是」為核心，也就是比較自然的事情了。

　　第三，亞里斯多德不僅提供了關於「S 是 P」這樣基本句式的說明，並建立了以它為基礎的三段論系統，而且還有許多關於「真」的說明。比如，他談過在真的意義上的是，在假的意義上的不是；結合就有真，分離就沒有真；所謂真，即是對是如此的東西的認識。他甚至明確地說，說是者是，不是者不是，就是真的，而說不是者是，是者不是，就是假的。這些論述不僅關於「真」，而且顯然也牽涉到「是」。因此，客觀地說，亞里斯多德對「真」不僅有許多論述，而且確實也有比較明確的認識。但是，如果我們仔細閱讀亞里斯多德的著作，就可以看出，他關於「S 是 P」的論述是明確的，其結果也是明確的。比如「所有 S 是 P」、「所有 S 不是 P」、「有 S 是 P」和「有 S 不是 P」這四種句子形式以及它們之間的相互關係。因此，這樣的論述提供給人們的認識就不僅僅是直觀的，而是非常具體的。它們能夠使人們認識到以前所沒有認識到的東西，因而使自己的相關認識從常識的水準提

高到科學的層面。但是他關於「真」的論述依然是比較直觀的，不是那樣具體。換句話說，什麼能夠被說成是真的，人們直觀上本來也是有認識的。亞里斯多德雖然關於「真」論述了許多，而且，他本人關於「真」的認識也可能是很清楚的，但是由於沒有形成像關於「S是P」那樣明確的結果，因此關於「真」的論述也只是符合人們的直觀，畢竟不如關於「S是P」的論述那樣鮮明、清楚。

第四，邏輯有句法方面的東西，也有語義方面的東西。從這一觀點出發，在亞里斯多德邏輯中，「S是P」這種句式屬於句法方面，而「真」屬於語義方面。因此我們可以說，亞里斯多德邏輯在句法方面是比較清楚的，而在語義方面不太清晰明確。因此，當人們繼承了亞里斯多德邏輯的時候，同時也就繼承了這樣一種結果，即它的句法方面是清楚的，而語義方面不太清晰明確。因此，關於「S是P」這種基本句式的論述始終是清楚的，而關於「真」的論述則不是那樣清晰明確。我們看到，後來邏輯的一些發展，雖然也有關於「真」的討論，包括關於量詞域、關於悖論的討論，但是最主要的、最明顯的還是在句法方面，比如關於三段論第四格的討論，關於三段論規則的討論，以及中世紀拉丁文記憶歌訣的產生等等。因此，應用這樣的邏輯來從事哲學研究，對「是」的關注一定會大大超過對「真」的關注。

第五，應該看到，儘管亞里斯多德沒有像論述「S是P」那樣清晰明確地說明「真」，但是關於「真」，他畢竟有那麼多論述。相比之下，後來的哲學家關於「真」的論述一般要少得多。那麼，後來的哲學家就不會有亞里斯多德這樣的認識嗎？我認為，這裡可能存在著對邏輯和哲學的認識的問題。亞里斯多德是邏輯大師，他建立了邏輯，就一定會有句法和語義兩方面的認識，因此就會有這兩方面的論述。儘管他在語義方面的論述是比較直觀的，但是這並不表明他沒有這方面的認識，而只是說明，他在這方面的認識還沒有清晰系統地表達出來，或者說不如他對句法的認識表達得那樣清楚。所以我們看到，他在邏輯著作和《形而上學》中關於「真」的論述是對應

的，是相互匹配的，但是由於他的論述比較直觀，我們就不能說他有一套完整的關於「真」的理論。如果不是認真仔細地分析，我們甚至很難說哪些論述就一定是邏輯的，哪些論述就一定是哲學的。相比之下，後來的哲學家在這個問題上就不如亞里斯多德那樣清楚。他們也會論述「真」這個概念，但是卻不一定會像亞里斯多德那樣有邏輯語義方面的認識，並且有從這一角度進行的論述。比如，康德談到過關於「真」的解釋，談到過關於「真」的普遍而可靠的標準，黑格爾也談到過「真」這個概念的意義，甚至談到過「真」這個詞在日常語言中的哲學意義。但是很明顯，他們對「真」的論述不多，而且我們看不出他們這些論述中有邏輯語義學方面的認識和考慮。相反，他們對「是」都有非常明確和重點的論述。特別是黑格爾，甚至以「是」和「不」作初始概念，由此構造起自己的形而上學體系。而且，我們確實可以看出他這裡關於邏輯的考慮，因為他這是從邏輯這門純科學出發得到的概念。因此可以說，哲學家們的論述與他們對邏輯與哲學的認識有十分密切的關係。

三、從「是」到「真」

在語言哲學中，「是乃是變元的值」是奎因的一句名言，也是他的兩個著名的本體論承諾之一。奎因關於本體論問題有許多討論，其中談到過古老的柏拉圖的「不是」之謎。他批評過「存在」一詞所帶來的問題，說明自己不用它，仍然有「是」可用。這些顯然是關於「是」的論述。其他一些語言哲學家也談到過「是」，比如弗雷格就談到「是」這個詞有不同的使用方式，並且明確指出它作繫詞和不作繫詞的區別，例如在「晨星是行星」中，「是」作繫詞，而在「晨星是金星」中，「是」就不是純粹的繫詞，它實際上相當於算術中的等號。弗雷格和奎因可以說是語言哲學比較有代表性的人物，由此也就說明，語言哲學家也不是不探討「是」，至少不是在討論中絲

毫也不涉及「是」。

　　前面我們說過，語言哲學的核心概念是「真」，而這裡則說語言哲學也不是絲毫不探討「是」，因此也就產生一個問題：為什麼語言哲學也論述「是」？既然談到了「是」，它為什麼不能成為核心概念呢？

　　表面上看，這個問題比較簡單。翻一翻語言哲學家的著作就會發現，他們關於「是」的論述往往是個別的、零散的，有時則只是區別詞義性質，比如澄清「是」與「存在」的不同涵義。相比之下，關於「真」的論述則是普遍的、重點的，甚至「真」這個概念本身就是核心的。這說明，人們沒有把「是」當作核心概念來進行思考，由此產生的論述當然也不會表現為以「是」為核心概念。為什麼會這樣呢？人們知道，分析哲學家曾經說過，一切形而上學命題都是沒有意義的。非常典型的是卡爾納普（Rudolf Carnap）對「不」這個概念的著名批判。既然形而上學的核心問題乃是「是」，那麼顛覆了形而上學，似乎也就用不著再考慮它的核心問題了。如果這是原因所在的話，那麼根據一些人的看法，即今天分析哲學和語言哲學有回歸形而上學的傾向，語言哲學會不會重新以「是」為核心概念呢？我認為不會。在我看來，「是」不是語言哲學的核心概念，而「真」成為語言哲學的核心，還有至關重要的原因。這就是語言哲學家們使用的邏輯不再是亞里斯多德邏輯，而是現代邏輯。正是由於現代邏輯的使用，改變了討論問題的方式，因而使討論的問題發生變化，並最終產生了語言哲學這樣一種與傳統哲學完全不同的形態。

　　語言哲學的根本特徵是對語言進行分析，透過語言分析來達到對語言所表達的東西的認識。今天我們分析語言的基本方法是弗雷格提供的，也可以說是現代邏輯提供的。它的主要特徵是從句子出發，把句子的基本結構看作是由一個謂詞和一個專名構成的，或者是由一個謂詞和一個約束變元構成的。因此句子的基本構成部分是謂詞、個體詞、量詞，謂詞與專名或其變元

的關係是謂述關係。比如「亞里斯多德是哲學家」這個句子，「哲學家」或「是哲學家」是謂詞，「亞里斯多德」是專名。它們之間的謂述關係形成了這個句子。這是關於句子的句法說明。而從語義的角度看，一個句子有真和假兩個值，一個專名指稱一個對象，一個謂詞指稱一個概念。特別是，一個句子的真是由其中所含專名指稱的對象決定的，或者由其約束變元的值決定的。從這樣一種視角來看待句子，我們就會發現，從句法的角度說，「是」這個詞不再重要，而從語義的角度講，「真」的重要性突顯出來。

今天，構造和探討意義理論的方式很多，最主要的、影響也比較大的有兩種。簡單地說，一種是把以上分析看作基本的語義理論，然後試圖在此基礎上容納更多的語言分析，包括對句子涵義的分析和探討，對語言中超出真假二值的情況的分析和探討。另一種是以以上分析為基本方法，然後從「真」這個概念出發，以它來解釋句子的意義，這樣就形成關於 T 語句「x 是真的若且唯若 p」這樣一種模式的探討。

概括地說，意義理論是應用現代邏輯來分析語言的產物。從它以「真」為核心概念這一點來看，這是因為現代邏輯從語義方面提供了這樣的成果。弗雷格的邏輯中有許多關於「真」的論述，他在語言哲學中也有大量關於「真」的詳細說明，比如句子的意謂是真值。這些討論都是基於他的邏輯研究，也基於他對「真」的邏輯洞見。因此，人們可以使用他所提供的邏輯方法，也可以參照他的哲學討論。如果說關於「真」的說明在弗雷格那裡還是比較直觀的，那麼邏輯語義學在塔斯基（Alfred Tarski）的手中有了突破性的發展並且開始成熟。塔斯基對「真」這個概念提供了系統而可靠的說明，使人們可以以它為出發點來解釋意義。甚至有人說，由於塔斯基的工作，我們敢說「真」了。這話可能有些誇張，但是它在某種程度上也說明，以現代邏輯為方法來從事哲學研究，考慮「真」和與「真」相關的問題，乃是比較自然的事情。因為邏輯語義學提供了這方面的理論和方法。

有人可能會質疑，現代邏輯的語義理論以「真」為核心，應用這樣的邏輯就會把「真」放在一個比較突出的位置，即便這一看法有道理，它也僅僅說明人們由此會考慮「真」，但是它並沒有說明為什麼人們不會考慮「是」。前面說過，邏輯有句法和語義兩個方面。「真」乃是語義方面的核心概念，因此應用語義學的成果，考慮「真」乃是比較自然的。如果我們再看一看現代邏輯的句法理論，就會發現，它根本就沒有「是」這個概念，也沒有與它相應的概念。換言之，在現代邏輯，即標準的一階邏輯系統中，根本就沒有「是」這個詞。它只有個體詞、謂詞、量詞、命題聯結詞等。因此，應用現代邏輯來分析語言，人們更多地是認識到句子中謂詞、個體詞等的一些性質，並且透過量詞的分析更加深入清晰地認識它們的一些性質。當然，這樣的分析也可以對含有「是」的句子提供說明，甚至說明「是」在句子中可能會有的不同涵義，但是無論如何，「是」畢竟不是一個邏輯詞，因此在使用這樣一種邏輯進行分析的時候，「是」自然不再是核心概念了。

簡單地對照一下亞里斯多德邏輯，這一點可以看得更加清楚。如前所述，「S 是 P」是亞里斯多德邏輯的基本句式。其中「是」乃是一個邏輯常項，即一個邏輯詞。這種語言與日常語言恰好是對應的。換句話說，邏輯形式與文法形式是一致的。因此，應用這樣的邏輯，很容易突出其中的這個「是」。而在現代邏輯中，由於根本就沒有這樣一個詞，因此它與日常語言的形式是不同的。應用這樣的邏輯，會對語言產生一些新的認識，比如語言的文法形式和邏輯形式是不同的。無論這樣的認識是不是有道理，至少有一點是清楚的，即它不會再注重自然語言中的那個「是」。

四、西方哲學的根本性質和特徵

以上我們論述了傳統哲學的核心概念是「是」，語言哲學的核心概念是「真」，以此說明了傳統哲學與語言哲學的一個根本區別。我們還指出，傳

統哲學並不是沒有關於「真」的論述，語言哲學也不是絲毫不涉及「是」。透過分析我們說明，使用不同的邏輯方法導致了西方哲學從「是」到「真」的轉變。那麼，這種變化說明了什麼呢？或者，我們從這種變化中能夠得到什麼啟示呢？我認為，至少有以下三點啟示。

第一，這種變化說明，西方哲學從根本上說是一種比較寬泛的知識論意義上的東西。這一點，無論是在亞里斯多德那裡，還是在意義理論中，都可以看得非常清楚。

如前所述，亞里斯多德提出要研究「是本身」，實際上是要研究人類認識世界和自身的最根本的方式。前面說過，「是什麼」乃是一種提出問題和回答問題的基本方式。在這種意義上，我認為實際上可以把它看作一個句子的縮寫，因此「是本身」也即是一個句子的縮寫，同樣，「是」也即是一個句子的縮寫。至少在亞里斯多德這裡是這樣的。比如在《形而上學》中，他提出要研究「是本身」，但是在討論問題的過程中，又把這個問題轉化為關於實體的討論，即把「是乃是什麼？」的問題轉化為「實體是什麼？」。因為在他看來，只有知道一事物是什麼（實體），才會真正認識一事物。因此可以說，亞里斯多德提出的「是本身」乃是圍繞著句子來思考的。同樣，他關於「真」的論述也是圍繞著句子來思考的。

在意義理論中有一個基本共識：真之載體是句子或與句子相似的東西。因此，關於「真」的探討也是圍繞著句子進行的。按照弗雷格的說法，句子的意謂是真值，句子的真是由句子中含有的專名指稱的對象決定的。這就要求，這個對象要存在，而且它要處於句子中所含有的謂詞指稱的概念之下。換句話說，謂詞指稱的概念要適合處於它之下的對象（或者對於它或它們是真的）。這些論述說的是真、對象、概念，實際上卻是句子和句子的有意義的組成部分所表達的東西，因此歸根結柢是關於句子的。而按照 T 語句的說法，實際上是以「真」來解釋句子的意義。在「x 是真的若且唯若 p」中，x

用句子的名字來替代，而 p 用句子的翻譯來替代。當然，詳細地解釋要說明這裡是元語言層面的東西以及相應的區別。但是我們至少可以看出，這樣的理論也是關於句子的。像戴維森這樣的哲學家之所以推崇後一種解釋，是因為他認為這樣的解釋和說明解決了命題統一性的問題，而這個問題是自柏拉圖以來一直使哲學家們感到困惑的問題。這就更加清楚地說明，圍繞句子來進行探討，乃是哲學討論最為核心的方式，因為它所探討的問題是關於人類認識的大問題。這一點，不僅意義理論是如此，傳統哲學也是如此。

第二，這種變化說明，使用不同的邏輯方法，能夠形成不同的哲學。其實前面已經說明了這個問題。這裡再次明確提到這一點，是為了強調邏輯與哲學的關係和邏輯對哲學的作用。亞里斯多德邏輯無論是從句法方面和語義方面，與現代邏輯都有很大的區別和差距，因此它對哲學產生的影響與現代邏輯相比也是有差距的。亞里斯多德本人的邏輯觀是非常清楚的，相應地，他探討哲學時應用邏輯方法的意識也是比較強的。比如他的範疇理論，典型地展現了邏輯與哲學的相互關係。「S 是 P」是基本句式。其中 P 對 S 可以表達為四種謂詞，即定義、固有屬性、屬和種差，但是同時也表達為十種範疇，即本質、質、量、關係等。他在形而上學探討中依據關於範疇的論述，主要集中在關於實體（本質）的討論上，同時應用了關於謂詞的分析和探討。在哲學史上，不同的人對邏輯有不同的認識和理解，因此在哲學探討中對邏輯的運用也會不同，所形成的結果也會不同。哲學家們一般都會運用邏輯方法，但是並非每一個哲學家都會像亞里斯多德那樣對邏輯有清楚明確的認識，並在哲學研究中有意識地運用自己的邏輯和方法。所以，他們形成的哲學理論也是不同的。比如，他們可能都會論述「是」，但是他們關於「是」的論述卻會是不同的。

以海德格為例。海德格提出要回到關於「是」的研究，在他關於「是」的討論中也有關於「真」的論述，而且兩者往往是結合在一起的。中國不少人認為，海德格關於「Sein」的考慮不僅批評了亞里斯多德式的考慮，而且

遠遠超出了亞里斯多德考慮的範圍，因此根本就不能從邏輯的角度來看待他的思想。這裡不可能詳細談論海德格的思想，因而也不能評價它。我只是想指出，海德格所依據的邏輯是亞里斯多德邏輯或基於亞里斯多德邏輯的傳統邏輯。但是，他對邏輯是不是有亞里斯多德那樣清楚明確的認識，因而是不是也會有相應的討論乃是值得思考的。不過，看到海德格的思想是基於亞里斯多德邏輯，也就有可能認識到他的考慮主要是圍繞著「S 是 P」這樣的句式來進行的，比如他舉的例子一般都具有「S 是 P」這樣的形式，如「天空是藍色的」、「我是高興的」等等。又比如，他特別強調不能以定義的方式來探討是，因為當我們問「『是』是什麼」的時候，我們就已經借助了對「是」的理解。這樣的思考方式只能是從亞里斯多德邏輯出發的，只能是圍繞著「S 是 P」這樣的句式的。即使認為海德格主張回到前蘇格拉底，即使認為他的探討超出亞里斯多德的範圍，也應該看到，他談論的基礎仍然是「S 是 P」這樣的東西。無論是回到哪裡或超出多遠，這個基本的東西，即「S 是 P」卻是明白無誤的。而只要這樣考慮，就會看到，海德格說的還是「是」。他不過是想在現有的基礎上關於這個「是」再多說出些什麼。

海德格所處的時代，現代邏輯已經產生，並且得到飛速的發展。分析海德格的思想可以使我們看到，並不是有了現代邏輯，人們就一定會使用它並形成相應的哲學。但是我們還應該看到，海德格沒有使用現代邏輯，並不意味著他根本不使用邏輯。只要他使用了邏輯，邏輯的思想和方法就一定會在他的著作和思想中展現出來。

第三，這種變化說明，理解西方哲學，應該看到邏輯與哲學的連繫，應該看到邏輯在哲學中所發揮的作用。籠統地說，人們都會贊同這樣的看法，一如人們一般認為，西方哲學的主要特徵是邏輯分析。但是具體地說，邏輯與哲學如何連繫在一起，邏輯在哲學中如何發揮作用，卻容易被人們忽視。對於語言哲學，人們一般都會贊同邏輯在其中發揮非常重要的作用，甚至還會承認，如果不懂邏輯，那麼許多思想和理論是無法理解的。但是對於傳統

哲學的認識則不是這樣。由於傳統邏輯中的許多內容，比如概念的內涵與外延、定義與劃分、思維規律等，本身並不是邏輯，而是和哲學混淆在一起，至少是難以區分的，因此對於傳統哲學，人們在研究中往往會忽略邏輯所起的作用，甚至看不到邏輯所起的作用，所以在與邏輯相關的一些問題上，也會存在著理解的問題。我認為，中國學界把西方哲學中的「being」翻譯為「存在」，把「truth」翻譯為「真理」，就非常典型地反映出這種情況。

　　以「存在」來翻譯 being，最大的問題是它不能反映出「S 是 P」這種基本句式 (2)。以「真理」來翻譯「truth」，最大的問題是失去了這個詞「（是）真的」這種最本來的意義。關於這個問題，我已經談過許多。一些人對此可能會不以為然，也許有人會認為這有些小題大作。但是我不這樣認為。在我看來，這裡會涉及許多問題。比如，由於「存在」不能反映出「S 是 P」這種基本句式，因此無法表現出西方哲學那種知識論意義上的性質和特徵，即認識和探討人類認識世界和自身的最根本的方式。這樣當然就會不利於我們對西方哲學的理解和研究。又如，由於「存在」不能反映出「S 是 P」這種基本句式，因此至少從字面上割裂了邏輯與哲學的連繫。這樣當然不利於我們理解為什麼西方哲學的主要特徵是邏輯分析的，為什麼邏輯在西方哲學中發揮至關重要的作用。再比如，由於「真理」反映不出「truth」一詞的字面涵義，即「（是）真的」這種最本來的意義，因此不利於我們理解西方哲學中關於「真」的探討。而且，「存在」與「真理」，字面上就閹割了「是」與「真」這兩個概念字面上明顯具有的一些性質與連繫，如它們都是邏輯和哲學所談論的東西，都是知識論意義上的東西。當然，除了這些比較宏觀的問題以外，還有許多具體的問題，比如，「是」與「存在」究竟是一個概念，還是兩個概念？這兩個概念，哪一個是更根本的？是「是」包含著「存在」，還是「存在」包含著「是」？它們在歷史上的發生、演變關係是什麼樣的？又比如，「是」與「真」的連繫是不是句法與語義的連繫？人們關於它們的論述是不是反映出這方面的考慮？它們固然可以反映出邏輯與哲學的

連繫，但是它們就不能反映出邏輯與哲學的區別嗎？所有這些問題，實際上都涉及我們對西方哲學的理解，尤其是涉及我們對西方哲學中兩個最重要的概念的理解。

關於「是」（與「真」）的討論，中國已經有些年了。我覺得，在這些討論中，人們一般在字面上、在翻譯上考慮得多些，在某一位哲學家的思想、某一位哲學家的某一部著作，甚至某一位哲學家的某一段話上考慮得多些，而在學科的層面上考慮得不太多。不是說不可以這樣考慮，也不是說不需要這樣考慮，但是，僅僅這樣考慮問題肯定是不夠的。我們應該從學科的層面上來看待邏輯與哲學，在這個層面上理解邏輯與哲學的關係，並且由此出發來理解西方哲學。我認為，「是」與「真」的連繫可以反映出西方哲學的根本特徵，從「是」到「真」的變化可以反映出邏輯與哲學的關係，以及邏輯在哲學中所發揮的作用。因此，從字面到思想再到學科，這樣不斷深入的認識不僅會有助於我們從整體上掌握西方哲學的精神，也有助於我們深入地理解西方哲學家的具體著作和思想。只有這樣，我們才能更好地理解西方哲學，我們的西方哲學研究才會不斷進步。

（原載《學術月刊》2008 年第 8 期）

---

(1) 關於「真」的相關理論論述，參見如下文獻：Lynch, M. P., *The Nature of Truth*, Cambridge, MA：MIT Press, 2001; Schantz, R., *What is Truth?* Berlin: de Gruyter, 2002。

(2) 關於這個問題，我已經討論過多次；本文涉及的西方著名哲學家的有關思想和主要觀點，我也作過深入詳細的探討（詳見王路：《「是」與「真」—— 形而上學的基石》，北京，人民出版社，2003 年；《邏輯與哲學》，北京，人民出版社，2007 年）。

第五章　邏輯真理是可錯的嗎？

「邏輯真理是可錯的，邏輯原則上是可修正的」[1]，這是陳波教授常常談論的一個觀點。在他最近發表的一篇文章中，他認為「邏輯和邏輯真理可以被修正」[2]，並且強調認為，「一切知識都可以因為某種經驗的理由而被修正，因而在原則上都是可錯的」[3]。我認為，陳波的這些表述雖然有些區別，比如前者是從邏輯真理的「可錯」到邏輯的「可修正」，而後者是從邏輯和邏輯真理的「可修正」到「可錯」，但是實質是一樣的，即他認為邏輯是可錯的和可修正的。因此我把他的觀點簡稱為「邏輯可錯論」。

值得注意的是，陳波在論述「邏輯可錯論」的過程中，總是提到奎因。他認為，「最先明確指出這一點的是奎因」[4]，還把這一點說成是奎因所理解的邏輯的幾大主要特徵之一[5]。他批評「奎因的立場是不徹底的，如果在邏輯上一貫，就必須堅持任何邏輯規則都可修改，無一例外」[6]，他還指出奎因的論述是「梗概性的，十分粗略、隱晦」[7]，「沒有詳細的論證」，而他則要深入研究並試圖填充「空白」[8]。這就給人一種印象，好像「邏輯可錯論」乃是奎因提出的觀點，陳波自己則贊同這一觀點，他所做的工作就是堅持和發展這一論點。

於是這裡就有兩個問題。其一，「邏輯可錯論」是不是奎因的觀點？其二，「邏輯可錯論」是正確的還是錯誤的？我認為，「邏輯可錯論」不是奎因的觀點，把這種觀點說成奎因的觀點乃是對奎因思想的嚴重曲解，因而是錯誤的。此外，這種觀點本身是錯誤的，而且這種觀點的錯誤是嚴重的，由此會產生對邏輯的錯誤認識，並導致對與邏輯相關的知識領域的錯誤認識。本文將分析這一觀點的錯誤之處，並且闡述對邏輯的認識。

需要說明的是，我本人不太贊同使用「邏輯真理」（logical truths）一詞，而主張使用「邏輯真句子」。但是為了討論的方便，我先隨陳波的用法。

一、關於「邏輯真理是可錯的」

陳波在《奎因哲學研究》中有一節非常短，不到一頁半，題目是「邏輯真理的經驗性和可錯性」。那裡他介紹了奎因論述的邏輯真理的三個顯著特徵，即清楚明白性、中立性和普遍性。然後他有如下一段論述：

他（奎因）認為，邏輯真理不僅依賴於語言，而且是對於實在的最普遍特徵的概括反映。它屬於我們關於這個世界的總體理論，並透過這個理論整體與經驗發生間接的連繫。

數學和邏輯也得到觀察的間接支持；換句話說，它們加入一有機整體中，這一整體雖已遠遠超出了自己的經驗邊緣，但卻與觀察相一致，所以說它們得到觀察的支持（奎因語1）。

它們與自然科學的區別不在於經驗特徵的有無，而在於經驗特徵的多少，在於與經驗證據發生直接連繫還是間接連繫，因而這裡只是程度、等級之差。因此，邏輯真理不是空無經驗內容的分析命題，而具有或多或少的經驗內容。於是，邏輯真理可錯、邏輯本身可被修正就是其自然的結論。

邏輯在原則上並不比量子力學更不容修改。……倘若說很少有像觸動邏輯的修改提出，一個非常清楚的理由乃是最小代價最大收益原則（奎因語2）。[9]

我之所以完整地援引這段話，一是為了我們在討論中不至於曲解陳波的思想，二是因為這大概是陳波唯一一段從奎因的思想得出「邏輯可錯論」的論證。也許正因為有了這段論證，陳波可以明確地談論「邏輯可錯論」，並

且是在奎因的名義下。下面就讓我們來分析一下這段論證。

第一，這段論述引用了奎因的兩段話，但是這兩段話都沒有說「邏輯真理可錯」或「邏輯可錯」。此外，「邏輯真理不僅依賴於語言，而且是對於實在的最普遍特徵的概括反映」這一句不是直接引語，也沒有註明參考出處，因此不是奎因的原話。我的問題是，這裡所說的是奎因的觀點嗎？

從奎因關於知識整體的描述來看，邏輯處於該整體最核心的地位，經驗證據則在這個整體的邊緣。即使以此可以認為邏輯與經驗會發生連繫，但是怎麼能夠說明邏輯真理依賴於語言呢？又怎麼能夠說明邏輯真理是對實在的最普遍特徵的概括反映呢？從「奎因語1」來看，奎因認為雖然以邏輯為核心的知識整體遠遠超出其經驗邊緣，但是與觀察相一致，得到觀察的間接支持。這一引文並不構成對邏輯真理依賴於語言，是對實在的最普遍特徵的概括反映的支持。而從引文之前陳波對邏輯真理的三個顯著特徵的介紹，也看不出邏輯與語言和實在的這種連繫。眾所周知，奎因在著作中有許多關於語言的論述，也有關於實在的論述，但是我確實沒有看到他關於如上這樣的關係的論述。這樣的看法，當然可以說是反映論的常識，問題是它是不是奎因的看法？對此我持深深的懷疑態度！至少陳波的說明和論證不能使人信服。

第二，從陳波對「奎因語1」的分析來看，他特別強調邏輯真理具有經驗內容。似乎只要有經驗內容，自然就可以得出「邏輯可錯論」。這裡，我們可以看得十分清楚，「邏輯可錯論」並不是奎因自己的論述，也不是奎因自己的觀點，而是陳波從奎因的話得出的結論。我的問題是，從奎因的思想和論述出發，「邏輯可錯論」是不是如陳波所說那樣的「自然結論」？

如上所述，從奎因關於知識整體的描述，也許可以得出一個結論，比如他認為經驗證據為邏輯提供間接的支持。但是由此是不是可以得出他認為邏輯真理有經驗內容？其次，奎因是不是特別強調邏輯真理的經驗內容，並進而得出「邏輯可錯論」？換句話說，得到經驗的支持是不是等同於具有經驗

的內容？特別是，奎因自己是不是這樣認為？我認為從奎因的著作是得不出這樣的結論的。隨便舉一個例子。比如眾所周知的 T 語句，「x 是真的若且唯若 p」，它是一個公理模式，可以得到無窮多邏輯真句子。我們可以說每一個具有這種形式的句子都是邏輯真句子，都具有經驗內容，比如「『雪是白的』是真的若且唯若雪是白的」，因而提供了對 T 語句的支持，但是我們卻不能說，至少一般不說，T 語句本身具有經驗內容。奎因贊同 T 語句，並且提出著名的「去引號論」。當然，誰也不會阻止陳波認為 T 語句也具有經驗內容。問題是，如何能夠斷定奎因有這樣的認識？

　　需要指出的是，以上分析是按照陳波的引文和論述進行的。在我看來，「奎因語 1」引文本身有些問題，我把這段話翻譯如下：

> **我所論述的親緣關係是一種與自然科學最一般最系統的方面的親緣關係，離觀察最遠。數學和邏輯只是以間接的方式得到觀察的支持，一如自然科學的那些方面得到觀察的支持；就是說，由於它們加入了一個有組織的整體，而這個整體雖已遠遠超出其經驗邊緣，卻符合觀察。我關心的不是極力主張物理學的非經驗特徵，也不是極力主張邏輯和數學的經驗特徵；我所極力主張的是它們之間的親緣關係和一種等級學說。**(10)

　　引文中的黑體是我加的，這是被陳波省略了的話。從這些話可以看出，奎因強調的不是邏輯與觀察或經驗的關係，而是邏輯與自然科學的關係，而且是與自然科學的一些特殊方面，即最一般和最系統的方面的關係。既然奎因沒有強調邏輯與觀察或經驗的連繫，那麼陳波在理解奎因的思想時如此強調這種連繫，顯然是不對的。此外，對照這兩段引文可以看出，「奎因語 1」中的「所以說它們得到觀察的支持」這一句是沒有的。有沒有這句話也許可以看作奎因強調還是不強調邏輯與觀察或經驗的關係的一個證據（這裡當然涉及參考文獻的文本問題），不過在我看來，即使有這句話，奎因強調的

顯然也是邏輯與自然科學的一些方面的關係，而不是與觀察或經驗之間的關係，更不要說沒有這句話了。

　　第三，「奎因語2」似乎為「邏輯可錯論」提供了佐證。因為這裡明白無誤地說到邏輯原則上不是不容許修改的。但是字面上看得很清楚，它充其量只為「邏輯可修正」提供了佐證，而沒有為「邏輯真理可錯」提供佐證。問題是，「邏輯可錯論」是把「邏輯真理可錯」和「邏輯可修正」結合在一起說的，而且這樣一種結合給人一種印象，好像邏輯之所以可修正，乃是因為邏輯真理是可錯的。似乎既然邏輯真理是可錯的，邏輯本身當然就是可修正的。我的問題是，邏輯可修正是不是因為邏輯真理是可錯的？換句話說，邏輯可修正與邏輯真理可錯有沒有什麼關係？特別是，奎因本人是不是有這樣的看法？

　　前面我們說過，從奎因的思想得不出「邏輯真理是可錯的」這一結論。因此，把「邏輯可修正」與「邏輯真理可錯」結合在一起並把這說成是奎因的思想，或者是從奎因思想得出的「自然結論」，乃是錯誤的。正因如此，「奎因語2」不能為「邏輯真理可錯」提供任何佐證。因此陳波的論證是不能成立的。

　　以上分析完全是根據陳波的論述，我們所做的也僅僅局限於字面和文本。如果字面和文本上出了問題，那麼由此引申出來的一些看法和結論一定是有問題的。這裡僅以陳波對奎因思想的一些說明和批評為例。比如，他認為，奎因堅持邏輯真理間接地受到經驗證據的支持或反駁，也可以由此得到修正，於是就有「邏輯可錯論」，「正是在這裡表現出奎因邏輯哲學的經驗論特徵」。但是他又認為，「奎因關於邏輯真理的經驗論的說明是梗概性的，十分粗略、隱晦，因而有許多問題不清楚」[11]。如上所述，奎因並沒有強調邏輯與經驗證據的連繫，更沒有從邏輯與經驗的連繫得出「邏輯可錯論」，因此陳波的這些評價都是不著邊際的。又比如，陳波認為，奎因一方

面堅持認為「邏輯真理具有某種經驗的起源」，另一方面又反對符合論，這是奎因思想中隱含的一個「矛盾」。[12] 前面我曾經問，認為經驗證據為邏輯提供間接的支持，是不是可以得出認為邏輯真理有經驗內容，現在的問題則是，這樣的支持是不是可以得出邏輯真理具有經驗的起源？我認為得不出來，至少奎因本人沒有說。純理論的東西可以得到觀察的支持當然很好，得不到也沒有什麼關係。所以奎因關於邏輯的看法與他反對符合論並不存在什麼矛盾。當然，這裡還牽涉奎因關於符合論的看法。奎因反對承認像「命題」、「事實」這樣的實體，而符合論一定要假定這樣的實體，好像它們是類似於「真之製造者」這樣的東西。奎因主張真之載體是句子，他提出的「真即去引號」也非常出名，因此奎因反對符合論是很自然的，並不存在與經驗相關的矛盾。

再比如，陳波認為奎因所理解的邏輯有八大特徵，即 (1) 清楚明白，(2) 中立，(3) 普遍適用，(4) 外延的，(5) 本體論中立，(6) 可完全的，(7) 一元的，(8)「邏輯真理是可錯的，邏輯本身是可被修正的，但是讓邏輯不受傷害始終是一個合理的策略」[13]。熟悉奎因思想的人可以看出，(1) 至 (3) 是奎因在《邏輯哲學》一書結束時說的，論述的是「邏輯的地位」，(4) 和 (5) 可散見於奎因關於邏輯或涉及邏輯問題時的論述，(6) 和 (7) 是奎因關於邏輯系統，特別是一階邏輯系統本身的論述。把這些特徵放在一起來說明奎因對邏輯的理解，這是不是符合奎因的思想，本身是不是正確，乃是可以討論的。但是限於篇幅，本文不對它們進行討論。我們只看 (8)。這一條得自前面的陳波語錄。在陳波看來，這是奎因的觀點，因為是他從奎因思想得出的自然結論。但是有了上面的分析，我們顯然可以看出，這一條不是奎因的觀點，把它強加給奎因，並以此來解釋奎因的思想，無疑是錯誤的。我們可以十分清楚地看出，儘管 (1) 至 (7) 是奎因在不同地方，針對不同情況或對象說的，但是它們基本上是一致的，沒有什麼問題。但是一旦加上 (8)，問題就來了。比如，既然邏輯是可錯的，還怎麼能夠是「普遍

適用」的呢？還怎麼能夠是「可完全的」呢？也就是說，有了「邏輯可錯論」，不僅奎因關於邏輯系統本身的許多說明會是有問題的，而且他關於邏輯地位的一般說明也會是有問題的。

　　奎因思想值得認真和深入研究。限於篇幅，這裡就不展開了。但是以上論述足以說明，陳波對奎因思想的解讀是有嚴重問題的。

二、論「可錯」與「可修正」

　　在我看來，陳波一定贊同「邏輯可錯論」。否則，他是不會反覆強調這一觀點的。具體地說，假如他不贊同這樣的觀點，他大概不會如此輕易地把這樣的觀點強加給奎因，而且即使他真從奎因的思想中得出這樣的結論，他也會慎重地分析甚至批評奎因的觀點，而不是贊同這樣的觀點，並且依據這一結論來批評奎因的其他思想，更不會循此途徑來發展這一觀點，提供細節的論證。以上我們說明了「邏輯可錯論」是陳波對奎因思想的曲解。現在可以拋開對奎因思想的解釋，而探討這個問題本身。這樣，就有兩個問題。第一，邏輯真理是可錯的嗎？第二，邏輯是可修正的嗎？下面我們先討論第一個問題，而在下面的討論中，我將使用「邏輯真句子」一詞，不再使用「邏輯真理」。

　　要說明邏輯真句子是不是可錯的，首先要明確什麼是邏輯真句子。用奎因的話說，邏輯真句子是這樣的：「它是真的，而且在對它那些與邏輯常詞不同的成分的任何重新解釋下，它也依然是真的」[14]。我認為，奎因的這一說明是正確的。它有兩部分，第一部分說明邏輯真句子的首要特徵，即它是真的。而第二部分則說明了邏輯句子具有保值的特徵，即如果是一個邏輯真句子，它就具有保真的特徵。這就說明，邏輯真句子是由這兩個特徵組合構成的，兩者缺一不可。對照一下弗雷格關於句子真值的說明，我們可以看得更加清楚：「當我們把一個句子中的一個表達式代之以另一個具有相同意謂

的表達式時，這個句子的真值保持不變。」[15] 由於弗雷格這句話是對句子的真值的說明，而真值含真和假兩個值，因此這一說明不局限於真句子。顯然，奎因說明中的第二部分與弗雷格的說明是一致的。有了這一點，再加上第一部分，即「是真的」，奎因就做出了對邏輯真句子的說明。

從以上分析可以看出，對於邏輯真句子而言，奎因說明的第二部分是非常重要的。它說明，邏輯真句子含有兩部分內容。一部分是邏輯常項（詞），一部分是非邏輯常項。對非邏輯常項是可以進行置換的。這就說明，邏輯常項對邏輯真句子非常重要，因為邏輯真句子是由邏輯常項決定的，而不是由那些非邏輯常項決定的。舉一個例子。「北京是一個古老的城市」顯然是一個真句子，但這不是一個邏輯真句子，因為它不含有奎因所說的邏輯常項，它的真是由「北京」和「古老的城市」的指稱決定的，而不是由邏輯常項決定的。邏輯常項是邏輯要素，表現為一種邏輯結構，所以奎因也「把一個邏輯真句子定義為這樣的句子，它的真是由它的邏輯結構所保證的。……一個句子是邏輯真的，如果所有分享其邏輯結構的句子都是真的」[16]。直觀上說，具有這樣特徵的邏輯真句子與經驗證據沒有什麼關係，但是卻可以得到經驗證據的支持。比如人們常說的「凡人皆有死，蘇格拉底是人，所以蘇格拉底有死」無疑具有經驗內容，可說是對三段論 barbara 式（第一格第一式）提供了支持，但是我們卻不能說 barbara 式本身具有經驗內容。此外，具有這樣的特徵的邏輯真句子不能是可錯的，如果它是可錯的，我們就無法對其中的非邏輯常項進行任意的置換，當然也就無法認為上述具有經驗內容的三段論是對它的支持。

以上結論建立在「直觀」基礎之上。我們都知道，直觀有時候會欺騙人，是會出問題的。因此，這樣對邏輯真句子的說明並不足以令人信服。以奎因為例，他不僅從結構的角度，而且從置換、模型、集合、證明和文法等諸多方面對邏輯的真進行了說明。這些說明各有不同，但是有一點是共同的：它們都是依據一階邏輯的語義做出的。所謂一階邏輯的語義，大體上包

括兩個方面。一個方面是與形式系統相匹配的語義解釋，即對上述邏輯結構的解釋。有了這樣的解釋，就可以看出，一階邏輯系統中證明了的句子都是有效式，即都是邏輯真句子。另一個方面是對一階邏輯系統的證明。也就是說，一個邏輯系統的句子是不是有效式，不能構造者自己說了算，還必須證明給人看。比如我們常說的可靠性和完全性定理。一階邏輯系統的可靠性定理說明，該系統推出的句子都是永真的。而它的完全性定理則說明，凡是永真的句子都是該系統可推出的。當然，關於一階邏輯系統的說明還有許多定理，但是一般來說，這兩條最為重要。因為它們保證了邏輯真句子的可靠性和得到邏輯真句子的能量。奎因依據了這樣的邏輯理論成果，因此他從諸多方面對邏輯真句子進行的說明是有道理的，也是可以信賴的。正是基於這樣的邏輯成果，邏輯學家們認為邏輯真句子不是可錯的。陳波竟會認為邏輯真句子是可錯的，實在是難以理解。

　　我猜想，陳波這樣認為大概是由於在他看來，如前所述，對邏輯常項的解釋具有經驗的起源，它來自人們基於經驗的直覺，它是人們對日常的語言經驗和思維經驗進行邏輯抽象的結果，因此與邏輯常項相關的邏輯公理和推理規則就有經驗性，因而使全部邏輯真句子都帶上經驗的成分或色彩。[17] 他在論述中雖然區分了直接與間接經驗，而為了這樣的說明又區別了定義與所謂的隱定義，這些論述是不是有道理姑且不論，但是顯然可以看出，其論證的基本思想是說，邏輯常項由於具有經驗性，因此含有邏輯常項的邏輯句子是可錯的。我的問題是，即使對邏輯常項的解釋具有經驗性，邏輯真句子是不是就是可錯的？

　　陳波認為，儘管對邏輯常項的解釋具有經驗性，但是一旦確定了一個邏輯的常項及其解釋，以後的邏輯工作就是「純粹屬於邏輯學家的事情，與任何經驗都不發生關係」[18]。我們知道，邏輯有兩部分，一部分是它的語言，另一部分是它的系統。按照陳波這樣的說法，對邏輯常項的解釋屬於邏輯的語言部分，而以後的邏輯工作屬於邏輯系統。語言部分具有經驗性，比

如，「¬」、「∧」、「∨」和「→」屬於語言部分，因此對它們的解釋具有經驗性。而邏輯系統部分沒有經驗性，也就是說，以「¬」、「∧」、「∨」和「→」構造起來的邏輯真句子，比如「p ∧ q → p」屬於邏輯系統。在這裡，邏輯真句子和邏輯句子的區別是重要的，語言部分只能使我們得到邏輯句子，只有邏輯系統部分才能使我們得到真句子。那麼按照陳波的說法，難道不可以認為在邏輯系統部分的工作不會導致邏輯真句子是可錯的嗎？因為這部分與經驗沒有任何關係啊？所以，在我看來，以經驗性為由認為邏輯真句子是可錯的，乃是根本就站不住腳的。當然，按照陳波的說法，由於對聯結詞的選擇和解釋具有經驗性，因此這種經驗性也會遺傳到邏輯系統，因此邏輯系統帶有間接的經驗。我的問題是，即使有這樣的遺傳，邏輯真句子是不是可錯的？具體地說，既然邏輯系統與經驗再無關係，那麼邏輯系統本身就是獨立於經驗的。在這種情況下，這樣的邏輯系統，以及這樣建立起來的邏輯真句子，會不會由於與它們毫無關係的經驗性而是可錯的？如果認真對待這個問題，陳波似乎至少應該舉一個邏輯系統和邏輯真句子可錯的例子，讓我們實在地看一看邏輯系統和邏輯真句子是如何錯的。

這裡，我們還應該探討一下邏輯可修正的問題，因為陳波的「邏輯可錯論」不僅包括從邏輯真句子可錯到邏輯可修正，而且還包括從邏輯可修正到邏輯真句子可錯。以上論述雖然反駁了邏輯真句子可錯的說法，因而說明由此來論證邏輯可修正乃是不成立的，但是還沒有反駁後一種說法。如果後一種說法成立，則也可以得出邏輯真句子可錯。因此我要問：邏輯是不是可修正的？

為了更好地說明這一個問題，我認為可以分兩個問題來討論。一個問題是，邏輯系統是不是可修正的？另一個問題是，邏輯本身是不是可修正的？當然，這裡隱含著一個問題，即邏輯系統的可修正與邏輯本身的可修正是不是一回事？

　　陳波認為，如果我們改變一個邏輯系統的一些假定或預設，改變對邏輯常項的一些解釋，那麼其中的一些定理也就會隨之改變。因此，邏輯真句子是可修正的，邏輯系統也是可修正的。[19] 我想，陳波這裡說的意思大概是這樣的：不同的邏輯系統之間都有參照和改變，這樣的改變就是修正，比如多值邏輯是對二值邏輯的修正，模態邏輯是對一階邏輯的修正，如此等等。這些不同的邏輯系統以及它們的不同之處，對於邏輯學家來說如今已是常識。這裡也確實存在著對邏輯的看法問題，比如奎因就不承認模態邏輯，他還認為一些所謂的變異邏輯與標準的一階邏輯沒有什麼根本的區別。我倒是認為，在陳波所說的這種意義上，說非標準系統是對一階邏輯的修正，將就一些也還算可以。問題是，這樣的修正是不是因為一階邏輯系統有錯或可錯？此外，是不是因為有這樣的修正或可以進行這樣的修正就可以認為一階邏輯有錯或可錯？我們都知道，最初建立的邏輯系統是一階邏輯系統，後來在一階邏輯系統上發展和建立起這些不同的邏輯系統。這裡的原因各種各樣，最主要的大概是出於對一階邏輯系統的不滿，還想刻劃更多的東西，解決更多的問題。但是這些不滿是不是由於一階邏輯系統有錯？比如，人們不滿意二值邏輯，而想刻劃三值特徵，因而想解決更多的問題，這當然是正確的，也是自然的，但這並不意味二值邏輯系統就是錯的。又比如，直覺主義邏輯不承認排中率，結果，排中率在標準的一階邏輯系統中是定理，但是在直覺主義系統中就不是定理。但是這並不意味排中率就是錯的。所以，邏輯系統的可修正並不意味著被修正的系統是可錯的，因而也不意味著被修正系統的邏輯真句子是可錯的。

　　這裡，必須要談一談邏輯系統的可修正與邏輯的可修正。如果說邏輯系統的可修正還是比較明確的，即以某一個邏輯系統為標準，修改其中的某一個常項或增加某一個常項，或者修改其中的某一條公理、定理或推理規則，因而形成不同的邏輯系統，那麼邏輯的可修正則是非常令人不明白的。邏輯是以所有邏輯系統群展現的一門科學。它的性質和特徵不表現在某一個系統

的某一個邏輯常項、某一條公理或定理、某一條推理規則上，而是展現在所有邏輯系統的共同點上，在我看來，這就是推理的有效性，用亞里斯多德的話說就是「必然地得出」。因此，如果說邏輯是可修正的，那麼就只能是修正「有效性」或「必然地得出」。我認為，邏輯與邏輯系統這一區別是重要的。說邏輯系統是可修正的，可以有多種理解，可以有不同的意義，也可以有不同的看法，甚至到承認和堅持什麼樣的邏輯，但是說邏輯是可修正的，則涉及對邏輯這門學科的性質的認識，那麼就要認真想一想，要修正的是什麼？

三、邏輯的性質

我過去一直以為，陳波不會認為邏輯是可修正的。他只是沒有區別清楚邏輯的可修正與邏輯系統的可修正，或者說他在論述中沒有表述清楚這種區別。但是最近看到他對邏輯證明的懷疑，我才認識到，陳波確實認為邏輯是可修正的，至少是相信邏輯是可修正的。

陳波認為，可靠性（和完全性）是說明一個邏輯系統有正當性的必要條件，但不是充分條件。這種可靠性的證明只有相對的意義，因為：第一，它相對於有關聯結詞的解釋；第二，它在證明推理規則 MP 有效的時候使用了 MP 規則；第三，有一些邏輯系統是相互不一致的，甚至是相互抵制、衝突的；第四，可靠性在證明中有可能依賴了對象系統中不承認的規則。[20] 而所有這些原因可以歸結為一條，即最重要的是對聯結詞，也就是對邏輯常項的解釋。陳波突出強調批評邏輯學家只注重邏輯系統本身的證明，而忽略這裡的哲學問題，比如形式論證與非形式論證、系統外的有效性與系統內的有效性之間的關係。而他進行的哲學考慮的結果就是：邏輯常項的意義是由含有它們的系統的語義學給出的，而這種意義歸根結柢基於人們實踐的經驗直覺，具有經驗的起源，因此與此相關的語義解釋具有經驗性，與此相關的邏

輯公理和推理規則也具有經驗性，由此得出的邏輯定理也會帶有經驗性，因此全部邏輯真句子帶有經驗的成分或色彩；邏輯系統如此，人們對不同邏輯系統的選擇，贊同或批評，也就表現出經驗性；因此邏輯真句子只具有相對必然性。[21]「所以邏輯和邏輯真理可以被修正，就是必然的結論」[22]；並且最後得出他的邏輯可錯論：「一切知識都可以因為某種經驗的理由而被修正，因而原則上都是可錯的」[23]。

　　我認為，應該區別邏輯的可修正與邏輯系統的可修正，乃是因為，邏輯只有一個，但是邏輯系統卻可以有許多。邏輯的性質不是可靠性和完全性，而是推理的有效性，即從真的前提一定得出真的結論。邏輯的這種性質是無法修正的。我不知道有誰會認為這種性質可以修正。如果說它可以被修正，我不知道該如何修正，修正後的邏輯又是什麼樣子。因此我認為，人們也許可以討論（在前面所說的意義上）一個邏輯系統如何修正，但是絕不能泛泛而談邏輯是可修正的，更不能說邏輯是可錯的，因為如果邏輯是可修正的，甚至是可錯的，它也就沒有有效性可言。

　　但是，我們知道邏輯具有這樣的性質乃是一回事，而把這樣一種性質說出來，或者說告訴別人什麼是邏輯，則是另一回事。亞里斯多德說明了「必然地得出」，但是究竟怎樣是必然地得出，終究還是要提供一個三段論系統來說明。我們正是憑藉三段論這樣的系統認識到什麼是「必然地得出」，因而也知道像 barbara 這樣的式是有效式。[24] 而可靠性定理恰恰是對一個邏輯系統的性質的說明。也就是說，一個邏輯系統是不是有效的，僅憑它自身的公理和推理規則，以及推出的定理還不夠，儘管我們一般都相信它們是有效的，因而相信含有它們的系統也是有效的。但是有了可靠性定理，我們就可以放心地使用一個邏輯系統。當然，系統 A 的可靠性只適用於系統 A，而不一定適用於與 A 不同的系統 B，因此我們可以說 A 的可靠性說明具有相對性。問題是，B 同樣需要有可靠性說明，這是邏輯的性質決定的。如果說可以把 B 與 A 的邏輯常項的差異看作 B 對 A 的修正，因此把 B 的公理或推理

規則以及對 B 的可靠性證明看作對 A 的修正，那麼作為邏輯本身卻沒有什麼修正。因為 A 與 B 本身都具有有效性，A 與 B 的可靠性定理也都符合有效性的要求。所以，邏輯系統是可修正的並不意味著邏輯本身是可修正的。我想，這大概也是奎因認為人們一般不對邏輯進行修正的最主要的原因。在整個知識系統中，邏輯作為一種知識，展現的正是有效性。這也是其他學科所不具有的性質。而一個個具體的邏輯系統，則是這種有效性的具體展現。邏輯作為整體，說明了有效性大概是可以的，但是作為一個具體的系統，只說有效就不夠了，還需要有更加具體的說明，即針對該系統具體內容的說明，因而就有了可靠性定理這樣的東西。

可靠性證明確實是元語言層面的，因此就牽涉到陳波談到的兩個問題：一個是可靠性證明中使用了對象系統中的推理規則，另一個是可靠性證明中使用了對象系統中拒絕的規則。按照陳波的說法，前者導致循環論證或無窮倒退，因而與歸納一樣是不能允許的，後者導致可靠性這樣的定理可能會不令人放心。這裡涉及對邏輯及其證明的理解，因此需要多說幾句。

陳波論證的出發點之一是蘇姍‧哈克（Susan Haack）的一個說法，即不能以演繹的方式來說明演繹的正當性，因為這樣的正當性說明是循環的，一如以歸納的方式來說明歸納的正當性是循環的。但是陳波沒有提到蘇姍‧哈克的如下說法：在說到這種對稱性的時候，她的意思「當然絕不是否認演繹的情況與歸納的情況之間有一些重要的區別」[25]，陳波也沒有分析和考慮蘇姍‧哈克後來在編輯自己的文章時所說的她對歸納有了「相當不同的」看法[26]。我認為，這裡有許多問題是值得思考的，但是限於篇幅，我僅指出，以上述循環對稱的方式來談論演繹與歸納的論證是不恰當的。演繹具有有效性，而歸納不具有有效性，這是演繹與歸納的重大區別，也是演繹可靠而歸納不大可靠的重大原因。因此，以歸納的方式來說明歸納是有正當性的，這樣的循環與以演繹的方式來說明演繹是有正當性的這樣的循環是根本不同的，因為前一種說明方式本身就不具有有效性，或者說靠不住，而後一種說

明方式本身是具有有效性的，或者說靠得住。因此兩者是不具有對稱性的。
這其實也是人們直觀上願意相信演繹的一個主要原因。

就前面說到的可靠性論證的循環來說，我贊同達米特的看法，這種循環
不是通常所說的惡性或十足的循環，因為它不是論證的結論包含在論證的初
始前提中。這是一種「實用的」循環，它指的是在關於一條邏輯規則的論證
中，有一步是按照這條規則推出來的。[27] 前面我們說過，可靠性是元邏輯層
面的說明，與對象系統不是同一個層次的東西。首先，這樣的說明必須是演
繹的，否則它本身就是靠不住的。其次，這樣的說明包含著對象系統，如果
我們想有意識地把對象系統的東西與元邏輯的東西區別清楚的話，可以在句
法上想一些辦法，比如使用括號或引號，這樣我們就會發現，我們有可能也
用了與對象系統一樣的某一條邏輯規則，比如分離規則。但是這沒有什麼關
係，因為它們不是在同一語言層次上，而且元邏輯對它們也有明確的表述和
說明。因此這樣的循環並不對元邏輯的成立造成傷害。當然，人們也可以要
求對元邏輯的可靠性提出證明，這樣，元邏輯就成為對象邏輯，而對元邏輯
的說明就成為元元邏輯。如果繼續下去，當然會導致無窮倒退。但是從亞里
斯多德起人們就知道，對於邏輯證明，是不應該有這樣的要求的。

與此相應的是另一個問題，即可靠性在證明中有可能依賴了對象系統
中不承認的規則。這個問題與上一個問題有相似之處，區別只是在於：在這
裡，元邏輯中使用或依賴了對象邏輯系統中所沒有的邏輯規則。對象邏輯系
統中沒有出現或者不承認的規則本身不一定不成立，也就是說，一個邏輯系
統所沒有包含的規則也可以是邏輯規則，因此元邏輯依賴於對象邏輯系統中
所沒有的規則並沒有什麼不可以的，條件有兩條：其一，元邏輯依據的必須
是邏輯規則；其二，元邏輯的說明必須是演繹的。

以上的結果實際上是邏輯語義學告訴我們的一部分成果。元語言必須有
足夠的能力容納和表述對象語言，否則我們無法用元語言對對象語言做出說

明和解釋。而區別出語言的層次，則可以使我們避免悖論，也可以使我們對邏輯系統本身進行研究。我想，對於邏輯學家來說，今天這應該是常識。一個邏輯系統只是對我們想要表達的邏輯的一種說明和刻劃，它的元邏輯是在邏輯這個大背景下對它這個具體系統的說明。在這樣的說明中，我們依然要依賴於邏輯。我們所依賴的邏輯是一個比較籠統的說法，具體地說，可能是邏輯的原理、邏輯的系統、邏輯的規則等，它們有的可能在這個對象系統中得到展現，有的可能根本就得不到展現，但是這並不意味著我們的說明就是循環的，也不意味著我們所得的結果就會不令人放心。

　　我強調要區別邏輯系統與邏輯，是因為這裡確實有比較複雜的問題。比如，為什麼一階邏輯與模態邏輯的區別那樣引人關注？為什麼標準邏輯與變異邏輯之間的關係那樣引人關注？在邏輯學家之間，這些問題的討論甚至可以上升至什麼是邏輯，什麼不是邏輯，可見這裡的問題也具有重大意義。我想指出的是，湊合一些，邏輯系統之間的差異可以看作修正，一些邏輯真句子被一些邏輯系統承認或不承認，也可以看作修正。但是這樣的修正並不是因為邏輯系統或邏輯真句子有錯或是可錯的，而且，也不會由於有這樣的修正人們就認為邏輯系統或邏輯真句子是錯的或可錯的。此外，這樣的修正也不會導致邏輯的可修正，更不會導致邏輯是可錯的。

　　值得注意的是，陳波反覆強調一個觀點：儘管邏輯原則上是可修正的，但是對邏輯的修正必須謹慎，必須有充足理由。這是因為邏輯所來源的經驗不同於一般的經驗，幾乎具有種族遺傳性，具有極大的穩定性；還因為邏輯在科學體系中具有核心地位，邏輯的改變會對其他學科造成難以估量的影響。因此他認為，讓邏輯不受傷害始終是一個合理的原則。[28] 我認為這一觀點是非常難以理解的。無論陳波對與邏輯相關的經驗的解釋是不是有道理，其觀點的矛盾性是顯而易見的。「傷害」是一個比喻的說法，當然是不清楚的。但是，既然有了「邏輯可錯論」，為什麼又始終不能讓邏輯受到傷害呢？既然邏輯是可錯的，為什麼修正它還要有充足的理由呢？通俗地說，

這不是有些「強盜邏輯」的味道嗎？如果我們知道一個東西錯在什麼地方，修正它還需要什麼理由嗎？錯了就要修正！當然，如果我們不知道一個東西錯在什麼地方，而只是假定它是可錯的，情況就完全不同了。

借用陳波喜歡引用的奎因的比喻說法，在人類知識整體中，我認為，有些知識是不太可靠的，有些知識是比較可靠的，還有些知識是非常可靠的。邏輯就屬於非常可靠的一類知識。正因如此，人們學習和研究邏輯，把它看作一切知識的基礎，奎因則把它們看作知識整體最核心的部分。陳波的「邏輯可錯論」是一個很壞的觀點，因為它對人類最可靠的知識提出根本的懷疑。如果這一部分知識本身就是有問題的，那麼人類追求理性，追求科學，追求真，追求認識的確定性和可靠性還有什麼意義呢？當然，從哲學的角度出發，誰也沒有權利不允許陳波進行這樣的懷疑。問題是陳波的論證是根本就站不住腳的，他在論證中對他所訴諸的著名邏輯學家奎因的理解也是錯誤的。陳波似乎願意把這樣的討論看作邏輯哲學的討論，而不是邏輯純形式的討論。我倒是認為，名稱並不重要，重要的還是邏輯的觀念。如果對邏輯沒有正確的理解和掌握，所謂邏輯哲學的討論注定是沒有根基的。

（原載《哲學研究》2007 年第 10 期）

---

(1) 陳波：《邏輯哲學導論》，北京，中國人民大學出版社，2000 年，第 217 頁。還可參見陳波：《奎因哲學研究》，北京，生活·讀書·新知三聯書店，1998 年，第 251、256、259 頁。此外，他還說過：「邏輯真理是可證偽的，邏輯是可修正的。」陳波：《邏輯哲學引論》，北京，人民出版社，1990 年，第 262 頁。

(2) 陳波：〈一個與歸納問題類似的演繹問題〉，《中國社會科學》2005 年第 2 期，第 94 頁。

(3) 同上文，第 95 頁。

(4) 陳波：《邏輯哲學導論》，第 217 頁。

(5)　參見陳波：《奎因哲學研究》，第 256 頁。

(6)　同上書，第 263 頁。

(7)　同上書，第 259 頁。

(8)　參見同上；陳波：〈一個與歸納問題類似的演繹問題〉，《中國社會科學》2005 年第 2 期，第 94 頁。

(9)　陳波：《奎因哲學研究》，第 251 頁。陳波給出了奎因原話的出處。我改為「奎因語 1」等是為了討論方便。

(10)　Quine, W.V.: *Philosophy of Logic*, Prentice-Hall, INC., 1970, p.100.

(11)　參見陳波：《奎因哲學研究》，第 259 頁。

(12)　同上。

(13)　參見陳波：《奎因哲學研究》，第 259 頁。

(14)　奎因：〈經驗論的兩個教條〉，載《從邏輯的觀點看》，江天驥等譯，上海，上海譯文出版社，1987 年，第 21 頁；譯文有修改，參見 Quine, W.V.O.: "Two Dogmas of Empiricism", in Quine: *From a Logical Point of View*, Harvard University Press, 1994, pp.22-23。

(15)　弗雷格：〈論涵義和意謂〉，載《弗雷格哲學邏輯論著選輯》，王路譯，王炳文校，北京，商務印書館，2006 年第 2 版，第 105 頁。

(16)　Quine, W.V.: *Philosophy of Logic*, p.49.

(17)　參見陳波：〈一個與歸納問題類似的演繹問題〉，《中國社會科學》2005 年第 2 期，第 91 頁。

(18)　參見陳波：〈一個與歸納問題類似的演繹問題〉，第 94 頁。

(19)　參見陳波：〈一個與歸納問題類似的演繹問題〉，第 94 頁。

(20)　參見陳波：〈一個與歸納問題類似的演繹問題〉，第 87 — 89 頁。

(21)　參見同上文，第 89 — 92 頁。

(22)　同上文，第 92 頁。

(23)　同上文，第 95 頁。

(24)　關於亞里斯多德的這一思想，我曾多次作過詳細論述。參見王路：《亞里斯多德的邏輯學說》，北京，中國社會科學出版社，2005 年第 2 版；《邏輯的觀念》，北京，商務印書館，2000 年。

(25)　Susan Haack，"Dummett's Justification of Deduction"，in Susan Haack, *Deviant Logic, Fuzzy Logic*, The University of Chicago Press, Ltd., London, 1996, p.197.

(26)　同上書，p.182。

(27)　參見達米特：《形而上學的邏輯基礎》，任曉明、李國山譯，北京，中國人民大學出版社，2004 年，第 192 頁。

(28)　參見陳波：〈一個與歸納問題類似的演繹問題〉，第 94 頁；《邏輯哲學導論》，第 220 － 221 頁。

第六章　沒有超越的「超越」
── 與陳波教授商榷[1]

　　陳波教授在《哲學研究》撰文對弗雷格的「思想」提出嚴屬批評（《超越弗雷格的「第三領域」神話》，《哲學研究》2012年第2期，以下簡稱「陳文」，引文只注頁碼）。他把弗雷格關於思想的論述概括為10個論題，認為它「是一個患了癌症的機體」（第70頁）。這使我想起30年前貝克和哈克對弗雷格的批評：弗雷格的哲學含混、不一致，自相矛盾無法彌補，弗雷格的思想基礎是腐爛的（rotten），弗雷格的原則是不可靠的（unsound），弗雷格的根本論據是支離破碎的（flawed and cracked）[2]。這些批評讓達米特看到了「對弗雷格的敵意」，他認為這樣是「不會寫出一本好書來的」[3]。我認為「癌症」是一個很壞的描述，陳文的一些論述是不著邊際的，許多論證是武斷而粗陋的，由此得出的結論是錯誤的。

　　與思想相關，弗雷格提出了一些非常好的看法，這些看法對語言哲學的發展造成了巨大的推動作用，尤其是他關於第三領域的說法，已被認為是富有啟示的洞見。弗雷格的論述不是不可以批評，弗雷格的思想、理論、觀點也完全可以被超越。但是在我看來，只有正確地認識他的思想，才能做出令人信服的批評，才能真正做到超越。

一、虛假的命題

　　陳文在批判弗雷格的過程中，依據了一些虛假命題，即不是弗雷格本人的命題。其中有幾個十分明顯。

一個虛假命題是陳文一開始對弗雷格反心理主義論證的簡要重構：

P1．邏輯是客觀的、普遍的、必然的和先驗的。

P2．心理主義把邏輯看成是主觀的和描述性的。

C．心理主義是錯誤的。（第 63 頁）

陳文認為，「如果 P1 是假的，或者 P1 未被證明是真的，我們就不能斷定『心理主義是錯誤的』」（同上）；弗雷格「從未給出關於 P1 為真的證明」，「犯有『竊題』（循環論證之一種）的謬誤」（同上）。

以上命題和說明有幾個明顯的問題。其一，眾所周知，弗雷格始終強調要把邏輯與心理的東西區別開。但是他說過「心理主義是錯誤的」嗎？即使他像陳文引語表述的那樣認為「對邏輯進行任何心理學的處理只能造成危害」（第 62 頁），「再沒有比把邏輯和數學附屬於心理學更錯誤的了」（第 64 頁），是不是就能夠得出他認為心理主義是錯誤的呢？這裡的問題很明顯。說把心理學的東西與邏輯的東西混淆起來是錯誤的乃是一回事，而說心理主義是錯誤的則是另一回事，兩者完全不同。而且，弗雷格的上述說法與 P1 和 P2 沒有什麼關係，或者可以沒有什麼關係，當然與 C 也就沒有或者可以沒有什麼關係。

其二，P1 是陳文批評的重點。但是，這個命題是弗雷格的嗎？其中「客觀的、普遍的、必然的和先驗的」這樣四個關於邏輯的說明，又是從哪裡來的呢？在陳文眾多引文中，偶爾可以看到弗雷格關於普遍性的說法，比如「我們賦予邏輯學的任務只是說明對所有思維都成立且具有最大普遍性的東西，……邏輯是一門最普遍的關於真理規律的科學」（第 62 頁），但是這樣的論述與 P1 是一樣的嗎？具體一些，「最普遍的關於真之規律的科學」與「普遍的」意思一樣嗎？或者，從前者能夠得出後者嗎？即便認為可以，其他三個說明又是從哪裡來的？它們又是在什麼意義上說的呢？陳文賦予一個弗雷格沒有的命題，反過來又指責弗雷格對它沒有論證，這難道不是有些荒唐嗎？

　　其三，即使隨陳文假定上述推論是弗雷格本人的，陳文的批評也不可理解。陳文指責弗雷格假定了 P1，而沒有證明它。我不明白為什麼就不能以這種方式進行論證。在論證過程中，前提包含假說或者相信為真的東西乃是很自然的事情。因為邏輯會保證如果這些前提是真的，那麼結論一定是真的。這怎麼會是「竊題」呢？「循環論證」又是從何談起呢？最令人奇怪的是陳文並不是直接談論這個前提，而是借助「或者」一詞加入了另一個前提：「P1 是假的」。如果前提是假的，論證當然就不一樣了。但是，有了這個前提，「P1 未被證明是真的」這一句也就根本不用說了，證明 P1 是假的不就完了嗎？我們看到，陳文沒有證明 P1 是假的，它只是指責弗雷格沒有證明 P1 是真的。也許「P1 是假的」是陳文暗含的認識，只是不敢明確表達出來罷了。問題是這樣一來，陳文的批評就變得有些不倫不類了。

　　另一個虛假命題是對弗雷格反心理主義論證的具體描述和說明。陳文認為，弗雷格「試圖證明『一切都是觀念』這一論題將導致荒謬（觀念論或唯我論）」（第 64 頁）。它對此提出兩點批評：一是「一切東西都是觀念」這個論點太強，並非所有心理主義者都會這樣認為，「弗雷格的論證犯有『以偏概全』的謬誤」（第 64 頁）；二是弗雷格在反駁這一論題之後做了許多與笛卡兒相似的推論，而這些推論是錯誤的。

　　以上命題和批評與弗雷格的論述南轅北轍。正像陳文批評弗雷格在持上述主張時「沒有給出任何作者的任何引文」（第 64 頁）一樣，我想問，陳文炮製的這個命題是從哪裡來的？它為什麼不給出任何引文出處呢？即使陳文所引弗雷格的一些用語看似相像，比如「並非一切能夠成為我的親知對象的東西都是觀念」（同上），與該命題依然出入極大。「一切能夠成為我的親知對象的東西」與「一切（東西）」乃是完全不同的。弗雷格確實多次說過「並非所有東西都是觀念（表象）」[4]。由此可以看出，弗雷格反對「一切東西都是觀念」。即便如此，從「並非所有東西都是觀念」推論出弗雷格反對「一切東西都是觀念」，與從論證「一切都是觀念」將導致荒謬出

發還是有不小區別的。不過這不是我要說的問題。我要指出的是，關於「一切」的說法究竟是弗雷格討論觀念的出發點還是結論，人們也許會有不同看法，因而是可以討論的。但是，弗雷格從來也沒有單純地討論過「觀念」。他借用「觀念」這一概念是為了能夠與「思想」形成區別並且以此說明兩者的區別。換句話說，正因為說明了思想與觀念的區別，弗雷格才會說「並非所有東西都是觀念」，因為思想就不是觀念。因此，談論弗雷格的觀念，脫離「思想」而單純地談論「觀念」，並且談論「一切都是觀念」及其推論，未免有些不著邊際。

再一個虛假命題是陳文構造的「論題 10. 思想的客觀性和普遍性可以確保邏輯的客觀性和普遍性」（第 66 頁）。應該指出，陳文對弗雷格的思想理論有兩個構建。一個是簡要的，即前文從 P1 到 C 的推論。另一個複雜一些，共 10 個論題。現在可以看出，論題 10 分兩部分，後一部分相應於 P1。這樣，陳文對弗雷格思想理論的兩個構建就先後呼應起來。問題在於，弗雷格什麼時候在什麼地方談過思想的客觀性可以保證邏輯的客觀性？邏輯指的是前提與結論之間的推論關係，思想指的是前提和結論所表達的東西，兩者涇渭分明。難道弗雷格連這樣的基本認識都沒有嗎？借用陳文所引弗雷格的話：「常常發生這樣的情況：我們先發現一個命題的內容，然後以另一種更困難的方式提供對它的嚴格證明，憑藉這種證明，人們還經常更精確地認識到該命題的有效性條件。因此，人們必須區分開下面兩個問題：一個是我們如何得到該判斷的內容，另一個是我們如何提供對我們的斷言的證成。」（第 62 頁）。可以看出，弗雷格把思想（判斷的內容）與邏輯（證明、對判斷的證成、有效性條件）區別得十分清楚。對於一個像弗雷格這樣的邏輯學家來說，難道他會混淆推理的過程與推理的前提或結論之間的區別嗎？難道他會認為推理的有效性或客觀性是由推理的前提或結論決定的嗎？弗雷格無疑會犯錯誤，但是難道他會犯這種低級錯誤嗎？

虛假命題還有許多，比如陳文批評弗雷格的所謂「差異性論證」「包

含一個不合法的跳躍：從『一個思想不依賴於某個人』跳躍到『該思想不依賴於所有人』（即人類共同體），或者從純粹和完全的主觀性跳躍到純粹和完全的客觀性」（第70－71頁），而在此前它所羅列的弗雷格相關論述處卻根本看不到這樣的「跳躍」（參見第65－66頁）。限於篇幅，這裡就不一一列舉了。在我看來，以上幾個虛假命題與陳文的論證主旨及其背後思想密切相關，必須予以澄清。批評弗雷格是可以的，但是如果基於一些虛假命題，那麼無論論證過程多麼有說服力，也是沒有什麼意義的。

二、武斷而粗陋的論證

從虛假前提出發，大概會比較容易得到自己想得到的結論。即便如此，也還是需要論證的。令人瞠目的是，陳文通篇充滿斷言，幾乎不作什麼論證，至少沒有什麼像樣的論證。他的做法主要是三種，即先羅列、綜述弗雷格的論述，然後要麼做出三言兩語的「評論」（參見第68－69頁），要不是大段援引某個外國哲學家的論述做佐證（參見第63、67頁），就是自己做出一些根本沒有任何證明的「證明」。在我看來，這樣的做法與構建虛假命題是同樣不負責任的。限於篇幅，這裡只看兩處論證。

我們先看陳文關於自己構造的弗雷格論題6的反駁證明：

弗雷格的思想理論是一個患了癌症的機體，論題6就是其中的癌細胞之源……現在來證明論題6為什麼不成立。讓我們回過頭去考察關於它的三個子論證。

1．「基於真的論證」是不可靠的：（1）思想作為真之載體，是直陳句或命題式疑問的涵義，我們透過理解句子的結構來把握思想的結構。因此，對思想的表達和理解必須憑藉語言來進行。既然弗雷格也承認語言是人類的創造，故思想也依賴於人類的行為，它們不能是獨立於人類和人類的心靈而存在的第三域中的對象。（2）我不贊成弗雷格的真概念：真是初始的、簡單

的、不可定義的和冗餘的。我認為，「真」是一個實質性的概念：說一個語句為真，是說出了一件很重要的事情；「真」與外部世界和我們語言的句子有關聯。我們的說話是否為真至少取決於兩個因素：一是外部世界的實際情況，二是我們用語言表達了什麼並且是如何表達的。（第70頁）

　　所謂「基於真的論證」即是此前陳文對弗雷格一些論述的歸納陳述（參見第65頁），這裡則斷言它「不可靠」。但是，上述兩點也叫「證明」嗎？其中（1）分兩部分。前一部分又是在概括弗雷格的思想（是否準確姑且不論），後一部分大概就是所謂證明。字面上就可以看出，這一部分與「真」沒有任何關係。也許在陳文看來這一句話就是證明了，但是僅憑一個與「真」沒有任何關係的句子就能夠證明「基於真的論證」是不可靠的嗎？（2）同樣是在自說自話。不同意弗雷格的看法沒有什麼關係，說出自己的看法也不是不可以，問題在於這就是證明嗎？這就能夠證明所謂「基於真的論證」是不可靠的嗎？

　　我們再看陳文關於自己構造的弗雷格論題 10 的反駁證明：

　　我現在證明：弗雷格不能憑藉思想的客觀性和普遍性來保證邏輯的客觀性和普遍性，即他的論題 10 不成立。理由有二：

　　……

　　（2）在弗雷格那裡，邏輯是客觀的、普遍的、必然的和先驗的，這個論題只是一個假定，並沒有證明或證成。如何證明或證成這個論題？其他技術性邏輯學家或許可以置之不理，但對於弗雷格這樣的邏輯主義者來說，該問題是必須回答的。因為他們把數學劃歸於邏輯的目的，就是要證明數學的安全可靠；而如果邏輯本身不是安全和可靠的，他們的努力就會完全失敗。（第 71 － 72 頁）

　　省略號處是陳文的第一個理由，冗長而空泛，與該論題甚至沒有什麼關係。我們只看（2）。如前所述，論題 10 並不是弗雷格的論題，而是陳文加

273

給弗雷格的。因此在弗雷格本人那裡，這個論題以及它的證明是不存在的。現在我們暫且隨陳文假定弗雷格有這樣一個論題，只看它的反駁論證。陳文的理由有兩個。一個是弗雷格必須回答，而他沒有回答（陳文大概是在暗示弗雷格無法回答）。另一個是邏輯若不可靠，邏輯主義的目的就會失敗。我想，如果這也可以算是「證明」的話，大概不會有更差的證明了。首先，它根本不是反駁論題 10 的證明，因為它與思想的客觀性沒有任何關係。也許陳文認為，既然沒有證明邏輯的客觀性 [5]，那麼一定也就沒有證明思想的客觀性可以保證邏輯的客觀性。對此我要問，證明了思想的客觀性可以保證邏輯的客觀性，難道就證明了邏輯的客觀性嗎？或者，即使沒有證明邏輯的客觀性，難道就不能說明邏輯的客觀性可以透過什麼東西（比如透過思想的客觀性）來保證嗎？什麼是邏輯的客觀性是一回事，透過什麼來保證它的客觀性則是另一回事。難道這不是很清楚的事情嗎？眾所周知弗雷格是現代邏輯的創始人，陳文也引述了弗雷格許多關於思想客觀性的論述（參見第 66 － 68 頁）。既然陳文在 P1 確定了弗雷格有關於邏輯客觀性的認識，也引述了弗雷格關於思想客觀性的論述，然後又為弗雷格構造出一個論題 10，為什麼在信誓旦旦地「證明」時卻對思想的客觀性與邏輯的客觀性的關係隻字不提呢？難道這能夠算是一個「證明」嗎？

三、思想與語言

陳文對弗雷格思想的批評還有很多，比如它認為弗雷格關於思想的理論有三個困境，對此它提出三個質疑。一是質疑思想是否能夠獨立於語言，二是質疑如何掌握思想，三是質疑弗雷格的第三領域。我認為，陳文的批評幾乎都有嚴重問題。

對弗雷格所說的思想，一直是有人質疑的，比如陳文所引（Michael Anthony Eardley Dummett）的質疑。在我看來主要有兩個原因：一個原因是弗

雷格的想法與通常的認識不同，比如思想的客觀性，思想屬於第三領域等；
另一個原因是這些看法與直觀有距離，論證起來難度非常大[6]。對於這個問
題，我的態度有兩點：一是讀懂弗雷格的本意，看從中可以獲得什麼啟示；
二是進一步思考其中的問題，包括質疑和批判。因此，我認為，弗雷格不是
不可以批評，但是批評要基於對他的正確理解。而陳文對弗雷格的批評無法
令人讚同，特別是，它的解釋很難讓人相信它認真地理解了弗雷格。下面讓
我們看一看陳文關於弗雷格思想困境的論述：

> 弗雷格斷言，「思想是語句的涵義，……語句表達思想。」……

> 由弗雷格的這些話可以推知：思想不能獨立於語句而存在；若沒有語句
就沒有思想；……

> 另一方面，弗雷格又斷言，思想不僅獨立於我們承認它為真而為真，
而且獨立於我們的思考本身；……思想是被我們發現的，而不是被我們創造
的。既然他承認「語言是人的創造」，而思想不是人的創造，那麼我們就可
以推出：他也應該承認，思想不僅不依賴於我們，而且也不依賴於語言：它
們能夠脫離語言而存在。這正是他所說的：「一個思想與一個特定語句的連
接不是必需的；然而，我們所意識到的思想在我們的心靈中與這個或那個語
句相關聯，這一點對於我們人來說卻是必需的。然而，這並不是由於思想的
本性，而是由於我們自身的本性。做下面的假設並不導致任何矛盾：有這樣
的造物，能夠像我們一樣把握同一個思想，卻不必把它置於一種能夠被感
官所感知的形式之中。不過，對於我們人來說，這一點還是必需的。」（第
66 ─ 67 頁）

省略號處是陳文援引或綜述弗雷格的論述。從這段話可以看出，陳文
從弗雷格的論述既推出「思想不能獨立於語句而存在」，又推出「思想能夠
獨立於語句而存在」，由此得出，弗雷格的論述自相矛盾。也許是由於有這
樣的矛盾，弗雷格的論述也就用不著反駁了。問題是這樣的矛盾是如何得出
來的？

在這一對矛盾中，「思想不能獨立於語句而存在」是從弗雷格的原話「思想是語句的涵義」等推出來的。這大概還是有道理的，陳文對它也沒有什麼質疑。但是，「思想……不依賴於語言」是如何得出來的呢？「思想不是人的創造」是弗雷格的原話嗎？一如陳文所引弗雷格的話，當一個人「把握或思考一個思想時，他並沒有創造它」，「在進行思考時，我們不是製造思想，而是把握思想」（第 68 頁），這是什麼意思？又比如矛盾律（弗雷格的例子是畢達哥拉斯定理）：「一事物不能同時既是又不是。」這 12 個字構成一個句子，思想是這個句子所表達的東西。把握思想即掌握該句子所表達的東西。弗雷格是什麼意思姑且不論，至少字面上就可以看出，他說的「不是製造思想」、「沒有創造思想」，只是為了與「把握思想」相區別。矛盾律表達的東西，你可以理解，我也可以理解，而且我們可以有共同的理解；在我們掌握了它、知道了它的今天，它是如此的，在未掌握它、不知道它的時候，即發現它之前，它也是如此的。由此如何能夠得出弗雷格有思想不依賴於語言的意思呢？

就這一對矛盾而言，陳文主要是質疑後一個命題。因為它想把該命題與它對論題 6 的批評連繫起來。比如它轉述了一大段達米特的類比論證後說：「思想也不能離開人類的活動（包括表達和思考）而存在，不能獨立於人的心靈而存在。從根本上說，思想不可能是獨立於語言和人類思考而獨立自存的實體。所以，上述弗雷格思想理論的論題 6 是錯誤的。」（第 67 頁）這大概就是它想說的東西，而且這也與它最後的結論有關（見下文）。關鍵在於，「思想不依賴於語言」並不是弗雷格的論述，只是陳文自己推論出來的一個命題，而它的推論與弗雷格的論述不著邊際，它對弗雷格的引文也不做分析。比如在前面引文中，一個思想與一個特定語句相連繫，一個思想與某個語句相連繫，這樣的說法是等價的嗎？更何況後者還有「在我們的心靈中」的修飾說明！在這種情況下，說前者不是必需的而後者是必需的，這難道會是矛盾的嗎？陳文也許真的不屑於分析和理解弗雷格的論述，而只是津

津樂道自己對弗雷格的批評。問題是這樣的批評有什麼意思呢？它連起碼的自圓其說都沒有做到。

弗雷格有一個非常明確的認識：句子的涵義是思想。按照我的認識，他在談論思想的時候，一般沒有也不會脫離句子。因此，從他的論述推出思想不能獨立於句子，大概是比較容易的。現在的問題有兩個，一個是從他的論述能不能推出思想依賴於語言？另一個是從他的論述能不能推出思想不依賴於語言？我們可以借助陳文引用的弗雷格的三個區分來討論這個問題（第 67 － 68 頁）：

（1）對一個思想的掌握 ── 思維；

（2）承認一個思想的真 ── 判斷的行為；

（3）對判斷的表達 ── 斷定。

從這三個區分可以看得非常清楚，語言層面在（3），因為它明確談到「表達」。而（1）和（2）不涉及語言。（3）顯然是一個省略的說法，完整表達則是：對一個思想的真的肯定（承認）的表達。這樣來看，（1）和（2）談論思想，而沒有涉及語言，（3）則把思想與語言（與真）結合起來。既然明確區別出這樣三個層次，我想問，能不能分別談論它們呢？就是說，能不能直接或只談（1）或（2）呢？如果可以的話，即如果可以只談對思想的掌握或對思想的真的肯定的話，能不能得出思想與語言無關或思想獨立於語言的結論呢？而另一方面，只要談論（3），或者只要把（1）或（2）與（3）連繫起來談論，思想就一定會與語言連繫起來。那麼由此又如何能夠得出思想與語言沒有關係呢？若是對這三層區分有正確的理解，也就可以看到，弗雷格談論思想而不涉及語言的時候不一定意味著他認為思想與語言沒有關係。而他認為思想與語言相關，也不意味著他不可以只談思想而不談語言。認識到這一點，就可以理解，在上述陳文最後處的直接引語中，弗雷格既可以談一個思想與一個特定語句的連接（比如在意識之外），又可以談在意識中一個思想與某個語句相關聯；既可以談人掌握一個思想，又可以談賦予思想一

種可感知的形式（語言），難道這會有什麼問題嗎？這又怎麼會導致什麼矛盾呢？對於所有這些細節，陳文竟然絲毫不予考慮，它所關注的只是得出它的結論：論題 6 不能成立。

陳文構造的論題 6 完整表達如下：「思想屬於第三領域，因為它是客觀的而非現實的：獨立於心靈，不占時空，因果惰性，恆久不變。」（第66 頁）

「思想屬於第三領域」確實是弗雷格的話，「思想是客觀的」也是弗雷格的看法，問題是，弗雷格在什麼情況下這樣說的。論題 6 中解釋客觀性的四種描述是弗雷格的意思嗎？如果是，又是在什麼情況下說的？

弗雷格確實想說明思想是客觀的。在他看來，思想與外界事物是有明顯區別的，不用多說什麼。但是思想與內心世界的區別卻不是那樣清楚，需要說明。人們一般承認外界事物是客觀的，而認為內心事物是主觀的。因此，若要說明思想的客觀性，不僅需要說明它與外界事物不同，更主要的是說明它與內心世界事物的不同。為了說明這一點，弗雷格借用了傳統哲學中「表象」（Vorstellung）[7] 這一概念。他把內心的東西稱為表象，並且透過與外界事物的對比說明了表象的四種特徵：一是表象不能被感知，二是表象可以被擁有，三是表象需要一個承載者，四是每一個表象只有一個承載者[8]。其中一和三與外界事物區別得非常清楚：外界事物顯然是可以被感知的，是獨立的，不需要承載者。獲得表象的特徵說明之後，弗雷格比較了思想與表象的不同之處，特別指出，思想不需要承載者。這樣弗雷格就使思想與表象得到區別：

因此結果似乎是：思想既不是外界事物，也不是表象。

必須承認第三種範圍。屬於這種範圍的東西在它們不能被感官感覺這一點上是與表象一致的，而在它們不需要它們屬於其意識內容的承載者這一點上是與事物一致的。譬如，我們以畢達哥拉斯定理表達的思想就永遠是真

的，無論是否有某人認為它是真的，它都是真的。它不需要承載者。⁽⁹⁾

　　由此可見，弗雷格的第三範圍或領域，其實是揭示了一種超越傳統二元論的認識。句子所表達的東西，肯定不是外界事物。句子本身是可感知的，但是句子所表達的東西卻不是可感知的。這種區別無疑是清楚的。句子所表達的東西，與我們內心的東西不同，每一個人內心的東西不能離開每一個人自身，因人而異，所以弗雷格說它需要承載者。但是一個句子所表達的東西卻不會因人而異，因此弗雷格說它不需要承載者。這樣，句子所表達的東西才是人們可交流的東西，可以成為人們共同的東西。說得直接一些，句子所表達的東西既不是在外界裡，也不是在內心之中，因此是在不屬於這兩個世界的地方。由此得出第三範圍難道不是很自然的嗎？「第三個世界」是後人說的，弗雷格只是謹慎地說「第三範圍」。我不贊同達米特對弗雷格第三領域的一些批評。數學家都承認數是實體，達米特也是同樣。那麼像數這樣的東西在什麼地方呢？難道是在外界或內心世界嗎？所以我認為弗雷格指出的第三種範圍是一種富有啟示的洞見。我把「第三種範圍」看作一個名稱，它指的是傳統二元世界之外的地方。弗雷格為我們描述了一個圖景：有一個領域，它的東西與傳統的兩個世界中的東西具有一些不同的性質和特徵，因而可以把它們區別開來，這樣也就可以把這個領域與傳統認識中的兩個世界區別開來。外部世界和內心世界乃是我們過去獲得的看法，如今我們認識到有一種東西不在這兩個世界之中，這難道不是認識上的一種進步嗎？

　　陳文不這樣認為。它稱第三範圍是「混亂不堪的」（第 69 頁），它提出質疑：「問題在於：第三域的居民 ── 如思想、真值（真和假）、（名稱的）涵義、函數、概念、關係、值域或外延、數 ── 相互之間有什麼關係？……弗雷格從來沒有把這些問題說清楚。」（第 70 頁，省略號處是許多所謂的問題）。

　　對於陳文的批評，首先我想問：它所談的這些東西，比如思想、真值

等，在外界嗎？在內心世界嗎？其次我想指出，陳文若是對這些東西不理解，持批評態度也沒有什麼，但是它怎麼能夠說弗雷格從來就沒有把這些問題說清楚呢？我真的很奇怪：陳文竟然會得出這樣的結論！僅就它字面提到的東西而論，難道弗雷格沒有說清楚思想與真值的關係嗎？難道他沒有說清楚概念與對象之間的關係嗎？難道他沒有說清楚函數與函數值的關係嗎？難道他沒有說清楚第一層概念與第二層概念之間的關係嗎？如果弗雷格連這些基本關係都無法說清楚，他還能夠被稱為現代邏輯的創始人嗎？他所提供的理論又如何能夠為語言哲學的發展提供任何幫助呢？難道戴維森說的「由於有了弗雷格，大家才清楚地知道這條探索的途徑」[10] 僅僅是溢美之詞嗎？儘管答案是顯然的，但是我認為還是應該透過弗雷格的一些具體論述來實實在在地說明答案的顯然性。

　　「奧德賽在沉睡中被放到伊薩卡的岸上」（奧句），這個句子顯然有涵義（1），但是由於無法確定這裡出現的名字「奧德賽」是否有一個意謂，因此同樣無法確定這個句子是否有一個意謂（2）。但是卻可以肯定，所有當真認為這個句子為真或為假的人都承認，「奧德賽」這個名字不僅有涵義，而且有一個意謂（3），因為這裡謂詞肯定或否定的正是這個名字的意謂（4）。[11]

　　這段話顯示，弗雷格透過一個例子來說明自己的理論觀點。由於有例子，因此比較容易理解。直觀上這段話有如下幾個意思：

　　其一，「奧句」有涵義（1）。

　　其二，「奧德賽」這個名字是否有意謂決定了「奧句」是否有意謂（2）。

　　其三，若「奧句」有意謂，則「奧德賽」這個名字有意謂（3）。

　　其四，謂詞（的意謂）與名字的意謂有關（4）。

涵義和意謂是弗雷格討論問題使用的術語。與句子相關，他的明確表述是：句子的涵義是思想，句子的意謂是真值，即真和假；專名的意謂是對象，謂詞的意謂是概念。基於這個前提，上述四層意思其實是說：

其一 *，「奧句」有思想 (1)。

其二 *，「奧德賽」這個名字是否有對象決定了「奧句」是否有真值 (2)。

其三 *，若「奧句」有真值，則「奧德賽」這個名字必然有對象 (3)。

其四 *，概念與對象有關 (4)。

這樣就可以看出，在這短短一段話中，弗雷格談論了句子與句子構成部分的關係，談論了思想與真值的關係。還可以看出，在他的論述中，最重要的並不是句子的涵義，即思想，而是句子的意謂，即真值。他談論名字的意謂，即對象，也是結合句子的意謂，即真值進行的。特別是可以看出，他不僅從句子的角度出發來談論意謂（二 *），而且從名字的角度出發來談論意謂（二 *），這實際上是從句子與句子構成部分的關係並且從句子構成部分與句子的關係這樣兩個角度來說明句子的意謂。換句話說，他談的是句子的真值與其中名字的對象之間的關係，以及名字的對象和句子的真值之間的關係。由此可見，弗雷格以這樣一個簡單的例子對上述關係進行了非常詳細的說明，足見他對句子真值的重視。這裡似乎稍有問題的是四中關於謂詞的說明。不過，由於說這段話時弗雷格主要考慮的是句子和其中名字的情況，尚未有關於謂詞的說明，而他後來又補充了關於謂詞的說明 [12]，因此他的說明也是清楚的，或者至少是可以說清楚的。

應該指出的是，所有這些其實還僅僅是弗雷格這段討論字面上告訴我們的。而它背後所依據的思想，比如關於句子真值的考慮，關於謂詞與名字的關係，關於函數、函數域與函數值的關係，弗雷格都有非常明確的論述。正

因為有這些清楚的探討和論述，他才能明確地說：「邏輯的基本關係是一個對象處於一個概念之下：概念之間的所有關係都可以化歸為這種關係。」[13]陳文可以不同意甚至批評弗雷格的看法和論述，但是怎麼能夠說弗雷格從來沒有把這些東西說清楚呢？

四、所謂超越

陳文稱弗雷格有一個思想理論，並把它構造為 10 個論題。它指出其中論題 6 是「癌細胞之源」，透過批判弗雷格的思想，它重新構造了一個思想理論：去掉了論題 6 和其他兩個論題，增加了一個論題，其餘的基本保持不變。新增論題 6 是：「思想必須透過語言來表達；透過理解語言可以理解和把握思想。」（第 72 頁）陳文最後說：

> 由這 8 個論題所刻劃出來的思想圖景是這樣的：思想依賴於語言，由一定的語言形式來表達；由於語言是人類的創造，思想也依賴於人類，特別是依賴於他們的表達、思考和心理；只有不依賴個別人的思想，沒有不依賴於人類共同體的思想；思想可以在人類共同體之間傳播和交流，可以被不同的認知主體所分享，這是思想的本質特徵；人透過理解語言去理解和把握思想；思想在被人理解和把握之後，可以被人們做出決定、付諸實施，由此造成外部世界的變化。（同上）

這大概就是陳文所認為的「超越」。對此我想說一說我的看法。

首先，我不知道這個理論是陳文的還是弗雷格的。其中除了論題 6，其餘 7 條都是它此前構造的弗雷格論題的內容。所刪去的幾條，要不是陳文強加給弗雷格的，如論題 10，就是弗雷格的而陳文的理解有問題，如論題 6。

其次，上述關於思想和語言的結論，基本上是語言與思維傳統看法的翻版，沒有任何新意。

　　最後，新增論題 6 與論題 1 不是獨立的。既然論題 1 已經說了「思想是直陳句或命題式疑問的涵義」（第 72 頁），就已經包含著思想與語言相互連繫。又多出一條說思想由語言表達等，只不過是重複而已，何來新意？

　　這樣的東西也可以稱為「超越」，而且是對弗雷格的超越，未免貽笑大方。儘管如此，我認為以上問題並非十分重要，因為它們太過明顯，只要認真閱讀弗雷格的著作，都可以看出來。就理解弗雷格的思想而言，我認為下面的問題才是至關重要的。

　　在陳文構造的 8 個論題中，有兩條是這樣的：

論題2.　　思想有真假：如果為真，就永遠為真。

論題3.　　思想有結構：主目－函數結構和複合結構。（第 72 頁）

　　十分明顯，這兩個論題的內容在陳文關於思想圖景的描述中絲毫也看不到。一方面列出它們，另一方面它們似乎又是可以不要的，這難道不令人奇怪嗎？在弗雷格關於思想的論述中，如果說可以用一些論題來表述的話，我認為這兩條才是至關重要的。

　　弗雷格區別涵義和意謂，主要是為了說明語言與語言所表達的東西及其認識。句子屬於語言層面，涵義屬於語言所表達的東西層面，這在弗雷格大概是常識。難題在於如何對這種東西做出說明。區別出涵義和意謂，則是弗雷格所做的工作：透過意謂層面的說明而達到對語言所表達的東西的說明。句子的涵義是思想，句子的意謂是真值。前者大概人們比較容易理解，後者卻不是這樣。實際上，與句子相關人們一直有許多說法，比如命題、陳述、判斷、肯定、否定等，但是這些表述是含糊的，它們沒有區別句子與句子所表達的東西，也沒有區別句子所表達的東西與真假。弗雷格則不同，他區別句子的涵義和意謂，並且明確地說：「我稱思想為某種能藉以考慮真的東西。……思想是一個句子的涵義。」[14]「我們不得不把一個句子的真值看作它的意謂。我把一個句子的真值理解為句子是真的或句子是假的的情況。再

沒有其他情況。為了簡便，我分別稱它們為真和假。」[15] 這些關於真假的論述可以看作大致與論題 2 相應。弗雷格還說：「一個概念是一個其值總是一個真值的函數。」[16] 這大致可以看作是與論題 3 中一部分（函數）相關的論述。概念是謂詞的意謂，與對象，即專名的意謂不同。但是從這個論述可以看出，弗雷格關於概念的論述，也是與真值結合在一起的。還有上文涉及奧德賽的討論，弗雷格也是把對象與真值連繫在一起考慮的。所有這些都表明，在弗雷格的理論體系中，真或真值才是至關重要的東西。

　　這裡我想順便指出，在早期論文中，弗雷格對思想談得很少，主要談論真值。儘管如此，他對思想與真的區別始終是清楚的。他明確指出，「一般說來重要的是句子的真值。……正是對真的追求驅使我們從涵義進到意謂」[17]。也正因如此，他在探討涵義和意謂的時候主要考慮的是意謂層面的東西，即真值以及與其相關的對象。而在晚年專門撰文探討思想的時候，他也沒有離開「真」，他甚至是從論述「真」這個概念開始的。他為「思想」的研究加了一個副標題「一種邏輯研究」，並且開宗明義地說：「『真』這個詞為邏輯指引方向。」[18] 由此可見，即使在他專門論述思想的時候，他也是從「真」這個概念出發來討論的。在我看來，弗雷格區別思想和「真」，談論思想的客觀性，主要還是為了更好地說明「真」。在這一前提下，他關於思想的論述僅僅在於滿足說明這樣兩點：

　　其一，思想是句子表達的東西，因而與句子相區別。而就句子表達的東西而言，思想與「真」又不同。（重要的是關於「真」的認識，因為在研究中，或者涉及科學追求的地方，「真」乃是最重要的。）

　　其二，思想是客觀的，是人可掌握的，因而與心理對象相區別。（重要的在於區別兩種情況：一種乃是「是真的」的情況，另一種則是「把某物看作真的」的情況。兩者完全不同。弗雷格說明了或者希望他能夠說明了前一種情況，當然在這一過程中後一種情況也時常涉及。）

以上兩點的區別在於，前者可以不涉及談論思想的客觀性，而後者不得不涉及它。為了說明思想的客觀性，弗雷格透過與表象進行比較，指出思想屬於第三範圍，由此得出「並非所有東西都是表象」[19]，目的也僅僅在於說明邏輯研究的對象與心理學研究的對象不同。在我看來，有這些說明已經足夠了，因為它們已經幫助人們認識到語言與語言所表達的東西的區別，認識到什麼是句法與句義，什麼是句子的真之條件。而所有這些，在哲學史上都是開創性的工作。

基於以上認識可以看出，陳文對弗雷格的理論建構不符合弗雷格本人的思想，陳文的上述批評和質疑也是錯誤的。應該看到，人們一般認為弗雷格對心理主義是持批判態度的。但是這只是籠統的說法。具體怎麼一回事，還需要透過文本的閱讀來理解。在我看來，批評心理主義本身，與批評邏輯研究中摻雜了心理學的東西，乃是根本不同的。比如今天不少人主張邏輯研究應該與心理學相結合，甚至認為心理學研究對邏輯研究提出了挑戰，邏輯研究有回歸心理學的趨勢等。我會對這些看法表示不贊同並提出批評，但是我對心理學本身只會表示尊敬而絕不會提出任何批評。所謂弗雷格對心理主義持批評態度一般是指他強調要把邏輯與心理的東西區分開來，應該認識到邏輯與心理學研究的東西完全不同，兩者的混淆不利於邏輯的研究和發展。但是他並沒有認為心理學本身是錯誤的。由此可見，陳文批評弗雷格時他的出發點就是錯誤的。從一個錯誤的觀點出發討論問題，其結果可想而知。由於在一些基本問題上沒有搞清楚，除了本文前面指出的那些問題之外，陳文還有許多質疑也是憑想當然。比如陳文批評說，「關於『如何把握思想』這一問題，除了給出一些十分模糊、隱喻性的說法之外，弗雷格並沒有給我們一個清晰的說明。」（第 69 頁）弗雷格確實談到掌握思想，但是他似乎並沒有認真考慮過如何掌握思想的問題。他談論掌握思想，是以此說明思想的客觀性，由此可以更好地說明「真」的一些特徵，比如無時間性，無程度差異性等。而要求談論或回答如何掌握思想，指的是要說明掌握思想的方式和條

件，這與弗雷格所考慮和回答的問題完全不是一回事。今天在研究弗雷格的時候，許多人總愛以類似的方式批評弗雷格，即以一些他沒有考慮的問題來批評他，認為是他的局限性甚至錯誤。比如弗雷格關於句子的意謂談論了許多，而關於句子的涵義卻談得很少。因此，人們批評弗雷格忽視關於涵義的論述，並想透過關於涵義的研究來補充或完善弗雷格的思想。我認為，這樣的批評和研究不是不可以，但是首先應該想一想，弗雷格為什麼不做這樣的研究？他為什麼會有這樣的疏漏？他既然區別出句子的涵義和意謂，卻為什麼只研究意謂而忽略涵義呢？同樣，既然他談到了掌握思想，為什麼他卻絲毫也不考慮如何掌握思想呢？這些字面上就可以看到的問題，怎麼偏偏會被弗雷格忽略了呢？

我不認為弗雷格所說的都是對的，我也不認為弗雷格的某一個理論乃至他本人是不可超越的。但是陳文的「超越」是不行的：它堆砌了許多弗雷格的論述，卻沒有對這些論述進行認真的分析與解讀；它提出許多聳人聽聞的論斷，卻沒有提供切實可行的論證。從陳文的口氣看，它似乎認為弗雷格的思想不值一談。這是見仁見智的事情，也許多少還是可以理解的。但是就論證而言，我想還是多學習弗雷格吧。

（原載《哲學研究》2013 年第 3 期）

---

(1)　2011 年在北大一次學術研討會上，陳波教授以相同的題目發言，當時我對他的觀點提出批評，認為其錯誤嚴重，會後也與他進一步談了我的看法。最近讀了他的文章，撰寫此文，敬請陳波教授和讀者批評指正！

(2)　參見 G.P. Backer and P.M.S. Hacker: *Frege: Logical Excavations*, Oxford University Press,1984, p.365。

(3)　參見 M. Dummett: *Unsuccessful Dig, Philosophical Quarterly*, 1984, No.7, p.401。

(4)　陳文所用「觀念」一詞譯自英文 idea。弗雷格的原文是 Vorstellung，我把它翻譯為「表象」（參見《弗雷格哲學論著選輯》，王路譯，王炳文校，北京，商務印書

館，2007 年第 2 版，第 144 頁）。這裡暫且隨陳文的用法。

(5)　這樣談論邏輯的性質，實在是有些奇怪。為了行文方便，權且借用陳文的一個用語，而略去其他三個。

(6)　弗雷格所說的「思想」與我們一般所說的「思想」乃是有區別的。它主要指句子所表達的東西，類似於通常所說的「命題」。它的要點有兩個：一個是與句子相關，另一個是與「真」相關。參見王路、鄭偉平：〈為什麼弗雷格是重要的？〉，《哲學分析》2012 年第 4 期。

(7)　陳文把它譯為「觀念」。這裡為了更好地說明弗雷格的思想，我採用自己的譯法。

(8)　參見弗雷格：〈思想〉，載《弗雷格哲學論證選輯》，第 140 － 142 頁。

(9)　同上書，第 144 頁。

(10)　戴維森：〈真與意義〉，載《真理、意義與行動》，牟博譯，北京，商務印書館，1993 年，第 4 頁。

(11)　弗雷格：〈論涵義和意謂〉，載《弗雷格哲學論證選輯》，第 102 頁。為了討論方便，引文中加了序數和「奧句」等標記。

(12)　參見弗雷格：〈對涵義和意謂的解釋〉，載《弗雷格哲學論著選輯》，第 120 － 128 頁。實際上，在談論函數和概念以及概念和對象的時候，弗雷格就已經有了非常明確的論述。

(13)　同上文，第 120 － 121 頁。

(14)　弗雷格：〈思想〉，載《弗雷格哲學論著選輯》，第 132 頁。

(15)　弗雷格：〈論涵義和意謂〉，同上書，第 103 頁。

(16)　弗雷格：〈函數和概念〉，同上書，第 66 頁。

(17)　弗雷格：〈論涵義和意謂〉，同上書，第 102 － 103 頁。

(18)　弗雷格：〈思想〉，同上書，第 129 頁。

(19)　弗雷格：〈思想〉，載《弗雷格哲學論著選輯》，第 151 頁。

第四篇　邏輯教學

　　邏輯教學在大學中至關重要，直接影響到中國邏輯和哲學的發展。從王憲鈞先生提出邏輯課程的現代化以來，圍繞邏輯教學一直爭議不斷，反映出邏輯教學中問題很多。最初提出改革的設想是教授現代邏輯，爭論中觀點各異，比較有代表性的是「取代論」和「吸收論」，爭論的實質則是教現代邏輯還是教傳統邏輯。近年來，這兩種觀點似乎不見了，取而代之的是「批判性思維論」，說法變了，爭論的實質其實並沒有變。

　　與批判性思維論相關有一種說法是「非形式邏輯」，後者相對於「形式邏輯」。字面上即可以看出，其中「非」占據主導地位，所有所謂出「新」都來自這個「非」字。在我看來，邏輯就是邏輯，是不需要加字的，若是不加「形式」二字，那個「非」還能加上嗎？能夠有「非邏輯」之說嗎？假如可以有，誰又會這樣說呢？又有誰會拿這樣的東西當回事呢？至於批判性思維，字面上就與邏輯沒有關係，當然也就更可以隨意去說。因此在我看來，搞邏輯教學的實在是不必拿它當回事。而鼓吹它的，若是與邏輯無關，則我們也不必當回事；若是與邏輯有關，則一定是不懂邏輯的，或者是邏輯沒有學好的，或者也許是有私心的。

　　邏輯由亞里斯多德創建，在現代成為科學，是大學教學中的課程，而且是基礎性的課程。教邏輯，就應該教現代邏輯，應該堂堂正正教授一階邏輯，而不應該隨意改革，更不應該借助和憑藉行政力量來進行改革。邏輯教學具有科學性和專業性，這是應遵守和推崇的，也是應該在教學中傳達給學生的。

第一章　論中國的邏輯教學

一

1978 年以來，中國一些邏輯學家大聲疾呼，要進行邏輯教材的改革。但是對於如何改革教材，一直存在不同的意見。主要意見有兩種：一種是在大學裡教授現代邏輯，用現代邏輯取代傳統邏輯（我們簡稱他們為「取代論者」）。另一種是在傳統邏輯的基礎上吸收現代邏輯的一些內容（我們簡稱他們為「吸收論者」）。在取代論和吸收論這兩種意見中，後一種意見顯然占有絕對優勢。它的一個直接結果就是形成了所謂的「普通邏輯」的教材和教學體系。

從表面上看，吸收論者是不反對現代邏輯的，而且還主張把現代邏輯的一些內容吸收到普通邏輯中來。吸收論者與取代論者有一個共同之處，即都批評傳統邏輯，不同之處則在於吸收論者不主張用現代邏輯取代傳統邏輯，而取代論者主張用現代邏輯取代傳統邏輯。這兩種不同的觀點似乎展現了他們對現代邏輯有不同的認識和理解，對傳統邏輯也有不同的認識和理解。但是我認為，這只是表面現象。歸根結柢，他們的差異實際上是堅持傳統邏輯還是堅持現代邏輯。比如，吸收論者聲稱：「傳統邏輯大有豐富、發展的必要和可能，建立普通邏輯的體系，正是豐富和發展傳統形式邏輯的必然結果，也為豐富和發展傳統形式邏輯創造前提。」[1] 由此可見，普通邏輯的基礎是傳統邏輯，主要內容也是傳統邏輯。問題是：普通邏輯究竟是在傳統邏輯基礎上建立的科學體系，還是在傳統邏輯的基礎上修修補補的產物？回答這個問題，就要具體看一看普通邏輯的內容。

　　翻開普通邏輯的書我們就會看到，它關於邏輯的定義與傳統邏輯是一樣的，也是「研究思維的科學」[2]，由於「思維」這個概念不明確，因此又補充說，「它主要研究思維的邏輯形式和邏輯規律」[3]。其中的「邏輯」等於沒說，否則就是同語反覆，因此依然是「思維的形式和規律」。進一步的補充說明是，「思維的邏輯形式就是不同內容的命題和推理自身所具有的共同結構」[4]，這樣就與推理連繫起來。因此，「普通邏輯在研究推理時，把推理分為兩大類：一類是必然性推理，即演繹推理；一類是或然性推理，包括歸納推理和類比推理」[5]。所以，普通邏輯與傳統邏輯幾乎以相同的方式毫無區別地談論邏輯，談論演繹和歸納。

　　傳統邏輯的基本內容沒有變，那麼普通邏輯對傳統邏輯的豐富和發展又展現在哪裡呢？按照吸收論者的說法，可以從四個方面來發展傳統邏輯：第一，刪除傳統邏輯中陳舊、繁瑣的不常用的內容；第二，適當地吸收現代邏輯的一些成果；第三，總結和概括現代思維材料，豐富普通邏輯的邏輯形式；第四，加強邏輯方法和一般科學研究方法作為自己的重要組成部分。[6] 表面上看，似乎要做的事情不少，但是從具體的做法來看，只做到了第二條，其他三條都沒有做到。這就說明，這些想法本身是有問題的。比如第一個方面，吸收論者提出可以刪除戾換法（method of distorted replacement）和附性法，但是這本來就不是傳統邏輯中的主要內容，有沒有它們，對傳統邏輯沒有任何影響。吸收論者還說，對三段論「重點討論它們的基本概念和實際應用，不必去詳細窮追每一個式的具體表現」[7]，這種說法本身就有些憑想當然。傳統邏輯三段論提出了許多規則，讓人們根據這些規則去檢驗具體的三段論式是不是正確的。它的基本概念就包括這些格與式，以及規則。如果不詳細追究每一個式，怎麼能說明它是合適的、是正確的呢？此外，我們說傳統邏輯內容陳舊，那是因為已經有了現代邏輯。我們站在現代邏輯的高度看，認識到傳統邏輯最主要的問題是方法陳舊，錯誤很多，處理問題的手法差。這種評價是總體上的，而不是說它有些內容陳舊，有些內容不陳舊。

又比如在第三個方面，吸收論者列舉了一些判斷形式：多數 S 是 P，S 一般的是 P，只有 S 是 P 等等，信心百倍地說：「這些邏輯形式雖然不能說已經概括得很完善，但是卻標誌著邏輯工作者已經邁出了新的步子。可以預料，只要繼續大膽地探索下去，一定會做出更好的成績。」[8] 無論這些是不是邏輯形式（因為邏輯形式是有標準的），它們至少不是什麼新鮮的東西。在中世紀，邏輯學家就研究了這些形式，研究的形式比這還要多，而且在現代邏輯中，廣義量詞邏輯研究也探討了這樣一些量詞。發展邏輯，必須掌握和遵循邏輯的內在機制和規律，僅憑「大膽」怎麼行呢？在第四個方面，吸收論者認為應該充實邏輯方法和一般科學方法，做法一是從「已有的一些邏輯方法上下功夫」[9]，二是「從自然科學和社會科學的研究過程中，總結出新方法」[10]。從自然科學和社會學科中能不能總結出邏輯方法，總結出來的是不是邏輯方法，是可以探討的，但是邏輯方法從邏輯中總是可以總結的。現有的邏輯方法最主要和最重要的就是現代邏輯方法。吸收論者不主張教授現代邏輯，又怎麼會主張總結它的邏輯方法呢？實際上，不講授現代邏輯，即使講授它的方法也是沒有用的。比如，我們不教會學生構造公理和證明定理的方法，而告訴學生公理方法就是從公理推出定理，這對學生有什麼幫助呢？好比我們不教會學生如何進行數學演算，而告訴他們數學是抽象的數學公式的推導，這不是有些本末倒置嗎？學會了從公理到定理的證明，即使不講，學生也會體驗其中的方法。

我們看到，說是從四個方面發展傳統邏輯，充其量只有一個方面有些實際內容。但是，這實際內容又是什麼呢？吸收論者所謂的發展傳統邏輯、建立普通邏輯體系，不過就是引入了一些現代邏輯的內容，比如：在概念部分，介紹一些集合論的基本概念；在判斷部分，引進「合取」、「析取」、「蘊涵」和「等值」等概念及其符號，介紹了真值表；在演繹部分，使用了一些現代邏輯符號公式等等。也可以說，吸收論者談發展傳統邏輯，講了許多方面，兜了很大的圈子，最終還是依據了現代邏輯。遺憾的是，他們講的

只是現代邏輯的一些皮毛，而不是現代邏輯的整個理論，因而沒有展現現代邏輯的理論精神和方法。即便如此，能夠做到這一點，也是因為現代邏輯提供了一個現成完整的邏輯理論，否則，連這一點也是做不到的。

二

作為一門課程，自然會涉及其他一些問題，比如體例安排、課時分配等，這些都不是本文考慮的問題。我們只考慮邏輯的性質，並由此出發來進行論述。因此，首先我想問：增加一些現代邏輯的內容是不是發展傳統邏輯，能不能發展傳統邏輯？按照吸收論者的觀點，增加了這些內容，「既能夠豐富普通邏輯的內容，並使某些形式精確化，又符合普通邏輯作為整個邏輯學科的基礎部分的特點，也為進一步學習數理邏輯準備了條件」[11]。如果說這就是發展了傳統邏輯的話，那麼就值得我們仔細分析一下。加了一些以前沒有的內容，大概可以算是「豐富」。「使某些形式精確化」，我實在是無法理解。難道說用符號表達就比用自然語言表達更精確嗎？比如，「如果 P，那麼 Q，P，所以 Q」和「$P \rightarrow Q$，$P \vdash Q$」這兩個表達式，後者就一定比前者更精確嗎？我看不出來。我認為，這裡實際上涉及對現代邏輯的理解。所謂現代邏輯使用形式語言，而形式語言沒有歧義、更精確，並不是就它某一個具體的公式，而是就它整體而言的，特別是指它建立演算的這種研究方式，包括它的句法和語義、對象語言與元語言、形式系統和元邏輯研究等。看不到這一點，就沒有掌握現代邏輯的精髓。實際上，在普通邏輯書中，雖然引入了一些符號，但也沒有做到精確。比如講了真值表，還要講充分條件假言判斷、必要條件假言判斷，還要區別相容選言和不相容選言判斷等等，這比以前傳統邏輯沒有引人現代邏輯內容的時候更精確了嗎？事實是，不僅沒有更精確，而且造成了論述方面的矛盾。

所謂引進一些現代邏輯的內容為進一步學習數理邏輯準備了條件，表面上似乎是有道理的，因為好像熟悉了現代邏輯的一些概念，再系統地學習

起來就容易了。但是實際上並不是那麼一回事。首先，傳統邏輯不是現代邏輯的基礎，學習現代邏輯不預設任何傳統邏輯的知識。因此，現代邏輯與傳統邏輯不存在進一步學習的關係。其次，普通邏輯所講的那些現代邏輯的知識對於系統地學習現代邏輯沒有什麼幫助。現代邏輯的基本精神是構造形式語言和建立演算，而其中最主要的是建立演算。構造形式語言需要給出初始符號和形成規則，建立演算需要給出公理和推理規則。此外，還要進行元邏輯的研究，提供可靠性和完全性的證明等等。但是這些在普通邏輯中都看不到。我不知道吸收論者是不是就是像他們論述的那樣理解現代邏輯的，以為現代邏輯是可以這樣片面地理解的。但是我認為，他們的論述和教材至少會給許多人，特別是給學生造成極大的誤解，以為現代邏輯不過就是用符號進行表達而已。這樣不僅不利於學生學習和理解現代邏輯，反而會造成對現代邏輯的曲解，甚至造成反抗心理。比如，知道了「如果 P，那麼 Q，P，所以 Q」，而且既直觀，又清楚，為什麼還要去做「$P \rightarrow Q$，$P \vdash Q$」這一套呢？如果邏輯就是「如果 P，那麼 Q，P，所以 Q」這樣的東西，知道了不就行了嗎，為什麼還要再去學「$P \rightarrow Q$，$P \vdash Q$」那一套呢？因此，肢解現代邏輯的這種做法是會產生極為不良的後果的。

　　在吸收論者談到的上述四種發展中，有一個十分顯著的特點，這就是：我們看不出他們發展傳統邏輯建立普通邏輯科學體系的依據是什麼。比如，「刪除」的依據是什麼，「吸收」的依據是什麼？「總結」和「概括」的依據是什麼？「充實」的依據又是什麼？他們沒有一個統一的標準，似乎是想到什麼說什麼。然而有一點是非常清楚的，即傳統邏輯不能放棄。取代論者的觀點十分明確：傳統邏輯已經過時，所以要用現代邏輯取而代之。吸收論者吸收現代邏輯的理由則不同。他們認為，「大家都公認，數理邏輯具有明顯的嚴密性和準確性，在特定的場合，運用起來是很方便的。普通邏輯根據需要和可能，吸收數理邏輯的某些成果，十分必要」[12]。可見，吸收現代邏輯的內容一是因為它嚴密和準確，二是因為它方便，而且僅僅是在一些特

定場合，這就是吸收論者所看到的全部理由。但是，經過吸收，這種準確與嚴密就表現為用符號表達個別的邏輯形式，因而現代邏輯的準確與嚴密失去了它自身的意義，至少被大大地貶低了。此外，現代邏輯的方便基本上也看不出來。比如，在論述概念的部分，在講述了概念的內涵和外延、劃分和定義之後，講述集合概念及其一些推演，能看出有什麼方便嗎？在講述了假言判斷、選言判斷等判斷形式之後，再用符號把它們表述一遍，這有什麼方便嗎？在講述推理的時候，講完了假言、選言等推理和三段論推理以後，再介紹命題演算和謂詞演算的內容，有什麼方便嗎？除了內容重複、不系統、不該講的仍然在講、該講的支離破碎以外，我實在是看不出來增加了多少精確和嚴密，提供了多少方便。實際上，就連這種所謂的理由，真正到了論述對現代邏輯和傳統邏輯的看法時，也被拋棄了。讓我們引用吸收論者的一段完整表述：

　　數理邏輯與傳統形式邏輯雖有密切連繫，但畢竟有所不同。首先是它們研究的對象和範圍不同。數理邏輯以演繹法為其研究對象，傳統形式邏輯既研究演繹，也研究歸納和其他邏輯方法。其次是它們的研究方法不同。數理邏輯使用的是數學方法，傳統形式邏輯主要運用自然語言。再次是它們的作用也不同。數理邏輯主要用於演繹系統的符號運算，在數學和科學技術中有廣泛的用途。傳統形式邏輯主要用於日常的思維訓練，是人們進行正確思維活動的工具。因此，兩者是不能互相代替的。取消了傳統形式邏輯，僅僅依靠數理邏輯，日常思維中的一些問題就將無法解決。有人比喻說，電腦是很有用處的，但它並不能完全代替珠算，是很有說服力的。[13]

　　這裡，吸收論者不再說現代邏輯嚴密和精確了，而說「方法不同」，不再說現代邏輯在特定場合運用起來很方便了，而說它不適用於日常思維。既然僅僅是方法不同，為什麼還要引入現代邏輯的符號呢？既然是不適用於日常思維，它的方便究竟在哪裡呢？講述適用於日常思維的傳統邏輯內容為什麼還要引入它呢？吸收論者的論述矛盾重重。

　　上面這段引文比較典型地代表了吸收論者堅持傳統邏輯的觀點。表面上它提供了三個理由，實際上只有兩個：一是數理邏輯不研究歸納和其他邏輯方法，比傳統邏輯研究面窄；二是數理邏輯與傳統邏輯的作用不同，這是由於研究方法不同而造成的。現代邏輯確實不注重歸納，因為歸納與邏輯有根本區別。傳統邏輯的問題有許多，根源在它的定義，包含歸納則是它的問題之一，因為它把演繹和歸納這樣兩種不同的東西包容在一起。我想，大多數吸收論者都明白演繹與歸納的區別，大概不會以此來論述現代邏輯的局限性。因此吸收論者論述現代邏輯的局限性的理由主要還是第二點：數理邏輯使用數學方法，傳統邏輯運用自然語言。也就是說，現代邏輯不適合於日常思維。我認為，這種觀點恰恰是非常錯誤的。事實是：現代邏輯不僅可以用於數學和科學技術，同樣也可以用於日常語言，而且在分析日常語言的時候，現代邏輯的能量遠遠超過了傳統邏輯。稍微有一點現代哲學知識的人都會知道，正是因為現代邏輯可以用於日常語言的分析，正是由於它具有傳統邏輯所無法比擬的力量，因此它在 20 世紀給哲學領域帶來一場革命，使哲學產生了巨大的變化，形成了分析哲學和語言哲學。非常奇怪的是，常常有人說，取消了傳統邏輯，日常思維中的一些問題僅僅依靠現代邏輯無法解決。這種觀點實際上是說，有一些問題，傳統邏輯可以解決，而現代邏輯無法解決。但是我從來沒有聽到和看到有人（包括上述引文）切實有效地用幾個具體的實例令人信服地說明這一點。從事邏輯研究的人最講究證明和論證，而吸收論者對這樣重大的觀點卻從不提供證明和論證，真是令人費解！從邏輯的觀點看，不提供證明可以有兩種情況：一是顯然的；二是無法證明。而這個問題顯然不是顯然的，因為連一個顯然的例子也舉不出來。

三

　　邏輯現代化的口號提出來已經 20 年了，今天，我們應該認真想一想，金岳霖先生培養出許多傑出的邏輯學家是用的什麼教材。或者，我們從另一

角度想一想，中國稱得上是邏輯學家的人都是由什麼教材培養出來的。應該承認，中國 1949 年以後培養出來的邏輯學家大部分都是先學習了傳統邏輯，然後又學習了現代邏輯，而且這些人幾乎都教過傳統邏輯。當然，也有極少數人是先學習了現代邏輯，然後又不得不在教傳統邏輯的過程中學習了傳統邏輯。但是提出並主張用現代邏輯取代傳統邏輯的正是這些人。因此，他們提出這樣的觀點並不是憑空杜撰出來的，也不是由於不懂傳統邏輯而對傳統邏輯存有什麼偏見。相反，他們是透過自身在邏輯方面的學習、研究和教學的體會，透過對邏輯這門科學的性質的理解，透過對世界上邏輯研究與發展水準和狀況的了解，為了中國哲學學科發展和人才培養的重要事業，才提出這樣的觀點的。相比之下，我們也可以想一想，如今，普通邏輯也盛行 20 年了。20 年不是短暫的時間。那麼，用這樣的教材我們培養出來一個邏輯學家了嗎？今天，中國年輕一代比較優秀的邏輯學家又有哪一個是使用普通邏輯教材培養出來的？此外，我們使用這樣的教材為現代哲學研究，尤其是為分析哲學和語言哲學研究，又培養了多少人才呢？一個哲學系畢業的學生，可以不再進行哲學研究，但是應該具備繼續進行哲學研究的素養。如果說邏輯對於哲學研究來說是必不可少的，那麼在邏輯素養方面的培養和訓練，普通邏輯又有多少幫助呢？現在，這樣的教材還在一遍又一遍地修改，仍然在年復一年地使用，吸收論者還在孜孜不倦地論證它的必要性和科學性。我認為，這是一個十分值得深思的問題。因為它已經不僅僅是一個理論問題，更是一個影響到我們的教學水準和人才培養的實踐問題。

　　邏輯是一門科學，它提供的是關於必然性推理的知識。邏輯是一個整體，它的性質是由它的整體展現的。現代邏輯經過 100 多年的發展，形成了經典邏輯和非經典邏輯兩大類，而經典邏輯又是非經典邏輯的基礎。經典邏輯即我們通常所說的一階邏輯，是一個整體，而且是一個比較成熟的理論。取代論者的觀點也就是用一階邏輯的教學取代傳統邏輯的教學，以後在這個基礎上再逐步增加一些非經典邏輯的內容，比如模態邏輯、多值邏輯等。吸

收論者所吸收的那些東西也主要來自一階邏輯。我認為，進行邏輯教學，應該把邏輯知識作為一個整體教給學生，而不應該教給學生一些破碎的局部的知識。如果不懂現代邏輯，那麼就應該認真學習。像普通邏輯這樣的東西最好不要去做，因為這是不值得的。我們總是說，實踐是檢驗真理的標準。普通邏輯做了 20 年，怎麼樣了呢？特別是，從事普通邏輯研究的同伴在現代邏輯方面有多少進步呢？在普通邏輯研究方面又有多少提升呢？有這 20 年的時間，即使是從零開始學習，現代邏輯也早就學會了。我們真該認真地想一想，吸收論的觀點究竟是促進還是阻礙了中國邏輯研究和教學的發展？

（原載《西南師範大學學報》1999 年第 2 期）

(1)　吳家國：《邏輯散論》，桂林，廣西師範大學出版社，1996 年，第 164 頁。

(2)　吳家國：《普通邏輯》，上海，上海人民出版社，1993 年，第 7 － 10 頁。

(3)　同上書，第 7 － 10 頁。

(4)　吳家國：《普通邏輯》，第 7 － 10 頁。

(5)　同上書，第 184 － 186 頁。

(6)　同上書，第 184 － 186 頁。

(7)　同上書，第 184 － 186 頁。

(8)　同上書，第 184 － 186 頁。

(9)　吳家國：《邏輯散論》，第 185 頁。

(10)　同上書，第 185 頁。

(11)　吳家國：《邏輯散論》，第 185 頁。

(12)　吳家國：《邏輯散論》，第 184 頁。

(13)　吳家國：《邏輯散論》，第 172 頁。

第二章　論「邏輯課程的現代化」
── 紀念王憲鈞先生誕辰 100 週年

　　「邏輯現代化」在中國學界喊了很多年，不少人一直認為，這個口號是王憲鈞先生最先提出來的。確實，早在 1979 年王先生就寫過一篇題為〈邏輯課程的現代化〉的文章。這個題目字面上包含了邏輯和現代化之說，但是它講的並不是「邏輯」的現代化，而是「邏輯課程」的現代化。雖然只有一詞之差，區別卻是根本性的。在紀念王先生百年誕辰之際，我想圍繞「現代化」這一提法探討一下王先生的邏輯教學理念，探討一下王先生的邏輯觀。

一、「現代化」的含義

　　王先生留下的論文不多，竟有兩篇與邏輯教學有關。在這兩篇論文中，與現代化這個概念密切相關的是一個非常重要的區別，即課程名稱與學科名稱的區別。為了更好地理解王先生說的現代化，我們可以先看一看王先生關於這兩個名稱區別的論述：

　　【引文 1】「形式邏輯」這名稱，現在中國是課程名稱，但它也是學科名稱。現在我們形式邏輯課程裡有兩部分，一部分是演繹法，一部分是歸納法。把演繹法算作形式邏輯不會有什麼問題，把歸納法中的穆勒五法算作形式邏輯也勉強說得過去。看來，作為課程，形式邏輯可以包括演繹法和歸納法中的穆勒五法。但是作為學科，如果把穆勒五法以外的歸納法的全部內容都包括在形式邏輯這學科的範圍之內，就不妥當。……作為學科，形式邏輯不宜包括歸納法。[1]

【引文2】普通邏輯是課程的名稱，不是學科名稱，其中包括演繹法和歸納法。

形式邏輯是學科名稱，指的是從形式結構方面來研究思維的理論，它的對象是演繹方法。

歸納法也是學科名稱，它研究如何透過觀察實驗以得到一般規律的科學方法。[2]

從這兩段引文可以看出，王先生透過區別課程和學科得出一個結論：普通邏輯是課程的名稱，不是學科的名稱，而形式邏輯是課程的名稱，也是學科的名稱。這個結論的要點在於突顯一個區別：普通邏輯不是學科的名稱，而形式邏輯是學科的名稱。因此在王先生看來，儘管都叫「邏輯」，兩者卻是有區別的；而且這種區別是可以從學科的角度說清楚的，因為一個可以談，一個不可以談。或者說，王先生的做法使我們直觀地看到兩者之間的區別，因為從學科的角度，他只談了一個，而沒有談另一個。

談論學科，除了與課程相區別外，實際上還做出另一個區別，即形式邏輯與歸納法的區別。形式邏輯研究演繹法，而歸納法研究從個別到一般的方法。兩者都是普通邏輯講的內容，卻有根本區別。但是，這種區別是從學科的角度做出的。

談論學科，因而區別了形式邏輯和歸納法。基於這樣的認識，似乎也就不用說明為什麼不能或者不用從學科的角度來談普通邏輯了。既然它包括形式邏輯和歸納法這樣兩個不同學科，它就不是一個學科。當然，把形式邏輯和歸納法這樣兩種不同的東西放在同一門課程似乎也不是不可以，但是不管目的如何，無論合適與否，它們畢竟是不同的學科，區別是不應該忽視的。

基於以上區別，王先生提出自己的論題：「普通邏輯課要現代化。」與此相關，他還有一些具體論述：

【引文 3】普通邏輯課應該吸收一些新的東西，要現代化；但是我們並不是說，形式邏輯或演繹法這門學科要現代化。因為演繹法到目前為止的研究成果就是現代的演繹法。（第 2 頁）

【引文 4】普通邏輯課需要改革和提升，需要反映一些現代演繹科學方法的發展情況。（第 2 頁）

從這些論述可以看出兩點。第一，王先生所說的現代化，不是形式邏輯這個學科的現代化，而是普通邏輯這門課程的現代化。連接王先生文章的題目則可以看出，所謂普通邏輯課的現代化，實際上就是邏輯課程的現代化。第二，所謂邏輯課程的現代化，就是要吸收一些新東西，即反映現代邏輯的成果。由此我們可以看得十分清楚，王先生的「現代化」之說乃是對中國邏輯教學提出的看法。這個看法不是籠統的，而是有具體內容的。它的主旨在於提出邏輯教學要改革，這實際上是指出了中國現有邏輯教學的落後。它提出的改革辦法是在邏輯教學中吸收現代邏輯的成果，反映現代邏輯的發展，這實際上是說傳統邏輯不行。由此我們也可以體會到，王先生區別課程和學科是有重要意義的。這種區別可以使人們明白，需要改革的是課程，而改革是根據學科來進行的。因此，對邏輯這門學科的理解、認識和掌握乃是至關重要的。

二、兩個認識問題

改革開放以來，邏輯教學的改革已經討論了 30 多年。王先生談論的是邏輯教學的改革，但是他的論述和思想似乎沒有對這些討論發生過什麼影響。重新閱讀王先生的文章，我們會發現，王先生指出的一些問題，不僅在後來的討論中，而且在今天也是一直存在的。因此，王先生的許多見識，即使在今天也依然是有意義的。

王先生在文章中指出邏輯教學改革有兩個困難。一個困難是對現代邏輯

理解得不夠。另一個困難是對邏輯課程的看法有問題。今天我們對現代邏輯是不是了解得比較多了，是不是了解得足夠了，這是一個事實問題，因此不用多說什麼。但是對邏輯課程的看法，依然需要討論。

對於邏輯課程的看法，王先生指出了兩個問題。一個是對這門課程的認識問題。王先生說：

【引文5】這種看法認為，普通邏輯課的目的只是為了提升思維的邏輯性和增進說話和作文的表達能力。這種看法很容易被片面地理解，因而使這門課程的作用受到了不應有的限制。（第3頁）

這段話有兩層意思：一是轉述一般普通邏輯教科書的說法，二是指出這種說法的弊端。我一直認為，提升思維的邏輯性並不需要透過邏輯的學習，許多學科和科學的學習都可以做到這一點，至於說提升說話和寫作的能力，這就更不是非要學習邏輯才能做到的。因此，若是以提升思維和寫作能力為目的來進行邏輯教學，即使不一定會排除邏輯，至少也不會反對教一些不是邏輯的東西，因為這種目的會很容易曲解邏輯這門學科的性質，忽略它所要求的東西。所以，我對王先生的論述不僅認同，而且非常贊成。想一想，在過去關於邏輯教學改革的爭論中，不是有許多人就是從王先生批評的觀點出發來論證「吸收論」的嗎？即使在今天，不還是有許多人在從這種觀點出發來論證「非形式邏輯」和「批判性思維」嗎？這裡的問題在於，提升思維和寫作的能力都不是邏輯這門學科的性質，因此這種看法沒有反映出邏輯這門學科的性質，也不是從邏輯這門學科出發的。一門學科可以告訴我們它研究什麼，而一門課程則是把學科提供的成果用於教學，因此，課程應該是依據學科而定的，應該反映出學科的性質和成果。所以，王先生區別了學科和課程，他說了邏輯這門學科「研究」什麼，而對於普通邏輯這門課程，他只說它包括什麼，甚至連「研究」二字都沒有提。王先生的論述雖然簡單，意思卻是清楚的。我也認為，這裡其實確實也沒有什麼好多說的。

　　王先生指出的另一個問題是如何看待邏輯教學的內容。王先生認為，普通邏輯課程的內容不能滿足要求：

　　【引文 6】因為目前普通邏輯課的內容基本上還是傳統邏輯，而傳統邏輯所講的一些命題形式和推理形式都是比較簡單和一般的。如果遇到了理論探討中一些複雜的邏輯問題，傳統形式邏輯就顯得很不夠了。某些特殊的邏輯分支暫且不談，在一般理論中可以遇到的諸如，摹狀詞的性質，包含和屬於的區別，量詞的理論，以及主詞存在問題等等，傳統邏輯都沒有涉及。它應該有提升在理論探討中複雜邏輯思維能力的作用。目前普通邏輯課中的傳統邏輯就理論體系而言是不夠嚴謹的，就其內容而言則很不充分，因之，吸收現代演繹法研究的成果似乎是不可避免的。（第 3 － 4 頁）

　　這裡講的傳統邏輯欠缺的內容也就是一階邏輯所主要講述的內容。王先生的論述其實很明確，簡單地說，傳統邏輯的內容陳舊而落後，要吸收一階邏輯的成果。想一想，在過去關於邏輯教學的爭論中，吸收論者不是總在論證傳統邏輯這些內容的有用性嗎？他們不是總在竭力論證現代邏輯脫離日常思維和日常語言的形式，因而只適用於數學和科學嗎？他們不是總在論證傳統邏輯更符合日常思維和自然語言，因而有助於分析人們的日常思維和論證嗎？即使在今天，批判性思維論者不是依然在主張傳統邏輯對於人們的日常思維的作用，認為傳統邏輯的知識「不多不少，正是日常思維所涉及的」嗎？他們不正是基於這樣的看法而認為，「恰恰是傳統邏輯而不是現代邏輯對這些知識的處理方式，符合日常思維的習慣」嗎？[3] 如果認識到王先生指出的這個問題乃是阻礙邏輯教學改革的原因，難道還會看不出吸收論者和批判性思維論者上述觀點的問題所在嗎？在過去的 30 多年中，王先生的觀點若是得到重視和推廣，吸收論者和批判性思維論者的觀點還會大行其道嗎？

　　其實，傳統邏輯的內容陳舊而落後，現代邏輯遠勝過傳統邏輯，這是

不爭的事實。直接為傳統邏輯辯護，過去有，今天也不是沒有，區別僅僅在於，過去占據主導地位，理直氣壯，今天已不占主導地位，因而要遮遮掩掩。但是，無論是過去還是現在，為傳統邏輯辯護（不考慮其他因素，僅從學理的層面考慮），總是冠以各種各樣的名目。比如吸收論者說要建立普通邏輯的科學體系，批判性思維論者說要考慮素養教育的特點，如此等等。不同論者的論證各有不同，但是他們有一個共同的論點，即認為，傳統邏輯使用自然語言，所以符合自然語言的特徵，因而適用於自然語言的分析，而現代邏輯使用形式語言和數學方法，所以不符合自然語言的特徵，因而只適用於數學和科學，而不適合自然語言的分析。針對這樣的看法，王先生指出：

【引文 7】數理邏輯並不只是數學的邏輯，數理邏輯或符號邏輯也包括了一般思維和其他學科所運用的演繹規律，這也是客觀事實。因之，我們現在面臨的問題就是如何對待這樣的事實，我們不要由於它使用了大量符號和一些數學方法而置之不理，而是要將其中具有普遍性的且又重要的結果引入普通邏輯課程中來。（第 3 頁）

這些論述婉轉地告誡人們不要忽視現代邏輯的符號表達方式和數學方法，明確主張要引入現代邏輯的重要結果，可謂循循善誘。這個道理本來就是自明的，因此也不用再多說什麼。但是在我看來，其中有一點值得我們注意，即關於演繹規律的提及。有了前面關於課程和學科的區別，也就可以看出，這是從學科角度說的，因此這一點展現了王先生對邏輯這門學科的認識。它表明，邏輯所涉及的東西不僅與一般思維相關，而且與其他學科相關，因而是具有普遍性的。認識到這一點，也就可以看出，與現代邏輯使用的語言和方法相關的其實不只是表達方式的問題，而是還有其他更多東西。請想一想，若是不用符號的方法和數學方法，這樣普遍性的東西能夠表達出來嗎？能夠表達得好嗎？若是不使用這樣的方式方法，如此具有普遍性的東西又如何能夠引進我們的邏輯課程中來呢？因此，字面上說的是邏輯的語言和方法，表面上談論的是邏輯教學的改革，實際上卻是在闡述對邏輯這門學

科的認識。由此可以看出，王先生關於邏輯這門課程改革的論述，乃是基於他對邏輯這門學科的認識的。若是沒有對邏輯這門學科這樣的認識，又如何能夠對邏輯課程的改革提出這樣的看法呢？

　　對照王先生的做法，有關邏輯教學改革的爭論中的一些問題可以看得更加清楚。王先生總是從邏輯這門學科出發來談論關於邏輯課程的改革，總是從學科出發來談論吸收現代邏輯的成果。比如（引文 6），他認為傳統邏輯面對複雜的邏輯問題「顯得很不夠」，這顯然是從學科的角度說的；他指出傳統邏輯「沒有涉及」現代邏輯所包含的那些理論，這無疑也是從學科的角度說的；他批評傳統邏輯的體系「不夠嚴謹」、內容「很不充分」，這同樣還是從學科的角度說的。因此，王先生談論邏輯教學要吸收現代邏輯的成果，談的是邏輯教學改革，出發點卻是邏輯這門學科，而且是從現代邏輯出發的。相比之下，主張傳統邏輯的人卻不是這樣。比如，吸收論者從邏輯課程出發，強調邏輯課程的作用，強調邏輯課程的有用性和適用性，甚至強調「邏輯」這個名稱的多義性，強調自己「多年」的教學實踐和體會等等；批判性思維論者除了強調這些之外，還強調要從素養教育出發等等。不僅如此，他們還要從談論這些問題出發來談論對邏輯這門學科的看法，包括對邏輯研究的對象、方式方法、應用範圍的看法，甚至包括對邏輯發展趨勢和方向的看法。究竟是應該從學科來看課程並由此看待課程的改革，還是應該就課程來看課程的改革，究竟是應該從學科來看學科的發展，還是應該從課程甚至僅僅課程的名稱來看學科的發展，似乎理論上說也不是不可以討論的。但是在我看來，無論是課程的改革還是學科的發展，都應該從學科出發。這樣的做法才是正確的，這種做法至少不會本末倒置。因此，我贊同王先生的觀點，反對吸收論者和批判性思維論者的觀點。我自己的觀點已有論述。這裡我只想提請大家思考一個問題：雖然過去了 30 多年，但是王先生指出的這個問題是不是已經被我們糾正了呢？

三、教學理念

在談論邏輯教學改革的時候，王先生明確地說要「吸收」現代邏輯的內容（引文 3、6），「反映」和「引入」現代邏輯的成果（引文 4、7）。這樣，王先生似乎是一個吸收論者，至少不會反對吸收論。從以上論述可以看出，我贊同王先生的觀點，而反對吸收論[4]。這樣一來是不是有點矛盾了呢？我不這樣認為。在我看來，王先生不是吸收論者，他也並不贊成吸收論。為了說明這個問題。讓我們看王先生的一段話：

【引文 8】高等院校的邏輯課程，其目的和作用應該是多方面的，似乎不應該把他看作只是為了提升一般的思維能力和表達能力。其他方面的作用也同樣是重要的，這就是說，（一）作為導論，介紹邏輯這門學科；（二）為研究和學習本學科或其他學科提供一些必要的預備知識。明確這一目的很重要，目的不同，對於內容的要求也不同。當然，對於不同的院系，內容可以不盡相同，難易也有區別。我們也可以把課程分為兩部分，前一部分講傳統邏輯，後一部分講現代形式邏輯。但無論如何，改革和提升是必須的，吸收現代邏輯成果是必要的。除了上面曾經提到過的量詞理論等以外，其他重要成果諸如：根據現代邏輯的研究，什麼是公理方法，公理方法有什麼重要性質；什麼是形式語言系統，什麼是文法和語意；現代邏輯對於各種內涵邏輯和模糊邏輯（fuzzy logic）等的研究成果等等。如何把這些內容適當地在普通邏輯課程裡加以介紹，是值得我們認真考慮的問題。（第 5 － 6 頁）

這段話比較集中地表達了王先生關於邏輯教學的看法。它大致可以分兩個部分：一部分與教學目的相關，另一部分與教學方式相關。邏輯教學的目的王先生談了兩個。從第一個目的來說，王先生認為應該介紹邏輯這門學科。這就表明，王先生是從學科的角度來談邏輯教學的。在王先生看來，邏輯研究的對象是演繹法，而「數理邏輯是演繹法在 20 世紀的新發展，它本身就是演繹邏輯」（第 23 頁）。因此，這裡所說的介紹邏輯這門學科，顯

然包括數理邏輯，至少不能排除數理邏輯。而從第二個目的來說，既然是為學習本學科和其他學科提供必要的預備知識，顯然就有一個問題：什麼樣的邏輯能夠達到這樣的目的？對於學習邏輯本身來說，傳統邏輯顯然無法滿足這樣的目的，因為它對學習現代邏輯根本沒有任何幫助。那麼對於學習其他學科來說，傳統邏輯能夠滿足這樣的目的嗎？此前王先生曾談到邏輯與其他學科的關係，他強調學習現代邏輯的重要性，甚至明確地說：「不懂關於演繹方法的現代研究成果，就不能很好地研究認識論和方法論問題」，「研究兒童思維的發展，也要懂數理邏輯，否則閱讀文獻就有困難」（第 5 頁）。基於這樣的說明可以看出，傳統邏輯顯然無法滿足這樣的目的。儘管王先生說的是「本學科或其他學科」，也就是說，他在談到邏輯和其他學科的時候用的是「或」字，因而把邏輯這門學科與其他學科區別開來，似乎表示只要滿足其中一個方面即可，但是，這會是王先生本人的意思嗎？從王先生的論述可以看出，對於認識論、方法論、心理學、語言學等學科的研究，如前所述，「不懂關於演繹方法的現代研究成果」是不行的，因為這樣就「不能很好地研究」它們，這樣「閱讀文獻就有困難」。對於其他學科尚且如此，難道對於邏輯學科本身來說可以「不懂關於演繹方法的現代研究成果」嗎？在我看來，王先生的意思很清楚，只有現代邏輯才能滿足上述目的。而要達到以上目的，僅僅像吸收論者那樣在傳統邏輯的基礎上吸收一些現代邏輯的成果，肯定是不行的。所以，從關於教學目的的論述來看，王先生不可能是吸收論者。

關於教學方式，王先生談到可以先講傳統邏輯，後講現代邏輯。這似乎可以表明，王先生是一個吸收論者。但是我依然不這樣認為。從王先生的論述口氣上，我們可以看出一些東西。首先，王先生非常強調上述目的，說它很重要。而在對於具體方式的說明中，「當然」一詞將這個目的弱化了許多，由此談到院系的不同、內容的不同和難易程度的不同等。而具體到內容上，一個「也」字則又弱化了許多。但是在這之後，「但無論如何」這一表

達又從不斷弱化轉而突出強調，而所強調的雖然是「吸收」現代成果的必要性，卻是再次回到邏輯教學的目的上來。而且，王先生接著又談了許多現代邏輯的重要成果。難道王先生主張什麼和強調什麼還不清楚嗎？這些情況表明，王先生的「弱化」是有底線的。正是由於有這種底線，他所強調的目的也就更加清楚。因此王先生絕不是一個吸收論者。

從王先生的論述還可以看出，他始終圍繞著或者基於邏輯這門學科來談論邏輯教學。他不否認傳統邏輯研究的對象也是演繹法，但是從學科的角度，他始終強調現代邏輯的重要性。在他看來：

【引文 9】數理邏輯是演繹法在 20 世紀的新發展，它本身就是演繹邏輯。因之從事演繹法研究的人，似乎不只是吸收數理邏輯成果的問題，而是要關心它，理解這門學科，研究這門學科，推動這門學科的發展和普及這門學科，使數理邏輯和形式邏輯能夠為四個現代化貢獻力量。（同引文 1，第 23 頁）

這顯然是主張現代邏輯，而不是要人們在傳統邏輯的基礎上吸收現代邏輯的成果，去建立所謂普通邏輯的科學體系。這裡所說的「從事演繹法研究的人」指的一定是從事邏輯的人，因此，這裡的主張是針對邏輯學界同仁的。認識到這一點，也就可以看出，王先生不是吸收論者。

王先生一生只留下一部著作，即《數理邏輯導引》。這是一部邏輯教材，內容分兩部分：一部分是一階邏輯，另一部分是數理邏輯簡史。前一部分是王先生多年教學所用的，後一部分內容則是出版時加的。如果說本文前面那些論述從理論層面上展現了王先生的教學理念，那麼這本教材則具體地從教學實踐上展現了王先生的教學理念。根據這部教材來理解，前一部分是邏輯教學的內容，大致相應於對邏輯學科的介紹，後一部分則展現了王先生所說的多介紹一些數理邏輯的成果。因此這部教材與王先生提出的兩個目的是一致的：它不僅介紹了邏輯這個學科的基本內容，還介紹了這個學科的最

新發展。一階邏輯是現代邏輯的基本內容,因此它確實可以為進一步學習邏輯提供基礎,又可以為學習其他學科提供幫助。究竟是王先生的教學理念導致王先生寫下這樣的教材,還是王先生的長期教學實踐形成他那樣的教學理念,乃是可以討論的,但是十分清楚的是,在王先生的教學理念和實踐中,核心的、不變的和始終如一的東西始終是現代邏輯。在我看來,即使在王先生的論述中也使用了「吸收」、「引入」、「反映」這樣一些字眼,但是從他的唯一一部著作和他一生的教學實踐來看,他不是一個吸收論者,而且他也不會是一個吸收論者。

順便說一下,王先生的教材是在 1982 年出版的,但是它的基本內容和框架早就形成了。1978 年我開始學邏輯時就是用的這本教材,那時它還是一個油印本。也就是說,當人們在 1980 年代以後大力倡導吸收論的時候,王先生早已實踐自己的邏輯教學理念幾十年了。如今差不多又有 30 年過去了。在紀念王先生百年誕辰之際,我們每一個從事邏輯教學的人,是不是應該認真地反思一下自己的教學理念和實踐呢?

四、邏輯觀

認識到王先生的教學理念是什麼固然重要,但是我們還應該進一步思考,為什麼王先生會有這樣的教學理念?只有認識到這一點,我們才會正確評價王先生的教學理念,並因而重視它和認真對待它。在我看來,王先生的邏輯教學理念是與王先生的邏輯觀分不開的,是王先生的邏輯觀促成了他那樣的教學理念。

如前所述,王先生談論邏輯教學改革基於學科和課程的區別。正是透過這種區別,他明確地說,邏輯研究的對象與演繹法相關。然後,他圍繞著演繹法談論了邏輯教學改革。由此大體可以看出,在王先生的論述中,邏輯觀發揮支配作用。

　　眾所周知，邏輯的發展經歷了傳統和現代兩個階段，因此談邏輯觀，就會有傳統邏輯和現代邏輯的區別。從前面的論述可以看出，王先生說的邏輯教學改革，主要就是引進現代邏輯，而他的教材也是講現代邏輯。因此，王先生顯然是主張現代邏輯的。簡單地說，王先生的邏輯觀以演繹法為基礎，而其中又以現代邏輯為基礎。

　　認識到這一點，也就可以看出，在王先生的論述中，他的邏輯觀始終在起作用。比如他認為，形式邏輯和歸納法都是學科的名字，作為學科，形式邏輯不宜包括歸納法，或者，把歸納法包括在形式邏輯中不妥當（引文1）。這顯然是認為，歸納法不是形式邏輯，兩者是不同的學科。這樣的論述非常清楚，用不著多做評論。

　　以上論述明顯與邏輯觀相關。此外，王先生也有一些論述，它們儘管與邏輯觀相關，卻不是那樣明顯。比如，王先生從學科的角度談論邏輯時非常簡單，只說它的對象是演繹法；而從學科的角度談歸納法就要複雜得多（引文1、2）。而且，由於說得過於簡單，似乎還產生一個問題：「演繹法」在學科的說明中是邏輯研究的對象，而在課程說明中由於與「歸納法」並列也成為學科的名稱。這是為什麼呢？在我看來，這大概是因為王先生認為演繹法的意思是自明的，因而無論從課程還是學科的角度看，無論是以它來說明學科還是用它做學科的名字，都不會有什麼問題，至少對於研究邏輯的人來說是如此。我也認為確實是如此，至少應該如此。又比如，王先生不贊同把邏輯課的目的看作為了提升思維的邏輯性和增進說話和作文的表達能力。他認為這種看法容易被片面理解，因而限制邏輯課的作用（引文5）。為什麼會這樣，他沒有說。我認為，他之所以沒有說，大概是因為在他看來，這是顯然的。我也認為這是顯然的。只要看一看邏輯這門學科的性質就會知道，這樣看待邏輯肯定是很成問題的。

　　我加入關於邏輯教學的討論是在 1990 年代。那時，我沒有認真讀王先

生的論文，也不太重視王先生的邏輯觀。現在重讀王先生的文章，我感到非常親切。我發現，我的許多觀點，王先生其實早有論述，我不過是在重複王先生的看法。我也發現，王先生的論述，無論從方式上，還是從語氣上，要比我溫和得多。比如，王先生說，「從事演繹法研究的人，似乎不只是吸收數理邏輯成果的問題」，而是要關心、理解、研究、普及這門學科，要推動它的發展（引文 9）。邏輯研究什麼，應該如何研究邏輯，王先生無疑是非常清楚的。基於邏輯學科，邏輯教學應該如何進行，王先生肯定也是非常清楚的。但是王先生卻對學界同仁說「似乎」該怎樣怎樣。面對這樣的論述，即使不贊同王先生觀點的人大概也會心裡舒坦。再比如，王先生說過「不懂」現代邏輯會怎樣怎樣，但是這似乎只是對邏輯以外的其他領域說的，因而針對的似乎不是邏輯學界。聽到這樣的論述，那些不懂或不太懂現代邏輯的邏輯同仁很可能會不以為然，但是他們絕不會覺得受到傷害，因而不會憤憤不平。還有，儘管王先生主張現代邏輯，強調現代邏輯，但是他不說用現代邏輯取代傳統邏輯，只說「吸收」現代邏輯的成果，而且有時還以「似乎」這樣的口氣弱化這一要求。對於這樣的論述，即使主張傳統邏輯的人大概也是會樂得接受的。王先生的論述也許與他個人表達問題的方式有關，也許受到他所處時代的影響。但是在我看來，在與邏輯這門學科相關的問題上，王先生始終是清楚的，從來也沒有含糊。

王先生的邏輯觀是清楚的，他的邏輯教學理念也是清楚的。王先生讓我們認真思考在邏輯教學中如何介紹現代邏輯的內容，在我看來，這實際上是讓我們思考，如何在教學中落實一種正確的邏輯觀。邏輯教學是基礎課，正由於這一點，它所面對的就不是一個院系，而是各種各樣的院系。身為教師，針對自己承擔的課程，面對不同專業的學生，我們有責任思考如何把邏輯教好。王先生身在哲學系，為我們提供了一種如何把邏輯教好的認識。這絕不是唯一的方式，一定還有、還會有、也應該還有其他不同的方式。但是，「無論如何」，借用王先生的話說，「改革和提升是必須的，吸收現代

邏輯的成果是必要的」（引文 8）。在 30 多年後的今天，我認為，提法還是王先生的提法，基礎卻應該不同了，因為我們應該有所進步，還應該不斷進步。這就是說，無論如何，我們應該在一階邏輯的基礎上，更多地介紹現代邏輯的成果，把我們的邏輯教學搞得更好。

我贊同王先生的邏輯教學理念，我贊同王先生的邏輯觀。

（原載《畢節學院學報》2010 年第 10 期）

---

(1)　王憲鈞：〈數理邏輯和形式邏輯 —— 在一九七八年全國邏輯討論會上的發言〉，載《邏輯學文集》，長春，吉林人民出版社，1979 年，第 20 － 21 頁。引文中省略部分是關於歸納法性質的論述。我們不討論王先生觀點的對錯，因此只引王先生所得與區別相關的結論。

(2)　王憲鈞：〈邏輯課程的現代化〉，載《全國邏輯討論會論文選集》，北京，中國社會科學出版社，1981 年，第 1 頁；以下引文只注頁碼。這段話比前一段話更簡單明瞭，內容則有些重複。援引它是為了準確地反映王先生的思想。

(3)　我曾經專門批評過批判性思維論者的這些觀點。參見王路：〈關於批判性思維的批判〉，《西南大學學報》2009 年第 3 期。又見王路：《邏輯方圓》，北京，北京大學出版社，2009 年，第 201 － 216 頁。

(4)　我所說的吸收論，指的是這樣一種觀點，即主張在傳統邏輯的基礎上，吸收現代邏輯的一些成果，建立普通邏輯的科學體系。我曾專門撰文批評過這種觀點，因而不再多說。參見王路：《邏輯的概念》，北京，商務印書館，2000 年；〈再論「必然地得出」〉，載《邏輯方圓》，北京，北京大學出版社，2009 年，第 188 － 200 頁。

第三章　批判性思維的批判

　　10 年前我的一篇文章[1]招致許多批評，被稱為引發了關於中國邏輯教學的第三次大討論。那次討論表面上是吸收論（主張以傳統邏輯為基礎，吸收現代邏輯的一些成果，建立所謂普通邏輯的科學體系）和取代論（主張在邏輯教學中用現代邏輯取代傳統邏輯）之爭，實際上卻是堅持傳統邏輯還是提倡現代邏輯這兩種邏輯觀之爭。近年來，在談論邏輯教學的文章中，關於取代論和吸收論的爭論似乎不多了，但是出現了一種批判性思維論。不少人認為應該研究批判性思維，應該開設批判性思維課程，有人甚至把它稱為一場「革命」，並且明確地說，批判性思維「向原有的邏輯觀念和原則提出了強有力的挑戰」[2]。在我看來，批判性思維論表面上似乎僅僅涉及邏輯課程的設置或改進，歸根結柢還是邏輯觀的問題。本文想針對批判性思維論談一談不同看法。不當之處，希望大家批評指正。

一、邏輯與批判性思維

　　提倡批判性思維，提出開設一門叫做「批判性思維」的課程，就要告訴人們什麼是「思維」，什麼是「批判性」，什麼是由此合成的「批判性思維」。邏輯研究過去曾長期使用「研究思維形式和規律」的說法，因此關於「思維」有過許多討論。熟悉這些討論的人一般知道，「思維」這個概念是不太清楚的，或者是不太容易說清楚的。隨著心理學和認知科學的發展，關於「思維」有了許多專門的說明，人們對思維科學也有了比較專門的認識。同時，隨著邏輯的發展，人們對邏輯也有了比較專門的認識，一般認為邏輯是研究有效性推理的科學，而不再使用「思維」這一概念來定義和說明

邏輯。在這種情況下，重新使用「思維」這樣一個概念來命名邏輯課程或學科，不管怎樣考慮，難道不是以一種不清楚的東西取代原本清楚的東西嗎？

用「批判性」來修飾思維，在我看來，一直是怪怪的。思維本身是一種非常複雜的活動，它的最主要特徵大概是思考和認識。這一點，也許在亞里斯多德的名言 —— 求知是人類的本性 —— 中得到最好的展現。我認為，這種認識和思考本身就是批判性的。我想不明白，什麼樣的思維不是批判性的，是「盲從」、「盲目性」、「僵化」等這樣的（以及許多其他類似）用語所修飾的「思維」嗎？在我看來，即使盲目或僵化的思維也會是批判性的，因為所謂盲目或僵化，一般是因為思考問題時預設了太多或太強的前提。這樣的預設同時也就是對其他許多前提的排斥，因此也是批判性的。所以，人們既可以把提倡反思（reflective thinking）的杜威看作批判性思維之父[3]，也可以堅持至今「沒有一個公認的統一的批判性思維定義」，「人們使用『批判性思維』這一術語時，往往是含混的，甚至是不一致的」[4]。我完全能夠理解這種情況，而且我認為，這種情況會一直繼續下去，這大概是沒有辦法的事情。

批判性思維，顧名思義，與邏輯應該沒有什麼關係，但是實際上卻不是這樣。比如，有人「基於批判性思維的理念」來談論「邏輯思維素養」[5]，有人似乎認為，現代邏輯的發展與日常推理之間的距離越來越遠，批判性思維是擺脫這種困境的唯一方式[6]，也有人「對『普通邏輯』課程進行改革，……逐漸向『批判性思維』過渡，……開設『邏輯與批判性思維』課程」[7]，而且「許多中國著名大學都以邏輯學為基礎，紛紛開出了批判性思維課程」[8]。有人甚至明確地說：「一個對高等教育感興趣的數理邏輯專家，一定會饒有興趣地面對傳統形式邏輯的通識化演革。」[9]從這些論述可以看出，在理論上，批判性思維與邏輯密切相關，至於是以它來引導邏輯，還是以邏輯作它的基礎，似乎是見仁見智的事情。但是在實踐上，作為一門課程，它似乎是要取代邏輯的。

　　談論批判性思維，似乎總要談到非形式邏輯。有人認為，批判性思維是非形式邏輯的一種叫法，並且不贊同以「批判性思維」作為學科的名字，而主張用「非形式邏輯」這個名稱，認為用這個名稱可以顯示這個學科還是屬於邏輯，而且可以與形式邏輯區別開來[10]。這似乎表明，非形式邏輯與批判性思維具有相同的內容，區別不大。也有人認為，兩者既相互緊密連繫又有一定區別[11]，不能把兩者等同起來，否則會把兩者各自「限制到一個狹小範圍之內」[12]。還有人認為，不能把兩者不加區別地使用，因為這是心理學家、教育家和哲學家不會同意的，他們對批判性思維有各自不同的定義[13]。在我看來，這些不同看法是可以理解的。「非形式邏輯」這個名稱的出現可能還要早於「批判性思維」，但是它的初衷大概與後者有許多相似之處。從字面上看，前者勢必要涉及「形式邏輯」這門成熟的學科，它的主要特徵在「非」字上，正是由於這個詞，人們可以根據自己的理解來談論邏輯、邏輯的發展，以及邏輯教學等。這些談論的特徵是：一方面超出邏輯的範圍，另一方面又掛靠或者不得不掛靠在邏輯這門學科上。「批判性思維」則不同，它不用考慮「非形式邏輯」中的「非」字帶來的那些麻煩和制約，而且由於字面上沒有「邏輯」一詞，因此它可以徹底地擺脫「邏輯」之名所帶來的限制。當然，這樣一來，批判性思維也就不再是邏輯學家談論的專利了。

　　綜上所述，中國批判性思維論者主要是從事邏輯教學的人。但是，他們所談論的卻是一種不是從事邏輯的人也在談論並且可以談論的東西。在我看來，即使可以算一項研究的話，批判性思維也不會成為專門的邏輯研究。如果可以作為一門課程的話，它也不會是邏輯課程。問題是，批判性思維論者是在主張、提倡並且在實踐中用它來取代邏輯課程。想一想，這是在幹一件什麼樣的事情呢？

二、傳統邏輯與現代邏輯

　　儘管不同專業領域的人可以從不同角度談論批判性思維，但是從事邏輯教學的人卻會認為，「邏輯是批判性思維的理論基礎」[14]。仔細閱讀相關論著，可以看到批判性思維論者有關邏輯的論述有兩個明顯的特徵：一個是強調傳統邏輯的重要性，另一個是批評現代邏輯脫離日常思維實踐。由於這個問題牽涉到邏輯的觀念和理論，因此值得認真對待。

　　有人認為，傳統邏輯與現代邏輯「有一個重要區別：前者著眼於日常邏輯思維，後者關注邏輯思維的一般性質與規律」[15]。基於這種區別，由於「與日常邏輯相關的邏輯學知識……是邏輯學知識的傳統部分，是傳統的形式邏輯……以傳統的方式……覆蓋和闡述的知識內容」[16]，因此得出傳統邏輯適合，而現代邏輯不適合日常邏輯思維似乎是很自然的結論。所以，傳統邏輯的知識「用句誇張的話說，不多不少，正是日常思維所涉及的；恰恰是傳統邏輯而不是現代邏輯對這些知識的處理方式，符合日常思維的習慣」[17]。

　　這種看法有許多不清楚的地方，比如，既然現代邏輯關注的是邏輯思維的一般性質與規律，怎麼會與日常邏輯思維無關呢？如果不能涵蓋日常邏輯思維，又怎麼會展現出邏輯思維的一般性質與規律呢？再比如，「不多不少」，「恰恰」，這些都是精確的表達，怎麼又成了「誇張」呢？還有，什麼叫「邏輯學知識的傳統部分」？是傳統邏輯本身呢還是在傳統邏輯中還有一個傳統的部分？這裡我不想討論這些問題，而只想討論其中提到的兩點，一點是邏輯的知識，一點是邏輯對知識的處理方式。

　　以矛盾律為例。批判性思維論者認為，在現代邏輯中，矛盾律只是一條定理，是一個重言式，而在傳統邏輯中，這是一條很重要的思維規律。要正確理解和運用矛盾律，絕非僅憑重言式的理解能夠奏效的[18]。這話字面上不錯，但是用來說明傳統邏輯和現代邏輯的區別，為上述觀點辯護，卻是有問

題的。從知識的角度說，傳統邏輯把矛盾律表達為：並非 A 且非 A（或者：一事物不能既是 A 又不是 A），現代邏輯把它表達為：¬(A ∧ ¬A)。因此，說傳統邏輯覆蓋日常思維固然不錯，但是怎麼能說現代邏輯的知識與日常思維無關呢？在我看來，現代邏輯不僅提供了關於矛盾律的知識，而且在這方面遠遠超過傳統邏輯所提供的知識。例如，在一階邏輯中，與矛盾律相關有一條定理：A ∧ ¬A → B。這條定理告訴我們，從矛盾可以得出一切。因此它實際上可以告訴我們，在推理中不能從矛盾的前提出發，甚至更普遍地，不能從假的前提出發。我們還知道，B → A ∧ ¬A 不是邏輯定理。由此我們知道，如果推出矛盾，則推理可能不是有效的。此外，由於有 (¬A → B) ∧ (¬A → ¬B) → A 這條定理，因而我們知道，如果從一個東西的否定推出矛盾，則這個東西本身成立。這些例子顯然與日常思維相關，而且有助於我們更好地認識日常思維中相應的情況。這就表明，現代邏輯不僅提供了與日常思維相關的知識，而且提供了傳統邏輯所沒有和無法提供的知識。以上僅是與矛盾律相關的幾例情況，並不是全部情況。但是由此確實可以看出，與現代邏輯相比，傳統邏輯所覆蓋的邏輯知識不僅不是「不多不少」，而是少而又少。「不多不少」這個說法確實是「誇張」得太大了。

在現代邏輯中，以上提到的與矛盾律相關的幾個符號表達式有的是重言式，有的不是重言式。以上討論基於對它們的理解。我想問：這樣的理解難道會無助於正確地理解和運用矛盾律嗎？傳統邏輯中沒有這樣的表達式，因而不會有對這樣的表達式的理解。沒有這樣的理解難道反而會有助於正確地理解和運用矛盾律嗎？

「並非 A 且非 A」與「¬(A ∧ ¬A)」的表達方式是不一樣的。這大概就是上述觀點所說的「處理方式」。直觀上看，傳統邏輯在處理上使用了符號，由此我們可以比較清楚地看出矛盾律的形式和結構。現代邏輯也使用了符號，而且是全部採用符號，由此我們得到了關於矛盾律的形式化的表達。我不明白為什麼前一種處理方式符合日常思維習慣，而後一種方式就不符合

日常思維習慣。在我看來，這裡根本就不存在著符合不符合日常思維習慣的問題。表達和刻劃矛盾律，可以有不同的方式。傳統邏輯是一種方式，現代邏輯也是一種方式。用符號來表達，則是它們的共同方式。在這一點上，現代邏輯比傳統邏輯走得更遠一些，也僅此而已。同樣是用符號來表達，怎麼會有符合和不符合日常思維方式的區別呢[19]？其實，區別主要不在這裡，而在於使用不同的方式來刻劃矛盾律，最後得到了不同的結果，正是由於結果的不同，人們才對矛盾律獲得了不同的認識。

矛盾律僅僅是一個例子，再舉一個常識性的例子。三段論第一格第一式在傳統邏輯中表達為：MAP，SAM，所以，SAP。在一階邏輯中，它的表達是：$\forall x(Mx \to Px) \wedge \forall x(Sx \to Mx) \to \forall x(Sx \to Px)$。也就是說，對這同一種日常思維方式，我們有兩種不同的表達或處理方式。前者除了「所以」一詞外，都是用符號表達的，若是以橫線（傳統邏輯中通常的表達方式）表達，則也完全是符號表達。怎麼能說前者的處理方式符合日常思維的習慣而後者的處理方式不符合日常思維的習慣呢[20]？

現代邏輯的基礎部分是一階邏輯，其中最主要的內容是量詞。這部分內容牽涉到對謂詞和個體的刻劃，包括關於性質和關係的描述。我們知道，透過關於個體的刻劃，透過關於量詞和量詞域的刻劃，一階邏輯使我們可以描述和刻劃關係，因而可以描述和刻劃與關係相關的推理實踐。這正是現代邏輯突破傳統邏輯最主要的地方，無論是作為知識還是作為方法。簡單而具體地說，日常語言有表示關係的名詞，比如父母、兄弟、姐妹、師生、朋友等等，有表示關係的動詞，比如愛、喜歡、看、聽、唱、打、給等等，有表示關係的介詞，比如在……之上、中、下、左、右、內、外等等。這樣的表述在日常語言中非常多。我想問的是，與這些語言相應的日常思維難道會少嗎？這樣的日常思維難道會不涉及邏輯嗎？對日常語言中的這些表達，對與之相應的思維活動，對它們所涉及的邏輯，批判性思維論者究竟是看不到呢還是視而不見呢？例如，「劉備是關羽的大哥」表達的是關係，「劉歡喜歡

通俗歌曲」表達的也是關係；「事物是相互連繫的」表達的是關係，「歷史總是驚人的相似」表達的還是關係。而且，它們還是幾類不同的關係，既有兩個名字所指稱的對象之間的關係，也有一個名字所指稱的對象和一類個體域的對象之間的關係，還有兩個不同的個體域中的對象之間的關係。難道這樣的表達不會成為日常推理的部分嗎？難道它們真的會不涉及邏輯嗎？對這樣的問題的認識難道會是傳統邏輯告訴我們的嗎？我不這樣看。實際上，恰恰是現代邏輯使人們認識到傳統邏輯無法描述和刻劃關係命題，在遇到這樣的命題時，傳統邏輯要不是無能為力，就是總出問題。特別是，這一點如今已是常識。因此我不禁要問：日常思維難道會不涉及關係嗎？或者，與關係相關的日常思維難道會不重要嗎？缺少這一部分知識的邏輯難道會「不多不少」覆蓋日常思維所涉及的知識嗎？

三、理念與課程

過去的吸收論認為，應該在傳統邏輯的基礎上吸收現代邏輯的成果，逐步建立普通邏輯的科學體系。我對這種建立科學體系之說持批評態度，因為在我看來這樣的東西是沒有的，而且，既然有了現代邏輯，就應該把這樣的知識完整地教給學生，像普通邏輯那樣的東西是不值得搞的。

現在的批判性思維論者承認，「如果把課程目標定位於傳授邏輯學基礎知識，傳統形式邏輯完全應該被現代邏輯取代」[21]。但是他們認為，應該區別出邏輯知識與邏輯思維素養，而「邏輯思維素養就是邏輯思維能力」，「知識不等於能力；能力培養重於知識傳授」[22]；由於可以如上所述區別出傳統邏輯涵蓋的知識與處理知識的方式，因此「掌握這些邏輯知識，不等於具備邏輯思維素養」[23]。所以，為了培養邏輯思維素養，還是回到傳統邏輯去，因為它「不多不少」涉及了日常思維所涉及的邏輯知識，並且它對這些知識的處理方式「恰恰」符合日常思維的習慣。表面上看，批判性思維論者

與吸收論者的看法似乎不同，但是在實際上，他們卻依然是回到傳統邏輯。所以，批判性思維論者的問題，歸根結柢，還是過去的老問題，即在大學邏輯教學中究竟是堅持傳統邏輯還是主張現代邏輯。它們的實質還是一個邏輯觀的問題。

　　我認為，「批判性思維」是一個不清楚的概念，「思維素養」和「思維能力」也是一些不太清楚的概念。我還認為，這種素養和能力的區別沒有什麼意義。退一步說，假定它們的含義和區別是「清楚」的，我仍然要問，如果不是透過邏輯知識的傳授，所謂邏輯素養又是如何培養的呢？確切地說，無論是邏輯的素養還是能力，為什麼要透過邏輯教學才能獲得呢？而只要是需要透過邏輯教學才能獲得的東西，若不是透過邏輯理論本身的傳授和學習，又會是什麼呢？誰敢說一個沒有學過邏輯的學生沒有邏輯思維的素養和能力呢？也許批判性思維論者敢。我是不敢這樣說的，而且我認為，一個沒有學過邏輯的同學肯定有邏輯思維能力，而且他或她的這種能力不見得就比一個邏輯教師差。在我看來，邏輯教師能夠教給學生的是邏輯理論和邏輯理論的運用。這種理論的學習，使學生在知識結構中有這樣一種叫做邏輯的東西，因而使學生能夠從這種叫做邏輯的東西出發看問題和處理問題，也使學生在將來工作中運用自己知識結構的時候，這一部分知識能夠起作用。無論這種作用是直接的還是間接的，是具體的還是潛移默化的，都沒有關係。這就是素養教育的作用。正因如此，我們才應該把現代邏輯教給學生，並且把它作為一個整體教給學生。

　　關於邏輯教學，我認為，至少有幾個問題應該認識清楚。一個是邏輯學科的地位。邏輯是大學教學中的基礎課、必修課或選修課，已經有兩千多年的歷史。這說明邏輯重要，人們也認為它重要。這種地位是邏輯自身的內在機制決定的，是由這門學科自身的形成和發展決定的。作為一個教師能夠在大學中教邏輯，是因為有這樣一個「崗位」。因此，在這樣一個位置上，就應該認真地教邏輯，並且使這種邏輯教學名副其實。

　　另一個問題是傳統邏輯與現代邏輯的區別。兩者之分是由於邏輯自身的發展而形成的，這種區別確實重大，而且是根本性的。既然在邏輯的崗位上教邏輯，就應該知道這種區別、正視這種區別、認識這種區別，並且以科學的態度對待這種區別。在我看來，過去的吸收論，本文所談到的批判性思維論，在對這種區別的認識上都是有問題的。我認為，對待這種區別的認識，實際上也是對邏輯的認識，即我所說的邏輯觀。含糊而形象地談論什麼「大邏輯觀」和「小邏輯觀」，從道德層面上講什麼「寬容」和「不寬容」，掩蓋不了邏輯觀本身的問題，也解決不了邏輯自身的問題，消除不了邏輯自身這種根本性的區別。

　　還有一個問題是邏輯教師的知識結構問題。由於在邏輯職務上，就要教邏輯。由於有傳統邏輯和現代邏輯的區別，因此同樣是教邏輯的人，對邏輯的學習和掌握自然也會有區別。由於涉及人，這個問題過去一直談得比較少。其實這是一個無法迴避的問題。它雖然隱藏在有關邏輯教學討論的背後，卻直接關係到對邏輯的認識和理解，因而也關係到甚至從根本上左右了關於邏輯教學的討論。

　　最後一個問題是邏輯的教學與改革的問題。邏輯是大學裡的課程，主要是基礎課，因此應該按照它的設置構想來教學。在這種意義上，過去教傳統邏輯，現在教現代邏輯（主要是一階邏輯），都是自然的。因為這符合邏輯這門課程的設置和要求。現代邏輯取代傳統邏輯是自然的，原因在於兩者之間的區別。這種取代是不是一種改革姑且不論，它至少符合邏輯這門課程的設置和要求。眾所周知，一階邏輯是比傳統邏輯更先進的東西，因此這種取代是邏輯教學的一種進步。此外，一階邏輯是非常成熟的東西，這種取代也符合邏輯作為一門基礎課的性質和要求。我認為，邏輯課不是不可以改革，但是無論如何改革，在邏輯教學中還是應該教那些比較成熟和規範的東西，教那些更科學、更先進的東西。

　　認識到以上幾個問題，有助於我們明白一個邏輯教師應該做什麼。首先，他或她應該在那裡教邏輯，而不應該教不是邏輯的東西，更不應該以不是邏輯的東西來取代邏輯。其次，他或她應該教現代邏輯，而不應該教傳統邏輯；如果只能教傳統邏輯，就應該努力學習現代邏輯，爭取早日或逐步教現代邏輯。若是做不到這一點，那麼也應該透過學習現代邏輯來改進傳統邏輯教學，比如把其中那些不是邏輯的東西去掉，把其中那些錯誤的東西糾正過來。再次，他或她在邏輯教學中可以考慮也應該考慮對象，即不同專業和背景的學生，結合學生的一些專業特點想方設法使學生學好邏輯。所謂學好邏輯，在我看來，主要有兩個要求，一個要求是建立起邏輯的觀念，即明白什麼是邏輯；另一個要求是掌握邏輯的技術。而且，邏輯的觀念是透過學習和掌握邏輯的技術而建立起來的，並且隨著不斷學習和掌握邏輯的技術，越來越牢固地樹立這種觀念。[24] 最後，邏輯教學實際上主要是個人的實踐。邏輯課是公設的，但是教邏輯的人有自己的知識結構，按照自己對邏輯的理解在從事邏輯教學。問題是，我們的邏輯教學是不是名副其實？是不是對得起我們面對的學生？

　　順便說一下，我不太贊同教邏輯的老師總在那裡談論邏輯教學改革。一門基礎課，而且是具有科學性的基礎課，怎麼可能總在那裡改來改去呢？邏輯是成熟的東西，該教什麼，實際上是用不著討論的。我主張用現代邏輯取代傳統邏輯，是因為在我看來這應該是常識，但是由於認識的差異，它在人們的認識中卻不是常識，因此才需要強調一下。當然，為了做好邏輯教學，討論一下邏輯教學的改革也不是不可以，但是不管怎樣討論，總是應該基於現代邏輯，在現代邏輯的基礎上向前發展，而不應該以這樣或那樣的方式回到從前。這裡，我想就我自己的所謂「取代論」再多說幾句，因為我覺得人們對我的觀點有一些誤解。我確實主張用現代邏輯取代傳統邏輯，但是我強調的是在哲學系。這是因為現代邏輯的產生和發展極大地影響了現代哲學，不學習現代邏輯，根本看不懂現代哲學的許多論著，無法理解當代許多重大

哲學問題的討論。因此在理論上，我的態度是鮮明的，在實踐上，我的態度是謹慎的。相比之下，批判性思維論者走得要遠得多。因為他們是把批判性思維作為普遍性的東西來說的，並且是從邏輯學科定位的角度來論證的。我反對這樣的東西，一如我反對吸收論。我認為，教這樣的東西，對學習哲學的學生是沒有什麼用的。即使超出哲學系，我也看不出這樣的東西會有什麼作用。

中國學界一直比較推崇美國人科比（I. M. Copi）和他的《邏輯導論》，就以他為例。1986 年他出了一本書叫《非形式邏輯》。他在序中說：「在我看來，一門非形式邏輯課程或更通常的邏輯導論不僅可以用來做批判性思維的學期課程（terminal course），而且可以用來做更專門或更高等邏輯課程的適當準備。非形式邏輯和邏輯導論各自絕不應該被看作另一方的準備或預備知識。因此我毫不遲疑地把我更早的《邏輯導論》教材中的非形式部分融入這本非形式邏輯教材的材料之中。」[25] 從這段話至少可以看出科比關於非形式邏輯的幾點看法：其一，它可以取代批判性思維；其二，它是更高等邏輯的適當準備；其三，它不應該被看作邏輯導論的準備或預備知識；其四，它的內容與科比的《邏輯導論》的一部分內容重合。這裡，我不準備深入探討和評價這些看法是不是有道理，而只想提出幾個問題：什麼是「更高等邏輯」？為什麼非形式邏輯可以做「更高等邏輯」的準備，而不能做邏輯導論的準備？為什麼他的《邏輯導論》的一部分內容可以直接用來做非形式邏輯的內容？還有，為什麼他以「或」這個聯結詞把他的非形式邏輯與邏輯導論並列起來，並且並列地談論它們與批判性思維和更高等邏輯課程的關係呢？在我看來，這些問題是顯然的，思考它們不僅有助於我們對非形式邏輯的認識，因而有助於我們對批判性思維的認識，而且有助於我們對科比這本備受青睞的《邏輯導論》的認識。

前面我們曾提到批判性思維論者的一段話：「一個對高等教育感興趣的數理邏輯專家，一定會饒有興趣地面對傳統形式邏輯的通識化演革。」再以

這段話為例。這裡所謂的通識化演革就是指轉變為批判性思維。無論此話是不是有道理，從它肯定可以得出：一個數理邏輯專家若不是饒有興趣地面對批判性思維，就不會對高等教育感興趣。有人可能會問：怎麼能得出這樣的認識呢？而我想問的是，得出這樣的認識，以及對這一點的認識和分析，究竟是依據傳統邏輯的知識還是依據現代邏輯的知識呢？在我看來，從這段話得出這樣的認識大概是很自然的。但是我還想問：找出幾個數理邏輯學家，他們對批判性思維不感興趣，但是對高等教育感興趣，難道會是一件困難的事情嗎？我還想請批判性思維論者思考，能夠得出這樣的認識，是不是一種「批判性思維」呢？

（原載《西南大學學報》2009 年第 3 期，發表時題目為〈關於批判性思維的批判〉，現恢復原標題）

(1)　王路：〈論我國的邏輯教學〉，《西南師範大學學報》1999 年第 2 期。

(2)　參見吳堅：〈批判性思維：邏輯的革命〉，《邏輯》，中國人民大學書報資料中心，2008 年第 1 期，第 60 頁。

(3)　參見熊明輝：〈試論批判性思維與邏輯的關係〉，《邏輯》，中國人民大學書報資料中心，2006 年第 4 期，第 59 － 60 頁。

(4)　同上文，第 60 頁。

(5)　陳慕澤：〈邏輯學與通識教育〉，《邏輯》，中國人民大學書報資料中心，2008 年第 6 期，第 21 頁。

(6)　參見吳堅：〈批判性思維：邏輯的革命〉，《邏輯》，中國人民大學書報資料中心，2008 年第 1 期，第 61 頁。

(7)　谷振詣、劉壯虎：《批判性思維教程》，北京，北京大學出版社，2006 年，第 1 頁。

(8)　熊明輝：〈試論批判性思維與邏輯的關係〉，《邏輯》，第 60 頁。

(9)　陳慕澤：〈邏輯學與通識教育〉，《邏輯》，第 22 頁，其中所說的「通識化演革」，

就是指轉變為批判性思維。

(10)　參見楊武金：〈論非形式邏輯及其基本特徵〉，《邏輯》，中國人民大學書報資料中心，2008 年第 1 期，第 57 頁。

(11)　參見崔清田、王左立：〈非形式邏輯與批判性思維〉，《邏輯》，中國人民大學書報資料中心，2002 年第 6 期，第 13 頁。

(12)　熊明輝：〈試論批判性思維與邏輯的關係〉，《邏輯》，第 61 頁。

(13)　參見同上文，第 59 － 61 頁。

(14)　參見熊明輝：〈試論批判性思維與邏輯的關係〉，《邏輯》，第 62 頁。

(15)　陳慕澤：〈邏輯學與通識教育〉，《邏輯》，第 20 頁。

(16)　同上。

(17)　同上文，第 21 頁。

(18)　參見同上文，第 20 頁。

(19)　我曾經比較詳細地討論過這個問題。參見王路：〈邏輯與自然語言〉，《求是學刊》2008 年第 3 期。

(20)　參見王路：《邏輯與自然語言》。

(21)　陳慕澤：〈邏輯學與通識教育〉，《邏輯》，第 21 頁。

(22)　同上文，第 20 頁。

(23)　同上文，第 21 頁。

(24)　我自己關於邏輯的觀念與技術的統一展現在我所寫的教材《邏輯基礎》（人民出版社，2004 年、2006 年）中。除教學以外，我認為，在邏輯研究中也存在著邏輯觀念的問題。參見王路：《邏輯的觀念》（商務印書館，2000 年）。

(25)　Copi, I. M.: *Informal Logic*, Macmillan Publishing Company, 1986, p.viii.

第四章　批判性思維再批判

　　過去一、二十年中國學界一直有人從事批判性思維研究，鼓吹在大學教授批判性思維課程，甚至提出以此改革、取代邏輯教學。2013 年我應邀參加了一個關於批判性思維的研討會，看到並體驗到關於批判性思維的鼓吹越演越烈：成立批判性思維教學學會，出版電子專刊，舉辦批判性思維講習班，教授如何傳授批判性思維，鼓吹把批判性思維列入大學通識教育。尤其是看到一些年輕的邏輯學專業畢業的青年教師盲目地追隨這一趨勢，我確實感到存在一些問題。下面我想有針對性地談一談自己關於批判性思維的看法[1]。

一、批判性思維與通識教育

　　批判性思維論者的一個主要論證是把批判性思維與通識教育連繫起來，認為它屬於通識教育，而不是專業教育。因此，要設立一個以批判性思維命名的課程，也是一門通識課程，而不是專業課程，理由是大學教育應該以批判性思維為基本目標。這樣似乎從必要性的高度確立了批判性思維的重要性。批判性思維是不是必要的，與通識教育是不是有連繫乃是可以討論的。但是，上述看法把通識教育與專業教育割裂分開則是錯誤的。在我看來，批判性思維是一個理念，而不是一個專業或學科。同樣，通識教育也是一個理念，而不是一個專業或學科。區別在於，通識教育的理念是透過專業和學科來實現的，這一點不僅明確，而且也是長期以來的教育實踐：學生上大學要報一個專業，在大學裡上的也是專業課。而批判性思維這一理念則不是明確的，因而它如何能夠實現也是不明確的。直觀上可以問，如果能夠透過以一門課程的方式來實現，那麼它還能作為一種理念而實現嗎？為了說明這個問

題，我們應該首先說明什麼是通識教育。

通俗地說，大學本科教育就是通識教育，這種教育的主旨不是培養一個人有什麼專業水準和能力，而是建立和塑造他或她的知識結構，使之具備未來應付社會需要的基本素養和能力。本科教育與研究生教育形成根本區別，後者強調專業水準和能力（碩士與博士教育又有不同要求）。然而一個基本事實是，無論中國還是國外，不管叫什麼（博雅、通才、liberal arts），通識教育都是以專業或學科為基礎的。也就是說，通識教育不強調專業教育，卻是要透過專業教育來進行的 (2)。試想一下，無論是學習數理化文史哲等文理課程，還是學習音樂、繪畫等藝術課程，哪一門不是透過專業課程的方式進行的呢？這裡的區別僅僅在於，同樣是專業課，但是對專業的強調是不一樣的。由此形成的是理念的差別，亦即通識（或本科）教育與專業（或研究生）教育的區別。或者反過來說，由於這種理念的不同，因而形成本科與研究生教育的區別。所以，通識教育只是一種大學理念，而不是一個學科或專業。大概世界上沒有一個大學會開設一門以「通識」命名的課程，也沒有一個大學會成立一個以它命名的學院 (3)。

在批判性思維論者的相關論述中，經常可以看到引述國外期刊、學會團體、著名大學校長、知名教授談論批判性思維如何重要，這些論述無不把批判性思維與通識教育連繫起來。比如：

【引語1】從世界高等教育大會（1998，2009）到各國教育行政機構的高等院校，都把批判性思維規定為高等教育的目標之一。美國批判性思維專家保羅等1997年的一項調查也表明，89%的教員認為，批判性思維應該是高等教育的基本目標。實現這個目標除了在專業教育中滲透批判性思維之外，更重要的是在整個通識教育中貫穿批判性思維。(4)

這段話明確表明，批判性思維是一種高等教育的目標，即一種理念。理念與專業無疑是不同的。「在專業教育中滲透批判性思維」表明了兩者之間

的關係，即在具體教學中展現批判性思維的理念。最後一句大概是為了落實到通識教育上來，「貫穿」與「滲透」的區別大概是修辭的，沒有什麼新的意思。引人注意的是這裡的統計數字，它確鑿地佐證：絕大多數教員贊同這一目標。教員是教育的主體，因而教育主體的認識與教育目標是一致的。

說法是不錯的。數字似乎也很有說服力。但是我想問：他們難道不是教授數理化文史哲等不同專業的教師嗎？或者，他們之中又有多少是教批判性思維的呢？所以，這實際上告訴我們，即使樹立了批判性思維這一目標，也一定要透過數理化文史哲這樣一個個具體的專業教學來實現。一個大學教師可以贊同大學的目標是批判性思維，但終究還是該教什麼就教什麼。或者，無論一個教師教什麼，儘管所教專業課程字面上與批判性思維完全不同，但是這並不妨礙他或她可以贊同批判性思維這一理念，相信透過自己的專業教學可以實現這一目標。舉例來說，清華大學的校長們贊同並總是談論「自強不息、厚德載物」。清華校訓展現了一種理念，它一定要透過清華教師來實現，確切地說，要由他們透過日常具體的專業教學來實現。我不知道清華校長們是不是贊同批判性思維，是不是把它看作清華教育的基本目標。但是，假如必須把批判性思維當作教育的基本目標，他們也一定會說清華校訓和教學與這一目標是一致的，因為談論它們時涵蓋批判性思維乃是很容易做到的，儘管校訓字面上不含「批判性思維」，儘管清華是一所研究型大學。

從教師的角度看問題倘若不夠，我們還可以看一看批判性思維論者從學生角度的說明：

【引語2】在畢業之際，大部分大學生的批判性思維技能顯著得到改善。在對 26 所大學的 30,000 名新畢業生的調查中，幾乎一半的回答者感到大學對他們的分析技能有「巨大」貢獻。[5]

這裡的數字被用來表明，透過大學教育，學生的批判性思維技能和分析技能得到改善。對此，我們幾乎可以問上述相同的問題：這些能力的提升究

竟是主要透過專業學習而獲得的，還是透過批判性思維的學習而獲得的？

在我看來，儘管批判性思維與通識教育都是一種理念，還是有不小區別的。通識教育是一個明確的理念，是可以說清楚的：我們可以找到與它對應的東西，比如大學本科教育。而所謂大學本科教育就是以數理化文史哲等一個個學科和專業的教學組成的。相比之下，批判性思維卻不是一個清晰的概念，無論人們覺得它多麼重要，也不太容易把它說清楚。或者保守地說，事實上人們並沒有把它說清楚 [6]。在這種情況下，借助或依託通識教育來談論批判性思維當然可以，但是這並不意味著就能夠說清楚批判性思維是什麼。

退一步說，即使假定批判性思維這一理念是清楚的，它也注定要依託專業：透過專業教學來實現。引語中的數字意味著代表了大多數教師和學生的認識。假如這些統計是可靠的，它們也至少要涵蓋大多數專業，否則如何基於這樣的統計來論述大學教育的目標以及通識教育呢？假如說批判性思維的理念只能靠批判性思維課程來實現，就會與絕大多數專業無關，那麼還會得到上述統計數字的支持嗎？還會得到 89% 教師的贊同嗎？

問題是批判性思維論者絕不滿足於談論一種理念，他們想做的是產生出一門課程。而且，他們不滿足於個人開設這樣的選修課，而是想使它列入大學教育課程之中，求得名分，甚至成為必修課和基礎課。因此，他們大談批判性思維的能力和素養，鼓吹培養這些能力和素養的重要性。我想問：大學通識教育能不能培養學生批判性思維的素養和能力？具體地說，透過數理化文史哲等專業課，能不能培養出批判性思維的素養和能力？除批判性思維論者外，我想，這對於大學教師大概都不是問題。我還想問：批判性思維這樣一門課程能不能培養出批判性思維的素養和能力？這在批判性思維論者看來可能不成問題。我卻不這樣認為。直觀上說，一種素養和能力是如何培養的？在大學教育中，難道素養和能力不是透過專業課教育培養出來的嗎？假如專業課可以達到這樣一種目的，那麼還有必要開設一門這樣命名的課程嗎？這樣的質疑也許太過籠統，下面讓我們從專業的角度來探討這個問題。

二、批判性思維與邏輯

邏輯專業及其課程是批判性思維論者經常討論的話題。他們的討論多涉及邏輯專業課與通識課的區別，以及邏輯課程的改造和建設。比如：

【引語3】大學通識教育中的邏輯教學，應該以批判性思維為宗旨，對傳統邏輯教學內容進行取捨，重組邏輯知識體系，突出技能培養和實際應用。[7]

【引語4】批判性思維，就是日常邏輯思維；提高批判性思維能力，就是提升邏輯思維素養。這正是邏輯通識課的目標。因此，邏輯通識課的建設，實際並不複雜。條件允許就設兩門：一門是邏輯導論，另一門是批判性思維；否則就設一門：把上述兩門課程有機、有效地結合起來，題目建議是「邏輯與批判性思維」。[8]

相似的論述還有許多，不必一一列舉。以上論述非常露骨地提出改造邏輯課程。由此可見，所謂設置批判性思維課程，就是改造現有的邏輯課。眾所周知，在大學中，尤其是在人文學科和社會科學中，邏輯是一門基礎課，在一些系，比如哲學系還是必修課。無論是通識教育還是專業教育，都是如此。當然，由於理念和師資的差異，一些大學邏輯課程的設置可能會有所不同，但是它的地位和重要性是公認的。邏輯課程在大學中之所以獲得這樣的地位和認識，依賴於邏輯這個學科乃至邏輯這門科學的建立和發展，而邏輯的建立和發展又依賴於邏輯自身的觀念和理論。認識到這一點也就可以看出，批判性思維論者的做法實際上是以一個模糊的理念去改造一個具有兩千多年歷史的成熟的學科或科學及其課程。這難道不是荒唐的事情嗎？且不論「取捨」、「重組」這些說法對於一個專業或學科及其課程來說是不是駭人聽聞，是不是輕率而隨意，即便從課程的角度出發可以這樣做，難道不是從該專業或學科自身的觀念和理論出發，而不是從一種超出其專業或學科之外的理念出發嗎？這樣的說法給人一種感覺，邏輯根本就不是一門科學，甚

至不是一個學科，可以隨意更改。這難道是正確的看法和做法嗎？舉一個例子就可以說明引語 3 是有嚴重問題的。引語 1 不是認為批判性思維應該是高等教育的基本目標並以此來說邏輯嗎，那麼能不能仿造引語 3 來說其他學科呢？比如：

【引語 3*】大學通識教育中的數學（英語）教學，應該以批判性思維為宗旨，對傳統數學（英語）教學內容進行取捨，重組數學（英語）知識體系，突出技能培養和實際應用。

這樣的說法和做法是不是有道理，是不是可行，要由數學家（英語專家）說了算，僅憑批判性思維論者說是不行的。數學是通識教育中的基本課程吧？它絕不僅僅是給數學系開設的專業課吧？無論在非數學專業以外開課時對數學是不是進行了「重組」或「取捨」，難道會以批判性思維為指導思想嗎？或者，即便批判性思維論者認為批判性思維是高等教育的基本目標，他們敢對數學教學說出引語 3* 那樣的話嗎？也許他們敢這麼說或心裡真是這樣想，問題是數學家會對這樣的說法當真嗎？在數學家看來，這難道不是譁眾取寵嗎？

從課程的角度，「邏輯課」和「通識教育」都是正常說法。引語 4 卻不這樣說，而說「邏輯通識課」。這是一個很怪的說法 [9]。假如它不怪，而是簡稱，意思則只能是「通識教育中的邏輯課」。這樣，引語 4 說的是：

【引語 4*】在通識教育中，邏輯課的建設實際並不複雜。條件允許就設兩門：一門是邏輯導論，另一門是批判性思維；否則就設一門：把上述兩門課程有機、有效地結合起來，題目建議是「邏輯與批判性思維」。

非常明顯，「邏輯導論」當然是邏輯課。而「批判性思維」是什麼？怎麼會成了邏輯課呢？或者，批判性思維是邏輯嗎？邏輯課程裡為什麼要開批判性思維呢？且不論是一門什麼樣的課，它如何能夠與邏輯導論並列為邏輯課程呢？憑什麼要求邏輯導論與它結合起來呢？這不是改造邏輯課程又是

什麼呢？認識到這一點也就可以看出，引語中的輔助說明都是幌子。什麼叫「有條件」？開邏輯課的條件是有邏輯教師，其資質是邏輯專業博士畢業。那麼開批判性思維課的條件是什麼呢？也許只要主張批判性思維就可以了。我想問：一個有邏輯學位的教師可以教邏輯，但是他可以教批判性思維嗎？如今許多教授批判性思維的教師（包括鼓吹者）沒有邏輯專業學位，那麼他們能教邏輯嗎？此外，什麼叫「有機、有效地結合」？基於一系列奇怪而模糊的概念，難道最終會形成一個正常而清晰的東西嗎？

　　從學科的角度看，批判性思維論者似乎沒有捨棄邏輯，都要求與邏輯相結合，其結合方式一如引語 3、4 所說，「重組知識體系」，「突出技能培養和實際應用」，「有機、有效」。且不論所謂重組的知識體系會有哪些知識，有些什麼樣的知識，其中邏輯知識有多少，占多少比重，這樣有機、有效結合，我只想問：就培養技能和應用能力而言，邏輯有沒有用？有什麼用？如果沒有用，為什麼還要與邏輯相結合？為什麼還要「取」邏輯的教學內容？為什麼還要「組」邏輯的知識體系呢？如果有用，也就是說，邏輯教學本身就有利於批判性思維（且不論這是什麼），那麼為什麼不好好地教邏輯呢？為什麼還要以一種邏輯教學自身可以達到的目的為名來鼓吹改造邏輯教學呢？

　　批判性思維論者可能會說，現有的邏輯教學不夠，不足以滿足批判性思維的要求。現在可以看得非常清楚，批判性思維只是一種理念，於是我們又回到前面所談的理念與學科的關係問題。邏輯教學滿足或首先滿足邏輯這門學科的要求，一如數學（英語）教學滿足或首先滿足數學（英語）這門學科的要求。就大學教學而言，我們能不能要求一門學科承載超出其學科之外的東西？這樣的要求能夠對其他學科，比如對數學提出嗎？如果能，其他學科會不會也搞一個諸如「數學與批判性思維」之類的「通識課程」？我真不知道其他學科的教師會怎麼想。如果不能，為什麼、憑什麼要求邏輯教學要這樣做？假定批判性思維是一個清楚的概念，也是大學教育合理的目標之一，

我想問，在大學教育中，難道只是有的學科能夠達到這一目標，而有的學科不能達到這一目標嗎？假如這樣，我真想問，哪些學科能，哪些學科不能呢？難道依託現有的學科建設和課程設置尚不足以實現這一目標，而必須設立一個以該目標命名的課程來實現它嗎？

我們還可以換另一個角度來思考這個問題。一個沒有受過高等教育的人有沒有批判性思維的能力？以比較清楚的表達說：一個沒有受過高等教育的人有沒有邏輯思維能力？我認為有，而且很多人甚至不會比教邏輯的老師差。那麼，為什麼一個有邏輯思維能力的人在大學中要上邏輯課呢？這是因為，他或她有邏輯思維的能力，但是對這種能力沒有認識，即不知道邏輯思維是如何運作的，相關研究形成了哪些理論和成果，後者又如何可以幫助人們做一些事情。經過邏輯學習，他或她獲得這方面的認識，因而建立起相應的知識結構，如同透過其他學科的學習建立起相應的知識結構一樣。一個受過高等教育的人與沒有受過高等教育的人的區別在於，透過專業學習而建立起相應的知識結構，並隨著相應知識結構的建立而提高自身的素養和能力，因而在未來工作和生活中，相應的知識結構可以根據需要而起相應的作用。

我一直認為，凡是有思維能力的人，就有批判性思維的能力。思維的本質就是批判性的[10]。因此「批判性」一詞對思維本身並沒有增加什麼說明。假如真有批判性思維，我倒想問，什麼思維不是批判性的？誰不會問「是什麼？」「是真的嗎？」「為什麼？」，誰又不會對它們做出回答呢？這些難道不是最基本的思維方式嗎？它們難道不是批判性的嗎？批判性思維論者自己說不清楚什麼是批判性思維，只是以這樣一個模糊概念為由來說事，這一點只要看看他們關於批判性思維的眾多論文就可以了：假如把其中「批判性」一詞去掉，文章內容大概不會受到多大影響，因為他們談的實際上是思維，而不是什麼批判性思維。僅以引語 4 為例，去掉其中的「批判性」一詞，它的表達如下：

【引語 4*】思維就是日常邏輯思維；提高思維能力，就是提高邏輯思維素養。這正是邏輯通識課的目標。因此，邏輯通識課的建設，實際並不複雜。條件允許就設兩門：一門是邏輯導論，另一門是思維；否則就設一門：把上述兩門課程有機、有效地結合起來，題目建議是「邏輯與思維」。

這與引語 4 難道會有什麼區別嗎？即使有，又有多大的區別呢？結合引語 3 還可以問，提高思維能力難道不是或不能成為大學教育的基本目標之一嗎？即便不是，誰又會否認大學教育能夠提高人們的思維能力呢？日常表達中常常有「工科思維方式」、「理科思維方式」、「文科思維方式」等，這些方式難道不是透過大學教育，即透過大學的專業教育而形成的嗎？這些方式字面上顯示出一種獨特性，難道不是批判性的嗎？難道大學教育培養出來具有這樣思維方式的人會沒有批判性思維的素養和能力嗎？難道非要說出「工科批判性思維」嗎？或者，難道能夠說「工科（或文科）教師和學生缺乏批判性思維」嗎？一些人總是指責，甚至借外國人之口指責中國大學教育缺乏批判性思維。我只想簡單地問，難道中國的專家們學過什麼批判性思維嗎？保守一些，這種批評是不是有道理也許是可以討論的，但是即使它有道理，解決辦法是不是要靠改造邏輯課程、開一門叫做批判性思維的課程呢？或者，改造邏輯課程、開出批判性思維課是不是就可以解決這樣的問題呢？

三、批判性思維與學科

在由「批判性思維與創新教育研究會（籌）」主辦的最新一期電子期刊《批判性思維與創新教育通訊》（第 21 期）中，赫然以「大學校長論批判性思維」為題選編中外六位大學校長的講話。編者的用意非常明顯：借助眾多大學校長的言論為批判性思維造勢，彰顯其重要性。對此我想問兩個問題：其一，為什麼眾多校長都可以談論批判性思維？其二，批判性思維是不是應該成為一門通選課？

在我看來，校長之所以都可以談批判性思維，就是因為它不是一個專業，而是一個理念。假如它是一個專業或一門課程，哪個校長還能如此侃侃而談？換句話說，一個大學校長可以就教育談認識，可以就自己以教授自居的專業領域說看法，但是他能或敢對某一個專業，特別是自己所不懂的專業說三道四嗎？校長是如此，院士、教授也是同樣，超出所擅長的領域，他們與常人無異。在我看來，任何一個人，無論其職稱、頭銜、身分是什麼，對大學教育都可以泛泛而談，比如錢學森可以提出「錢學森之問」，但是對一個具體的專業、一門學科，乃至一門課程，特別是建立一個新的學科或專業，設置一門新的課程，絕不是任何一個人可以隨意而為的。

我認為，批判性思維不是一個專業或學科，大概也無法成為一門專業或學科。鑑於批判性思維論者主要談論課程，這裡我就談一談關於設置該課程的看法 (11)。

專業是大學的基礎，專業教師是大學的基礎人員。一個有邏輯學位的教師可以教邏輯，但是他可以教批判性思維嗎？如今一些教授批判性思維的教師（包括鼓吹者）沒有邏輯專業學位，那麼他們能教邏輯嗎？所以，作為課程名稱，「邏輯」是明確的，這種明確性來自學科的支持。而「批判性思維」是不明確的。設置這樣一門課程，對教員資格缺乏審定和限制，根本保證不了教學品質。

設置批判性思維課的理由不是學科，而是一種理念：批判性思維是大學教育的目標之一。但是該學科的設置會直接顛覆這一理念。這是因為，大學目標不是透過一門課程，而是透過整個大學教育實現的。事實也是如此：大學課程很多，無論是什麼，它們都可以有助於實現大學目標。也就是說，實現大學目標需要依靠形成大學教育體制的專業課程，而不是依靠一門以其目標為名的課程。退一步，不設置該課程是不是就會像批判性思維論者危言聳聽的那樣，不足以實現這一目標呢？

　　更為實質性的問題是，批判性思維論者承認運用邏輯分析技術的能力的重要性，那麼如何使學生能夠具備這種能力？這顯然涉及邏輯教學與這種能力的關係。在這一前提下，我想問，認識並掌握邏輯分析技術是不是需要專門學習和訓練？假如回答是肯定的，那麼在一門課程中，在限定的課時內，是多學習一些邏輯好呢，還是多學習一些邏輯之外的東西好呢？批判性思維論者承認，「不能指望一個學期的一門課程就實現培養學生批判性思維的宏大目標」[12]，既然如此，為什麼不充分利用一個學期一門課的時間好好地、認真地教好邏輯呢？邏輯教學雖然無法實現大學教育的宏大目標，難道就不能有助於它的實現嗎？所以在我看來，與其鼓吹改造邏輯課，開設批判性思維課，不如踏踏實實上好邏輯課。理論上說，邏輯課是聯合國教科文組織規定的基礎課之一。為什麼不好好地開設並教好邏輯課，而總是認為它滿足不了需要，總是想改造它呢？[13]

　　最後我想藉此機會對年輕的邏輯教師談兩點。第一，為什麼一個人能夠在大學教邏輯？這主要有兩個原因。一是大學有這樣一個專業、學科，需要有人來傳授相關知識。這有賴於邏輯這門學科的產生和發展，以及人們對它的認識。二是這個人經過嚴格的專業學習和訓練，具備了教授這門知識的能力和資格。第二，如何教好邏輯？這也許是一個見仁見智的問題。年輕人總是要進步的，我就僅從進步的角度說幾句。一個人從讀書到成為一名教師，會有各種各樣的、各方面的進步，但是最顯著的進步大概是在讀博士學位的過程中獲得的。博士學位是有專業要求的，因此這樣的進步是依託專業而產生的。那麼，今後該如何進步呢？我認為同樣要依託專業。邏輯是理論研究，完全值得全身心地投入。相比之下，批判性思維只是一個概念性的東西，顯然不是專業。關於它，什麼人都可以說幾句，寫文章也不難，一如本文，因為這充其量只是關於學術的。

（原載《科學・經濟・社會》2015 年第 1 期）

(1) 2009 年我曾應邀寫過一篇文章，對批判性思維提出批評（參見王路：〈關於批判性思維的批判〉，《西南大學學報》2009 年第 3 期）。該文受到許多人的強烈批評（例如參見馬佩：〈關於批判性思維的批判的批判〉，《西南大學學報》2009 年第 4 期；陳慕澤：〈再論邏輯學與通識教育〉，《西南大學學報》2009 年第 6 期）。這裡順便做一些回應，已有論述不再重複。

(2) 德國大學一般要求學生學習一門主課，兩門副課，即同時在三個系選課學習。美國對課程的設置和要求則更鬆散一些。課程不同，要求不同，但都是專業課，即都由有專業資格的專業教師授課。

(3) 順便說一下，中國近年來一些大學以通識教育的名義成立所謂通識教育學院（儘管名稱有所不同），鼓吹進行通識教育嘗試，我認為這是完全錯誤的做法，實際上是對中國多年來已經形成的大學生教育的一種否定。通識教育是一種理念，它是透過大學教育展現或實現的，而不是也不需要透過成立一個具體的學院去摸索並實現。

(4) 武宏志：〈批判性思維：一種通識教育中的邏輯教學〉，《延安大學學報》第 35 卷第 1 期，2013 年 2 月，第 5 頁。

(5) 武宏志：〈批判性思維：一種通識教育中的邏輯教學〉，第 7 頁。

(6) 人們至今「沒有一個公認的統一的批判性思維定義」，「人們使用『批判性思維』這一術語時，往往是含混的，甚至是不一致的」（參見熊明輝：〈試論批判性思維與邏輯的關係〉，《邏輯》，中國人民大學書報資料中心，2006 年第 4 期，第 59 － 60 頁）。

(7) 武宏志：〈批判性思維：一種通識教育中的邏輯教學〉，《延安大學學報》第 35 卷第 1 期，2013 年 2 月，第 5 頁。

(8) 陳慕澤：〈再論邏輯學與通識教育 —— 與王路教授商榷〉，《西南大學學報》2009 年第 6 期，第 67 頁。

(9) 批判性思維論者可能又會說我在「調侃」了（參見陳慕澤：〈再論邏輯學與通識教育 —— 與王路教授商榷〉）。問題是他們在討論學科這樣嚴肅的問題時總是製造出一些違反常識的表達。試想一下，誰又會說「數學（英語）通識課」呢？在我看

來，批判性思維論者的許多基本概念都是經不起「批判性」檢驗的。

(10)　參見王路：〈關於批判性思維的批判〉，《西南大學學報》2009 年第 3 期。

(11)　假如人們談論開設批判性思維課程與邏輯沒有任何關係，我絕不會發表看法，我會以為我不懂那些東西，應該尊重專家的看法。大學教育的核心理念之一是自由，包括教師開課的自由。假如一個教師開一門以「批判性思維」為名的課程，其中涉及邏輯，我認為這也是無可非議的。現在的情況是，許多人打著通識教育的幌子，以大學教育目標為理由，以改造邏輯課程為措施，借外國人的聲勢，成立團體，出版刊物，發表文章，遊說教育部主管部門，目的是使批判性思維被確立為通選課或必修課。以上這些做法本身也許無可厚非，但是由於與邏輯相關，涉及對邏輯課程的改造，因此作為一個從事邏輯研究和教學多年的工作者，我認為有責任也有必要說出自己的看法。

(12)　武宏志：〈批判性思維：一種通識教育中的邏輯教學〉，《延安大學學報》，第 11 頁。

(13)　談到邏輯教學，自然涉及對邏輯的認識。由於邏輯經歷了傳統與現代兩個階段，因此在如何教授邏輯的問題上人們有不同看法。我一直主張教現代邏輯，因為傳統邏輯滿足不了需要。這裡的「不滿足」指的是現代邏輯的成果遠遠超出傳統邏輯，它回答了傳統邏輯所無法回答的許多問題，解決了傳統邏輯所無法解決的許多問題，使人們對邏輯有了更加清楚和深入的認識，並在應用中產生了重大影響。在這個問題上，批判性思維論者似乎都認為傳統邏輯足矣。我不這樣看。關於這個話題我談過許多，這裡不再重複（參見王路：《邏輯的觀念》，商務印書館，2000 年；〈關於批判性思維的批判〉，《西南大學學報》2009 年第 3 期）。

第五章　邏輯與教學

　　邏輯是一個學科，也是一門科學。作為學科，它有非常悠久的歷史，在教育和研究中一直受到人們的重視。作為科學，它在國際範圍內獲得廣泛的承認：在大學教學中確立了它的基礎學科地位，在學術研究中被認為具有普遍的科學的方法論的意義。所以很自然，在大學教學中一直有「邏輯」這門課。

　　邏輯在發展過程中經歷過一些變化。一個最主要的變化是產生了所謂現代邏輯。它是弗雷格和羅素等人創立和發展起來的。它與此前那種邏輯不太一樣，比如它是形式化的，是借助公理系統的方式表現的。為了區別，人們稱在這之前的邏輯為傳統邏輯。似乎順理成章，同樣是大學邏輯課，既可以講述傳統邏輯，也可以講述現代邏輯。

　　自 1978 年以來，中國關於邏輯教學有過幾次廣泛的討論。最具影響力的有兩種觀點，一種是吸收論，另一種是取代論。前者主張教授普通邏輯，即在傳統邏輯基礎上吸收一些現代邏輯的內容；後者主張教授現代邏輯。40 年以後的今天，這兩種觀點及其爭論幾乎看不到了，經常看到的一種觀點是鼓吹批判性思維，即主張在大學開設批判性思維課程。從字面上就可以看出，無論是普通邏輯還是現代邏輯，總還是邏輯，但是批判性思維和邏輯沒有任何關係，或者至少可以沒有任何關係。批判性思維是什麼，在大學教育中是不是可以設置為一門課程，也許不是不可以討論的，但是與它相關有一個問題，這就是常常要與邏輯連繫起來，而且總是表現出對邏輯的不滿，提出要改革邏輯教學。在我看來，批判性思維論者 [1] 所有與邏輯相關的負面談論都是錯誤的。今天，我想藉這個會從教學的角度談一談我對這個問題的認識。

一、邏輯是科學

取代論和吸收論之爭的實質是邏輯的觀念，即應該如何認識和理解邏輯。我認為，邏輯是科學，所以應該從科學的角度去認識和理解邏輯。有了這種認識，提倡現代邏輯就是很自然的事情：因為現代邏輯是科學，顯然比傳統邏輯更科學。有人曾誤認為我反對傳統邏輯。其實我反對的是主張在傳統邏輯基礎上建立所謂普通邏輯的科學體系。原因很簡單，有了現代邏輯，再去建立這樣的所謂科學體系是沒有意義的，更不用說，由於傳統邏輯自身有問題，這樣的體系也是建立不起來的。在以前的討論中 (2)，我多是從觀念上論述的，很少談具體的問題。我以為傳統邏輯中的問題是自明的，是眾所周知的。現在看來不是這樣。

一個基本事實是，人們從現代邏輯出發批評傳統邏輯，說它不能處理關係。直觀上看，日常語言中許多名詞表達關係，所有及物動詞都表達關係，所有介詞結構都表達關係。僅此可以看出，關係是非常普遍的。如果一種邏輯處理不了關係，當然是非常弱的。所以，對傳統邏輯的這一批評是容易理解的。但是，現代邏輯能夠處理關係，這是什麼意思？應該認識到，這不（僅）是指能夠處理像「魯迅愛許廣平」這樣的命題，而（更主要）是指能夠處理像「有些人嫉妒所有人」這樣含有多重量詞的命題。現代邏輯基於一階邏輯，而一階邏輯的邏輯常項是命題聯結詞和量詞，因而它也可以叫量詞邏輯。量詞與個體域相關，與概念的外延相關，因而利用量詞可以討論關係，即討論不同概念外延之間的關係。這是一階邏輯非常重要的成果，它使邏輯的能量極大地擴展，因而獲得普遍的應用。比如，羅素的摹狀詞理論非常出名，被稱為哲學的典範，其中就涉及量詞的使用和關係的分析。所以羅素在談論自己思想發展的時候說，自從發現了關係以後，他的思想再也沒有回到從前。他甚至認為，邏輯是哲學的本質，因為真正的哲學問題都可以劃歸為邏輯問題 (3)。我們不探討羅素的觀點是不是有道理，也不對量詞理論和

三段論做力量對比，僅基於量詞的觀點來看一看傳統邏輯中的問題。

差等關係是對當方陣中的一種關係，即從「所有 S 是 P」可以推出「有 S 是 P」。傳統邏輯認為它沒有問題，而一階邏輯認為它是有問題的，並且證明了這樣的推理不是有效的，其證明依據了量詞理論。傳統邏輯吸收了現代邏輯的這一結論，對差等關係的問題做出補充說明：假定主項存在。但是由於沒有講述得出這一結論的理論和方法，對於什麼是主項存在，並沒有說清楚，因而也不會對學生說清楚。差等關係不僅出現在對當方陣中，在換質位推理和三段論中也依然出現。特別是，傳統邏輯認為有效而現代邏輯認為不有效的許多三段論式，基本上都與差等關係有關。無論是否嚴重，差等關係肯定是有問題的。但是這樣的問題在我們的邏輯教材和教學中至今仍然存在。

概念是傳統邏輯講述的重點之一。以全同關係為例，教科書一般說它表示兩個概念外延相等。但是，什麼是外延相等？教科書一般沒有給以理論性說明，因此是不清楚的 [4]。吸收了現代邏輯成果之後，傳統邏輯將「概念外延」改為「詞項外延」，但是問題依然沒有解決。以新編馬工程教材《邏輯學》為例，它對全同關係的說明是「外延完全相同而內涵卻不同」[5]。問題是，這說明了什麼是全同關係嗎？不僅如此，以「完全相同」來說明「全同」，這是不是有些循環定義的意思呢 [6]？再看它的舉例說明：「中華民國第一任大總統」和「孫中山」，這顯然是兩個名字，而不是兩個概念詞（通名或類名），它們所表達的明顯不會是概念之間的關係。該書可能會以為，它們是用來說明「詞項外延之間的關係」的，而詞項又可分為單獨詞項和普遍詞項，這樣不會有什麼問題。但是，該書對詞項最初的說明卻是：「指充當直言命題邏輯主項和謂項的概念。」[7] 可以看出，該書說的是詞項，想的還是概念。傳統邏輯的基本句式是「S 是 P」，以此為基礎形成 AEIO 四種命題。因此，所謂直言命題的主項和謂項都是類名，單獨詞項無疑是應該排除在外的。這種以概念來說明詞項的方式難道不是有問題的嗎？這種關於詞項

的說明和名字的舉例說明，難道不是有問題的嗎？借助現代邏輯的觀點和成果來講述傳統邏輯的理論固然是好的，問題是應該如何講。詞項是句法層面的，外延關係是語義層面的。專名和謂詞是不同的，外延關係是它們所表達的東西的關係：既可以是兩個名字所表達的對象之間的關係，也可以是兩個量詞域所表達的概念外延之間的關係。所以弗雷格說，要始終把對象和概念區別開，概念是一個其值總是一個真值的函數，概念外延是函數的值域[8]。所以，概念之間的關係是可以說清楚的，也是應該說清楚的，但是傳統邏輯無法把它說清楚。談論詞項，似乎迴避了談論概念所帶來的問題，但是卻涉及區別語言和語言所表達的東西的問題，即現代邏輯所說的句法和語義的對應問題。所以，問題是如何談論概念或詞項，關鍵還是要依據現代邏輯，尤其是對量詞理論要有充分的認識和掌握。

以上問題屬於邏輯理論，類似的還有許多，就不一一列舉了。邏輯教學有兩個方面，除理論外，還有觀念的問題。透過邏輯的學習，應該讓學生樹立起邏輯的觀念。邏輯的理論多年以後也可能會被忘記，但是邏輯的觀念卻會始終發揮作用，因此邏輯的觀念在邏輯教學中也是非常重要的。就邏輯的觀念而言，傳統邏輯是有問題的，將現代邏輯與傳統邏輯的內容混在一起，在觀念上同樣會出問題。還是以上述《邏輯學》為例。該書在緒論中講邏輯研究思維的形式和基本規律，然後將邏輯分為演繹和歸納兩種類型，這顯然是沿襲傳統邏輯的說法。演繹和歸納無疑具有根本不同的性質，傳統邏輯的講法無助於樹立邏輯的觀念。從該書內容分配來看，演繹部分少於非演繹部分，前者含傳統邏輯和兩個演算，後者一半講歸納推理，另一半講一些與科學方法論、論辯方法、語言交際、思維規律相關的內容。大致說，現代邏輯部分約占全書內容 1/3，與歸納邏輯（加上科學邏輯部分）所占比例大致相當。由此可見，該書關於邏輯的說明可能出於作者自身邏輯的觀念，也可能是不得已而為之。但是這樣一來，就給關於邏輯的說明帶來許多問題。

比如，該書認為，演繹「推理的有效性是相對於形式系統而言的」[9]，

而「歸納推理較之演繹推理更具有創新性」，「沒有歸納推理，根本不可能有任何演繹推理」[10]，且不論這種說法是不是對（我認為不對），這難道不是意味著有效性不是一個具有普遍意義的概念，因而演繹推理沒有什麼太大的用處，至少實際上沒有什麼用嗎？但是該書又明確說學習邏輯「有助於培養和提高批判性思維與創新性思維能力」[11]，既然如此，為什麼還要講那些形式系統呢？為什麼不多講講歸納呢？更成問題的是，這樣講又如何能夠說明什麼是邏輯呢？

又比如，該書緒論談論邏輯的性質，不是以定義的方式對邏輯做出說明，而是先說明邏輯與許多學科相關，然後又說明它的獨特性：全人類性、基礎性、工具性和規範性。引人注意的是，在關於這幾種獨特性的說明中，幾乎只看到現代邏輯的作用，比如在基礎性中談到分析哲學、量子力學、電腦和人工智慧，由此談到「邏輯學應當是每個大學生的必修課」[12]，在工具性中除了以上學科外，還談到語言學和法學，並說在這些領域「現代邏輯更是被作為強有力的工具」[13]，而在這些說明之後，它還總結說，所有這些性質「在現代邏輯中……表現得更為顯著」[14]。也就是說，緒論中關於邏輯獨特性的說明只適合或適用於全書的 1/3，而不適於其他大部分。我不禁要問：假如該書講述的那 2/3 內容是邏輯，而且也沒有問題，那麼關於邏輯獨特性的這些說明為什麼與它們沒有關係呢？假如這樣的說明沒有問題，那些內容還是邏輯嗎？它們為什麼與所說這些邏輯的性質不相符合呢？

最嚴重的是，人們都認為邏輯是科學，然而一門科學卻無法正面說明自己是什麼，而只能透過與其他學科的關係來說明，這種情況大概在現代科學中是絕無僅有的。換句話說，講了那麼多，竟然還是沒有說明什麼是邏輯！難道邏輯會是這樣一門科學嗎？我認為不是。邏輯是研究推理的有效性或有效推理的，用亞里斯多德的話說就是「必然地得出」[15]。這就是邏輯的觀念。亞里斯多德用他所構造的三段論系統實現了並展現出這一觀念，所以有了邏輯這個學科。現代邏輯的發展延續了這一觀念，並使邏輯成為科學。所

謂有效性就是從真的前提得出真的結論，即通常所說的保真。形式化的方法則使邏輯的性質充分展現出來，因而也就有了《邏輯學》所說的那些獨特的性質，無論是不是還有其他性質。十分清楚，正因為有這樣明確的觀念，邏輯才成為一門科學，因而也就有了排他性的特徵。所以我有理由認為歸納不是邏輯，辯證邏輯不是邏輯，因為它們不具備有效性這樣的性質[16]。一本邏輯教材將邏輯的與非邏輯的東西放在一起，在此基礎上談論邏輯是什麼，肯定是要出問題的。從方法論的角度講，這樣做也許可以，邏輯是一種方法，歸納也是一種方法，還有其他一些不同的方法。即便如此，也依然要說清楚什麼是邏輯，原因很簡單：邏輯是科學。

二、邏輯與通識教育

教學改革是一個經常被談及的話題。我不知道這個話題在其他學科是如何談的，但是在邏輯領域卻經常聽到。前面說的吸收論和取代論就有這個意思。我覺得這兩種觀點有一個共同點，即認識到傳統邏輯內容陳舊和落後，不能滿足邏輯教學的需要。它們的區別主要在於，吸收論認為傳統邏輯還有用，而取代論認為傳統邏輯沒有用了。今天的批判性思維大概也有這個意思，不同的是，它與通識教育連繫起來，顯得似乎視野寬闊，冠冕堂皇。

直觀上可以看出，吸收論和取代論基本上是在邏輯學科內談論的，是針對邏輯本身的，這樣，說清楚問題和道理還是比較容易的，因為有邏輯這門學科或科學的學理作依據。批判性思維則不同，它的討論超出邏輯學科的範圍，將邏輯放在通識教育的大背景下討論，這樣，說清楚問題和道理似乎就不是那樣容易，因為它可以根本就不依據邏輯這門學科或科學的學理。我認為，即便如此，也是可以說清楚的。關鍵是首先並且一定要認識到，關於批判性思維，誰都可以有發言權，因為這本來就不是邏輯學家所要考慮的事情。所以，無論邏輯學家說什麼，批判性思維論者也可以不以為然，因為他

們會認為他們在考慮通識教育，在考慮更為重要的問題。我認為批判性思維是一個沒有什麼學術含量的問題[17]，但是一些邏輯教師也在那裡鼓吹批判性思維，也在那裡拿邏輯和邏輯教學吹噓，似乎還把這作為一項研究甚至事業，這就很成問題了。

　　邏輯是科學，是大學教育中的基礎學科，所以是通識教育中不可或缺的。我認為，通識教育是一個說法，可以是一個理念[18]。無論如何解釋和說明，它都是要透過學科教育來進行的，而所謂學科教育一般而言要依據相應的科學。談論高等教育和教育改革，我認為有一點非常重要，這就是一定要區別理念和學科。理念是一回事，學科是另一回事。無論什麼樣的理念，最終都是需要依託學科來實現的。通識教育是一個理念，邏輯是一個學科，這是很清楚的。透過邏輯（與其他學科）來實現通識教育，這是很自然的事情。那麼批判性思維是什麼，它究竟是一個理念還是一個學科？我認為，它充其量只是一個理念，而不是一個學科。這一點，即使在批判性思維論者那裡也是如此，比如：

　　【引語1】大學通識教育中的邏輯教學，應該以批判性思維為宗旨，對傳統邏輯教學內容進行取捨，重組邏輯知識體系，突出技能培養和實際應用。[19]

　　這段話談了三個東西：通識教育、邏輯教學、批判性思維。非常清楚，邏輯教學是具體的，因為它是一個學科，所以才可以談論改變它的內容和體系。通識教育是一個理念，涵蓋邏輯和其他學科。這些都是清楚的。不太清楚的是這裡的「批判性思維」是什麼？「宗旨」表明它肯定不是學科，大概只能算作理念。也就是說，如果把通識教育看作教育方式，「批判性思維」似乎是為它提出一種理念；如果看作理念，「批判性思維」似乎是為它提出了一種新的要求。可以看出，通識教育是大學的工作，邏輯的內容和體系是邏輯自身的，批判性思維論者不過是在以通識教育之名要求改變邏輯自身的

內容和體系。我們當然要問，憑什麼？就憑批判性思維嗎？它是學科嗎？如果是，那麼它是從哪裡來的呢？如果不是，就應該討論它與通識教育的關係才對啊？或者，即便可以與學科相關，憑什麼或為什麼只與邏輯相關呢？[20] 至關重要的是，憑什麼依據一種尚說不清楚的觀念，來改變一門依託成熟科學的學科的教學內容和體系呢？[21] 這與邏輯這門科學的性質和規律難道不是相悖的嗎？而這種做法難道不是違背科學的規律和精神的嗎？

值得注意的是，「批判性思維」中的「思維」一詞似乎是可以作為學科研究對象來考慮的，如前所述，傳統邏輯就認為邏輯是研究思維的。所以，「批判性思維」貌似有理由成為一門課程的名稱。即便如此，引語 1 依然表明它只是一種理念，而且我認為它確實只是一種理念。比如將其中的「思維」改為「精神」、「意識」、「能力」等，引語的意思大概也差不多。而且，這樣的意思在批判性思維論者那裡是普遍的。比如：

【引語 2】（1）從世界高等教育大會（1998，2009）到各國教育行政機構的高等院校，都把批判性思維規定為高等教育的目標之一。（2）美國批判性思維專家保羅等 1997 年的一項調查也表明，89% 的教員認為，批判性思維應該是高等教育的基本目標。（3）實現這個目標除了在專業教育中滲透批判性思維之外，更重要的是在整個通識教育中貫穿批判性思維。[22]

除了批判性思維論者，大概沒有人會認為（1）是真的。（2）無疑是典型的訴諸權威（且不論保羅是不是權威）。所以我們只考慮（3）。它是對整個通識教育提出要求，因此搞批判性思維就不是邏輯一個學科的事情了。我想問，其他學科該如何做呢？借用引語 1 的話說，其他學科教學的內容該如何取捨，知識體系該如何重組呢？我認為這是根本不可能的事情。相比之下，即使不做深入反思，我們是不是也應該認真想一想，邏輯教學為什麼要這樣做呢？邏輯可是理論性的基礎學科啊！

（3）的本意也許是說，要開設一門叫「批判性思維」的課程，這樣就可

以將批判性思維教育貫徹始終了。這樣，把它僅僅看作一種理念就不夠了，就需要從課程的角度來看，因此就涉及學科以及科學。我曾經明確說過，思維本身就是批判性的，因此「批判性」一詞並沒有為「思維」一詞增加什麼東西[23]。我也曾當面問過許多人，什麼樣的思維不是批判性的，從未得到肯定的明確的回答。我還說過，將有關批判性思維的文章中「批判性」一詞去掉，我們會發現，文章的內容並沒有受到多大的損失[24]。且不說批判性思維至今也沒有一個明確的定義，已有的說明卻無不表明，它確實是無法說清楚的。還有，批判性思維常常被說成是「指理性的、反思性的思維，也就是批判性的思考」[25]，「理性的」、「反思的」是什麼意思呢？假如它們的意思是清楚的，那麼我想問，思維怎麼就不是理性的呢？怎麼就不是反思的呢？

更進一步還可以看出，引語 1 所談的邏輯是傳統邏輯，一如人們通常認為的那樣，「批判性思維訓練的核心內容是非形式邏輯的規則、原理與方法」[26]。也就是說，從教學的角度說，批判性思維論者所提倡的東西甚至還不如以前吸收論者所主張的普通邏輯。在我看來，邏輯是不需要加修飾語的。「形式」一詞並沒有為邏輯增加什麼。認識到這一點也就可以看出，「非形式邏輯」這個提法也是有問題的，它要「非」的究竟是邏輯還是形式呢？無論如何，談論邏輯，離開邏輯這門科學，也就是說，離開邏輯的觀念和邏輯的理論，注定是有問題的，而且肯定是要出問題的。

如今很多人談論批判性思維，包括院士、部長、校長、院長，他們的話也被用來佐證批判性思維的重要性和必要性。且不論這是典型的訴諸名人，我倒是覺得，那麼多人都可以談批判性思維，這反而說明，它可能是時髦的東西，卻一定不是什麼了不起的東西，至少不是具有學科性的專業性的東西。其實，那些人大多也不是在學科的意義上談論批判性思維。最近又有一篇文章受到熱捧，題目是〈批判性思維與創新性思維教育：理念與實踐〉。這很容易理解：作者是清華大學教授和經濟管理學院院長，題目又是推崇批判性思維的。但是即使不看內容，僅從題目也可以看出，他談的是「教

育」，並且對所談東西加以明確限定：「理念」。他在文中還明確地說，「思維或思考不僅是一種能力，也是一種價值取向」，所以他「不局限於討論思維能力」[27]。價值取向無疑是一種理念性的東西，絕不會是學科性的東西。一種沒有專業性的觀念的東西，當然是誰都可以談的了。

許多人談論批判性思維，是因為對現有教育體制和教學狀況不滿。與此相關，他們還會談及中國的教育水準、「錢學森之問」。問題是，這種不滿究竟是對學科不滿，還是對教學方式不滿。現有的教學方式是由多種因素造成的。最主要的因素，在我看來，就是管理模式、教師教學和學科。學科依託於科學，因而是相對固定的、穩定的，特別是基礎性學科。教師教學涉及兩個方面：一是涉及自己對學科內容和教學方式的理解，包括學術水準、態度和能力；另一個方面是受到管理模式的影響和制約。在前者，教師是主動的，而在後者，教師往往是被動的。教改的實質是什麼乃是可以討論的，但是就批判性思維而言，我認為，它主要是應該對管理模式和教學方式說的，而不應該針對學科。因為在學科方面，它是沒有發言權的。當然，也可能有些批判性思維論者就是對邏輯這個學科不滿，就是要改造它。對於這些人，我只能建議他們去認真地、好好地學習邏輯。

作為理念，不能說批判性思維沒有道理，比如「批判性思維提倡質疑，要求人們不輕信，不盲從」[28]，但是哪一門學科不是這樣提倡和要求的呢？一個學科難道不是科學性越強，這樣的要求就會越高嗎？我們一定要認識到，批判性思維是一種理念，也僅僅是一種理念。正因為是理念，人們總是覺得可以有許多話說，可以這樣說也可以那樣說，可以借助它來說事和做事。但是也正因為如此，這樣的討論很容易離譜。我們一定要認識到，批判性思維不是學科，與學科本身，尤其是與邏輯這樣的理論學科和科學，沒有什麼關係，至少沒有直接的關係。因此，說進行邏輯教學時要有批判性思維的精神（或批判性精神）大概還是可以的，但是非要以它為宗旨來改造邏輯教學，大概就有些異想天開了。

通識教育是以學科組成的，而大多數學科都是有科學依據的。明確了這兩點，我們可以認真考慮一下：教育改革究竟是要改學科還是改教學方式？批判性思維，即便是一種積極的理念，它究竟是應該針對學科還是應該針對教學方式？

三、邏輯教師的觀念和職責

我是一名邏輯教師，研究和教授邏輯和哲學。我過去反對吸收論，是因為我反對主張建立普通邏輯的科學體系，我認為那樣的東西是沒有的，還因為我認為由於有了現代邏輯，邏輯真正成為科學，我們應該把這樣的東西教給學生。我今天反對批判性思維論，是因為我反對主張在大學開設這樣的課程。我認為，批判性思維並不是不可以談論的，比如前面提到的錢穎一的談論，但是我堅決反對在這樣的談論中批評邏輯，甚至主張以它來改造邏輯課。我認為，這是一種以不清楚的概念為說辭、以非專業的方式替代專業的東西，以政治的、運動的方式破壞邏輯這個學科。這是一件很壞的事情。

邏輯教師是有專業的，這就是邏輯。因此一名邏輯教師首先要學好邏輯，把邏輯教好。今天我們要教的就是現代邏輯。假如這個概念太大或不明確，那麼我可以非常明確地說，我們要教一階邏輯，或者至少主要要教一階邏輯。這是因為，站在今天的立場，我認為可以說，邏輯就是一階邏輯。在眾多邏輯中，一階邏輯是最具普遍性的。其他各種邏輯可以看作一階邏輯的應用。邏輯課是通識課程，所以只教一階邏輯就夠了。也就是說，透過邏輯教學，幫助學生建立相應的知識結構，掌握邏輯的觀念和理論方法。

在邏輯教學過程中，人們可能會受到外界的干擾，比如像受到批判性思維論者鼓吹的影響，比如像不得不接受開設相關課程的行政命令。這些都是要面對的，有些還很無奈。但是至少有兩點是可以做到的，一是思考它們對不對，二是老老實實教邏輯。不是說要提倡反思嗎？那麼就不要盲目聽信什

麼外國大學都是如何做的，也不要在乎有什麼名人在那裡高談闊論，更不要迷信從外國請回一個什麼人來出書講學。原因很簡單：我出國多次，看到的情況根本不是那樣；還沒有見過哪一位學者會以批判性思維而成為名家；院士的資格和頭銜也從來不是得自批判性思維。大學教學，包括通識教育，首先是從學科出發的，我們當然是應該從邏輯自身出發來考慮如何進行教學，絕不能聽從那些邏輯專業以外的人說三道四。教授邏輯天經地義，原因很簡單：邏輯是科學，也是我們自己的專業。對它我們應該有尊崇感，應該全心全意地認真對待。

關於邏輯教學，我一直認為，這不是一個討論的問題，而是一個實踐的問題。應該如何教邏輯討論得無論多麼熱鬧，結果依然是一個人按照自己的理解去教。所以我們提倡現代邏輯。這是因為，如果不懂現代邏輯，再怎麼討論也是無法實行的。多年前提倡取代論的時候，我面對的是老一輩學者。由於知識結構問題，我的主張，即在大學教授現代邏輯，對他們來說是有些要求過高了。所以那時我說，傳統邏輯是可以教的，但是要學習現代邏輯，要把它教好，不要去搞什麼普通邏輯的科學體系。今天我批評批判性思維論，面對的大多是後輩學者。我認為，我的上述主張和要求乃是起碼的 [29]。假如今天邏輯專業的博士畢業生仍然教不了現代邏輯，我們的邏輯專業的研究和教學就太失敗了。假如這是事實，我們也只能面對：繼續認真學習現代邏輯，搞好邏輯教學。這既是對學生負責，也是對自己負責。

也有人說，設置批判性思維課程並不是取代邏輯課，只是對現代邏輯課的補充，而後者是有人專門講的，或者，批判性思維課程並不排除現代邏輯的內容，只是額外增加了一些東西。對此我想問：現代邏輯課難道需要用批判性思維課來補充嗎？後者又能為前者補充些什麼呢？為什麼不在有限的課時內多講一些現代邏輯的東西呢？即使假定批判性思維這一提法是有道理的，我依然想問，它是透過一門同名課程所能夠教授的嗎？我沒有學過批判性思維，但是我從來沒有覺得自己缺乏批判性思維的能力。所以我也從不相

信可以透過設置一門叫批判性思維的課程來學習和提升這種能力。從自身的經驗出發，我倒是非常想問，哪一位批判性思維論者是透過學習批判性思維課而獲得這種能力的呢？難道他們沒有這種能力嗎？如果沒有，他們如何能夠教授這種能力呢？如果有，為什麼他們還竭力鼓吹要教授這種能力呢？面對批判性思維論者，我常常有一種感覺：他們似乎要回到古希臘智者的時代，一個邏輯尚未產生的時代。

（原載《福建論壇》2019 年第 1 期）

（1）　如今談論批判性思維的人很多。我以「批判性思維論者」僅指那些鼓吹開設批判性思維課程並以它來取代或改革邏輯教學的人。

（2）　參見王路：《邏輯的觀念》，北京，商務印書館，2016 年，第 193 － 208 頁。

（3）　參見羅素：《我們關於外間世界的知識》，陳啟偉譯，上海，上海譯文出版社，1990 年，第 24 頁。

（4）　中國的傳統邏輯教材主要是參照金岳霖主編的《形式邏輯》。該書關於全同關係有一句「如果所有 a 都是 b，同時，所有 b 都是 a」的說明（金岳霖主編：《形式邏輯》，北京，人民出版社，1979 年，第 35 頁），這無疑是基於現代邏輯的視野，因為暗含著借助量詞理論來進行說明，儘管它沒有展開，當然它說得也就不是特別清楚。

（5）　何向東主編：《邏輯學》，北京，高等教育出版社，2017 年，第 35 頁。該書沒有金岳霖主編教材中的那個說明。

（6）　按照該書說法，這是「惡性循環定義」，是要避免的（參見同上書，第 295 頁）。

（7）　在該說明下給出的例子中沒有單獨詞項，同上書，第 32 頁。

（8）　弗雷格的這些說法如今已是常識。參見弗雷格：《算術基礎》，王路譯，北京，商務印書館，2001 年，第 9 頁；《弗雷格哲學論著選輯》，王路譯，王炳文校，北京，商務印書館，2006 年，第 66 頁。

（9）　何向東主編：《邏輯學》，第 7 頁。

(10)　同上。

(11)　同上書，第 16 頁。

(12)　何向東主編：《邏輯學》，第 12 頁。這些專業如今都有自己的邏輯教材，但是所講
　　　內容無一不是現代邏輯。

(13)　同上書，第 13 頁。

(14)　同上書，第 14 頁。

(15)　參見王路：《邏輯的觀念》，北京，商務印書館，2016 年，第二、三章。

(16)　參見同上書，第五、六章。

(17)　參見王路：〈關於批判性思維的批判〉，《西南大學學報》2009 年第 3 期；〈批判
　　　性思維再批判〉，《科學‧經濟‧社會》2015 年第 1 期。

(18)　教育指一種行業，包括學校的運作和教師的工作方式。它的意思可以是自明的。
　　　「通識」是一種理念性的東西。將它與「教育」組合起來，可以有兩種理解。如果
　　　在教育的意義上理解，指的仍然是這一行業，我的理解，它應該指大學生教育。
　　　（大學生教育是以學科的方式進行的，這並不意味著就是專業教育。）如果在通識
　　　的意義上理解，指的乃是一種教育理念。今天許多關於通識教育的討論似乎都是在
　　　後一種意義上說的。

(19)　武宏志：〈批判性思維：一種通識教育中的邏輯教學〉，《延安大學學報》第 35 卷
　　　第 1 期，2013 年 2 月，第 5 頁。序號為引者為討論方便所加。

(20)　教育管理者也應該認真思考，僅憑一些理念，甚至是尚未說清楚的理念，就認為可
　　　以設置一門課程並以行政命令的方式推行下來，這是不是正確的。從管理者工作的
　　　角度看這也許是成績，從教學的角度看卻是有嚴重問題的。

(21)　人們認為至今「沒有一個公認的統一的批判性思維定義」，「人們使用『批判性思
　　　維』這一術語時，往往是含混的，甚至是不一致的」（熊明輝：〈試論批判性思維
　　　與邏輯的關係〉，《邏輯》，中國人民大學書報資料中心，2006 年第 4 期，第 59 －
　　　60 頁）。

(22)　武宏志：〈批判性思維：一種通識教育中的邏輯教學〉，《延安大學學報》第 35 卷
　　　第 1 期，2013 年 2 月，第 5 頁。

(23) 我曾談過這個問題。參見王路：〈批判性思維再批判〉，《科學‧經濟‧社會》2015 年第 1 期，第 4 － 5 頁。

(24) 比如，「批判性思維是獲得新知識、發現真理的必由之路」，「批判性思維是創新性思維的前提」（何向東主編：《邏輯學》，第 17 頁）。去掉「批判性」一詞後變為：「思維是獲得新知識、發現真理的必由之路」，「思維是創新性思維的前提」。我看不出兩者有什麼不同。

(25) 何向東主編：《邏輯學》，第 17 頁。

(26) 同上。

(27) 錢穎一：〈批判性思維與創新性思維教育：理念與實踐〉，《清華大學教育研究》第 39 卷第 4 期，2018 年 8 月，第 3 頁。

(28) 何向東主編：《邏輯學》，第 16 頁。

(29) 一個人在博士期間的進步是明顯的，原因很簡單，因為學習和研究邏輯。學習和研究邏輯為什麼會使人進步，原因也很簡單，因為邏輯是科學，是專業。當一個博士生變為一個教師之後，他（她）需要進行不斷的學習和研究，因而提高邏輯教學的水準和品質。這無疑只能透過學習和研究邏輯才能實現。所以不要去做什麼批判性思維這樣的東西。即使非常功利地說，也不要做，因為它不會使人進步。原因同樣很簡單：因為它不是學科，不是科學，不是專業，也不可能成為科學和專業。

參考文獻

■ 參考文獻

[01] Aristoteles: *Topik*, uebersetzt von Eugen Rolfes, Verlag von Felix Meiner, Hamburg, 1968, 100a25-27.

[02] Aristoteles: *Lehre vom Schluss oder Erste Analytik*, uebersetzt von Eugen Rolfes, Verlag von Felix Meiner, Hamburg, 1975.

[03] Aristotle: *The Works of Aristotle*, ed. by Ross, W. D., Oxford, 1971.

[04] Aristotle: *Metaphysics, The Works of Aristotle*, Vol. VIII, by Ross, W. D., Oxford, 1954.

[05] Copi, I. M.: *Informal Logic*, Macmillan Publishing Company, 1986.

[06] Frege, G.: *Nachgelassene Schriften und Wissenschaftlicher Briefwechsel*, Felix Meiner Verlag Hamburg, 1976.

[07] Frege, G.: *Nachgelassene Schriften*, hg. von Hermes, H. /Kambartel, F. /Kaulbach, F, Felix Meiner Verlag Hamburg, 1969.

[08] Frege, G.: *Die Grundlagen der Arithmitk*, Hamburg, 1986.

[09] Geach, P. T.: *Logical Matters*, Oxford, 1972.

[10] G. P. Backer and P. M. S. Hacker: *Frege: Logical Excavation*, Oxford University Press, 1984.

[11] Hegel, G. W. F.: *Wissenschaft der Logik*, Surekamp Verlag Frankfurt am Main, 1969.

[12] Kant: *Kritik der reinen Vernunft*, Suhrkamp Verlag, Band 2, 1974.

[13] Kripke, S.: *Naming and Necessity*, Basil Blackwell, 1990.

[14] Lukasiewicz, J.: *Aristotle's Syllogistic from the Standpoint of Modern Logic*, Oxford, 1957.

[15] Lynch, M. P.: *The Nature of Truth, Cambridge*, MA: MIT Press, 2001.

[16] M. Dummett: *Unsuccessful Dig, Philosophical Quarterly*, 1984.

[17] Patzig, G.: *Die Aristotelische Syllogistik*, Goettingen, 1963.

[18] Quine, W. V. O.: Existence and Quantification, in *Ontological Relativity and Other Essays*, Columbia University Press, 1971.

[19] Quine, W. V. O.: *From a Logical Point of View*, Harvard University Press, 1994.

[20] Quine, W. V. O.: *Methods of Logic*, Harvard University Press, 1982.

[21] Quine, W. V. O.: "On what there is", in Quine: *From a Logical Point of View*, Harvard University Press, 1994.

[22] Quine, W. V. O.: *Philosophy of Logic*, Prentice-Hall, INC., 1970.

[23] Quine, W. V. O.: "Two Dogmas of Empiricism", in Quine: *From a Logical Point of View*, Harvard University Press, 1994.

[24] Schantz, R.: *What is Truth?* Berlin: de Gruyter, 2002.

[25] Susan Haack: "Dummett's Justification of Deduction", in Susan Haack: *Deviant Logic, Fuzzy Logic*, The University of Chicago Press, Ltd., London, 1996.

[26] Wedberg, A.: *A History of Philosophy*, Clarendon Press, Oxford, 1982, Vol. 1.

[27] Williams, C. J. F.： *What is Existence?* Clarendon Press, 1981.

[28] 安東尼‧肯尼‧牛津西方哲學史 [M]‧韓東暉譯‧北京：中國人民大學出版社，2006‧

[29] 陳波‧邏輯哲學導論 [M]‧北京：中國人民大學出版社，2000‧

[30] 陳波‧奎因哲學研究 [M]‧北京：生活‧讀書‧新知三聯書店，1998‧

[31] 陳波‧邏輯哲學引論 [M]‧北京：人民出版社，1990‧

[32] 陳波‧一個與歸納問題類似的演繹問題 [J]‧中國社會科學，2005(2)：94‧

[33] 陳慕澤‧邏輯學與通識教育 [J]‧邏輯，中國人民大學書報資料中心，2008(6)‧

[34] 陳慕澤‧再論邏輯學與通識教育 —— 與王路教授商榷 [J]‧西南大學學報，2009(6)‧

[35] 程仲堂‧無「是」即無邏輯：形而上學的邏輯神話 [J]‧學術研究，2007(3)‧

[36] 崔清田‧墨家邏輯與亞里士多德邏輯比較研究 [M]‧北京：人民出版社，2004‧

[37] 崔清田，王左立‧非形式邏輯與批判性思維 [J]‧邏輯，中國人民大學書報資料中心，2002(6)‧

[38] 達米特‧分析哲學的起源 [M]‧王路，譯‧上海：上海譯文出版社，2005‧

[39] 達米特‧形而上學的邏輯基礎 [M]‧任曉明，李國山，譯‧北京：中國人民大學出版社，2004‧

[40] 戴維森·真與意義 [M]// 真理、意義、行動與事件·牟博，譯·北京：商務印書館，1993·

[41] 戴維森·形而上學中的真之方法 [M]// 真理、意義、行動與事件·牟博，譯·北京：商務印書館，1993·

[42] 馮契·馮契文集 [M]·十卷本，上海：華東師範大學出版社，1988·

[43] 馮友蘭·中國哲學史 [M]·上冊，北京：商務印書館，1947·

[44] 馮友蘭·中國哲學簡史 [M]·涂又光，譯·北京：北京大學出版社，1996·

[45] 馮友蘭·中國哲學史新編 [M]·上冊，北京：人民出版社，1998·

[46] 馮友蘭·三松堂自序 [M]·北京：人民出版社，1998·

[47] 弗雷格·弗雷格哲學論著選輯 [M]·王路，譯·王炳文，校·北京：商務印書館，2007·

[48] 谷振詣，劉壯虎·批判性思維教程 [M]·北京：北京大學出版社，2006·

[49] 海德格爾·存在與時間 [M]·陳嘉映，王慶節，譯·熊偉，校·陳嘉映，修訂·北京：生活·讀書·新知三聯書店，2006·

[50] 何向東主編·邏輯學 [M]·北京：高等教育出版社，2017·

[51] 黃楠森等主編·馬克思主義哲學史 [M]·第一卷，北京：北京出版社，1991·

[52] 金岳霖·金岳霖學術論文選 [M]·金岳霖學術基金會學術委員會編·北京：中國社會科學出版社，1990·

[53] 金岳霖·金岳霖文集 [M]·金岳霖學術基金會學術委員會編·蘭州：甘肅人民出版社，1995·

[54] 金岳霖·金岳霖全集 [M]·北京：人民出版社，2014·

[55] 康德·純粹理性批判 [M]·李秋零，譯·北京：中國人民大學出版社，2004·

[56] 克里普克·命名與必然性 [M]·梅文，譯·涂紀亮，校·上海：上海譯文出版社，1987·

[57] 奎因·哲學是否已失去與人民的聯繫 [M]// 蒯因著作集·第 6 卷·涂紀亮，主編·北京：中國人民大學出版社，2007·

[58] 奎因·論何物存在 [M]// 從邏輯的觀點看·江天驥，等譯·上海：上海譯文出版社，1987·

[59] 奎因·經驗論的兩個教條 [M]// 從邏輯的觀點看·江天驥，等譯·上海：上海譯文出版社，1987·

[60] 劉培育主編·金岳霖思想研究 [M]·北京：中國社會科學出版社，2004·

[61] 劉培育主編·金岳霖的回憶和回憶金岳霖 [M]·增補本，成都：四川教育出版社，2000·

[62] 羅素·我們關於外間世界的知識 [M]·陳啟偉，譯·上海：上海譯文出版社，1990·

[63] 羅素·西方哲學史 [M]·何兆武，譯·北京：商務印書館，1976·

[64] 馬佩·關於批判性思維的批判的批判 [J]·西南大學學報，2009(4)·

[65] 帕金森，杉克爾·勞特利奇哲學史 [M]·十卷本，北京：中國人民大學出版社，2003·

[66] 錢穎一·批判性思維與創新性思維教育：理念與實踐 [J]·清華大學教育研究，2018，39(4)·

[67] 司各脫·論第一原理 [M]·王路，譯·北京：商務印書館，2017·

[68] 宋文堅·邏輯學的傳入與研究 [M]·福州：福建人民出版社，2005·

[69] 蘇天輔·試說中國古代的邏輯 [M]// 邏輯、語言與思維 —— 周禮全先生八十壽辰紀念文集·王路，劉奮榮，主編·北京：中國科學文化出版社，2002·

[70] 孫中原·中國邏輯研究 [M]·北京：商務印書館，2006·

[71] 王路·「是」與「真」 —— 形而上學的基石 [M]·北京：人民出版社，2003·

[72] 王路·從「是」到「真」 —— 西方哲學中的一個根本性變化 [J]·學術月刊，2008(8)·

[73] 王路·邏輯的觀念 [M]·北京：商務印書館，2000·

[74] 王路·語言與世界 [M]·北京：北京大學出版社，2016·

[75] 王路·為什麼是「真」而不是「真理」[J]·清華大學學報，2018(1)·

[76] 王路·再論真與真理 [J]·求是學刊，2019(3)·

[77] 王路．論加字哲學 [J]．清華大學學報，2016(1)．

[78] 王路．亞里士多德的邏輯學說 [M]．北京：中國社會科學出版社，1991、2005．

[79] 王路．《墨經》邏輯研究中的問題和方向 [J]．中國哲學史，1994．

[80] 王路．對象的明確和方法的更新 —— 論有關中國邏輯史研究的幾個問題 [J]．哲學研究，1995(1)．

[81] 王路．金岳霖的邏輯觀 [M]// 邏輯方圓．北京：北京大學出版社，2009．

[82] 王路．走進分析哲學 [M]．北京：中國人民大學出版社，2010．

[83] 王路．讀不懂的西方哲學 [M]．北京：北京大學出版社，2011．

[84] 王路．解讀《存在與時間》[M]．北京：北京大學出版社，2012．

[85] 王路．一「是」到底論 [M]．北京：清華大學出版社，2017．

[86] 王路．邏輯與語言 [J]．哲學研究，1989(10)．

[87] 王路．邏輯與哲學 [M]．北京：人民出版社，2007．

[88] 王路，鄭偉平．為什麼弗雷格是重要的？[J]．哲學分析，2012(4)．

[89] 王路．邏輯與教學 [J]．西南師範大學學報，1999(2)．

[90] 王路．論我國的邏輯教學 [J]．西南師範大學學報，1999(2)．

[91] 王路．邏輯與自然語言 [J]．求是學刊，2008(3)．

[92] 王路．邏輯基礎 [M]．北京：人民出版社，2004．

[93] 王路．關於批判性思維的批判 [J]．西南大學學報，2009(3)．

[94] 王路．批判性思維再批判 [J]．科學·經濟·社會，2015(1)．

[95] 王憲鈞．數理邏輯和形式邏輯 —— 在一九七八年全國邏輯討論會上的發言 [M]// 邏輯學文集．長春：吉林人民出版社，1979．

[96] 王憲鈞．邏輯課程的現代化 [M]// 全國邏輯討論會論文選集．北京：中國社會科學出版社，1981．

[97] 維根斯坦．邏輯哲學論 [M]．賀紹甲，譯．北京：商務印書館，1996．

[98] 吳堅．批判性思維：邏輯的革命 [J]．邏輯，中國人民大學書報資料中心，2008(1)．

[99] 吳家國．邏輯散論 [M]．桂林：廣西師範大學出版社，1996．

[100] 吳家國‧普通邏輯 [M]‧上海：上海人民出版社，1993‧

[101] 武宏志‧批判性思維：一種通識教育中的邏輯教學 [J]‧延安大學學報，2013，35(1)‧

[102] 熊明輝‧試論批判性思維與邏輯的關係 [J]‧邏輯，中國人民大學書報資料中心，2006(4)‧

[103] 楊國榮‧如何做哲學 [J]‧哲學動態，2016(6)‧

[104] 楊武金‧論非形式邏輯及其基本特徵 [J]‧邏輯，中國人民大學書報資料中心，2008(1)‧

[105] 曾祥雲‧20 世紀中國邏輯史研究的反思 —— 拒斥「名辯邏輯」[J]‧邏輯，中國人民大學書報資料中心，2001(2)‧

[106] 曾祥雲，劉志生‧跨世紀之辯：名辯與邏輯 —— 當代中國邏輯史研究的檢視與反思 [J]‧邏輯，中國人民大學書報資料中心，2003(3)‧

[107] 張斌峰‧近代《墨辯》復興之路 [M]‧太原：山西教育出版社，1999‧

[108] 張立英‧概稱句推理研究 [M]‧北京：社會科學文獻出版社，2013‧

[109] 張學立‧金岳霖哲學邏輯思想研究 [M]‧貴陽：貴州人民出版社，2004‧

[110] 周雲之‧名辯學論 [M]‧瀋陽：遼寧教育出版社，1996‧

邏輯的視野：

觀念釐清 × 專家詳析 × 公式掌握 × 教學應用，論西方邏輯與東方辯證的差異與發展

作　　者：王路

發 行 人：黃振庭

出 版 者：崧燁文化事業有限公司

發 行 者：崧燁文化事業有限公司

E-mail：sonbookservice@gmail.com

粉 絲 頁：https://www.facebook.com/
　　　　　sonbookss/

網　　址：https://sonbook.net/

地　　址：台北市中正區重慶南路一段六十一號八
　　　　　樓 815 室

Rm. 815, 8F., No.61, Sec. 1, Chongqing S. Rd.,
Zhongzheng Dist., Taipei City 100, Taiwan

電　　話：(02)2370-3310

傳　　真：(02)2388-1990

印　　刷：京峯數位服務有限公司

律師顧問：廣華律師事務所 張珮琦律師

定　　價：470 元

發行日期：2023 年 10 月第一版

◎本書以 POD 印製

國家圖書館出版品預行編目資料

邏輯的視野：觀念釐清 × 專家詳
析 × 公式掌握 × 教學應用，論西
方邏輯與東方辯證的差異與發展 /
王路 著 . -- 第一版 . -- 臺北市：崧
燁文化事業有限公司 , 2023.10
面；　公分
POD 版
ISBN 978-626-357-646-9(平裝)
1.CST: 邏輯
150　　　112014211

電子書購買

臉書

爽讀 APP